杜威选集
主编 刘放桐 陈亚军

# 中国心灵的转化
## 杜威论中国

顾红亮 编

华东师范大学出版社

# 目 录

主编序 / 1

编者序 / 1

## 第一部分　世界中的中国 / 1

东海的两边 / 3

理想主义的不可信 / 8

在中国进行的国际对决 / 13

美国在中国的机会 / 19

给中国下药，我们也有份 / 25

中国的噩梦 / 30

远东的僵局 / 34

银行团在中国 / 41

美国在岔路口 / 47

华盛顿的各项议题 / 58

中国的诉求中表现出了精明的策略 / 72

对中国的四条原则 / 75

地洞 / 77

山东问题的各个角度 / 80

会议和一个快乐的结局 / 83

中国人的辞职 / 87
条约的三个结果 / 90
关于《四国条约》的几点事后思考 / 92
回复《美国的中国政策》/ 96
美国和远东 / 98
相当虚假的小谎言 / 101
我们应该像国家对国家那样对待中国 / 105
中国与大国势力：Ⅱ. 干涉——对民族主义的一个挑战 / 108
和平——依据《巴黎公约》或《国际联盟盟约》？/ 110
国际组织必须进行制裁吗？不 / 115

## 第二部分 "五四"运动 / 137

中国的学生反抗 / 139
学潮的结局 / 144
中国政治中的新催化剂 / 149
我们正目击一个国家的诞生 / 156
有些地方他们却比我们更加民主 / 158
我们看到了中国活生生的一页史实 / 160
中国真正的觉醒 / 162

## 第三部分 中国的危机与出路 / 165

中国的军国主义 / 167
山东：从内部看 / 172
中国的政治剧变 / 182
工业中国 / 186
布尔什维克主义在中国 / 191
中国是一个国家吗？/ 194
中国内地 / 200
分裂的中国 / 205

再访山东 / 214
中华民国成立十周年纪念 / 220
联邦制在中国 / 222
中国与裁军 / 227
中国是一个国家,还是一个市场? / 230
真正的中国危机 / 234
广州印象 / 237
南游心影 / 241
致在美国的中国朋友们 / 246
致中国人民 / 247
与孙中山先生同桌晚餐 / 249

## 第四部分　中国人的心灵 / 251

中国心灵的转化 / 253
中国的国民情感 / 261
是什么阻碍了中国 / 271
老中国与新中国 / 278
中国的新文化 / 290
像中国人那样思考 / 301
美国与中国人的教育 / 310
中国与西方——评《中国问题》/ 315
论中国美术 / 319
五团体公饯杜威席上之言论 / 322

# 主编序

在实用主义家族中,杜威是一位祭酒式的人物。他不仅最系统、全面地阐发了实用主义哲学的基本主张,而且从实用主义出发,在政治学、伦理学、心理学、教育学、美学、宗教学、逻辑学、历史学、法学、社会学等一系列领域,提出了许多极具影响力的观点。是杜威而不是皮尔士、詹姆斯,使实用主义不再只是扶手椅中的哲学而成为穿越学院高墙、塑造美国社会的文化思潮。今天,这股原本产自美国的思潮,早已成为西方思想学术舞台上的重要角色。杜威的思想不仅受到他的本国后裔,而且也受到欧洲乃至世界思想学术界的高度关注。

对于国人来说,杜威这个名字毫无疑问处于西方哲学家名册的显赫位置。这当然首先是由于他个人与中国的特殊因缘,但更值得一提的恐怕还是他的实用主义哲学与中国传统哲学、马克思主义哲学之间的诸多交叉重叠。杜威哲学与中国儒家哲学、马克思主义哲学之间的同异,早已为很多学者所关注。研究杜威哲学,有助于促进中国哲学、马克思主义哲学的当代发展。

本选集是在《杜威全集》(38卷)中文版的基础上完成的。《杜威全集》中文版的问世,在海内外学术界引起很好的反响,但对大多数读者来说,一是体量太大,从购买到收藏,都极为不便;二是内容太杂,从浩如烟海的著述中把握杜威的思想,也殊为不易。正是为了帮助读者解决这些困难,我们编纂了这部《杜威选集》(6卷),分别涵盖了哲学、教育学/心理学、价值论/伦理学、政治哲学/法哲学、宗教学/美学。鉴于杜威与中国的特殊关系,我们专门增加了《中国心灵的转化——杜威论中国》卷。

基于篇幅的考虑,有些文献虽然重要但难以收录,我们只选取了其中的相关部分,单行本和教材的内容则尽量不选或少选。另外,杜威的探究逻辑是他思想的重要组成部分,但这一部分放在"逻辑学"名下,恐会导致一些误解或争议,鉴于杜威的探究逻辑在很大程度上可以归于他的哲学方法论范畴,因此,我们将这部分内容统一纳入"哲学卷"。

我们力求在体例上保持一致,但并不强求一律。由于"哲学卷"的涵盖面更广,内容更加博杂,用主题分类的方式加以编纂具有难度,因此分卷主编用现在的年代划分方式对其加以整理。另外,"杜威论中国卷"也不适宜主题分类的方式,我们同样尊重分卷主编的意见,采用了目前的编纂方式。各卷主编都是相关领域的专家学者,为选集的选编付出了很多心血。我们对此深表感谢。

华东师大出版社历来重视杜威著作的翻译出版工作,为《杜威选集》(6卷)的问世提供了大力支持,责任编辑朱华华女士做了大量的繁琐工作。我们对此也深表感谢。

刘放桐　陈亚军<br>2017 年 7 月 31 日

# 编者序

对于中国人来说,杜威是一个令人爱恨交加的美国哲学家。他培养了一批出色的中国学生,如胡适、陶行知、蒋梦麟、陈鹤琴等。他应邀来中国访问演讲两年,足迹遍及大半个中国,他的思想深刻影响了现代中国的教育、哲学和文化发展趋向。但在1949年后,杜威作为实用主义的大师曾遭到口诛笔伐,实用主义作为西方唯心主义哲学的代表被学术界拒斥,成为批判的对象。改革开放以后,被丑化了的杜威的哲学家形象逐渐得到纠正,实用主义哲学得到重新评价,恢宏巨著《杜威全集》正式出版。实用主义哲学家杜威在现当代中国的命运可谓一波三折,跌宕起伏。

学者关心实用主义哲学对现代中国思想世界的影响,关心实用主义教育哲学对于中国教育思想和教育政策的影响,但是容易忽略一个重要的内容:杜威所作的中国论述,或者,杜威的中国话语。在很长一段时间里,杜威被当作一位外来的哲学家,来中国传授世界性的知识和思想。很多学者没有注意到杜威对于中国政治和文化抱有浓厚的兴趣,没有注意到杜威对于中国问题发表的真知灼见,没有注意到杜威给读者留下几十万字的中国论述。

杜威在中国访问的两年间,写下大量与中国话题相关的文章。据不完全统计,《杜威全集》一共收录有关中国论述文章53篇,包括时论、论文、游记、书评、对来信的答复、解密报告等。这些英文文章大多发表在《新共和》(*The New Republic*)、《亚洲》(*Asia*)等杂志上。编入本选集的文章不限于《杜威全集》的53篇作品,还包括杜威夫妇所写的部分家信和在中国所作的关于中国问题的部分演讲。

这些文章、书信和演讲的主题相对集中,都与当时中国的外交、内政、思想文化、教育等话题相关。有讨论中国政局变动的,有讨论"五四"运动的,有讨论中美、中日关系的,有讨论中国经济的,有讨论中国文化和教育的,有讨论中国人的生活方式和思维方式的。笔者把杜威论述中国的文章、书信和演讲大致分成四部分。第一部分,"世界中的中国",讨论中国与美国、日本的外交关系和中国的外交政策。第二部分,"五四"运动,涉及杜威对"五四"运动背景、过程的描述和评论。第三部分,"中国的危机与出路",讨论中国的政治、经济问题以及解决对策、发展前景。第四部分,"中国人的心灵",涉及杜威对中国人的思维方式的认识,杜威对中国文化、教育问题的看法。

在这些文章、书信和演讲中,杜威描述了当时发生的大量的中国现象、事件和运动,夹杂着他的理解、评论和对策建议。当然,也包含着他对一些中国人、一些中国现象的批评。他的批评是善意的,是基于希望中国繁荣发展的美好期望。阅读杜威的这些文字,可以深切感受到,他对中国怀有浓厚的兴趣、友好的态度和热烈的期待。

鉴于杜威的中国话语的内容比较丰富,本序言不准备全面介绍杜威的观点,只想与读者交流讨论一个背景性话题:杜威在"五四"运动中扮演怎样的角色?

美国哲学家杜威在"五四"运动爆发前几天来到上海,开始两年之久的中国之旅。杜威对"五四"运动留下了深刻的印象。

一般认为,杜威在北京、南京等地目睹了"五四"运动的许多场景,是"五四"运动的旁观者和见证者。我们认为,不仅仅如此,他还是"五四"运动的参与者。当然,他的参与方式是特殊的。简要地说,他以两种方式参与了"五四"运动。

第一种方式是演讲与交流。在"五四"运动期间和之后,他在全国范围内做了许多场演讲,到过11个省,参观了很多学校、工厂和城市,与当地的官员、学生和知识分子交流。他的演讲和谈话直接影响了一大批年轻学生和知识分子,所以,胡适说:"我们可以说,自从中国与西洋文化接触以来,没有一个外国学者在中国思想界的影响有杜威先生这样大的。我们还可以说,在最近的将来几十年中,也未必有别个西洋学者在中国的影响可以比杜威先生还大的。"[①]

第二种方式是写信与写文章,参与对"五四"运动的报道与评论。杜威及其夫人写了不少家信,家信里有相当多的内容涉及"五四"运动的进展情况和他们的直

---

① 胡适:《杜威先生与中国》,《胡适全集》第1卷,合肥:安徽教育出版社,2003年,第360页。

观感受。例如,1919年5月23日,杜威夫妇在写于南京的家信里说:"我相信任何人都不能预测今后的政治局势;我们在此的三星期中,眼见学生们的活动已引起了一项全新且无法计数的动力因素。……中国人没有一点组织能力,更没有团结内聚的决心;而今学生团体来插手一些事务,于是一切都显现出新的吵杂与新的气象。"①

又如,1919年6月1日,杜威夫妇在家信里说:"我们正好看到几百名女学生从美国教会学校出发去求见大总统,要求他释放那些因在街上演讲而入狱的男学生。要说我们在中国的日子过得既兴奋又多彩的确是相当公平,我们正目击一个国家的诞生,但通常一个新国家的诞生并不是一件简单的事。……今天早上我们所见到的那群演讲的学生,听说后来全都被捕了,而他们的口袋里早已带了牙刷和毛巾。有的传言则说事实上不只两百人被捕,而是一千多人,只北平一地就有十万人罢课,方才出发的那些女孩子显然是受了她们老师的鼓励,许多母亲都在那里看着她们走过。"②杜威夫妇在家信里对于学生运动的描述,大多带着同情和鼓励的笔调。

在中国访问期间和回到美国之后,杜威还撰写了不少英文评论文章,例如《中国之新文化》(New Culture in China,《亚洲》第21期,1921年7月)、《中国政治中的新催化剂》(The New Leaven in Chinese Politics,《亚洲》第20期,1920年4月)、《中国民族国家情感》(Chinese National Sentiment,《亚洲》第19期,1919年12月)、《中国思想的转变》(Transforming the Mind of China,《亚洲》第19期,1919年11月)、《学生反抗的结局》(The Sequel of the Student Revolt,《新共和》第21期,1920年2月25日)等,这些英文文章既评论中国的时政局势,向外界报道"五四"运动及其后续的政治、文化运动,也包含着对"五四"运动的理性反思。这些文章是杜威运用实用主义哲学思考中国问题的尝试,是对杜威的政治哲学和社会哲学的一个应用性诠释,可以看作是杜威的实践哲学的有机组成部分。同时,这些文章也应视为"五四"话语的组成部分。杜威有些评论文章直接被译成或被摘译成中文,在中文的报纸上发表,例如《杜威论中国现象》(《晨报》1921年2月24日)、《广东印象记》(《晨报》1921年6月16、17、18日)、《杜威博士论中国工业》(《民国日报》1921年1月

---

① 杜威夫妇:《中国书简》,王运如译,台北:地平线出版社,1970年,第24页。
② 同上书,第33—34页。

18、19日),它们直接影响中国读者的思考方式。

对杜威关于中国事件的报道和评论,胡适有一个积极的评价,他指出:"对于国外,他(指杜威——引者注)还替我们做了两年的译人与辩护士。他在《新共和国》(The New Republic)和《亚细亚》(Asia)两个杂志上发表的几十篇文章,都是用最忠实的态度对于世界为我们作解释的。"①周策纵在《五四运动:现代中国的思想革命》一书中使用了杜威的书信和文章提供的不少史实,来描述"五四"运动期间的中国文化和政治变革情况。② 从杜威的书信和文章中可以看出,杜威显然被"五四"运动及其蕴含的精神深深吸引了。胡适说:"引起杜威夫妇那么大的兴趣以致于他们改变了原定要在夏季几个月以后就回美国的计划,并且决定在中国逗留整整一年的,就是这次学生运动以及它的成功与失败的地方。"③在这方面,杜威不是唯一的例子。当年陪同罗素访华的 Dora Black 女士也有类似的感觉,她在致周策纵的信里说:"我自己也确感觉到那个时代和当时中国青年的精神与气氛。这种精神和气氛似乎穿透了我的皮肤,我已从中国的那一年里吸收到了我的生命哲学。"④用这话来形容杜威对"五四"的感受,恐怕也不为过。

在同一篇文章 New Culture in China(《中国之新文化》)中,杜威用 the student revolt、the movement of May 4、the upheaval of May 4 等词语描述"五四"学生运动。杜威还写了一篇题为 The Student Revolt in China(《中国的学生反抗》,《新共和》第20期,1919年8月6日)的文章,文中还用到 the student movement 一词。revolt 一词有反叛、叛乱的意思,upheaval 一词有动乱、突变的意思,the student revolt、the upheaval of May 4 等英语用法表明学生运动带有激烈的动荡、反叛的意思,表明此运动带有剧变性和反叛性。在这些描述中,杜威有可能借用了别人的用法,我们无法确定哪个用法是借用的,哪个用法是他自己使用的。但是,从总体上看,杜威并用这些用法,至少表明两点:第一,当时他对"五四"运动的认识还带有一定的模糊性;第二,多少揭示出"五四"运动是一场巨变,是一场触及中国现代

---

① 胡适:《杜威先生与中国》,《胡适全集》第1卷,合肥:安徽教育出版社,2003年,第362页。
② 参见周策纵:《五四运动:现代中国的思想革命》,周子平等译,南京:江苏人民出版社,1996年,第207、228、247、249、314—315、499页。
③ 胡适:《杜威在中国》,袁刚等编:《民治主义与现代社会——杜威在华讲演集》,北京:北京大学出版社,2004年,第745页。
④ 转引自朱学渊:《周策纵先生的才具和苦难》,《东方早报》2008年11月9日"上海书评"第18期。

性改造深度的巨变。

我们不否认,杜威在演讲、书信与文章中表述的对于"五四"运动的看法和评论可能受到了胡适、蔡元培、博晨光(Lucius Porter)等人的影响;我们同样不否认,杜威作为一个成熟的哲学家,有他自己的理解力和判断力。他对他所接触到的中国人和传教士所持观点的吸收是有选择的。总的看来,他基本上站在同情"五四"学生运动的立场上作出自己的评论,这些评论理应成为"五四"话语的一部分,与此同时,杜威也有理由被视为"五四"的参与者。[①]

在中国的学术界,杜威论述中国的文章、书信和演讲对于研究杜威哲学、研究现代中国以及两者的关系特别有意义。阅读这些文献,可以认识一个完整的杜威的中国话语体系,认识杜威是如何思考中国的现代化道路的,是如何正视中国面临的困局的。这些文献提供了一个观察的路径,思考杜威自身的思想是否以及如何受到中国政治、文化的影响,了解杜威关注中国问题的哪些方面或领域,了解杜威从中吸收哪些因素或观念,了解杜威思想的细微变化与中国之行的关系。这些研究不仅有助于推进中美人文对话交流,而且有助于认识一个多彩的现代中国思想世界。

在本书的编选过程中,得到了刘放桐、陈亚军、王成兵、张国清、冯平等多位教授的指点,得到了华东师范大学出版社朱华华编辑的协助,特此表示感谢。

顾红亮

2016 年 8 月 31 日上海

---

① 相关内容的讨论可参见顾红亮:《"五四"的参与者杜威》,《文汇报》2015 年 5 月 8 日。

# 第一部分　世界中的中国

# 东海的两边*①

从日本到中国只需要三天便捷的旅程。很可怀疑，是否世界上还有其他什么地方，伴随另一种同等距离的行程会使人看到政治倾向和信仰上出现如此彻底的变化。它肯定要比从旧金山到上海的旅行中感受到的变化大得多。区别之处还不在于生活习惯和方式上的改变，这是不言自明的事。它关涉到观念、信仰以及对当前同一个事实所散布的传言：日本在国际交往中的地位，特别是它对中国的态度。人们在日本到处可以发现某种无常、犹豫甚至脆弱的感觉。那里正弥漫着一种难以捉摸的神经紧张的气氛，国家正处于变化的边缘，但又不知道变化会把它引向何处。人们已感觉到自由主义的到来，但真正的自由派分子被形形色色的困难所包围，尤其可见于为他们的自由主义套上一件神权罩袍的问题，统治日本的军帝国主义分子已如此老练地把这件罩袍扔给了皇室和政府。但一个人到达中国后，他的第一感觉就是感受到日本遍地渗透的势力，它正以命定般的力量发挥作用，以便毫不迟疑地达到那种结局——由日本用它那最终同化的观点来主宰中国的政治和工业。

我的目的不是对形势的现实性加以分析，或者去查究中国这种普遍存在的感情是不是某种集体幻觉或具有事实根据。现象本身就是值得记录的，纵使它不过是一种心理现象，必须把这个事实认作既涉及中国人也涉及日本人。首先，就感受

---

\* 此文选自《杜威全集·中期著作》第11卷，第146—150页。
① 首次发表于《新共和》(The New Republic)，第19期（1919年），第346—348页，文章注明的发出日期和地点是南京，5月28日；重印于《中国、日本和美国》(China, Japan and the U.S.A)（纽约：合众出版公司，1921年）和约瑟夫·拉特纳编，《人物与事件》(Characters and Events)（纽约：亨利·霍尔特出版公司，1929年），第1卷，第170—176页。

到的不同心理气氛而言,任何了解日本方方面面情况的人都知道,它是一个拘谨缄默的国度。一个一知半解的美国人会告诉你,这是装装样子的,是在对外国人进行误导。而一个明白人则懂得,这种态度之所以会向外国人展示,只是因为它扎根于日本的道德和社会传统之中;日本人可能真有那么回事,那就是说,他们更可能与一个怀有同情心的外国人进行交流——至少可以在许多事情上进行交流,而不是在他们彼此间进行交流。拘谨的习性深植于所有的礼仪、习惯和传承下来的日常仪式之中,深植于性格力量的观念之中。只有那些受到外国影响的日本人,才会去驱除它——许多人又会回复原状。说得温和点,日本人不是一个夸夸其谈的民族,他们拥有的是做事而非闲聊的天分。

因此,当一个日本政治家或出访的外交官用一种非常冗长、坦率的话语阐述日本的目的和做法时,一个长期待在东方的政治学研究者马上会警觉起来,更不用说产生怀疑了。最近的事例是如此极端,以至它看上去无疑是出于一种狂热而非信念。但中国国内的学生如果愿意体察当前气氛的话,他们就不能不严肃地来看待这些貌似真实的狂热。越洋电报对后藤男爵在美国的某些讲话作了片断报道。在美国的环境中发表这些讲话,无疑是为了取得这样的效果,即让美国打消有关日本方面持有任何不正当野心的疑虑。在中国,人们则会把它们看成是某种宣告,它们宣告日本已完成了同化中国的计划,一种深谋远虑的试探性吞并行动即将开始。读者事先应被允许对他所感觉到的事实本身持有怀疑,也可以对我就有关报道所做的纠正表示怀疑,这些报道对所称的事实信以为真。他的怀疑论,不会超过我处在他的位置所感受到的那种怀疑的情况。但必须指出,这类陈述引起的怀疑,以及最近对外务大臣内田和石井男爵的访谈,在中国已被当作产生某种普遍信念的证据,即日本的外交对东方国家是一个样,对西方国家又是一个样,它对西方国家说的话必须反过来才能被东方国家读懂。

不管其他方面如何,中国总是一个不存在隐私的国家。有一句谚语称,别指望在中国长久地保持秘密。中国人说起话来要比他们做起事来更为得心应手——尤其是谈论政治方面的话题。他们擅长揭露他们自己的缺点,他们以非同寻常的、合情合理的态度对他们自己的弱点和失败进行详细评论。他们沉溺其中的毛病之一,是喜欢寻找某些积极行动的替代品,喜欢避免介入也许是不可回避的行动过程。人们几乎会感到诧异,是否他们自我批评的力量本身就是这样一种替代品。他们对所有事件都要坦然地诉诸喋喋不休地评说。在两个对立阵营之间,总会有一条流动的对话渠道。在正式的敌人中间,还会存在"盟友"。在这片无休止地进行调和的土地上,仪礼及其必要性都要求使后来的和解之路保持通畅。结果,在日本压低嗓门说的事,到了中国便要爬上屋顶喊叫出来。如果有人在报道中暗指某些具有相当影响力的中国内阁部长们不断收受日本人的贿金,当欧洲和美国正忙于战事之际,这些腐败官员欲起着尽力逼迫中国作出政治和经济上让步的作用。这样的报道放在日本,很难说体现着良好的趣味;但在中国,竟没有人会自找麻烦去否认这些事,或者竟会对这些事展开讨论。使人心理上感受最深的是这一事实:这种事情理所当然。当有人谈起这类事情时,其情形就好像已到了大热天而人们才提到天气真热一样。

在谈到目前日本存在的有关日本的脆弱感觉时,人们必须提到经济形势,因为它与国际形势有着明显的关联。首先,人们有一种强烈的印象,大多数国家由于考虑到要奉行一种安全政策,它们不会像①日本那样更多地依赖外国市场的产品。但这里的信念是,日本必须这么做,因为它不能不大量进口外国的销售品——之所以说是大量的,乃相对于仍处在很低的生活标准的民众购买力而言——它要购买的是原料,甚至是食品。但战争期间,国内制造业和贸易对于外国市场的独立性得到了极大增长。国内财富的增加固然十分可观,但仍被少数人所掌控,这严重影响到对国外商品的需求。这条理由可以唤起我们对处于有点危殆形势的日本的同情。

另一条理由与劳工的处境有关。日本好像感到自己处于一种进退两难的状况。如果它甚而以通情达理的态度体面地通过工厂法(或者竟然要使之得到贯彻),并对儿童和妇女的劳动加以规范,就将失去它现在赖以抵消它许多不利之处的廉价劳动力的优势。另一方面,罢工、劳工的困境、鼓动联合的趋向等等在不断出现,形势的紧张已变得显而易见。米骚动已不常被人谈起,但相关的记忆仍然存留。事实上,它们已十分接近于呈现出一种直接的政治外观。仍然握有控制权的军事集团要实现其远大的抱负,而从未终结这些抱负的真正的民主势力要使自身壮大起来,两者之间是否存在着竞争?德国的战败确实打击了日本蠢蠢欲动的官僚军事集团。它还会有时间对外交政策施加影响吗?激起对自由派分子同情心的很大一个因素在于,官僚军事集团还存有这种希冀,自由派分子正在开始承受变革

---

① 杜威在英文版书中用斜体表示强调,中文版改为楷体加重。——译者

带来的阵痛。

至于说到当下的国际形势,日本感觉孤立的危险愈益迫近。德国垮掉了,俄国垮掉了。这些事实有点简化了有关日本的事务,同时也出现了潜在的联盟已被剥夺的看法,这将削弱日本确立平衡和反平衡总体策略的力量。特别是帝国主义俄国势力的消除,确实减轻了印度面临的威胁,而大不列颠在建立英日攻守同盟时是考虑到这种因素的。美国穷兵黩武可能性的显现,是另一个严重的因素。日本、意大利和法国三方互相谅解的友好关系,并不足以取代国际力量的重新调整;在这种调整中,一般人认为,大不列颠和美国将成为主导因素。如若还不至于成为一个借口,由这个因素就能够解释为什么日本的报界数月来大体针对威尔逊总统和美国,特别是就日本与国联的关系发出的抱怨声和费尽心机的攻击。与此同时,日本也燃起了讨论种族歧视这类问题的热情(中国人的幽默感成了他们可靠的庇护所,指出这一点很有趣,当日本人在巴黎获得了想要的结果后,中国人高兴地获悉日本外务大臣"他所关注的问题最近引起了"各大报纸对美国的攻击,他本人极不赞成这样的做法)。不管怎样,说现在所有关于日本外交政策的讨论都充斥着焦灼不安和紧张气氛,这是不错的。所有的方面都能看到对老的信念产生犹豫动摇,以及沿着新的路线展开行动的特有的信号。日本的精神状态似乎与它在80年代前期直到末期那段日子里曾经表露的精神状态非常相似,它通过接受德国的宪政、军国主义、教育制度和外交手腕使其体制得以成形。所以,一个观察者又一次得出这样的印象:日本实际上是把整个表现出来的充沛精力都用到对迫切问题作出适应上面去了。

再说中国,区别之大令人难以置信。人们几乎好像生活在梦境中,或者说,某个初来乍到的爱丽丝正用一面外国带来的镜子进行探视,从中看到的所有东西都是颠倒的。我们这些对中国的事态和心灵构造了解很少的美国人,对此不用感到惊讶——特别是考虑到新闻审查制度和近几年来关注点的分散。日本和中国的地理位置如此靠近,然而与它们有关的各种事实看起来恰好是对立的,这都是要人们终生体验的东西。日本的自由主义吗?是的,曾听说过有这么回事,但只是与一种形式有关,即渴望请出一位创造奇迹的解围之神。也许日本的革命会对中国拯救其跌宕不定的命运造成干扰,但并不存在任何尚称不上是完全革命性东西的改变或甚而阻碍了中国进程的迹象,这类革命可归于日本的外交策略与商业利益及军国主义联手运作。俄国与德国的崩溃吗?这些事仅意味着日本在这几年成了俄国的希望、功绩以及在满洲里和外蒙古拥有的财富的完美继承人,并有机会使西伯利亚落入它的股掌,而这是过去在它最乐观的时候也很难向往得到的东西。如今,日本承巴黎诸列强的赐福,又成了德国的租界、密谋和野心的继承人。当世界正忙于战争的时候,它通过秘密协议,从腐败无能的官员手中强取了(或是拿到了)另外的租借地。如果所有的列强害怕日本以至对它的各种欲望作出让步,中国怎么能逃脱为它设定的劫数呢?整个中国为此都在无望地呼喊。日本的宣传家们抓住这一有利的形势,指责和平会议证明协约国并不关心中国;如果中国真想得到任何保护的话,必须投入日本的怀抱。简言之,正如日本已在朝鲜做好了准备那样,它也已准备来保证中国的完整和独立。即使中国憎恨日本,它也必须接受这一命运,以便在灾难当头时摆脱更为糟糕的时运。这恰好与目前日本的自由主义者持有的感觉互为补充,他们认为,日本也许在经历一个周密而较缓慢的过程、把两个国家统一起来后,会永远把中国当作另一个国家看待。至于提到日本的经济困境,这只不过是一个理由,用以解释日本为什么要加紧施展它的外交压力、它与中国的变节分子所做的肮脏的秘密交易,以及它的工业渗透。当西方世界设想日本的军国主义或实业派政党在确保其在东方的至尊地位使用的手段上持有相反的观念时,中国普遍流行的意见是:两种观念以彼此完全理解的方式发生作用,有时由东京的外务省发表一种意见,由陆军省(它拥有超体制的地位)发表另一种意见,其中的区别是为了获得台面上的效果。

  以上所述是许多作者曾亲眼目睹最为剧烈的变革场景的某些方面,但愿它们产生的只是某种非同寻常的心理感受!但就索求真相的旨趣而言,必须把下述内容记录在案:我在最近这四个星期中与之交谈过的每一个现居中国的人,中国人或是美国人,他们都不约而同地相信,未来大战的种子已在中国深深埋下了。为避免出现这样的灾难,他们指望国际联盟或没有直接涉入有关事件的某种其他的力量。不幸的是,日本的新闻界竭尽各种努力来讨论中国的舆论导向和实际状况,用以证明尝到战争甜头的美国现已把目光移向亚洲,企图稍后能把亚洲弄到手。于是,美国的兴趣便是想在中国和日本之间培植敌意。如果亲美的日本人无从启发他们的同胞去了解事实,那么,美国可将抵达自己海岸的这种宣传奉还给日本人。每个想去日本的人,也应当去访问中国——即使只是为了使他的知识完备起来。

(马迅 译)

# 理想主义的不可信*①

人们会记得,凡尔赛和会就日本对中国所提要求作出的决定是在四月底宣布的。当我在中国一个教育中心进行演讲时,请老师和学生把他们所提的问题记下来交给我。提问题的人相当多,其中用不同方式一遍又一遍重复的有关问题大致如下:"战争期间,有人要我们相信,德国人被打败后,将会确立一种以对所有人的公正为基础的国际新秩序;此后解决国家之间的问题也许不用诉诸权利;弱国会和强国得到同等的对待——确实,之所以要打这场战争,就是为了确立所有国家的平等权利,无论它们的面积和军事力量有多大。由于和会的决定显示出国家间仍会诉诸权利,强国会用它自己的方式来对付弱国,中国难道没必要采取措施去发展武力,为了这个目标,难道军事训练不应成为中国教育体制的一个正常部分吗?"此后的每一次讲学聚会,这个问题都是最突出的一个话题。

我们暂且不去联系中国来讨论这里涉及的问题。中国只有通过工业和经济发展,才能成为一个强国。任何与这种发展无关的军力扩充,只能延长目前的混乱局面,并且至多也就是制造出一种有关国家实力的幻觉。然而,我国每一个支持美国参与战争的人,是以理想主义的理由来领会这个问题的含义的。对那些总体上强烈反对战争的人来说,这使他们获得了与和平主义人士决裂的特殊力量,因为他们通过这场战争看到了实现和平理想的途径——切合实际的军备削减、废除秘密的

---

\* 此文选自《杜威全集·中期著作》第 11 卷,第 151—155 页。
① 首次发表于《新共和》,第 20 期(1919 年),第 285—287 页;重印于约瑟夫·拉特纳编,《人物与事件》(纽约:亨利·霍尔特出版公司,1929 年),第 2 卷,第 629—635 页,题目是"力量和理想"。

少数人的外交、废除特殊的结盟关系、用质询和讨论代替密谋和恫吓、摧毁凌驾一切的专制政体以建立起按照民主程序运作的国际政府,由此走向消除战争的时代。一旦采取这种立场,人们就可以变得理直气壮。如威尔逊总统正在朝着"取得最好的"现实成果的方向迈进,所有基于理想主义的理由支持美国战争的人也都情不自禁地想要得到战争的最好结果。但是,"得到战争的最好结果",意味着使不合心意的特质变得模糊,以满足我们的虚荣心。结果,那些转而支持战争的反战人士就有责任联系他们以前的专业和信念,对实际结果作一番不寻常的探究工作。那些认为企图通过战争来推进永恒和平理想是自相矛盾的人,他们的说法是否言之成理呢?有人会想到,这是人们在推销理想主义的行话,使他们轻易地接受这类包裹着一层糖衣却充塞着暴力和贪婪的苦涩内容的行话吗?是否只有极端的和平主义者、绝对主张和平的人,才能提出一种没有污点的理想主义的有效主张呢?人性和自决的(self-determination)理想,以及对于弱者的公正,是否借助这类要人们铭记的行话,已无望成为让人相信的东西了呢?

可以毫不夸张地说,理想主义的目标已遭致巨大的失败。那些一贯坚持反战立场的人要用他自己的正当理由站出来说话,他有资格来夸耀个人的胜利。表面上看,他的对手——我是指同样为自己寻找理想主义理由的那些人——已没有很多要说的东西,除非是讲讲那些诚属可信却相当贫乏的理由,诸如要是没有美国参战,德国人胜利了,事情就要糟糕得多等等。可是,失败总要归于没有以理智和力量作为支撑——或进而言之,没有以理智地运用力量来作为支撑点的理想主义的失败。看来好像还是要让反战人士来作一番小小的尝试说明一下,目前美国战争目标的破灭要归于这一事实:美国运用了"极度的武力,不加限制的武力",却仍被自负且情绪化了的和平主义搞得昏昏然。或许可以公允地说,失败的真正原因正是在于充分使用了武力,却没有理智地使用武力。美国的理想已在解决问题的方式中破灭了,因为带入战争的有我们的感伤情绪、我们视为灵丹妙药的那种道德感的附属物、我们对于"正义"必定胜利的虔诚的乐观主义、我们那种可以用体力来做而只有靠理智才能做成事情的儿戏般的信仰、我们那种以为道德和"理想"具有自我驱动和自我践行能力的新教徒式的虚矫态度。

如果代表理想正在起着作用的是有限力量的原则,那么,我们很早就应当获得尚未实施的秘密协议的完整信息,因为战争行动有赖于首先除掉各种障碍。并且这是否也说明了我们盟友的不信任以及那种苛求,即到他们有紧迫需要的时候,我们能帮上忙？这正说明了我们根深蒂固的感情主义，我们不愿意随时准备用力量来捍卫我们的理想。我们和我们的盟友要么是在为同样的目的而战，要么不是在为同样的目的而战。我们不需要表现出道德上的慷慨大方，让他们能够声称为了民主的目的愿意接受我们的帮助；而事实上，他们却用它服务于帝国主义的目的。就我们这方面来说，如果我们在感觉良好的阶段哪怕对于在恰当时刻运用理智抱有十分之一的信念，那么，我们在1917年的头几个月就会把许多障碍物清除掉了。这些障碍物之所以存在，正是为了确保有一个与我们的理想主义相符合的和平结果。把那些应被指责为因我们缺乏常识而造成的结果视之为理想主义的失败，这是再愚蠢不过的事了。

过去的历史应该表明了，被有关当前形势的任何知识证实的是何种东西——人们通过战争获得的那种类型的知识，它所断定的东西并非是获得和平所需要的那种类型的知识。紧迫的战争将这样的人推到前面，这种人能够面对环境的直接压力迅速作出决定。这样的政治家必定是好斗的、近乎玩弄游戏的那种类型的人。他们最多也就是战争政治的代表，他们并没有对和平状态下的长期利益和结果进行探究。诺曼·安吉尔（Norman Angell）先生和其他一些人，尤其是安吉尔先生在整个战争期间都告诫人们，要制定出民众代表参与和平会议的责无旁贷的必要条文。每个听他讲过这番话的人，都对这种合理的提议印象深刻。但是，最后什么事也没干成。难道这就是我们在理智地运用力量吗？

作为和平缔造者的威尔逊总统，他对证明这个规定是一个例外。由于我们的选举制和政党制度包含的不测因素，他在议会中是个未被战争的紧迫性赋予其地位和影响力的人。他代表的不只是一般代议制能够容纳的东西，而且是和平时期人民和政府的正常利益。然而，他实质上受到了某种念头的支配。为什么这样说呢？因为有一种想法以为，似乎通过某种魔法变出来的、没有发言权的大众能够通过他发出有效的声音。他似乎认为，与所有代议制政府积累的经验相反，他可以"代表"普通民众未被代表的利益，这些民众主要关心的是和平，而不是战争。很难想象，这类最大限度地动用力量的任何想法不会招致更大的嘲弄，即认为一个人能够通过诉诸外交官们对地球上散乱无序、无知无识的民众所做的即兴发挥，就能对一种正义的决定作出担保。当他倾向以这样的方式行动后，外交官们只得向他指出，他的行动会减少政府部门每况愈下的权力，增加民众的不安，并贸然使欧洲一下子陷入政治革命的漩涡。自那以后，他不再全然只顾谈论自己，更不说要"代表"

地球上未被代表的民众了。确实,他为民众关心的阜姆①问题发出呼吁,但所造成的可感触到的主要效果正是加强了帝国主义日本对中国民众的侵害。

美国本可以运用另一种力量、一种巨大的力量来体现它的战争理想,它仍然能运用这种力量,虽说未必起到那么大的作用,那就是美国的经济和金融的力量。最近几年,世界是否看到了这样一种景象,是值得怀疑的。美国几乎"不加限制地"对欧洲的一些政府提供钱款和信贷,不管它们是否支持过美国已宣布的政策,不仅如此,提供的范围还扩及千方百计诋毁美国的那些政府。毫无疑问,普通的美国人对这一事实颇感自豪。我们如此慷慨,如此不计利害,并不讨价还价或强加条件。简言之,我们像小孩那样显得如此天真烂漫,对成熟的理想如此无动于衷,以至宁愿通过采取大贵人似的行动赢得的名声来实现我们的国家目标。这使我们的感情主义达到了巅峰。要是欧洲的政客们用一种不折不扣的庸俗手段来与我们玩游戏,该怎样责备他们呢?

对这样一些问题的思考肯定还会成倍地增加,它们表明,并非理想主义而是我们的理想主义,是不可信的。这是一种隐约包含着感情和良好意愿,不考虑对如何有效地使用手中的力量作出判断的理想主义。或许可以说,这不是我们的错,而是威尔逊总统的错。某些人有权从这类诉求中获益,但也只是某些人而已。威尔逊总统是为了慰藉我们的虚荣心而找来的替罪羊。但是,他成功地将这种理想诉诸美国民众,引导他们走近这种理想。

如果他们——如果我们——是不一样的,那他是要用不同的方法来赢得效果的。历史也许会记下他那符合美国民众精神的理想主义的讲话;而对他的责备不是说他背叛了美国精神,而是说他过于尽职地将其弱点具体化了。举例来说,用力量来展示我们成熟的理想,肯定包括要给予所有自由派和激进派人士以思考、发言和写作的机会,这些人会对威尔逊总统明确指出的目的最终表示同情或理智上的支持。然而,我们采取了压制自由发言的政策、间谍活动的政策、对反动分子的暴力和放纵倾向起鼓励作用的政策。我们极易为此指责威尔逊总统的个人欲望,他要扮演阿特拉斯②那样的角色,独立地支撑起一片自由理想的天空,确切地说,他那自高自大的同伙不是别人,正是美国民众,他们的感情冲动、执著于为自由而献

---

① 阜姆,是前南斯拉夫西北部港市里耶卡的旧称。——译者
② 阿特拉斯,是古希腊神话中以肩顶天的巨神。——译者

身是主要的原因。在国际事务上,由我们的孤立主义造成的不成熟和不老练或可使之情有可原,而如果我们并不怀有对那种脱离理智、脱离运作和操控能力的传统新教徒式的道德的信任,就不会采取如此这般的感情形式。我们的基督教已化为一种模糊的感情和乐观主义。我们认为,它们是对天启的一种虔诚信仰的标志;但从现实方面看,它们却成了无需借助对成功之本质作出任何理智上辨别的东西,相信运气,相信成功之感情的神圣性质。

也许要与理想主义和理想这类字眼作别,它们无望成为让人相信的东西。它们也许会成为浪漫主义、盲目的感伤主义、托付良心的同义词,或者会被视为把罪恶勾当掩蔽起来的文字装饰品。但这个问题是真实的,并非只是一套言辞。狭隘的部分的目的与充分的着眼于长远的目的是不一样的;在某一时刻获得的短暂的成功,与在其过程中感受到的大量的幸福是不同的;把幸福看作是粗劣艰辛的生活要素,与把它看作是变动不居的生活要素是不同的。这里涉及的只是可以用唯物主义和唯心主义来加以说明的区分。当我们坚持从以下事实出发持续展开行动,认为这种区分有赖于对力量的使用,只能用理智来引导这种力量,那么,我们将继续待在这样的世界中。其中,唯物主义和唯心主义的区分将被认为只是事关意见、争执和个人趣味。使理想和力量互相对立起来,就是使这样的体系永恒化。问题不在于纵容理想而反对以现实的手段来使用力量。一旦造成了这种对立,我们就使我们的理想成了不起作用的东西,就会做出使那些将武力视为主要力量的人得利的事情。只有依靠组织化,坚定地利用现代生活的伟大力量——工业、商业、金融、科学的探究和讨论,以及人类交往关系的现实化,我们的理想主义才能成为合宜的东西。

(马迅 译)

# 在中国进行的国际对决*①

每个人都知道,早在战前,中国的领土和资源就构成了五大列强争斗的背景。经由这场战争,情况完全发生了变化。俄国和德国已不再成为举足轻重的因素。大不列颠和法国在一场生死搏斗中,把它们的精力、注意力和资本全都抵押了进去。这让日本成了战场上的霸主。按照已确立的国际外交规则,它充分把握了这一有利时机,用以改善它的国家地位。很难说其他那些参与这场比赛的国家的公平竞赛风格会使它们对日本的成功满腹抱怨,不管怎么说,它们都是日本的同谋。日本和俄罗斯之间某种类似攻守同盟的东西已臻完成,但后者看来似乎仍是个强国。大不列颠和法国则与日本达成了秘密协议。在所有这些场合,日本的盘算是要中国为之付出代价的。直至有关太田在斯德哥尔摩活动的详尽报道得到证实或被否认,作为第五位参赛者的德国人是否还未与日本进行谈判仍是个问题,中国仍要付出代价,但这回俄国是否也会成为一个可能的牺牲品呢?

日本显然造成了对它有利的战场态势。然而,近两年来,一场对决正在升级,这场对决涉及中国的国内政策和它的国际关系。这是一场与操控着中国国内政治发展的观念和理想相关的对决。它要建立一个真正的民主政体,抑或它还是继续沿袭专制政权的传统——是否考虑以共和国或帝国的名义则还在其次。就国际方面而言,问题在于能否通过某种临时性的国际监督,使中国的完整得到恢复和保

---

\* 此文选自《杜威全集·中期著作》第 11 卷,第 161—166 页。
① 首次发表于《新共和》,第 20 期(1919 年),第 110—112 页。注明的文章发出地点和日期是北京,7 月 8 日。

持;或者中国是否要走日本的老路,这条路使日本成为能够保护自己免遭欧洲侵犯并确保西方国家尊重的唯一的亚洲国家。可是,这种观念和理想上的对决需要具体化。美国和日本就是两个使这种理想之争得以展开的载体。驾驭形势的力量,而非有意识的选择,决定着这场对决的形貌。

  详言之,就西方列强玩弄的这套秘密外交的手段来说,日本也许正是一个独具慧眼的学生,但它有权声称,它从来没有隐瞒制约着每一特殊步骤的最终目的。它所宣扬的目的,就是把亚洲至少是东亚,从外国也就是欧洲的控制中解救出来。亚洲的门罗主义、亚洲人的亚洲,是一个人人皆知以至势不可挡的信条。每个日本人都有资格声称,如果外国人把日本对中国领土完整所作的保证竟然不是从反对欧洲侵略者这层意思上来理解,那么受到责备的,只是外国人自己的愚不可及。日本还认为,它信守对朝鲜领土完整作出的保证——用一种在当前条件下唯一有效的方式,信守着这种保证。换言之,对于让中国把中国振兴起来这一结论而言,长久不变的小前提就是由组织化、军事化了的日本对软弱、无序、停滞的中国行使保护国的权力——日本已采纳西方的科学、工业、教育和军事的方法以便转而用它们来反对西方,使东方、亚洲的文化和领土保持完好无损。在"二十一条"要求以及日本与中国进行的其他谈判的每一段言词背后,都潜伏着这类疾言厉色、明白无误而又未说出口的话:你要依靠日本的绝对保护,这样才能保证你得到与日本享有的同样的国际威望,以及和日本一样免遭瓜分计划、租借地、势力范围和经济奴役。舍此,你没有其他途径用以确保你的完整、自由和尊严。

  当然,日本无意中积累了物质和产业上的巨大优势,更不用说那种对不可胜数的人力发号施令的军事优势了。但只有极端民族主义偏见的盲目性,才会使人看不到宏伟计划含有许多想象性的东西,就像曾经把任何西方列强实现其民族命运和使命的计划包装起来的那些东西一样。夹在日本人和欧洲人争夺对亚洲的控制权中间的,是把最终的威胁挡在自己国门外的冷漠挖苦的美国人,他也许易于保持一个中立观察者的地位。正如现在看到的,日本已赢得了官僚政府统治的中国——至少是赢得了国际社会承认的北洋政府。这并不意味着那样的基本想法已获赞同,或者如今在玩弄中国这出游戏的那些官员们不再盼望着,总有一天会发生使日本放松对中国掌控的事情,但他们的确认可了让日本用以实现其目标的特别行动。如果行动变得过于强加于人,例如发生了提出"二十一条"要求的那种情况,他们会提出强烈的抗议。爱国主义被抛在一边,他们本人的财产利益、地方势力和威望要求他们对日本人的得寸进尺进行阻挠和抵抗,直到日本准备支付索要的确切价钱为止。

日本已经赢得了中国的官方统治派系,这一点可由围绕中国的和谈代表拒签和约的事态得到佐证。在政府对学生运动作出的让步中,政府作出了一个坚持把山东归还北京的半带约定性质的东西,却从来就没有同意代表们拒绝签字;而按照这种含糊约定发出的训示到达巴黎时,则是代表们拒绝签字以后了。这些代表们秉持自己的责任感,并在整个国家反对他们接受官方训示的道义支持下,没有签署和约。如今,政府尽可能对这件事加以掩饰,企图一方面取得民众的信任,另一方面安抚日本。它极有可能仍会要求巴黎的代表事后再签字。但军国主义的亲日集团由此会使它的道德权威遭到几乎是致命的打击,甚至可以设想,这时如若被迫签字就发出了一个民众革命的信号。

简言之,日本的宏大计划没有估计到这种形势中的最本质因素——中国民众。这种失败的程度可从这一事实推测出来,即在美国的日本宣传家们有时将他们在中国的使命与他们好心指出的美国在墨西哥的使命相提并论。中国以它的四万万民众以及作为日本文明的创始者,并不认为自己像墨西哥那样要等待日本的拯救。说是中国本身的骄傲、无知、民族自负、自尊或者对于相对的民族价值持有的真实意识都可以,如果你愿意,不妨可以这样说,但事实仍然在于日本误判了中国的心理。当它赢得那些官员的同时,却使自己成了民众的死敌。有一件事,只有一件事,可以使中国投入日本的怀抱,即重新启动类似西方国家过去对中国示以尊重的外交。可以想象这帖药是苦口的,中国会把日本的统治看作两种恶行中较轻的那种,而西方国家光有良好的意愿也是不够的。它们甚至必须避开恶魔的外表,因为神乎其技的宣传总是随时准备告诉中国人——那些西方人如何想要来欺压他们。避开恶魔的外表甚至还不够,困难的任务莫过于找到并建立途径和手段,以提供给中国其所迫切需要的帮助,这必须从它外部给予,还不能引起它的民族嫉恨、怀疑、恐惧、对抗和对立。须知,这样一来,又要请日本帮忙来反对外国人了。

这就很自然地把我们带到了观念和道德势力对决中的另一个角色——美国的面前。当然,这基本上是情境的逻辑,尤其是情境的心理学,才把美国置于这一地位上,它实际上没做过什么事。如果美国的观念这时在赢得民众方面如同日本人强加给最有势力的官方集团那样有效,那么,这是由于引起反响的那种方式使然。当形成反差的情绪被深深地搅动起来后,观念化的作用就变得极为生动。对日本的恐惧,即孕育着对美国的信任。毫不奇怪,日本因其对于民族心理的蹩脚解读,已被眼下中国的亲美情绪的迸发搞糊涂了,它在其中看到的只能是那种搞阴谋以及花费无数金钱用于宣传的超人能力的证明。但事实上,形势比人强。中国在其绝望处境中创造了一个具备强烈民主意识、爱好和平的美国人的形象,后者尤其致力于为弱国确保国际的公理和正义。它仍然相信与美国一起去并肩作战的英雄传奇,同时会添加它自己的篇章。

  对美国的信任是那么天真无邪,这一点可见于5月4日那天收集到的向美国代表们所致的各种祝辞。上海是爱国学生运动的真正的中心,下面是上海见到的一些演说辞的摘录:"如今你们伟大的国家正把正义和公理的原则引入遍及整个世界的国际关系之中。"这颇有点柏拉图哲学的味道,但往下几段话说到了具体的意义:"我们期望有一天,中国和美国能共同来维护太平洋地区的和平,正像你们的国家和大不列颠在维护大西洋地区的和平一样。"广州的同业公会对美国主导推进人权事业的国际会议表示祝贺,它毫不怀疑它对这种领导地位性质的理解,并说:"中国和美国必须持有共同的理想,中国和美国必须维持亚洲的和平。我们期待美国能对我们的正义之战提供帮助。"另一个演说(这回是妇人和女孩子们献上的)更是不同凡响,在谈到美国海军过去从未剥夺任何人的自由后,它接下去说:"如果有那么一天,中国不得不从它的土地上把侵略者赶走,美国海军将发挥正义事业的影响力。"商业联合会用某种不同的声调发出了同样的声音:"就是在这个独立日,我们吁请美国人来帮助我们获得独立,开发我们的铁路、水道,开发我们的资源,与中国合资以使我们从所遭受的商业奴役中解放出来。"

  自然,所有这些字句中流露出获得实际帮助的愿望,以反对民众认为是打着帮助中国的幌子而决意要统治中国的那个国家;但同时渴望物质帮助,渴望海军、陆军、外交、金融方面的帮助,也是实实在在的。这些演说背后展现的,不止是某种使国家得利的精神。对国际社会发出的呼吁,还与建立一个真正的民主中国的民族抱负密切相关——直至今日,这一抱负仍可悲地遭到挫败。日本在这样的形势下出演了一个掠夺者的角色,而美国则被指派了一个拯救者的角色。这一形势同样使日本成了中国本身的专制、军国主义政府的象征,而美国则成了事关中国进步与否的自由民主政治的象征。如果人们没有从中看到中国为自己投射的民主希望,那他们是不会理解目前中国对于美国的理想化的。我不再详尽引用这些演说了,但每一篇我曾提到的演说都相当感人地谈到这一事实:当这个庆祝了八年之久的国家仍在为共和政体而战,还没有赢得胜利的时候,美国的7月4日却标志着一个成功了的事实。日本被传统的统治派系的官员蒙在鼓里,至今还没有看到在它自己的中央集权制和中国大众生活的民主模式之间横亘着一条巨大的鸿沟。也许这就使人不用感到惊讶,为什么西方国家的代表会对中国本质上的民主要素频频产生误会,并渴望有一个强有力的统治者把中国带向和平和秩序的美好境地。尽管相对而言,只有少数受过教育的人明确有力地主张这种民主;然而这些少数人懂得,沉默的大众也觉得,唯有它才符合中国人的历史精神。美国从来没有使自己成为一张反映着日本官僚专制体制的民意的票据存根,而上述事实应对它有所提醒了。

这是一种让美国人更感到蒙羞而不是自豪的形势。我们的国家将度过一个艰难时刻,以担当起它已扮演的角色。困难不仅是理智和道德上的,而且涉及实际判断和机敏的行动方面。我们具备了所需的素质和活力吗?或者说,我们会再次徘徊于灵活的商业精神和无用的夸夸其谈的理想主义之间吗?总而言之,需要发挥理智的精力和耐力来构想出一种一以贯之并可以操作的计划,并予以坚守之。

谈到迄今为止的远东局势,美国的态度总的来说是求得和平解决。美国的行动,也包括国联的行动,就是如何用它以其宣称的世界民主理想的代表身份去对它的行动自由和行动力量施加影响。至少对中国来说,它害怕一个缔造着可靠的民主世界的美国由于与那些仍不为处理国际事务中民主理想所打动的国家保持的密切关系而使自己受到连累。如果与协约国协力发挥作用的美国在巴黎被迫对它确信的山东问题作出妥协,中国宁愿去信任已免于这样承诺和纠缠的美国。总之,国际关系中的民主涉及的,不是代理机构的问题,而是目标和结果的问题。就远东来看,某种情形下,比之让美国待在一个联盟里,而联盟的其他成员又不相信美国的理想,一个单枪匹马的美国更能有效地充当真正的国际主义的工具。但无论联盟存在与否,美国要考虑的远东问题不是一项轻松的任务。第一项必要条件是一种明确而公开的政策,一种先由国内讨论并使世界得以了解的政策。然后,我们即需准备以行动来作为它的后盾。不以理智的行动、坚毅有力的行动支撑的理想主义,将很快使我们在远东变得人微言轻——并把我们的命运拱手交与军国主义支配。考虑到国际性联合放款团的构成和功能,举个典型的事例来说吧,我们不能继续爽快地向法国贷款了,如果法国同时又在支持日本政策的话。这或许只是个假设的例子。但我们很需要这样来问一下,美国是否仍然意识到目前掌握在它手中的强大力量,一个访问远东的人得到的深刻印象应当能衡量出这种力量有多大——同时,我们又要问,是否人们已用愚蠢无知的理由把这样的一种力量多半浪费掉了。

(马迅　译)

# 美国在中国的机会*①

一般美国人也许会对美国过去在中国取得的进展感到沾沾自喜,并想象我们赢得了中国人的赞美。甚至那些偶尔翻翻报纸的读者也知道了返还庚子赔款,并以一种含糊的方式设想我们对中国门户开放所做的声明成功地阻止了对中国的瓜分。消息灵通的读者会为在库欣(Caleb Cushing)②、蒲安臣(Anson Burlingame)③和海约翰那里看到的一贯开明的美国外交政策,以及在义和团暴乱被扑灭后力主相对温和的措施感到自豪。我们乐意这样来幻想,整个进程确保我们赢得了中国人颇表感激的信任和尊敬。我们在太平洋沿岸给予中国移民的待遇以及排外行为会令人想到,我们很快便把如此大量源于以往历史的令人不快的思绪置诸脑后了。

我们很值得花些时间来问一下:关于中国人对我们态度的上述想法究竟在多大程度上符合事实?或者说,这类看待事情的方式是否含有对中国公众意见普遍性的一种错误假定?那么,什么是那部分有影响的公众人物的态度呢?这种态度的理由何在呢?这类探问的结果即使不那么赏心悦目,却是为将来提出某种适当政策的概念所做的必要预习。要是用几句话作个不无贬抑的回答,那么,我们以前

---

\* 此文选自《杜威全集·中期著作》第 11 卷,第 191—196 页。
① 首次发表于《新共和》,第 21 期(1919 年),第 14—17 页。文章注明的发出地点和日期是北京,9 月 12 日。作为"美国与中国"的第一部分重印于约瑟夫·拉特纳编,《人物与事件》,第 1 卷,第 296—303 页。
② 库欣(1800—1879),美国外交官,第一个派来中国的特使,谈判缔结《望厦条约》(1844)。——译者
③ 蒲安臣(1820—1870),美国外交官,1861 年任美国驻华公使。他在任内推行通过外交谈判解决纠纷,而不诉诸武力的所谓"合作政策"。——译者

的行为给许多中国人,特别是那些美国境外的中国人留下的印象是:我们的外交行动显得我们是不那么讲究实际的人;我们缺少在紧急时刻作出决定的警觉和快速,缺少行动的敏捷性,特别是缺少执著精神,甚至在自己的利益受到威胁时仍是这样。从总体上看,我们被认为是乐意助人的,但行动中有点不讲效果。虽然人们对我们拒绝参与攫夺中国的游戏表示感激,但也未尝不夹带着一丝怀疑:也许我们还缺少赢得这场游戏的精力和技巧。

这种感觉的当下背景,关联到日本和美国在过去两年半中为了尊严和道德权威展开的竞争。就美国方面而言,可以确信,这毋宁说是一场被动的竞争。某些方面的竞争记录,在美国推行成功的远东政策的道路上明显意味着是一种挫折。美国在参与这场战争时表白的目的和理想,以及我们参与战争的魄力,激起了中国相当部分知名人士的极大热情,一时似乎出现了一个已站稳阵脚的强大的、把亲美作为其政治纲领要点之一的自由主义党派。他们对协约国事业的热情有增无减。在1917年的头几个月里,甚至那些如今执掌权柄的军阀也颇具反日倾向;事实给出了有说服力的证据,未经与任何日本代表的磋商,与德国的外交关系便中止了。事实上,日本的一名大臣当时正在中国,日本直至既成事实后才获知这一消息。人们对中国军队积极参与西方战事非常热心,军阀首领出于使军队得到训练的目的希望促成此事;自由派分子则出于他们亲协约国和亲民主的意愿,他们看到战争结束后中国享有国际谈判地位时带来的好处。把被扣押的德国舰船用来运送军队的计划已经制定,但协约国存在运力短缺的状况,它们把船只分配掉了。如果说美国多少尽了一些外交努力来帮助中国人执行他们的计划,那么,在中国人看来,这种努力要么是失败的,要么是不得其法的。

接着,中国需要钱,并急需这些钱。它用这笔钱不光为了国内的整顿,也是为了积极参与战事。美国定期向其他协约成员国预先发放贷款。中国需要贷款,却拿不到手。日本人通过金融援助慑服了它。目前的传言坚持认为,这些资金或多或少落到了腐败的中国官员的口袋里;但就大的方面来说,这种指控的精确性是无关紧要的。明显的事实是:当美国毫无作为的时候,日本却在得寸进尺。从这时候起,日本控制了中国的政界。另一个事实,则使军人积极参与战事的热情也冷却了下来。

1917年8月后,协约国军队的运气落到了谷底。许多日本领导人开始确信,德国的胜利要么不可避免,要么战争以僵局而告终,这差不多等于是德国的胜利。

那些负责任的政治家、曾担任过首相和外务主脑的人物公开声明说，日本在整个战争期间忠于它的盟友，一种国际性的结盟关系到战争结束时已确定下来。日本已经肩负起与俄国恢复友好关系的重任，并显然要承担阻止美国势力在远东增长的那种责任。在战后日本、俄国和德国结成攻守同盟的情况下，中国将处于何种地位呢？对它来说，对那些不久的将来很可能统治远东的列强态度和缓、不加冒犯，显然是值得考虑的事。我相信，在决定目前各派势力的地位时，不可能夸大这个因素的影响。因为当这种特殊性质的预测还没有出现时，亲日和对美国不冷不热的形势便产生了。就在最近，一个被奉为政界中亲日派系军阀首领的人（亦被看成是个清廉之士）说，中国不能不亲日，日本的陆军和海军如此强大，又如此邻近，"如果太平洋缩小成一个池塘，我们就会亲美了"。

这就是能够从中国人对美国政策的看法中引申出更为一般思考的那种具体背景。比如说，当美国人开始说明他们对庚子赔款仁慈地予以返还时，中国人很可能回想起，作为一种实际力量，美国以提出满洲大铁路的中立化建议开始其远东之旅，继而又栽在俄国和日本的手中。这件事本身算不了什么，所有国家都要接受外交的考验，但在中国人看来，在提出一项宏大计划并遇到最初的抵制后，美国政府既没有用所做的检讨以确保别的地方取得补偿性进步，也没有试图用其他手段来维护它已制定的原则。

平汉铁路事件同样使他们感到吃惊。这是美国政府办事倾向的一个例证，即构想出一套相当宏伟的规划，然后又遭失败，或一遇阻力便予以撤销。美国红十字会做了重要的水灾灾民的救济工作。但是，还存在一项大规模的河道管理的工程计划，这个计划在最初被吹捧一阵以后便不了了之。西姆斯-凯瑞公司修筑铁路的计划也许与以上情况不一样，因为这些计划处在假死而非死亡的状态。但事实仍然是，美国是唯一一个没有在中国通过大规模成就证明自己的大国。或者不如说我们的决定性成就表现在教育领域，坦白地说，我们在这个领域远远走在了前面；但就其所做的有关国际事务的决定而言，这类成功并不会给人留下深刻的印象。上述事例必定成了说明这些事实的样本，即它们使那些受过教育的、有影响的中国人感到，不能郑重其事地依靠美国人。中国人并没有像某些国家那样把我们当成虚张声势者，但除了断然为"门户开放"说的话，以上提到的事例连同做出的许多失败之事，不能不使人感到，我们容易发布宏大美好的计划，但在经受行动的考验时，却起不了什么作用。中国人并不把感情带入实际事务中去。他们根据结果而不是意愿进行判断。与我们美国相比,他们发现,日本人在不停地工作,从不以任何事情能够过得去为满足;他们充分利用每一个机遇,挫折只是激发他们努力作出更新和更改,他们勤快、耐心、执著、坚忍。如果日本在评估中国人的感情上没有犯下大错,中国或许已经把它的外交政策交由日本掌管了。因为中国总得依靠某个外部势力,即使要花很大的代价。有太多的理由说明它要依靠这样一个国家,这个国家敏锐、强悍、警觉;当它开始实现某个计划时,从不轻言放弃。对美国人来说,涩泽男爵就日美在中国的合作提出的建议,即美国提供资金、日本提供智力,绝不能仅仅看作是一种圆通的表达方式。可是,这位日本的大金融家和慈善家所指的,就普遍情况而言,不太可能是说日本人的智力优越。他说的话毋宁是基于这一事实,即日本人勤于用脑,并坚定地向中国推行他们的计划,美国人没有做到这一点。

当然,现在从美国的立场来回答这个问题还是容易的。我们从未对远东产生过足够大的兴趣,以至值得花时间把我们的注意力和精力集中起来。除了门罗主义,我们从未像其他大国那样奉行一种带有连续性的外交政策,我们有太多其他的投资赢利途径;要取得较好的收益,莫如不再去关注任何其他计划,而不被投资铁路或其他项目不断招来的令人烦躁、一波三折的障碍搞得终无宁日。另外,此事也关乎我们的信誉。我们和其他那些典型的大国一样,从未在与经济落后国家、与中国打交道的过程中,与其结成紧密的商务联系并产生政府行为。从美国人的观点出发,开脱或者善意的理由可找上一大堆。但正如前面已指出的,当中国人回到他们有关外交关系的公式时,辩解和理由皆与他们不相干。他们感兴趣的是过去的结果和现实的成果,并用这些东西来作为预测未来可能进程的手段。

这次战争已确实证明,美国可以在其外交事务中迅速、有效地行动,并大规模地展开行动。不幸的是,威尔逊总统的话与和会的具体成果之间存在的反差——这种反差由于时势的缘故而在中国变得极度惹人注目——趋于恢复了关于美国的老观念。这还不是全部,当广大民众哀告我们救助他们时,那些地位显要的领导人又有了新的兴趣和期待。对于美国的历史形成的友好情感是如此强固,它成了一笔具有巨大潜在价值的资产。问题是要用借由行动展示的建设性政策,把实践转化成可加以估价的东西。我们不能说存在着绝对必要的任何单一的特殊的政治行动,但存在着一系列至少在相当长时间内可以决定命运的行动。对山东问题进行了多次讨论,却未对这件事负起责任,或者说听任它们自行其便,这将使人们进一步得出我们的政策犹豫不定和徒劳无功的那种最坏的看法。坚定地遵循某种明确的行动方针是必要的,除非中国已实际臣属于另一个国家。因为中国需要外界的帮助。和平协议在此刻成了最为尖锐的政治性国际议题,而资金和工业问题将是一个带有长期性质的重要议题。这正是为美国准备的一个大好机会。引进统一的无所不包的货币体系和铁道系统,改进现代港口和货物处理设施,对内陆的河道水系进行改造以改善运输条件并防止水患灾害——这些就是应予承担的重要任务的实例。美国是目前唯一拥有必需的资金、工程能力和管理才干的国家。

重要的是,在大规模引进重大项目时,美国要避开会酿成刺激和猜疑的那种竞争。如果规模足够的大,就不会产生竞争。日本并不准备大量涉入这些事务。一种可解释为构成日本合理发展道路的障碍的消极政策,充满了危险。以建设性方式全神贯注于重大的事业会给日本带来众多机会,却使它永远消除了向中国道出日本的实质目的的可能性——只要军国主义-官僚集团分子继续掌控日本的政策,就连日本最亲近的朋友都得承认这种危险是真实存在的。当前形势下不幸事件发生的重要根由源于这样的可能性:美国会对远东表现出足够的兴趣,它滔滔不绝地谈论,而把行动放在次要地位;这总体上可被解释为是在以一种多少带有正义的方式行事,好像它的主要目的就是挫败其他国家,特别是日本的野心。

没必要告诉人们,今后几年是关键的年份。就像其他地方一样,中国的重建即将来临,但眼下还有亟待解决的事情。距离对所有次要的关系是不利的,但美国如果把它的注意力放在大规模的任务上,那么,距离也可以成为有利的东西。对中国外交方面过去已做成的事情中,有相当部分的摩擦应归于没有确保与中国人取得管理上的合作。美国的事业应当有理由摆脱用经济投机家们来充任角色的诱惑。那些在美国学习过或正在学习的中国学生,为管理上的合作奠定了明确的起点。如果中国人中没有足够受过训练的人士,那么,商务计划中应包括教育技能的推广,以便对急需的人才加以培训。过去的那块大绊脚石,也就是在商业利益和政治性的政府权威之间缺少共通性,这同样可以转化为一份实在的资产。中国人很像美国人,他们具有勤勉自助的传统;他们在本质上对政府的活动感到嫌恶。为了避开政府,他们采用拖拉、阻挠和贿赂等几乎不易打碎的传统方式行事是一个于己有利的步骤。征用中国志愿劳动力的合作方式,在很大程度上也会受到这种行事方式的影响。然而,派一名低级官员去执行计划,与不同的中国人商量,事情不一定办得成。中国的官员视之为与其地位相等的长官必须到场,这名长官必须也同等地看待中国的长官,并准备与他理智地打交道。计划显然必须具有这样的分量,它们会为外国投资者带来足够的安全性和合理的利润,同时使中国成为它自己经济命运的主人。如果这一点得以谈成,它就能毫不费劲地从政治上进行自卫了。正因为其他国家政策中的主导因素是鼓励对中国的经济征服,美国便取得了得天独厚的机会去探寻相反的做法,它有这样的想象力和精力吗?

(马迅 译)

# 给中国下药，我们也有份[*][①]

除了对英国在"鸦片战争"中的作用留有模糊的印象外，在无数把鸦片和中国联系在一起的人中，大概只有少数几个人知道，这种麻醉品使用的引进和散播从一开始就牵连到外国的责任；很少有人知道，有责任感的中国当局如何持续不断地进行抗争，以阻止这种麻醉品的输入；也很少有人知道，其他国家的官员在中国当局的抗争道路上设下的障碍物。就在罂粟的种植在英帝国遍地蔓延之时（我们不必否认这一点），公平原则不能不叫人承认，中国人得出了这一结论：既然不可能阻挡鸦片从印度流入，他们自己最好也能分沾一些利益。1906年发动了最后一场反对种植罂粟以及全面根除吸食鸦片习惯的重大战役，并就确保从印度输入鸦片的事项与大不列颠取得了合作。即使对中国人完成任何改革的能力持最为悲观态度的人，也不能不把他们反对鸦片的斗争看成是个例外。他们有处理问题的魄力，又有查明以及对付冒犯者的那种智谋和技巧。就其诚挚的态度和中国老百姓的适应性而言，五年中取得的成就宣示的是中国人管理能力上的一项奇迹。历史上很少能找出这样一项进行得如此迅猛和彻底的全面改革运动。

工商业界抗议"感情用事"，在对这类做法加以指责和反对的压力下，其他国家慢慢地同意与中国合作。它们施加了严格管制以确保合法地使用鸦片，否则禁止其出口。中国方面也实施了这类管制。自1905年以来，每年只有约40盎司的鸦

---

[*] 此文选自《杜威全集·中期著作》第11卷，第197—201页。
[①] 首次发表于《新共和》，第21期（1919年），第114—117页。文章注明的地点和发出时间是北京，10月6日。

片从中国海关入境。这个数量是根据医生、医院和药剂师确定的用于医学用途的相应标准规定的。然而，很难使法律和道德跟上科学和商业的进步，不可能用上述数字来衡量中国使用麻醉品习惯的状况。

随着供使用的鸦片的进口量减少，当从新的途径增加可卡因的供给后，科学以衍生物，尤其是吗啡、海洛因和可待因等衍生物的方式，提供了替代品。使用这些形式的"毒品"扩展得如此之快，以至它们很可能超出了鸦片造成的最惨痛的恶果。吸食鸦片要花大钱，现今这种嗜好被限制在富人阶层。使用注射器的价钱与抽一管烟同样低廉，这很有吸引力。出3个铜币就给注射"一针"，照此情形，毒品贩子所获的利润何止十倍。吸食鸦片是贵族的恶嗜，打针却及于广大苦力。人们毫不费力就可以发现那些吸食鸦片者。但无须告诉美国任何大城市的居民，要去查找出现代形式的毒品贩卖者该有多难。要冒险去获取利润，中国的毒品贩子使用的狡计堪与美国的毒品贩子相比。人们听说，每次交易中玩弄的花招都被运用到偷运、分送吗啡和海洛因的过程中。买卖变得更容易了，因为中国人对药物有极大的需求，我们这里看到的那种有开业执照的医师在中国很难看见。鸦片的衍生物以各种药丸的形式被售卖，沿途叫卖的小贩向人们兜售各种药丸和针剂，蒙在鼓里的受害者直到他养成瘾疾后才知道他得到了什么东西。这类证据的分量在于，与吸食鸦片者相比，吗啡、可卡因和海洛因对一般毒品使用者的身体、心灵和性格所起的腐蚀作用更为彻底。如再考虑到注射药物的毫不起眼——最近在上海查实的一次案例中，走私药物可供1200万次"注射"之用——很容易看到，新的威胁要比老的更为严重。

然而，由于现在进入中国的毒品仅通过偷运者的渠道，可以认为中国政府不用再为把这种罪恶强加于中国而承担责任了——现在，它单纯成为走私者和毒品贩子个人的邪恶之举。不幸的是，对那些具有良好声誉的西方国家，情况却并非如此。说得轻一点，如对其作出和实施有关制造、运输和出口鸦片产品的规定这一点忽略不提，那么，这些国家皆成了这桩罪行的共谋。1912年举行的一次国际大会，禁止再向中国输入吗啡。在这之前，从大不列颠向日本出口的吗啡一年达3万盎司。凭良心说，这个数量是够大的了。而其中的大部分无疑觅到了流向中国的出路。到1917年，这一数目增至20倍，达60万盎司。四年中，有超过50吨的吗啡从苏格兰输往日本。这是官方海关统计的数字。无须指出，英国政府和日本政府知道，这一数目远远超出了合法需求——或者说，这类货物的目的地正是中国。向该国出口这类货物,名义上是被禁止的。但在此,道德责任却被撇开了。英国远不止是在从事零售贸易并成为最终的消费者,它的利润成了种植鸦片的印度、作为加工中心的爱丁堡以及航运贸易业的收入来源。日本(在那个时候)不具有制造和出口的责任,它仅仅充当中间人的角色。在这种情形下,它很容易逃脱指责,并且也很难有效地诉诸良心。只有国际性的合作,才能解决问题。海牙大会通过了一项出色的决议——大不列颠这个动议者声明,如其他国家遵守该决议,它会将其付诸实施。

可是,对英国政府良心的呼唤在1917年变得如此强烈,于是管制规定以这样的方式得到实施:只有当出口商拿到许可证,鸦片的衍生产品才能被运到日本及其租赁地满洲(后者是吗啡到达中国人手中的主要中转地)。要拿到许可证,只有事先出具日本官员开出的凭证,此项凭证证明吗啡仅供医疗之用,并指定仅在日本和其租赁地消耗。后一限制性条款使日本成了不让货物流入中国的保证人。到了下一年,输入的货品大大减少了。但仍要看到这一事实,日本在这期间加工的东西超出了供它自己医疗需用之数。人们困惑地发现,日本进口了15万盎司的货品。这个事实大概会证明那种廉价的良心。然而,我们还没有对此充分地展开论述。

首先,大不列颠没有强求这种许可证制度也适用于包裹邮递的出口业务——单个的邮寄包裹一次可以塞入10万服注射药剂。英国在中国的国民指责他们的国内政府有意造成疏忽和规避。另一方面,香港和新加坡的英国当局将鸦片制品的生意包给当地人做,以此为这两个租借地各挣得两百万的年收入。有确切无疑的事实可以证明,这类特许经销商只有向中国大陆运送这些违禁品,才会为他的生意花钱。很明显,没有人会一年花上两百万以得到只能在香港市内售卖鸦片的那种特权。特许经销商们获得如此大量的工具用于向中国走私货物,以至有人说,英国在对日贸易中采用许可证制度不是出于道德上的理由,而是为了保护"鸦片种植者";这些人在与日本人的走私竞争中困难重重,他们呼吁英国政府保护他们的权利。

大不列颠的份儿就说到这里。再来说说日本。且不提日本政府对于颁发各种凭证的漠视问题,以及人们指责它经由缩小对英贸易而鼓励在日本和朝鲜种植罂粟以从中捞取好处的问题,事实上,日本在中国的领土上,也就是在"大连及周边地区"的租赁地和青岛,各种凭证从低级官员和草率办事的官员手中发放出去。光在一年中经"大连及周边地区"进口的"仅供医疗之用"的吗啡就达6万6千盎司。这个数字可以明确告诉人们,日本的行政当局成了以满洲地区作为始发地向中国输送违禁品的共犯。总的来说,日本人在近些年里对零售和批发贸易的控制已变得如此完备,以至纵然谈不上是仅有的罪犯,也逐渐被视为一个主犯。造成目前反日情绪的一大原因可见于这个事实:山东现在成了分发毒品的一个中心。

现在要说到美国参与毒化中国的罪行了。英国对出口到美国的这类货物并不索要许可证。我们的法律是这样的:当这类货物抵达我们的一个港口,人们只需把这些货物放进供转运用的货栈,这样就不用支付关税了。我们自己的法律不允许把吗啡直接运往中国,但有关转运的法规并不含有询问货物性质的内容,人们只需对这些货物大略作一下描述就可以了。如果贴上"药品"的标签,那么所有如今在苏格兰加工成的吗啡制品就很容易经由美国非法运往日本,再从那里运抵中国。记住这一点,这类货物是不能从大不列颠直接运往日本的。如果我们的海关官员和国会都被要求正视这件事,却仍使之照做不误,那么,我们就与英国和日本一道负有对中国下药的责任了。

我们的罪过并非都是间接的。最近在上海告破的走私案中,被缴获的吗啡全是在费城制造的——这一事实由反鸦片国际联合会的一名律师在公开法庭上予以证实。将这批毒品直接运往中国是犯罪行为,但仍然没有什么法律阻止把它们运往日本。美国通过英国堆在货栈里的这类货物和我们自己的制品这两种渠道从事的交易,已达到了惊人的程度。官方统计显示,在今年的头五个月,从美国港口运往神户港的吗啡制品有2.5万盎司。但神户出版的《日本记事报》却愿为这样的陈述负责:同期抵达神户船只的运货清单显示出,有9万多盎司的吗啡制品没有出现在海关申报单上。结论显而易见,这批数量的货物经神户港被转运走了,继而被偷偷地运进了中国。这是否表明神户港的官员存在恶劣的纵容行为,对此可以争论。但首要的责任,要归于美国的法律和行政管理。当中国正以极大的努力去扑灭它染上的毒瘾祸害时,我们却成了给中国下药的卑劣行径的主要参与者。

我们必须抛弃对大不列颠和日本的假仁假义。我们还没有看到产业和商业利益拥有的巨大政治影响。这只需稍微顾及一下非法交易的危害,稍微花点精力去制订一些法律和行政法规,使之对输入美国港口的所有鸦片制品强迫进行适当的登记,并将再出口这些货物视为犯法行为。我们很容易采取一些措施,使美国的吗啡和海洛因制品不可能出口到日本,进而输入中国。我们可以来照看一下,使我们设在上海的邮局不至于通过邮寄的包裹成为把毒品输入中国的场所(目前,我们的邮局还没有成为这样的地方,即成为破坏中国法律、毒化中国民众的地方)。

国际反鸦片团体已制定出一些计划,如果能采纳这些计划,不仅使中国而且能使世界有效地对邪恶交易进行全面控制。这些计划从这一事实出发,即控制小批量的零售买卖并最终控制消费者难处甚大,以至于几乎是无望实现的。对源头加以控制,则要简便得多。可以对罂粟的种植进行监管,对每一株未加工的鸦片果实做到心中有数,以便对其加以跟踪。确定所需的作为合法医疗用物的毒品数量是可能的。这些必需品的加工量必须得到政府认可,并置于政府恒常的监管之下。根据统一包装上的连续编号以及售卖记录,可以对所有分发过程进行跟踪。除非进口国能拿出证明其拟议用途的需求凭证,以及事先向进口国就与订货单相符的交运货物的性质和日期发出通报,鸦片制品不能被运送到远东的任何一个地方。

我们的兴趣并不带有纯粹的利他主义性质,也不光是借助中国来履行我们的明显的责任。我们自己就承受着毒品之害。在我国,这种害处的增长正是当今最令人感到窘迫的事件之一。要是我们不采取使中国也能铲除此害的措施,就不能保证我们自己能够消灭此害。有关对进口、转运、出口、加工和批发销售进行控制的法律法规,它们为中国所需以便对我们也参与其中的那种损害其生命的罪恶行为进行防范,它们也恰好是保护我们自己的健康和道德风尚的手段。要是我们不把自己的屋子先打扫干净,何以能够发挥我们在国际行动中应当发挥的作用,去有效地规劝其他国家,特别是大不列颠和日本。巴黎和会向中国承诺,国联将关注鸦片和吗啡的非法交易问题。美国会继续参与这种罪恶勾当,直到迫于外部的行动压力才放弃此举吗?它会用不干净的手去参与国联会议的审议表决吗?

(马迅　译)

# 中国的噩梦*①

近几年来,世界充满了非凡事件,以至五年前的奇迹现在已很难引起注意。曾几何时,俄罗斯的一个公告引起了轰动。该公告称:俄国将主动不计报酬地把其从中国东部铁路的所得权益,以及从满洲或中国其他地方获得的所有采矿和林业特权,归还给中国;同时,放弃所有的领土特权与庚子赔款未付款。这一宣告,制造了所有你想要的来自苏维埃政府的让利。这种转变之惊人,犹如德国人在没有争战的情况下,主动提出自愿归还法国的阿尔萨斯-洛林(Alsace-Lorraine)和1870年战争赔款。从许多方面来说,这一提议甚至是空前的轰动,充分展示了历史的不可置信。20年前,没有人不知道俄国企图占领整个中国北方和至少南至青岛的亚洲海岸;而且,在俄国被日本打败前,几乎无人怀疑她的计划会成功。

读遍20年前描述中国的书,你将发现,为了精确说明今天的状况,就其精神而言,你将不得不以日本替代俄国。地理上的细节虽然不同,但经营的对象和一般技术仍没有变化。贝思福(Beresford)勋爵在1898年曾随一个贸易使团到中国考察,并将考察报告写进了其《瓜分中国》(*The Break-up of China*)一书。在书中,他说:"对于中国政府是否具有卓越的能力来确保英国商业和贸易的安全,我几乎无法提供任何意见。这个问题不应该由我来回答,'但俄国会怎么说'却是会产生作用的。

---

\* 此文选自《杜威全集·中期著作》第12卷,第48—51页。
① 首次发表于《新共和》,第23期(1920年),第145—147页;重新发表于约瑟夫·拉特纳编,《人物与事件》,1929年,第1卷,第193—198页。

在中国,大不列颠害怕俄罗斯这个观念正在生根。"

在那些被曝光的通讯联系①中,德国皇帝向俄国沙皇致贺,祝贺他在北京建立了统治权。在海约翰(John Hay)的自传中,当时俄国驻华盛顿大使的卡西尼(Cassini)否认了俄国对中国提出以牺牲他国(包括中国)的利益为代价的要求。卡西尼的否认,是有事实根据的。同时,作为美国国务卿,海约翰握有关于这一要求的、来自三个不同首都的抄本。这或许很容易令人想象他正在阅读《二十一条》的外交历程,而大量针对日本的批评者和辩护者,一旦认识到日帝国主义是多么极力追捧俄国沙皇专制,都将改变他们的论调。

日本人的模仿能力可谓臭名昭著,日本在外交政策上的特点是在俄国的启发下形成的——这些特点对它控制中国是非常重要的——这有什么奇怪吗?我丝毫未曾怀疑过,大多制定中国政策的军国主义者和官僚主义者会真诚地相信,他们此刻在严格地遵循着西方的外交模式——而俄国的模式一直在他们眼前。俄国的东方外交手段中的组成要素通常有:大量的腐败、阴谋、暴力和欺诈,等等。日本官员们很自然地认为,英美等国强烈抗议日本方面类似的做法其实纯属伪善,或者只是它自身常规的外交游戏的一个组成部分。

越全面研究中国近 20 年来的国际关系史,就越能清楚地看到日本承袭了俄国的目标、方法,以及大战以来俄国的成果。正是俄国,发明了借助铁路和银行进行侵略的战术。俄国即使没有开创,但也巩固了以偏爱和占着茅坑不拉屎的策略来扩大政治影响的做法。俄国发现了警亭的价值,可以通过警亭暗暗地进行半军半民式的行政控制,从而使自己的合法利益(至多纯粹是经济上的)在这块领土上得到诉求。《二十一条》的许多条款几乎逐字逐句地拷贝了俄国之前的要求,例如训练军队的独有权等等,诸如此类。俄国把借保卫他国之名而行军事占领之实的教条发挥到了极致。它以中国保护者的姿态对抗"西方"列强,自誉(最奇怪的是,他们有比日本人更美丽和更成功的借口)更了解中国人的心理,更懂得如何管理中国人。我们从 1896 年与李鸿章(被外币收买的中国政治家的原型)在圣彼得堡签订的《中俄密约》中,将会发现日本后来的外交政策的大宪章,它甚至包括在某种条件下允许俄国海陆两军占领胶州湾。

---

① Willy-Nicky letters,其实应为"Willy-Nicky Correpspondence",是德国皇帝威廉二世(Wilhelm II)与俄国沙皇尼古拉二世从 1914 年 6 月 16 日到 1914 年 8 月 2 日之间的一系列来回电报。——译者

在中—俄—日三方关系的早期阶段,直到1905年《朴茨茅斯条约》①签订之前,对于处理与中国的关系,日本能够信守他们宣称的自卫原则。无疑,拥有大量未开发领土的俄国,其入侵韩国与中国北部的理由,要比日本少得多。此外,俄国每侵入中国一步,他国尤其是英国与法兰西就立即紧跟着提出赔款与其他权力扩张的要求。我们有充分的理由认为:德国要求中国对其开放胶州,是受俄国以貌似可取的理由强租旅顺口与大连湾的刺激;正当中国屈从于这两件事情之时,英国即索取长江地区,法国即索取中国南方。

这就是贝思福把他的书命名为"瓜分"的时期,尽管他自己曾经是"门户开放"主义的积极鼓吹者。也正是这种状况,使得日本顺理成章地自命为中国主权与领土完整的保护者,反对欧洲列强对中国的诸般侵犯。此等感情与要求有着显著的历史惯性。丝毫不值得惊讶的事实是:它们至今依然顽固地留存在大多数日本人心中,并为日本继续在中国推行侵略扩张政策获得广泛的支持与认可,而且提供了条件。日本人曾经完全有理由相信:他们未来的命运取决于获得足够的中国控制权,而这是确保它不落入欧洲列强之手的唯一确定的道路。时代变了,日本人的感情却滞后了,因而依然被军国主义党派所利用。同时(尤其是大战爆发后),日本自己的战略越来越疏于防守,越来越敢于进犯。

如果美国充分了解俄国在东方的外交策略,了解这些策略对日本命运及其亚洲目标和方法的影响,就绝不会轻信日本对西方所做的鼓吹而沦为受骗者。事实上,美国的无知促成了几乎全球赞成的《朴茨茅斯条约》及其附加条款,尽管这些是出于他们的天真才签订的,但其最终休战却是以牺牲中国在满洲的权益为代价的。一个身在中国的外国评论家认为,罗斯福总统理应为中国自1905年以来的国际灾难承担责任。他的理由是:罗斯福本该坚持战争既然在中国的领土上打响,中国就应该成为最终休战谈判的一方,而和平会议是中国有效保护自己免受双方侵略的绝佳机会;然而,事实却是,实际结果使俄日两国都对以牺牲中国为代价的相互交易感兴趣。如果没有英国海军,无疑早就会有俄日双方关于瓜分华北的共识。当然,做事后诸葛亮是不难的。故此,罗斯福总统是否该受责于缺乏远见值得斟酌,毕竟在那个年代,其他人并不具备这样的见识。

---

① 《朴茨茅斯条约》(Portsmouth Treaty):1905年9月5日,日俄双方在美国朴茨茅斯经过25天的谈判后,签订了《朴茨茅斯条约》,正式结束了在中国东北领土上进行的日俄战争。——译者

上述所有,仅是顺便勾勒下一个重要时代的中国外交关系的背景。中国不可能接受俄国目前的提议。即使中国愿意承担此等程序之风险,其同盟者也不可能允许,但此提议仍然象征着一个新纪元的开始。虽然俄国政府已被推翻,任何取代它的新政府都有理由更理解中国。毕竟,它们的领土接壤边界长达3000英里,两国又同在一个大陆里。日本终归只是一个岛国,在大陆上的孤军征战史无法为日本在亚洲取得进一步胜利提供有利的预言。西伯利亚的状况一直很复杂,但从表面看,赞成向西伯利亚冒进的日本军国主义者目前是占有优势的。中国又可再次庆幸,上帝总是在他们濒于绝境之时拯救他们。俄国人并非和平主义者,他们依然扩张;由于俄国历史上是农业国,他们有着巨大的土地欲求。在中国看来,日本卷入西伯利亚越深,其彻底失败就越确定无疑,即使它实际占领西伯利亚东部直至贝加尔湖已达数年。很多人都谈到,中国的国际前途将在西伯利亚决出结果。形势变化极其迅速。人们私下里谈论着战争将以日本为一方,俄、韩、中为一方,这种观点或许只是空穴来风。但是,不管俄国是恢复君主制还是转为共和制,中俄关系都将是其国际地位的最终决定因素,这似乎是一个确凿的预言。日本由中国转向西伯利亚,或许标志着其对中国的影响力的极点。从历史计年来看,最后的五年很快将是中国噩梦结束的年头,这并非不可能。

(刘华初　马荣　译　马荣　校订　刘放桐　审定)

# 远东的僵局*①

目前远东地区和平的钥匙掌握在美国的手中,这是十分确定的。但是,是否有谁知道该到哪里去找这把钥匙,并对它是什么样子知道得足够清楚,以便万一偶然发现它时能够辨认出来,这是有疑问的。然而,这把锁却是明摆着的,它就是日本与美国的关系。因为目前美国与中国以及西伯利亚的关系,只要涉及大的问题,就都不是直接的,而是要通过日本。有两把钥匙正在被尝试,而且肯定不会合适;第三把钥匙,我们在承认它是一个其价值有待于去发现的 X 的同时,可以称它为一种政治家式的策略。最明显和被谈论得最多的两种行为,注定会把事情搞得更糟的两种行为,是收买日本和对其不断地加以抱怨。

通过贿赂或收买日本来保持日本与美国之间和平的策略,最近拥有一些突出的代表——尽管他们当然不会在公众面前使用这些赤裸裸的言词——也许在他们自己的头脑中,也不曾如此坦率地称呼它。论证的步骤是这样的。日本领土狭小,人口众多且继续增长着,每年 70 万是宣传家们偏爱的数字;它原材料紧缺,粮食供应不足,人口的输出是绝对需要的。"白人"国家,可以腾出地方来的这些国家,拒绝接纳日本人为移民。那么,对于世界和平来说,必要的变通之计就是在亚洲大陆上扩张;而且对亚洲原生自然资源的这种需求,可以使日本得以在本国发展稳固的工业体系(industralism),以及能够承受由人口增长所引起的重担的发达工业。此外,日本是一个有开拓精神的、高效率的、开化了的现代国家,它具有组织能力,尊

---

\* 此文选自《杜威全集·中期著作》第 13 卷,第 70—76 页。
① 首次发表于《新共和》,第 26 期(1921 年),第 71—74 页。

重法律与政府,有合理诚实的公共服务。因此,它令人赞赏地适合于在西伯利亚与中国担当起黄种人的责任(Yellow Man's Burden)。这些国家的政府受到嘲笑且腐化堕落,而且不管从哪种意义上说,无论在商业上还是在政治上,都还不适合于在国际社会中成为平等的伙伴。再则,关于中国,存在一种文化上的统一,有人说是种族上的统一;日本人了解亚洲的东方人,以及对他们来说什么是好的,而没有哪个白人种族能做得到他们那样的程度——诸如此类,直到论证结束。

其中的寓意是很清楚的。广义地说世界,狭义地说美国,应当以一种宽仁的中立态度来看待日本试图在亚洲大陆上立足的努力,无论是在西伯利亚、满洲或者山东。因此,演说与文章总是以对那个令人向往的东西的祈愿作为结束,那种东西被称为对日本及其严肃问题的同情的理解,而且还有着一种确信,即演说家或作家通过与日本真正的领导人的个人接触中得知,在世界上所有的东西中,日本最想要的就是与美国友好的关系,只待美国作出进一步的表示——只是关于什么问题,他们没说。通常还有着一种含糊的威吓,即日本由于是"一个骄傲而敏感的民族",如果受到过分的压制和因为缺乏输出以及缺乏必需的经济资源而感到绝望,那么,它就会拿起武器投入与美国之间的战争。整个论证通篇上下弥漫着一种微妙的威吓,说我们可以通过允许或鼓励它把精力投到亚洲从而避免与日本有关的一切麻烦。有时还存在一个附带的暗示,即因为日本在亚洲的扩张中会需要外国资本,所以美国参与进来,并为这样一个行为要求一份物质回报,也不会引起什么麻烦。

这就是我称为收买日本的一种策略。其主要意义不是来自这一事实,即它是由美国一些有几分重要性的人提出的——有某些英国人也主张这种政策。它意义重大,是因为如此精确地反映出一种宣传,只要解读它,人们就能了解官场和商界中日本人的想法。到访者也许会认为,是他自己阐发出这种策略来的。但是,任何一个长期居住在远东地区的人几乎都能猜出我们论及的这些人的名字,而且能够往回推想这些推心置腹的告白和犹豫不决的暗示中的每一步;通过这些告白和暗示,显要而受到最佳款待的外国客人被引导去作出他关于保持日本与美国之间良好关系的方法的"发现"。

这种策略确实被采纳来在一段时间里保持日本与美国之间关系的友善。它给了日本想要的东西,相比之下,加利福尼亚问题(the Californian issue)①只不过是小事一桩。它在一段时间里缓解了美国在外交上的燃眉之急,并使人们茶余饭后的谈话继续以一种滔滔不绝的热情进行下去。但是,从远东那些严重问题的解决这一出发点来看,这是一种假象。它表达出这些问题的恶化,这种恶化一定会导致一种人们能想象到的、将使整个世界都卷进来的、最终无法解决的局面。根据诸如由于一种低水平的生活和政府的有意刺激而造成的无限制的人口增长而提出的各种要求,想要去掌握一个大陆的命运,这些事情也许可以略而不提。另一个事实,即日本进行的第一次和唯一的一次官方人口普查的结果,显示去年的人口增长是40万而不是总被宣传的70万,这也许同样可以被忽略。

我们还对这样一个事实一笔带过,即山东已经人口过剩,而且日本人把贫穷的殖民者安排到落后的乡村去定居并忍受西伯利亚甚至是满洲的种种艰辛。我们甚至可以略过如下事实,即对日本移民来说,到亚洲无人占据的那些地方去已经不存在任何障碍了,就像欧洲移民到加拿大或美国去一样——就是说,以个人的身份而不是以外来帝国的先遣队、国家侵略的间谍的身份。

但是,我们不能够无视后一个事实所附带的东西和结果。那些重复日本作为维持良好关系并促进秩序、效率与进步的一种手段而对其在亚洲大陆上的行事自由作出请求的人,忽视了这一境况中的基本事实:日本在亚洲大陆上的行事方式是如此这般,以至于日本人在其所接触的每一个民族中,都引起了深深的不信任和敌意。这个事实不能通过诉诸当地居民的落后与无能来打发。即使承认辩护者们考虑到日本人相对于中国人和西伯利亚的俄罗斯人在行政和经济方面的优越,而为日本的行为作出的最夸张的陈述,日本人在亚洲大陆上的所作所为正是在全世界范围内埋下最终战争的种子,这仍是一个事实。

美国人有时也许会以一种复杂的方式猜想远东的旅行家们所作出的各种相反报道和见解,并下结论说,后者由于各种性格上的或偶然的原因而变得亲日或反日。解释如下:那些未曾远足至日本以外的人们把日本认作一个事实;亚洲大陆仍然只不过是地图上的一个地方,是思考中的一个非个人因素。那些睁一只眼闭一

---

① 19世纪下半叶,由于主要以提供廉价劳力为生的中国劳工随着美国西部"淘金热"大量涌入美国太平洋沿岸各州,引起当地白人居民不满,以加利福尼亚为首的各州陆续通过了一些限制亚洲人移民美国,并对已在美国的亚洲人施加比较苛刻的课税条件的法案。此举主要针对中国人,但法案适用范围也包括日本人,由此引起日本的不满。——译者

只眼留在大陆上的人们,认识到了日本的方法所造成的情况。辩护者们带着对由邪恶的军国主义者们在过去所干出的错误行为的一种含糊的承认,或多或少总能成功地把一个个细节蒙混过去。但是,大量的事实仍旧存在着。一个人可以使自己达到这样的程度,他下意识的假设前提可以是中国与俄国应当考虑到日本的优越而自愿地服从日本。这已经走得很远了。即使它们应当这样做,它们却不愿意。由于它们不愿意,远东地区的和平就受到整个世界将会参与进来的一个剧变的影响。

这一境况中的另一个主要事实是:美国没有必要收买日本。英国的政治家们对于大英帝国成为日本的一个潜在帮凶的必要,似乎与我们的感觉有所不同。他们是否猜测错误,是有争议的。但是,无论如何,美国虽然拥有菲律宾,却并不拥有印度和香港。日本蓄意挑起反对美国的战争,这是不可想象的,其不可想象的程度就像美国与哥伦比亚之间发生战争一样。这个极端的陈述是经过考虑而作出的。在日本,个人会切腹自杀(hari-kari),但这个国家不会;而且日本的每一个有识之士都清楚,对日本而言,对美国进行一场侵略战争无异于国家自取灭亡。他们在上一场战争之前不清楚这一点;但是,从那以后,证明在严格性方面甚于欧几里德算法。只要人们想到美国在上一场战争中承受了多少损失,尽管它有铁路、经济资源和原材料,那么,日本以它寥寥无几的窄轨铁路、稀稀拉拉的森林、屈指可数的矿藏,以及相对稀少的工厂和相对短缺的粮食供应,想要赌一把,在对任何一个一流工业强国的战争中胜出,这种念头简直就是荒唐。

目前,由于日本已经把它在战争中的所得用于在中国的投资——尚未取得回报,以及在西伯利亚的投资——除非高尔察克(Kolchak)起死回生并且成功地恢复鄂木斯克(Omsk)政权,否则在那里的投资永远不可能收到回报——并且把已经繁重的课税增加到难以承受的程度,在经济上已是困顿不堪。如果它控制了大陆的人力与自然资源,那么情况就会不一样了。但是,如果没有那段由于鼓励日本为了自己的利益掠夺亚洲而自然人为加快了的时间,那么,日本与美国之间的任何战争都将是由于放任自流而不是日本统治者们的有意选择所导致的一系列偶然事件的结果。对于每一个"永远不"都存在着至少一个例外。在目前的情况下,这个例外就是受到了国内崩溃威胁的军国主义者们兴许会孤注一掷,试图通过最后的战争来恢复他们的威望与权力。

我们没有必要为了拯救我们自己而去收买日本,这个事实并不意味着我们应当粗暴地或惹恼人地对待它。我们采取这种策略会有某种危险，它什么锁也打不开。我的意思不是说我们应当有意采取怨声指责作为策略；但是，如果不能成功地制订出清晰的建设性的行事方案，实际上就会导向这一结果。放任自流与外交上的机会主义把每一个产生出来的问题都变成一件孤立的事情，从来不面对基本问题以便获得关于它们的一种理解，最终造成一种相互挑刺与隔离的恼人状态，这是所有状态中最危险的。这似乎就是我们目前正在发展成为的事态，使各种原则处于有意模糊的晦暗不明之中，就像现在的门户开放和《兰辛-石井协定》(Lansing-Ishii agreement)的情况那样。处理每一个引出这些原则且实际上归于这些原则的摩擦的情况，是把我们的国际关系还原为伴随着由此产生的所有积怨与误解的一种持续的缓和的决斗。

我已经把我们的真正策略称为 X。即使在以陈述的方式说出的言词中，它也不容易被发现，更不用说实际的执行了。但是，它并不在光鲜而讨人喜欢的言词中，这些言词掩盖各种现实；同样，它也不在恶意、怀疑和抱怨之中。现在是寻求和采取一种明确策略的最恰当时机。日本在实际上孤立于其他国家，它开始意识到这一点了。它正在经历一种长时间的陶醉之后清醒过来的反应。如果能摆脱目前的萧条状态，并且不陷入一种更大的灾难，那么无论根据什么理由，它都将是幸运的。也许人们比在实际现实中更多地谈论自由主义；但是，如果不说是积极的策略，至少也存在着一种有起色的情绪的开端，尤其在青年一代中间。这种谈论是对世界舆论的一种新的敏感的标志。

无论如何，日本意识到了它对美国的现实依赖，这种依赖在美国很少得到认识，因为它与我们对日本的依赖完全不成比例。这种依赖并不仅仅止于国际市场的统计结果，以及我们是维持其工业运转的消费者这一事实。日本意识到了它在中国的事业与美国的观点和政策相联系的程度。它确实需要美国在道义上的支持来"前进"，在那个词的任何适当的意义上说。

让我援引一个事实作为证据，这个事实看起来也许并不重要，但是我确信它意义重大。最近，日本的自由主义者们和基督徒反复地、几乎连续不断地作出努力，试图接近美国的传教士和教育人士，以及中国当地的基督徒。他们一直坚持当前日本内阁的改良意图，并几乎一直在中国乞求这种成分来作为带头的斡旋人，求助于善良意志与基督徒之爱的每一条情感原则。现在可以保险地说，这并不完全依赖内证(internal evidence)——这种动作并不首要地指向中国，中国仍被视为虚弱和微不足道的而受到鄙视。它是指向美国的。日本人针对传教士误导中国人和朝鲜人并制造麻烦的指控,大部分是捏造的;但是,日本人对传教士和基督教青年会(Y. M. C. A.)的工作人员发往美国的关于中国、朝鲜、西伯利亚以及满洲的情况报道所引起的恐惧,却完全是真实的。他们估计到了,据他们所知已经在美国发生的对日本看法的改变,对作为军国主义和冷酷帝国主义的日本那份不断增长着的厌恶主要是由于这种影响。实际上,他们想让这群人扮演日本与美国公众舆论之间斡旋者的角色,因为他们受到后者普遍而言在世界上和特殊而言在中国不断增长的力量的严重困扰。

在对将是解开这把锁的钥匙的美国策略,即这个 X 的寻求中,有一些量是已知的。一个是基于日本正在增长的自由主义而对美国人同情的每一个恳求,我们都应该既不加以轻信又不加以挖苦,而抱以一种了解这种自由主义在做些什么,尤其是关于中国与西伯利亚在做些什么的要求。而且,我们不应满足于概况,应该坚持要求详情。这些详情中首要的,应该是涉及大的工业与金融利益集团实际上在关于本国的政策和中国的发展上做些什么的事实。大仓、三菱、三井、横滨正金银行正在做些什么呢?谈论日本军国主义的权力,以及自由派人士试图约束它的渴望,这很容易;但世界上没有一个国家的金融利益集团,如此集中、如此强大或者与政府的关联如此密切和直接。为什么利益集团不运用它们的力量去约束和引导政府的政策?是不是因为,在哀叹这一政策为外国消费的同时,它们正在努力用它在中国和西伯利亚获利呢?

再多说一点。有迹象表明,目前的中国政府已经认识到《二十一条》和从中引申出来的条约比山东决议更加重要,不是因为后者不重要,而是因为它是前者的一个结果。这个政府极有可能很快就与日本政府交涉,要求取消这些条约。日本政府与民众对这种要求的态度,将是对他们关于政策与心理的改变所作宣称的一个严峻考验。美国的公众舆论应该公开、一致和明智地表明对这种要求的支持。直到这些条约得以废除之前,远东和平的问题不可能得到解决。直到它们被清除出去之前,改良与改善关系的宣称都只会在中国引起新的怀疑,而每一个动作都将被视为不过是为取得更有利的策略性位置而耍的一个花招。打破现存僵局的第一个动作,是去除与《二十一条》相关的这些条约。日本自由主义的任何真诚的朋友都会试图对他的日本友人们说清,这是有效的日美合作的第一步,因为这是美国方面采取任何不会使我们成为日本的罪恶帮凶的行动、成为如今被视为使我们担心和厌恶的日本的一个伙伴的先决条件。与《二十一条》有关的一切东西的取消,是把日本与中国的关系放在一个友好的立足点上的唯一途径。确保这两个东方国家之间的友好关系,应当成为美国人的舆论与行为的激励目标。然后,这把锁就开始松动了。

（赵协真　译　莫伟民　校）

# 银行团在中国[*][①]

如果谁想要一幅关于国家之间的一致或任何国际合作关系方面各种困难的缩略图,那么,为中国提供资金的银行团能够完全满足他的要求。没有谁在亲身经历以前会相信,对一些简单的问题能有如此多相互对立的解释或者能产生如此多的相反意见。无论从哪个角度对它进行探讨——而随着时间的推移,这看起来不是什么别的而只是角度问题——总是有相反的主张和相反的畏惧。比如,每一天,广义地说是美方团体,狭义地说是拉蒙特(Lamont)先生和斯蒂文斯(Stevens)先生,都受到在中国与他们有利益冲突的中国人和外国人的指责,说他们对它的条款维持保密状态。尽管如此,看来似乎可靠的报道宣称,以美国国务院为后台的美方团体,从协议签字之日起就把它完全公之于众了。这先后受到了日本人和英国人的阻挠。最近,据称美方的要求一直是足够成功的,所有的文件都已经送达中国政府并且得到了公布。事情就是这么回事。

"正如人们也许已经料到的那样,协议的条款是如此专门化,以至于它的公布虽然堵住了敌对批评的一个源头,却并未使银行团(Consortium)的目标与方法得到突出强调。"因为这些条款构成的,当然是各个银行业集团之间的一个协议,而不是中国政府参与其中的一个协议。如果可能的话,只有在与后者签订某种实质性协议的情况下,我们才会拥有用来作出判断的充分资料。

同时提一下各种相反的意见,如果不能使人得到启发,至少也能让人娱乐一

---

[*] 此文选自《杜威全集·中期著作》第13卷,第77—82页。
[①] 首次发表于《新共和》,第26期(1921年),第178—180页。

下。受人尊敬的日本政治家们，一俟协议签订，就宣称日本对满洲的各项要求得到了银行团中其他国家的承认，它在那里的利益得到了保障。日本的官方新闻通讯社——国际通讯社(Kokusai)——在日本与中国都刊发了一篇据称是日本银行重要合伙人、横滨正金银行总裁的演说，这篇演说对由日本加以确保的各项保留权利作出了一个明确和几乎是详尽的声明。数周之后，这位总裁完全驳斥了这篇所谓的演说。而国际通讯社从未刊登这篇反驳，也从未对这个不一致作出公开的解释。与此同时，美方的拉蒙特先生和英方的查尔斯·阿迪斯(Charles Addis)爵士已经明确否定了这篇赞成日本保留权利的演说，并对日本政治家们作出让步的智慧表示赞赏，但后者并不轻易接受这种赞赏。首相原敬①和外相内田②最近均反复强调，要求对于满洲的问题给予日本适当满足，虽然是以更有分寸的词句。

与此同时，银行团在日本被指责为美国的资本帝国主义设法压制日本在亚洲的正当愿望的一部分，而在中国则被指控为美国对日本的一个妥协。他们问：究竟为什么，美国要同意日本成为合伙的一分子呢？为什么不坚持主张完全排除日本呢？如果真的接纳日本，那么为什么容许日本保留其在满洲的铁路权，而同时又通过银行团的贷款，允许将日资引入它尚未深入的内地呢？——他们引以为参照的，是规划中通往四川的铁路。因此，这同一个方案既是通过铁路与银行钳制日本征服中国的一招，又是伴随另外三个签约国的共谋而扩展日本在中国影响的一个手段。中国民众的对立情绪为这样一个事实所加强，即目前日本在华利益因中国政府接受了日本单独出借的贷款而得到确保，这种贷款在银行团存在的条件下将变得不可能。权衡变通之法还尚未成为中国人的一个政治习惯。

正当美国一些自由主义人士指控银行团是金融帝国主义、美国这么干是为了参与一项对外国的金融掠夺时，银行团在中国却受到了商业利益集团的指责，其中包括一些美国人的商业集团，说它是威尔逊式理想主义的又一个部分、一个为了拯救中国使其不再成为国际特权持有者的逐鹿园的乌托邦计划。这是因为，通过使加入银行团的这些银行承诺只通过国际合作来发放贷款，实际上使美国政府保证只对这个团体加以道德上和政治上的支持，限制了被婉转地称为(在中国，和在其

---

① 原敬(Hara Takashi，1856—1921)，日本政治家，1918 至 1921 年间担任日本首相，是日本首位平民出身的首相，但在任内被暗杀。——译者
② 内田(Uchida Yasuya，1865—1936)，日本政治家。——译者

他地方一样)自由竞争和私人企业的东西。换句话说,有一些美国商业集团已经意识到中国官员愿意出让他们国家的物产来换取可以用于充实自己腰包的贷款,而相应地,他们也认为,任何将会限制其掠夺行为的计划都是理想主义和不切实际的。我们还可以公平地加上一句:他们的反对,似乎由于中国官僚方面的支持而有点像是"加速的"。

  目前境况的另一个滑稽之处在于,中国官僚在反对银行团方面实际上是一个统一体时,新闻媒体报道了在美国的中国人也在进行反对银行团的集会和游行,理由是银行团将要贷款给中国政府,而这些钱会被用于政治目的。在美国的中国人的这种态度,一方面因为他们大多数是广东人和南方的同情者和支持者,另一方面反映着中国民众的态度。官员们对银行团的反对是很容易理解的。已经得到一再强调的是——并且还得到了斯蒂文斯先生、美国银行业集团在中国的代表的强调——不会有任何贷款被用于行政或政治的目的,而仅仅用于建设目的,比如修建铁路。所有这些贷款都将受到仔细的监督与核查,以保证它们确实被用于事先定好的目的,这一点也得到了澄清。中国人的反对可以用以下事实来说明,即他们对其本国政府官员的恐惧与怀疑,仅次于他们对日本的恐惧与怀疑。

  顺便提一下,如果银行团取一个另外的名称,本来可以产生一种愉快的心理效应。因为"银行团"这个词在中国人头脑中是与借出了所谓"善后大借款"(Reorganization Loan)的那个银行团联系在一起的,那笔"借款"被袁世凯用来作为巩固自己权力的手段。美国政府不允许美国银行家成为那个银行团的合伙人,却带头组建一个新的银行团,这一点与那个可怕的名称——"银行团"比起来简直无足轻重。即使是比较有头脑的中国人,也更相信美国的善意而不是它的智慧与技巧;并且随意地预料,当开始具体行事时,其他国家的合伙人会凭借他们更加丰富的经验与政治手腕把美国的计划完全打乱。

  当人们讨论排除中国银行家成为银行团成员这个话题时,我们可以得到关于政治-金融状况的一些启发。在与有代表性的中国人的交谈中,我像其他美国人一样,表达了对没能包括他们本国银行家的遗憾,得到的回答是极具启发性的。自由主义的中国人说,这样一种银行团最终会证实他们的担忧,因为最自然地被包括进来的银行集团会是"政治银行家"。中国官员们很久以前就学会了自我洗刷的方法。政府拨出的钱被用来建立银行,然后这些银行以过高的利率贷款给政府,如此循环往复。另外,这些银行自然而然地在支撑政府方面施加了巨大的影响。它们在强有力的金融影响和腐败的半军阀性质的官僚之间构成一个联盟,这个联盟正是祸害中国政治的原因。外国给中国政府的贷款利率经常是不公平的,明摆着的贷款8%到10%的利率加上10%到15%的贴现,这看起来似乎很难说是合理的。但是,这些利率与国内贷款的利率一比较就相形见绌了,在后者那里,20%到30%的利率不算什么稀奇事。这些中国的自由主义者们还补充说,如果那些人们不加区别地称为上海银行家或工业银行家的人能有一线希望被包括进来的话,情况就会非常不同;但在目前的事态下,看不出有任何这方面的可能。

本文的篇幅允许对眼下的情形再作一点谈论。在银行团的反对者们把它描绘为迫不及待地想要出借贷款、几乎想把贷款强加于中国头上的同时,它的美方代表们,自从拉蒙特先生到访中国之日起,一直在否认有这样做的热望。他们一直在说,等待来自中国政府方面的具体建议;他们一直在肯定,如果中国在财政上能够自给自足,并且从未寻求银行团的资助,那么,美国银行家们将会极其满意。对于这些陈述,人们是带着怀疑的态度接受的,因为它们是对银行家们不同寻常地表现出来的博爱的一种巨大讽刺。一些被认为代表着美国在华利益的报纸,在这些讽刺性的表达方面一马当先。银行团的美方代表说美国国内对剩余的资本有巨大的需求;说在中国的投资眼下并不特别吸引人;说各个银行不拥有将永久性地投在中国的资金,而必须把它们的投资引向大众;说美国银行家们主要是受到这样一种热望的鼓舞,希望把中国变成工业上独立的一个消费国,并通过特定国家之间的让步停止对中国的瓜分。这些话不是受到公然嘲笑,就是遇到无动于衷的沉默。

到目前为止,我一直局限于描述银行团所受到的待遇。现在,我试着来表达自己的观点。我轻信到了足以从这些陈述的表面价值来看待它们的程度。事实上,我相信它们指出了目前境况的关键所在。银行团不是由美国银行家们发起的,根据我的记忆,最初的推动是当战争还在进行时,来自兰辛先生①任下的国务院——他当然非常熟悉海约翰②的中国政策,并对使它成为现实而不是像在很大程度上实际所是的那样成为一纸空文很感兴趣。简单地说,由于涉及了美国政府一方,这个动作与其说是金融的,毋宁说是政治的。并且,它涉及的政治不是帝国主义的,

---

① 兰辛(Robert Lansing,1864—1928),美国律师、政治家,曾任美国国务卿。——译者
② 海约翰(John Hay,1838—1905),美国作家、新闻记者、外交家、政治家,曾任林肯私人秘书,后于麦金莱和老罗斯福时期任美国国务卿。他反对列强划分势力范围,主张"门户开放"政策。——译者

而是代表所有国家的外交官们都极其愿意说出口的这条原则：维持门户开放，并保持中国的领土完整。显然，这一政策的反对意见主要集中于为了"行政的目的"而由各个国家单独发放的贷款，以及它会导向对瓜分中国的让步。日本、大不列颠、法国与英格兰在这场战争中是盟友，德国和俄罗斯自动地在其之外，这一事实给了我们一个机会去把所宣称的政策付诸实际，而不是使其成为一种诚心诚意的词句。兰辛先生抓住了这个机会。

简而言之，银行团的政策存在于两头之间，即政治的一头和金融的一头。处于这样一种位置，它可能遭遇各种危险。这一事实为日本、法国与英国的政治金融利益集团所熟知，即使它为中国人的情绪和美国人的公众舆论所忽视。因此，美国是在被具有讽刺意味地称为银行团的机构中唱独角戏。它的政策遭到了它所意图造福的那个国家官员们虽然通常是秘密的但却是主动的反对，并在民众中间受到漠视与怀疑。无论法国还是英国，都不像能够在银行团发放的贷款中为它们的份额提供资金。它们的份额必定由美国投资者来出。这是一种从严格的经济角度出发多少有些风险的投资，而美国投资者并没有隐藏从政治上为这种不情愿的投资得到补偿的野心。银行团的条款有效期是五年，如果它的运作能拖上五年之久的话，那么，法国和英国也许会出于自己的考虑而恢复它们的生意。

同时，我们新近的"伙伴"英国最不愿意看到的，就是美国的声望与影响在远东地区增长。即便它的不悦不像日本那样如此公开地满世界宣扬，也并不意味着它的反对不那么有效。

附带说一下，有一些迹象显示：人们将会推动这个新的管理机构去修改它的条款，这个推动部分地源于号称为中国的利益说话而实际上是为中国官员的利益说话的那些集团，部分地来自银行团中的一些其他国家，以使它成为被称作太平洋地区问题"永久解决"的一个部分。英日同盟的恢复，几乎已经是一个既成事实了。如果能够有一种政治的、重建的或者行政的贷款，那么，中国人的主动反对将会消失；民众仍将反对并对美国怀恨在心，但无疑会像默许他们所憎恨的许多东西那样，默许它的存在。这样一种贷款，对美国公众来说，可以被描绘为对中国需求的一种明智而善意的让步，以及对目前银行团政策的那些生硬条款的一个改善。再顺便说一句，满洲、山东和西伯利亚的问题会被提出来讨论，并且为了和平的目的，就日本经济扩张的需要问题要求一种宽宏大量的承认。

回顾上文所述，可以总结说，银行团的前景并不光明。然而，它的明显失败，却可能标志着一种真正的成功,只要目前的政策不变。如果能在中国封锁或禁止外国的掠夺性贷款,即便在这五年的时间里,而与此同时,银行团什么也不做,那么也许就开了一个先例,使这类贷款在今后即便不是不可能,至少也变得困难了。这种效应也许会迫使中国不得不重新依赖其自身。中国能够发生的最好情形将是:在一段时间内经受饥饿疗法,并凭借自身的能力来面对自身的问题。数周之前,一个不是由政治性的银行组成的银行集团发放了一笔用于购买铁路枕木的贷款,它附带着一个严格的对支出进行监督的条件,比外国集团所能做到的更为严格。它也附带着一个公开的警告:如果贷款的资金没有老老实实地得到应用的话,就要进行对抗政府的政治活动。要说如果银行团不是眼下可以考虑的唯一选择,贷款无论如何不可能采取这种形式,这或许有些过头了。但是,银行团的存在无疑促进了一种正当的国内贷款的产生。这是银行团也许成功的一个迹象,即使它失败了——也就是说,没能发放贷款。

(赵协真　译　莫伟民　校)

# 美国在岔路口[*][①]

I.

美国在中国以及对中国政策的实际情况,在以后会比过去任何时候受到更严格的检验。日本报纸充斥着对太平洋会议上任何质询日本意图的抗议。假如美国报纸满是这样的警告就好了:就其友好的表示背后的诚意和明智的善意来说,美国正在这次会议上受到考验。世界不会止于"太平洋会议"。无论这次会议怎么重要,都无法阻止未来的发展;而美国将继续经受考验,直到它通过其行为确立一个持久而明确的态度为止。这是因为,即使在这次会议上,列强能够达成一个一致的联合来支持中国对自由政治与经济发展的正当愿望,从而挫败悲观主义者的担忧,实际情况也无法用哪个公式或哪一套外交协定来囊括。

但是,这个会议是更为广泛的局面的一个象征;而它作没作出决议,以及作出什么样的决议,会成为后续事件的决定中一个值得考虑的因素。有时候,人们不得不再次使用一种陈旧的论调,我们确实是处在一个岔路口;即使我们想要走老路,也还是会有一个岔路口,因为比起过去指引我们行为的那些目标和知识来,除非我们受到一个明确得多的目标和对事态一种更加广泛和明智的认知的指引,否则,我们就无法一直在这条老路上走下去。

---

[*] 此文选自《杜威全集·中期著作》第13卷,第138—149页。
[①] 首次发表于《新共和》,第28期(1921年),第283—286、315—317页;重刊于《中国、日本与美国》,第51—64页,以及《巴尔的摩太阳报》(Baltimore Sun),1921年11月4日,以"中国与军备会议"为题。

某个英国通讯员关于美国将很快成为远东地区一个活跃的危险来源的担忧所表达出来的那些想法，并不仅限于外国人所有；在美国舆论的一些圈子里，也盛行着被希本校长称为犬儒式的悲观主义的那种态度。所有公然自称激进人士的人和许多自由派人士相信，如果以前的情况比较好，那是因为地理位置不重要这个偶然事件，以及我们还不发达的经济状况相结合的缘故。因此，他们认为，既然我们如今已经成为一个所谓的世界强国和输出资本而非输入资本的国家，那么，我们的情况很快就会变得与任何其他这样的国家一样糟。从某些方面来说，这种见解显然是凡尔赛会议带来的那种幻灭感在感情上的一个反应。从另一些方面来看，它起于对一个公式的依赖：在国际事务中没有什么东西会从资本主义中产生出来，而美国是一个十足的资本主义国家。这些感觉正确与否，没法讨论；无论是一种感情还是一个绝对的公式，都无法适用于分析。

但是，目前的状况中有某些特定的要素为我们把握未来提供了根据。对这些特定的要素可以进行测定和分析。对它们本质的充分认识，会成为防止犬儒式的理解变成现实的一个重要因素。本文试图作一个预备性质的列举，当然，这种列举就像一切预备性质的观察一样，肯定是不充分的。虽然建立在一个"资本主义国家"必定如何行事这样的宿命论公式之上的先天论证对我并没有吸引力，但那个公式还是道出了一些具体事实。我们过去在中国的情况比较好的部分原因，是因为我们并不曾像一般外国列强那样，在国务院与大银行团之间拥有持续而紧密的联合。没有哪部翔实的中国发展史可以不把俄罗斯亚洲银行（Russian Asiatic Bank）、比利时外国银行（Foreign Bank of Belgium）、法属印度支那银行（French Indo-China Bank）和工业银行（Banque Industrielle）、横滨正金银行（Yokohama Specie Bank）、香港—上海银行（Hongkong-Shanghai Bank）等等放在显著位置来撰写。这些银行不仅与本国的铁路和建筑辛迪加以及制造业中的大集团，而且与他们各自在外国的办事机构相处得极其融洽。说大使馆和银行在那些最重要的事情上就像同一个身体上的左右手一样，这几乎一点也不过分。美国商业集团过去一直抱怨，政府没有给予美国的海外贸易商以其他国家的国民以同等的支持。过去，这些怨言主要集中在美国在外国进行的商业活动实际遭遇到的或自认为遭遇到的不公平对待。随着目前的资本和商贸增长，同样一些怨言和要求将不再与遭受到的损失有关，而是与促进、推进和大银行集团相联系的美国商业利益有关。只有头脑发热的人，才会否认大商人对国内政治的影响。既然我们对商贸和银行企业具有越来越大的兴趣,那么有什么能保证这种联合不会转移到国际政治上去呢?

应该注意的是,即使由外国列强确认——并且经常由它们违反——的"门户开放"政策从今以后得到忠实的遵循,也无法充分确保我们远离这种危险。"门户开放"政策首先不是关于中国本身的单项政策,而是各个外国列强相互之间与中国有关的诸多政策。它要求不同的国家有均等的经济机会。如果它得到巩固,就会防止把垄断权给予任何一个国家;其中没有任何东西能使列强对中国的共同掠夺成为不可能,这指的是一种组织起来的垄断;在其中,每个国家相对于其他国家都有各自分得的份额。这样一种组织形式想必可以减少列强之间的摩擦,并因而减少未来的战争威胁——只要中国本身无力发动战争。想来,这种约定在相当长的一段时间内可能对中国本身有好处。但是显然,如果美国要成为任何一个这种约定的参与者,那么就会牵涉到对我们历史上在远东的政策的一个逆转。它在技术上或许与"门户开放"政策相一致,但它会侵犯到这种更加广泛的意义,美国民众一直以来都是在这种意义上对"门户开放"的理想进行理解和赞扬的。存在一些导致这种逆转的力量,谁看不到这一点,谁就是瞎子。而既然我们或多或少有些盲目,那么睁大眼睛正视危险,就是不让它成为现实的前提条件之一。

其中一种正在起作用的力量是通过这样一种说法而得到暗示的,即一个建立在经济和财政基础上的国际协定,或许对中国本身来说是有价值的。仅仅肯定这件事是可能的提法,受到许多人,尤其是激进人士的厌恶。看上去其中似乎有某种邪恶的东西。因此,值得解释一下它如何以及为什么可能如此。首先,它显然会终结对"租借"区域的特殊占据、各种特权,以及已经损害中国如此之甚的势力范围。眼下,这一点的关键在于它暗中指向日本,就像曾经一度适用于指俄国一样。对日本在中国各种企图的畏惧,不仅限于中国;它流布甚广。因此,可以合情合理地把一种国家间的经济安排说成是减轻日本对中国威胁的最直接便利的方法。对日本来说,如果置身事外,这会意味着自己放弃了;如果参与进来,就会使自己的各种活动经常受到检查和控制。毫无疑问,日本关于太平洋会议的担忧,部分地源于这样一个信念,即认为这样一种安排是经过深思熟虑的。在目前的情况下,这样的说法很容易吸引美国人,他们对中国是真正友好的,而且没有一丁点儿对它进行经济掠夺的兴趣。

比如说,这种安排会自动取消《兰辛-石井协定》,以及它对日本在中国的特殊利益的那种令人尴尬的模糊承认。

另一个因素是国内的。中国的混乱和内战是老生常谈了,军事总督和将军们实施的权力也是如此。一个人知道得越多,他就越能发现前一种罪恶是多么紧密地依赖后一种。中国政府的财政困境,为其带来破产威胁的接连不断的外国借款,是由于军阀的统治和用于非生产性目的的无度花销以及压榨。去掉这笔支出,中国要维持预算平衡就不会有什么大的困难。中国最大的当务之急,即普及教育推行——尤其是在初等学校——滞后是由于同一个缘故。迅速蔓延到商业及私人生活领域的官员腐败的增长,也是如此。

事实上,中国进步的每一个障碍都与军事派系的统治,以及它们相互之间为取得完全的控制权而进行的争斗联系在一起。强国之间可以制订一个国际经济协定,这个协定一定能减少那些"军国主义"最大的罪恶,或许还能消除它们。许多自由派的中国人私下里表示,他们愿意政府的财政有一个暂时的国际托管,只要能向他们确保它的性质以及确切的终止日期和条件——一个他们敏感到足以发现将会极难达到的附带条件。他们觉得,由美国领头来制订和执行任何这类方案,可以最好地确保它的性质和各项条款。在这样的情况下,以美国人对中国的传统友谊为幌子,各种可能在实际上使我们的历史政策发生逆转的提议可以合乎情理地出现。

国内外都有一些激进人士认为,我们加入一个银行团的本身就已经证明走了回头路;而且,他们自然而然地把太平洋会议看成是逻辑上的下一个步骤。我先前已经说明了我本人的信念,即我们的国务院提议设立一个银行团,首先是出于政治目的,把它作为一个手段来牵制日本所奉行的政策。日本发放非生产性的贷款给中国,作为回报,它正在对中国的各种自然资源进行直接掌握,并准备在结算和取消抵押品赎取权的那一天最终到来时,进行直接的行政和财政控制。我也说过,银行团是处在两头的中间,一头是金融的,一头是政治的;而且直到目前为止,其主要价值一直是否定性的和预防性的,而日本和英国对银行团方面的任何建设性政策的猜疑或缺乏兴趣很有可能继续下去。迄今为止,我还没有看到有什么理由可以让我在这一点上改变想法,在与进一步的信念有关的事情上也是如此。我相信,中国的各种利益也许最终会通过这种防止功能的延续而得到最好的照顾。但是,问题必定要产生:如果银行团没有做任何事情,为何要让它继续存在呢?对掠夺中国感兴趣的列强的压力和急躁的美国经济财团的压力合在一起,可以使银行团目前这种相当不必要的存在告终。令美国政府过去采取的行动在其间摇摆不定,从而使银行团左右摇晃的这两头,可以结合成为一个单一的牢固的东西。

冒着被指责为轻信、容易上当或者某种更糟的东西的危险,我还要补充说,直到目前为止,银行团的美国方面始终未曾显示出那种迹象,即要使银行团成为一个由美国人掌控中国经济完整性和独立性的俱乐部。我相信美方代表反复强调的那些话,即他本人和他所代表的利益方乐意看到中国能证明其有能力不借助外国贷款来经营自己的公用事业。这种信念由于新任的美国中国事务部长的第一次公开讲话而得到了确认,他在提到银行团时强调了它的防止功能,以及它给予中国银行家经营公用事业的刺激。而说美方代表斯蒂文斯(Stevens)先生代表的是保守的投资银行家,而不是"振兴"的那类,并且迄今为止,他最关注的一直是保护买家拥有像银行给予最终投资者利益那样的保障问题——以至激起了急于想有快速行动的美国商业财团的批评,这样对他是不公平的。但是,银行团存在着一个更为重要的方面,对这个方面,我认为可以给予一种合乎情理的理解。

假如说(只不过是作个假设),美国政府真的对中国感兴趣,并且有意使"门户开放"政策以及中国在领土和行政上的完整成为一个现实而不仅仅是一个名称;再假设它有意从美国的自身利益出发来做这件事,这种自身利益聪明到足以发现美国的政治与经济发展,通过一种与中国自由独立地发展自身的能力一致的政策,能得到最好的促进;那么,美国的明智举动应该会是什么样的呢?简而言之,这将意味着把我们现有的在欧洲的各种利益与问题(由战争引起的)和我们在远东的利益与问题看成是同一个问题的不同部分。假如我们确实受到被假设性地归于我们政府的那种动机的驱使但是没能实现它,那么,其主要原因就在于我们把欧洲问题和亚洲问题看成了两个不同的问题,或者因为我们从错误的那一端将它们等同起来。

我们目前在欧洲的金融利益是巨大的,它不仅包括外国政府贷款,而且包括大量的私人借贷和赞助。这些复杂的金融关系不仅影响着我们的工业和商贸,而且影响着我们的政治。它们涉及比我们在亚洲的关系直接得多的切身利益,涉及金额数以亿计,而后者涉及的金额则数以百万计。在这种情况下,我们的亚洲利益为了欧洲利益而被牺牲的危险就不难想象了。

为了让这个抽象的论断变得具体,我以摩根公司(J. P. Morgan & Co.)这个银行集团为例,它是卷入欧洲对美国负债的程度最深的公司,也是在为中国而成立的银行团中领头的公司。与欧洲问题相比,亚洲问题看起来像是微不足道的小东西,这几乎是必然的;尤其我们自己的经济复苏如此紧密地与欧洲关系联系在一起,而远东简直就是一个可以忽略的东西。在我看来,真正的危险不在于我们的大财团决定对中国进行自私的掠夺、明智的自利,以及我们在中国的主要优势是没有掠夺行径的传统这个事实,都要求与中国进行合作。危险在于,中国将由于欧洲的高额借款和政治事务而被从属化和牺牲掉,将在洗牌的过程中被丢弃。

问题的欧洲方面,可以通过特别提及英国来加以具体化。英国遭受着与日本结盟的窘境。它已经明确地表示,希望把美国拉入这个同盟,使它三元化,因为那是既与日本又与美国保持良好关系的最方便的途径。这样的步骤完全不可能完成。但是,英国人的外交是老练狡猾的,并且迫于情势,我们的高额借款已经与英国建立起某种经济上的同盟关系。我不想声称美国有不同寻常的美德,或者诉诸强烈的反英情绪,但是,英国外交部独立于主要驱动着其国内政治的自由主义传统而存在和运作着。它显然站在大英帝国的帝国一边,无论国内事务由哪个党派执掌。在太平洋会议上,一切手段都会被使出来,用来寻求解决,即使它包含英国方面某种程度的妥协,也使美国的亚洲政策屈就于英国在远东的传统,而不是使英国与美国联合起来实现两国在名义上都声称致力于推动中国的完整。说这次会议的直接议题依赖我们在欧洲的金融借款被处理的方式,或者使其成为我们向欧洲政策作出让步的原因,或者从另一方面让它作为确保欧洲各国支持美国传统政策的一个手段,这看起来并不像一个极端的断言。

有一名在中国的时事评论员,他来自英国并且是中国真正的朋友。他在私下谈话中说,如果美国无法通过说服来确保英国对其亚洲政策的支持(他对与日本的结盟深感痛心),那么可以通过收买来做到这一点——通过取消它欠我们的国际债务。没有必要依靠这么糟糕的方法。但是,这种说法至少暗示我们:在欧洲,尤其是在英国,财政与政治中的复杂关联可以通过两种方式之一来处理,得到两种结果之一。

在这篇文章中,我已经尽可能保守地提出了一些看来似乎可以合理地理解我们在这次会议上和以后情况的原因。在下一篇文章中,我将提出希望我们的道路不要偏离这个方向的一些理由,以及在我看来关系到我们审慎地采取一种较好行为的那个主要因素。

Ⅱ.

普遍说来,中国人对美国的感觉不像对其他强国那样反感,这在我看来是一个毋庸置疑的事实。这种感觉曾经因为太平洋沿岸的中国人遭受的待遇——排华法令,因为我们把在北京-广州(或汉口)铁路筑造中的股份转让给一个欧洲集团,因为《兰辛-石井协定》,最后还因为威尔逊总统在凡尔赛有关山东的决议中所扮演的角色而数度受到困扰。不过,那些困扰主要是使我们的技巧、精力和智慧而不是我们的善意变得成问题。美国人,无论个别地看,还是群体地看,比起中国人来——至少我的印象如此——是一群相当单纯的人,取"单纯"这个词带有批评意味的较好意义来看。观察中国人对即将召开的太平洋会议的反应,我们可以看到一个有趣的现象:一种几乎是无限的希望与一种信心的缺乏结合在一起,既希望美国带头保护他们免于进一步的侵略并纠正各种现有的罪恶,又担心美国会被欺骗。

当然,这种友好的感觉主要建立在一个否定性的事实之上,这个事实即美国不曾"租借"领土、建立势力范围和设立国外邮政部(extra-national postoffices)。在积极方面,有美国人在教育上,尤其在医学教育和女子教育方面作出的贡献,以及为慈善救济作出的贡献。在政治上,有蒲安臣(Burlingame)①早先的作用,海约翰的"门户开放"政策(虽然在字面上对它签字保证的同时,在事实上没能维持它,这与中国人认为我们没有全身心投入有很大关系),以及美国在缓和义和团运动的解决条款方面扮演的角色,还有其他不少较小的帮助行为。中国也记得我们是唯一一个对包含《二十一条》的那些条约提出异议的国家。尽管我们的异议主要是基于这些条款或许会损害自己的利益而提出的,但是存在着一种情绪,认为这个抗议是在提出整个问题的时机适当之时帮助中国的一个保证。而且毫无疑问,我们的国务院在 1915 年 5 月 16 日作出的声明在即将召开的会议上是一张过硬的牌,如果国务院想要打这张牌的话。

从美国的立场来看,"门户开放"原则代表着美国外交确立起来的仅有的两条原则之一,另一条当然是门罗主义(Monroe Doctrine)。联系围聚在其周围的情绪方面或观念方面的关联来看,它以某种含混不清的方式在中国和美国的公众舆论中把我们都塑造成了一种卫士的形象,或者至少是中国相关于外国列强的利益的

---

① 蒲安臣(Anson Burlingame, 1820—1870),美国著名的律师、政治家和外交家,美国对华合作政策的代表人物。历史上唯一一位既担任过美国驻华公使又担任过中国使节的美国人。——译者

代言人。虽然，正如前一篇文章中指出的那样，与"门户开放"政策直接有关更多的是其他国家的对华关系方面而不是中国本身，但是其他强国对这一政策的违反是如此频繁和如此不利于中国，以至于这一政策的巩固如何牵涉到美国人的兴趣、声望和道德情感，这种巩固会把中国的利益归还给中国。

其他国家的公民常常因为对这样一种中美关系的暗示而感到恼怒。它本身显得像是对一种不同寻常的国家美德的宣称，在其掩盖之下，美国的目的是以牺牲其他国家为代价，在中国确立起它的影响。这种恼怒又因为一个事实而加强了，这个事实是：目前的情况本身无疑是美国在中国的一份经济的和政治的资产。我们可以毫无争议地承认：任何认为目前情况不是由于不同寻常的美德、而更多的是由于历史与地理方面的诸多偶然的观点——在这个方面，它并非不像许多用美德来解释的有关个体的情况。这种主张之所以能毫无争议地被人接受，是因为它并未切中要害。问题与其说在于目前的情况是如何得来的，还不如说在于目前的情况是怎样的、如何对待它，以及从中产生什么样的结果。直到目前为止，美国精打细算的自身利益一直与一个稳固、独立而进步的中国的利益相一致，这是事实。美国的传统和情绪已经围绕着这一考量聚集起来，以至于在美国人中间存在着一种普遍的确信，认为有道德义务去帮助和友好地保护中国，这也是事实。眼下，少了公平和善意的面目，就没有哪一项政策能够实施。至少我们拥有如此多的保护措施来防止上一篇文章中提到的那些危险。

身在中国的美国人中间有一种强烈的感觉，觉得我们将来应该采取比过去一贯所持更为强硬和积极的政策，想必在美国国内的美国人也这么觉得。这种感觉在我看来充满了危险，除非我们心中能够十分明确在哪些方面应该继续下去，并以一种更加积极的方式来改进我们的传统政策。从某种程度上说，我们过去的政策是一种摇摆不定的政策。这个方面的彻底变化在改变我们政策的其他基本方面，也许不仅止于表面上看起来的那样。被指责为摇摆不定的这个特点，实际上在很大程度上正是被称赞为不干预的那同一个东西。一种在细节上明确的政策，无论显得多么有"建构性"，也很难帮助我们涉足中国的国内政治——派系之争，中国人比任何外国人更了解和玩得更出色的一个游戏。这样的涉足会立刻减少目前中国的一大优点，即对国内的阴谋和争端漠不关心。

在中国的中国人——主要是广东人——对银行团的具体抗议，在我看来，主要是基于误解。尽管如此，他们的普遍反对态度仍然传达着一个重要的教训。这种态度是基于这样一个信念，认为银行团的作用将会在撼动中国的国内冲突中，给予北京政府一个事实上的有利地位，以便无论从哪方面来看，它都将标志着站在我们这一边所采取的一个立场。人们清楚地记得先前银行团的"善后"贷款——美国不是其中的一分子——是为了给袁世凯资助，使他以及他背后的军阀派系稳坐政府交椅。用比广州对北京更广泛的一种眼光来看，我听到的中国人针对银行团最根本的反对实际上如下所述：中国的共和革命仍有待完成；十年前的开端已经受到了抑制，现在要做的是努力去实现它。增加外国在中国的财政与经济利益的必然结果，即使承认它在实业方面的效果对中国是有利的，也将意味着创造一种在政治上巩固中国的效果；这实际上会意味着承认现状，阻止一场革命的发展；然而，没有令人不快地影响到外国投资的内乱，这场革命就无法完成。我不是为了突出银行团而提到这些看法的，它们是被用来表明：过于积极和建构性地发挥我们对中国的善意传统，可能会使我们卷入对中国的福利有害的国内事务的干预，对我们声言致力的自由独立发展这些利益的干预。

但是，人们或许会问：如果不实行积极和详细得多的政策，我们如何来保护中国免于外国的掠夺，尤其是日本的掠夺？我们如何来把我们名义上的善意变成现实呢？如果目前存在一种有别于政府外交的民众外交这样的东西，那么，这个问题就会意味着一种与它如今的所指相当不同的东西。就目前情况来看，民众好像相当不信任政治家们对中国的爱。在很多情况下，它是对日本的畏惧和刚开始出现的憎恨的另外一面，也许还染上一些反英的情绪。

不应当对目前的情况有所隐瞒。其他国家在中国的侵略行为，目前集中于日本但并不止于此的那些侵略行为，不仅是中国的烦恼之源，而且是我们自己的国际关系中潜在的麻烦之根由。我们遵循传统，并依据目前状况的现实来尝试相对于中国的国际地位来说某种对中国积极的东西。坚持我们的责任，是一件最困难和微妙的事。一方面，我们必须避免卷入欧洲在中国的准帝国主义政策，无论是在利他主义的幌子之下，还是让我们处于一个使我们可以对他们的行为实行一种更加有效的监控的地位，或者是通过经济扩张。另一方面，我们必须避免滑入那种或明或暗的与欧洲和日本的帝国主义对抗的境地，这只会增加摩擦，助长特别是英国和日本——或者法国和日本——针对我们的一个联合，并使战争明显迫近。

我们应当记住：中国不会从其本身之外获得拯救。即使通过一场成功的战争，我们能使中国免于日本的侵占，免于一切侵占，中国也未见得一定会更加接近它的合理目标，即一种有序而繁荣的内部发展。除了现在战争能在多大程度上解决任何根本问题而不使其他问题变得危险这个疑问之外,还有一个事实,即在所有国家里,中国是通过武力,尤其是通过外部的武力解决问题的方式最不适宜和最有可能不起作用的地方。中国习惯于从容不迫地对待它的问题:它既不理解也无法从西方世界急不可耐的方法中获取任何好处,这种方法对它的智慧而言是非常陌生的。此外,这个文明有一块大陆这么大的规模,它是如此古老,以至于相比之下,我们其他文明都像是暴发户;这个文明是如此浑厚密实,它的匆忙发展是无法不伴随灾难的。来自内部的转变是唯一的可行之途,而通过确保它拥有为了实现这个转变所需的时间,我们能最好地帮助中国,无论我们是否喜欢它在任何特定时间里采用的特定形式。

一场为了中国的利益而进行的成功战争将不会触及它的教育、派系和地方势力,以及目前组织上的无能所显示出的政治上不成熟这些问题。这无疑会影响中国的工业发展,但所有可能性中最糟的一个,就是增加它开始一种工业化的可能;这种工业化会重复西方工业历程中最坏的那些罪恶,而缺乏西方已经探索出来的各种免疫、抵抗和补救措施。在中国从自身产生出应付西方工业体系将会释放的各种力量的手段之前就把它安到中国头上,无法想象比这更坏的一桩罪行了。这个危险本身就已经够大的了。西方列强为了中国的利益而进行的战争和西方的方法,会让这个危险变得实际上无法抵抗。除此之外,我们会在中国获得一种持久的利益,这很可能成为对我们来说是最危险的一点。如果人们没有因此而把我们看成未来的帝国主义,对我们来说就算是万幸了。这是针对一种拒绝(即使是暗地里)承认可能发生一场对日战争的心理而说的,但是似乎有必要说这些话。

这些论断对我们以后的行动是否定性的和模糊的,它们暗示着我承认缺乏能让自己提出积极明确建议的那种智慧。但是至少我有信心,只要美国和其他民族的人被动员起来,他们就有智慧和善意来处理这个问题。而让智慧和善意产生实际作用的第一个条件,就是认识问题的严重程度,以及彻底避免试图通过急躁而草率的方法来强迫它得到解决。亲日的辩护之词是危险的,它掩盖了目前境况的种种现实。仅仅通过攻击日本来催促中国问题的解决,这样一种激进的反日态度,对发现和应用一种适当的方法来说,同样是致命的。

更具体也更宽泛地说,适当的宣传是非常必要的。如果就像国务卿休斯[①]先

---

[①] 休斯(Charles Evans Hughes,1862—1948),美国政治家,曾任纽约州州长、美国国务卿和美国首席大法官。——译者

生暗示的那样,把太平洋问题的解决作为达成与削减和限制军备有关的协议的一项条件,那么还不如不召开这次会议呢。由于希望做些能达到一个最终解决的事情,中国的——以及西伯利亚的——利益将会在某个不公平的妥协中被牺牲掉,或者,愤怒和冲突将会增加——最终军备也会如此。从任何浅显的意义上来说,假设太平洋问题能在数周或者数月——或者数年的时间里得到解决,那是荒诞的。尽管如此,如果对这些问题的讨论独立于军备问题而进行,却可能有很大的帮助。因为它会增加公众知晓程度,这是任何真正的解决措施的一个先决条件。这涉及公开外交(public diplomacy),但也涉及一种更加广泛的宣传、一种能使这个世界了解亚洲的国内国际实际状况的宣传。

目前存在着的对外交部的怀疑是正当的,但是,对公众舆论——如果它能被唤醒和得到引导——重塑外交部政策能力的怀疑,意味着对世界的未来感到绝望。让人们尽可能做些事来裁减军备吧,哪怕是在三个海军强国方面确保一个海军假期也好,哪怕是为了减少赋税也好。让关于各种问题的会议致力于讨论并尽可能广泛地使这些问题的要素和视角为人所知吧,那时犬儒主义者的担心——或者人们应当称它们为希望?——就会受挫。在美国人认为是闲扯的问题(the Yap Question)上是否最终一劳永逸地达成一个决议,并不那么重要;因为是中国以及广泛而言的东方,对更加自由与充分地与世界上其他部分的沟通的需求得到显明——诸如此类,被提上和拉下议事日程。商业上的门户开放是有必要的,但这道门向文明、知识和理解敞开的需要更大。如果这些力量不会创造出适时确保其他问题一个持久和正当的解决的公众舆论,那么除了对文明的失望之外,就没有什么好说的了。自由主义者们除了预言会议的失败并指责各种动机之外,可以做些更好的事情。他们可以为公开外交,为持续而明智的探询,为独立于宣传的讨论这道已经打开的大门而努力。用经济帝国主义和有组织的贪婪肯定会使会议以失败告终这个自称的理由来逃避这份责任,是懒惰和势利的。这或许算作可能会导致美国在岔路口走错路的因素之一。

(赵协真　译　莫伟民　校)

# 华盛顿的各项议题*①

## Ⅰ. 国际冲突的起因

想必每一个有着公正判断力的人都会同意布雷斯福德(Brailsford)先生在《巴尔的摩太阳报》上的四篇文章的主要前提。除了同意之外,我们还要对他表达这些前提的方式给予不加限制的赞赏。如果其他讨论这个主题的作者能找到他们对问题的坦率、良好的感觉以及通达的理解,那他们就会很幸运了。不过,人们可以同意布雷斯福德先生的主要前提,但对于接受他的主要结论,换言之,即英国与美国方面对各项金融活动的垄断,则采取小心翼翼的态度。相应地,我将首先从美国的角度出发,重述一下与国际分歧的各种根由有关的这些前提,然后讲述一些怀疑他的解决方案的理由。

有许多人反对在华盛顿引入对各项政策的讨论。他们认为,如果将争论限制于军备问题,将会更好地达成重要的结果。但是,军备问题首先是一个症状、一个后果,虽然这又转而成为各国之间进一步纠纷的一个起因。如果我们放着导致各国武装起来并参与一场军备竞赛的那些力量和政策不管,那么避免战争的努力就是徒劳的。目前需要加以关注的这些起因是什么呢?

首先,美国一直提议继续海军方面的扩张;作为上一场战争中的一个事件,它

---

\* 此文选自《杜威全集·中期著作》第 13 卷,第 150—164 页。
① 最初以四篇文章的形式分别发表于《巴尔的摩太阳报》,1921 年 11 月 14 日;1921 年 11 月 15 日;1921 年 11 月 16 日;1921 年 11 月 17 日。

参与了这种扩张。这项提议,即美国应当建造一支与其他任何一个国家相比如果不是更庞大,至少也应当相等规模的海军,已经正式被提了出来。这对英国的骄傲和其传统与安全感来说是一个震撼,因为它如此依赖远洋交通,相反,美国则处在一个相对比较自足的地位。它对日本来说,也是一个挑衅。

其次,每一个国家对于自己的军备都有防卫性的理由。但在现实中,每一个防卫性的举动都是侵犯性的。每一个国家把自己武装起来,都是因为某个别的国家为了保护自身受到威胁而武装起来,这种金字塔式的堆积如此以往没完没了地继续着。每一个国家在对邻国举动的判断上都是正确的,而在对自己的判断上都错了。当一种怀疑、恐惧和厌恶的心理状态符合剧烈的经济竞争和已成传统而不受人质疑的国家政策间冲突的时候,反对战争的道德界限就像布雷斯福德先生指出的那样,很容易会被推到一边去。沾亲带故的感觉,海内皆兄弟的情感,共同语言和习俗的传承,都变得无用了。对日本的情况来说,不存在像我们与大不列颠的关系中那样的共同祖先与文化的保障。双方都存在一种种族偏见。

第三,作为大战的一个结果,这三个抛弃了道德上甚至法理上界限的强国的力量都有所增强。从心理上来说,我们春风得意,我们已经成了一个强国,成了一股令人尊敬和畏惧的力量。从经济上来说,我们已经从债务国变成了债权国,我们拥有可以输出的资本,我们处于经济扩张的过程之中,我们已经开始更新我们的商船了。我们需要商贸和银行业方面的输出,然而由于欧洲国家与日本在东方采取的政策,我们发现自己在那里处于瘫痪状态。因此,开放的门户,我们的国际传统的一部分,却当着我们的面砰然关上。

这三个强国带来一种危险的状况,并由于我们过于相信自己和平而正当的意图而变得更加危险。同时,如果我们需要新的输出,那么外贸对于因战争破坏而衰弱下去的其他国家恢复元气来说,似乎是必要的。在旧有的环境下仅仅是恼人的那种竞争,如今在外国看来似乎是一种有意的粗暴对待,像是一个通过战争而富起来了的国家,以那些遭受痛苦的国家为代价来凑起更多的美金的一种渴望。

第四,在区分日本那些正当需要——或必需——与其在亚洲掠夺性的、侵略性的策略这一点上存在着困难,需要找到一种方法去满足前者而又不助长后者。我相信,布雷斯福德先生并不像讨论这一主题的许多作者那样,而是一语中的。他说,日本的真正需要并不是取得领土从而把过剩的人口输送到那里,而是要求有保障的粮食、钢铁、煤炭以及(我应该加上)原油来使自身保持为一个强国,并缓解其人口增长的压力。不管怎么样,问题都不简单。它由于日本没有耐性和超过合理限度的发展以及用来推动其过快发展的那些手段而变得困难得多。如今,日本有了关于自身和它在世界上的恰当地位的一幅心理图景,这幅图景对它本身或其他国家来说,都不是容易够得上的。撇开经济上的起因不谈,这是助长冲突以及可能的战争的一个心理条件。日本一开始就对其他国家的公众舆论高度敏感,并且发自内心地渴望得到它们的认可。

这个情况无疑是严重的,就像布雷斯福德先生描绘的那样严重。然而,他提议的补救办法,在我看来却是有问题的。它是英国和美国为了以某种方式对中国各种资源进行联合掠夺而采取的金融与商贸方面的辛迪加行为,这种方式会使日本对原材料和市场的需求得到承认;我认为,这是前者为了与后者相竞争而依靠的一种配给,在这场竞争中,日本占有近水楼台的优势。

对这项举措的反对,可以从两方面来说。首先,它忽略了中国与俄国。我的意思不是说,它对中国提得很少,而对俄国则根本没有提;而是说它把中国过多地当成了一个承受者,过少地看作一个主动的有活力的力量。这一点将在下一篇文章中予以展开。俄国的情况看来是很明确的,它仍是亚洲大陆上的一个强国。在过去的一些时日中,它一直在中国的国际关系中发挥举足轻重的力量,不仅影响着中国,而且影响着英国与日本的各项政策。

有人认为俄国会是一个可以长久忽略的因素吗?如果不是这样,那么,代表着英国和美国的共同利益,在其中把它视为可以忽略的,这样一个解决方案将会如何呢?

仅仅确保门户会保持开放,这样当俄国的局势稳定下来并且它的力量得到恢复之时就可以加入这个辛迪加,这是不够的。谁知道它是否会在乎这个?俄国的发展可能会径直远离共产主义,尽管如此,俄国还是有可能成为对加入金融和经济上的国际辛迪加深恶痛绝的一个国家。它倒是很可能有兴趣来搅局,这样就可以在中国确立它自己的影响了——没错,而且还有在亚洲的其他地方。

另一个方面的反对与我们自己有关。布雷斯福德先生认为,如今有可能进行一个国际联合,这个联合如果不是出于仁慈,至少是出于公正而行事;从其自身利益来说,它会是很精明的。我在实际情况中没看到什么可以支持这个假定,虽然我很愿意相信它。任何一个有可行性的联合,在眼下都很可能是这样一种联合,即它会使我们陷入欧洲政治与金融在中国的坏传统,这会激发和巩固如今意欲在我们中间建立起经济帝国主义的一切力量。布雷斯福德先生如果不是对我们的意图，至少也是对我们的智慧和能力，有过分乐观的想法。引导我们远离诱惑并且拯救我们脱离罪恶，对国家来说和对个人一样，都是一句很好的祈祷词。布雷斯福德先生的补救办法暗示的不是以毒攻毒的方法，而是让人吞下大量毒药的方法。让各种竞争性的关切合作成为一种单纯的信任，或许能减少参与其中的一些企业互相之间的敌意。但是，它无法保证公平地对待第三方，并且可能降低参与合作的利益方中的一个或者多个标准。

我不愿通过无缘无故揭英国人之短来使一种已经很危险的反英情绪增加哪怕是一点点，但任何现实的讨论都促使我们注意到，长期以来，英国在远东已经有了一项政策、一项既涉及英国的大银行也与外交部有关的政策。传统没办法一下子丢掉，人事和以往确立的习惯没办法断然变更。一个自由派的英国人，可以比一个美国人更好地说明，把外国事务留给外交部处理是否甚至对正宗的自由主义者来说也是根深蒂固的习惯，以及在对待经济欠发达的弱国方面，英国金融和外贸以现有方式卷入，是否鼓励人们相信可能会发生一个突然的变化。美国的激进人士已经认为，这次会议的结果将是美国的巨额融资（high finance）与英国的巨额融资的一个联合，如果不说这是它的目标的话。这种观点是极端的，但是事实摆在那里，布雷斯福德先生提议的补救办法，尽管他为其施加了保障，还是会让这种危险越来越接近。布雷斯福德先生认为，美国"不信任金融活动中集体的、合作的行为"，把它视为是华盛顿的正确解决方案的一个障碍。对美国的自由派人士来说，它显得像是一个保障，像是阻止我们驶上经济帝国主义的高速公路的一个保护。在国内事务中，金融没有表现出这种不信任。我们对政府与政治道德产生的作用过于警惕，以至不愿看到金融活动中集体的、合作的行为付诸国际政治。

## II. 英日同盟与美国

就在我撰写这些文章的时候，出版社出版了对正在香港的诺斯克利夫（Northcliffe）爵士的一篇专访，他是在访问日本与中国归来后接受采访的。在这篇专访中，他明确反对在他自己的国家与日本之间恢复同盟关系。他说，这已经成了他的祖国与美国之间良好关系的一个致命威胁；它对于华盛顿方面关于远东政策的实施以及裁减军备的推行，强加了一个不公平的障碍；它受到了在东方的英国人舆论的普遍反对。诺斯克利夫的这种态度具有相当重要的意义，因为《伦敦泰晤士报》(London Times)在过去一直是这个同盟的坚定支持者,理由是它保护英国的利益,并有助于保持远东和平、门户开放以及中国的领土完整。无论人们对诺斯克利夫的影响力持何种看法,都没有人会否认他那狡黠的机会主义和他对当前舆论的敏锐感觉。

归于伦敦记者名下的这些论断,对远东的人关于同盟的舆论状态作了过于轻描淡写的描述。身在太平洋彼岸的所有中国人和绝大多数美国人都坚信,这个同盟首先是针对中国其次是针对美国的。中国人的圈子认为,同盟的后果是把英国包括进目前针对日本而存在的这种苦涩情绪的对象之列,它被视为征服一个弱国这桩罪行中的一个从犯。在大英帝国议会(Imperial Conference)召开期间,每个在中国的机构都向伦敦送去消息,描述中国人认为同盟将是一个针对中国的敌对行为这种一致的感觉;许多人威胁说,如果这个同盟被恢复了,那么就要发起一场抵制英国货物与船运的运动。说这个同盟意在保持中国的领土完整的这些声言(比如像开头提到的那些),被视为任性荒唐的伪善而遭人鄙弃。

在东方的美国人目前的感觉是一种迷茫的恼怒和激愤。日本愿意有这个同盟这一事实被视为理所当然的,而且除了作为日本更大侵略行为的一个部分之外,也没有受到什么憎恨。但是,人们经常问道,为什么英国愿意去加强日本的力量呢?既然德国已被排除在海军方面和具有侵略性的强国之外,俄国也不再是一个威胁了,那么,它的动机是什么呢?无法找到任何可以理解的动机,在此定居的英国人和美国人中间普遍存在着一种感觉,觉得这个同盟损害英国的商业利益,这种感觉导向一个结论。在英国眼中,美国已经坐上了先前由俄国占据着的那个位置:英国的对手的位置。因此,正如老的同盟是针对俄国与德国一样,这次恢复在同等程度上是针对美国的一个进攻和防御的结合。

接下来,还存在着这样的普遍信念,认为这个同盟是一个愚蠢的政策。它是对美国的一个直接挑战,而它加给日本的力量很可能到时候会转而被用于针对英国。假使日本从根本上控制住了中国的自然资源,并且有无限的人力为了战争工业和作为士兵而进行训练,那么英国在远东,尤其在印度拥有的东西的前景将会怎样呢?泛亚细亚主义在日本是一种大众说教;而如果日本不曾完全疏远中国舆论的话,它或许已经在中国盛行了。而泛亚细亚主义对英国于亚洲的任何一个部分的控制来说,都是致命的一种说教。

即使是现在,在中国的、日本人所有的那些报纸还进行着一种经常性反对他们盟友的宣传,仅次于为反对美国而进行的宣传。有谣言说,印度的国家主义者与革命派人士在日本有一个安全的避难所和一个供应基地。在日本的扩张主义者中间,再没有比描绘英国在中国的势力范围以及英国在西藏的侵略性政策的那些作品更加风行的著作了。尽管如此,在同盟的外表之下,日本还是在不断地侵占着过去一直被称为英国主要势力范围的地方——长江流域。我以前还从来没听说过日本对于长江流域的煤炭和钢铁的控制份额,估计在资源总量的60%以下。

当一个人从中国来到西方的时候,评判的眼界就改变了。在日本,对美国人友好的英国人指出,这个同盟减轻了英国在远东地区维持庞大的海军与陆军编制的必要性,眼下这个规模对它来说已经难以为继;它使英国得以把注意力更加专心不二地投到国内与欧洲面临的那些严重问题上,并且在印度给了英国一种保护,防止日本军部与印度的革命派结成同盟。当一个人到了美国,他会发现对这个事实的更多强调,即这个同盟使英国能够对日本的侵略倾向施加限制;废除这个同盟,会给日本、一个"骄傲而敏感的民族"如此的冒犯,以至于增强那里的军国主义派别的力量和影响力,并因而使一场全面战争之火更加逼近。总之,在维持一个同盟只不过比在合作者不再有直接用处时把它一脚踢开好一些的情况下,人们觉得继续维持它不像是一件正大光明的事情。

我毫不怀疑这些事情在其中有关系,在中国,人们普遍地认为,这个同盟直接针对的是美国海军实力、政治威望和金融影响的增长预期;而我认为,这种观点是片面的。但是,这后一种感觉存在着,而且正在美国蔓延。布雷斯福德先生指出了这种危险,即它会不断地增长,直到英国与美国的关系变得类似德国与英国在大战爆发时的关系那样为止。

出于坦诚,我们不得不说,尽管在远东的美国人与英国人之间有着个人的友好关系,但是国家层面的感觉已经变得紧张了。没有必要试图去加以责备。英国人对在远东的声望、领导地位的感觉,由于美国声望的迅速上升而受到了伤害。存在着这样一种与日俱增的感觉,觉得美国有朝一日会成为英国的严重威胁。

人们从英国人的评论中,有时会得出这样的印象,觉得似乎是我们从凡尔赛体系中掳走了物质与领土的好处。假如,比方说,美国的肥皂和盥洗用品在东方市场上挤掉了英国货,那么,这种印象看来就不像是个严重问题。但是,外贸的不足对国内工业生产所产生的反作用现在是如此迫近,以至于一个富有同情的想象力的美国人能够体会英国人的感觉,觉得贸易的扩张对美国而言是件难以奢求的事情;

而对英国来说,它的缩减则可以被严重地视为对其而言的一场生死攸关的斗争。目前的处境充满了诱发恶感的各种偶然机缘。随着远东贸易中美国工业与金融利益的增长,这些诱因会越来越广泛地从远东传播到他们本国。

这些增强了布雷斯福德先生的确信,认为如果要以一种同时既满足日本对原材料的正当要求,又减少英国与美国之间在远东地区的激烈商业竞争所带来的冲突的方式恢复这个同盟,那么,太平洋会议的结果应当会使它的恢复在实际上成为不可能。

但是,除了被提出来作为解决方法的英国与美国对铁路与矿业经营的辛迪加之外,还有其他选择。对商船自由航海权(freedom of the seas)的提及,自从威尔逊总统如此彻底地将它遗忘之后,几乎成了一个禁忌。但是,英国舆论似乎并不把即使在对协约国持友好态度的人中间也存在的巨大愤怒放在眼里,这种愤怒是由于意识到我们在战争的头几年受制于英国的海上霸权而产生的。

我们的船队甚至无法与南美洲的那些中立国家进行贸易,除非它们已经取得实际上是英国当局的授权,这是随着英国的海外租借地以及其对贸易线路和供煤站的掌握规模而得到巩固的一个必然结果,这不仅仅是一个不方便的问题。这个问题及其他类似的事情比起对海上实力本身的渴望来,与支持拥有一支庞大海军的情绪关系更加密切。

布雷斯福德先生本人已经说明,美国在战争情况下对日本的封锁会很容易使英国倒向日本一边。我们可以补充说,实际上,对日本的成功封锁最终会包括对上海及其与英国有关的商贸的封锁。类似地,在相当不同于实际状况的情况下,英国对公海和中立国之间交通的掌握或许已经使我们在上一场战争中加入了反对英国的一方。撇开对辛迪加作为一个补救措施的那些具体反对不谈,可以肯定的是它并未命中布雷斯福德先生指出的那些困难的根源。

它过于肤浅了。战时以及和平时期的贸易自由这个问题早晚都得面对。太平洋会议召开得正是时候。它涉及对贸易线路和供煤站专门控制的整个问题。不幸的是,这个问题由于英国外交的立场一直与美国相反而变得复杂了;而现在我们进入了这样一个境地,在其中,我们发现,放弃自己原来的观点并采取英国原来的立场比较好。任何一个想要诚实而彻底地对待导致战争的军备竞赛背后的那些政策的人,都必须处理这个问题。

### Ⅲ. 中国的利益

中国与这次会议以及战争的可能性之间的关系,是一种独特的关系。无论哪一方都承认,它是风暴的中心。然而,它的参与是被动的,不是主动的。它是由于激起了其他国家的贪欲,而不是由于自身的所作所为而造成麻烦的。尽管如此,无论它是什么以及更重要的它不是什么,内部的混乱与无能都仍必须算作使它成为其他国家诱饵的一个因素。

这么说吧,存在着三个中国。有在其他国家之间引发冲突与对抗的中国,即就国际关系而言的中国。有就国内事务而言的中国,在管理上混乱、分散,帮派林立,政府腐败严重。还有中国人的中国,人口众多,坚忍,勤劳,用非政治的方法治理着自身,牢固,超过西方人想象力限度的持久和稳定,是过去的和中国转变时可能的未来真正的中国。

就反对把铁路与矿产的国际合作经营作为眼前困难的一个解决方法,因为它把中国视为承受者而不是主动的有活力的力量而言,我想到的是第二和第三个中国。布雷斯福德先生指的,显然是第一个中国。他规定在制定出的协定中,它"一定要是一个主动而自愿的参与者";中国银行家们必须在这个辛迪加中算上一分子;它必须保留在政治上对其铁路的控制;要为最终的经济所有权与控制权的归还作准备;必须设立一个仲裁法庭,以使中国借以对抗联合了的国际金融的"强力"。布雷斯福德先生对于中国在其国际关系的确立中应该享有的部分,丝毫没有忽略。

那么,为什么要反对他的方案呢?这是因为,程式化地简要地来说,中国最糟糕的东西,即它的政治与行政状况,使中国不可能成为一个主动而自愿的参与者;而中国的好东西,它向它可能并应当成为的样子的转变,让人——首先,从它自身来说,然后从这个世界来说——不想使它成为一个被动和被迫的参与者。中国的利益在于让它有一个机会去发展,并以它自己的方式去发展。据我判断,这也是世界和平的利益所在,因为任何由其他手段确保的和平都是一个暂时的休止,它只能延后一个最终的爆发。

中国目前的国内局势使它作为一个主动而自愿的参与者加入一个国际协定的表述,成为一种没有意义的东西。它与事实相去的距离,和过去关于其领土与行政上完整的那些套话一样遥远。就像那些套话一样,当实际地面对现实状况的时候,它就成了一种文字形式。存在着这样一种危险,就像那些套话一样,它会成为外交机构用来安慰自己的良心并欺骗他们的百姓的一个手段;而与此同时,有损于中国并且最终会在各个国家之间制造出新的冲突根源的各种掠夺行径还在继续着。

在中国不存在一个能够代表国家说话的"政府",没有能够具有管辖权的"政府",也没有能够有能力执行提出来的协定中的各项条件的"政府"。这些只有通过外国对中国国内事务的不断干预,才能得到实行。中国人,尤其是那些参与政治生活、与外国人打交道的人,愿意呈现出目前状况中可能最好的那些事实,这是很自然的。但是,忽略这样一个事实对中国来说并不好,这就是目前得到外国列强承认的这个政府只不过是个空壳,它的管辖权几乎延伸不到北京城墙外面。它缺乏受过教育的阶层以及商人阶层的信任和支持,缺乏除了那些政治银行家之外的一切银行家的信任和支持,而那些政治银行家一直在从它的腐败与无能的状态中捞取好处。它主要由一些自立山头的地方军事首领和将军们统治着。

这并不是说外国列强应当承认另一个"政府",比如广州政府之类的,并与之打交道。眼下,后者比较像样和进步一些。但是,它的主动管辖权几乎难以延伸到两个省份之外。由距离和无知而产生的虚构,让许多美国人认为中国的动荡局面仅仅是由北方和南方之间的冲突引起的。这种冲突对中国的重要性被无限夸大了。事实是:在整个中国范围内存在着一种双重的冲突,它独立于北方和南方之间的冲突,其一是许多地方军事首领为了增加力量与收入而进行的派系斗争。这导致为了兵员而花费的巨额非生产性开支、行政管理的低效、对教育的忽视,以及对正常商业发展的不断干预。因为,如今正当的工业企业只不过是政府贪污与掠夺的一个诱惑罢了。

另一个近在眼前的冲突,是受过启蒙的阶层——教师、学生、比较有远见的商人、银行家、铁杆共和派人士——针对现政府的冲突,既是国家层面的,又是地方层面的。这个动向如今在对地方自治与地方自主的渴望中找到了表达方式。这是一场建立在对一个事实的承认之上的运动,这个事实是:1911年的革命流产了,当时建立起来的那个共和国如今变成了一个虚名,就政治管理而论——虽然不是就社会事务与思想状态而论——这个国家如今比处于满清统治之下时更糟。它的目标是把这场名义上的革命变成一个事实。在1911年,人们抱有的那些希望的破灭使这一点更加明确了,即这场转变将无法在一天之内或数年之内完成。

这种状况使中国不可能作为一个主动的参与者,加入任何为了对它进行经济掠夺而提出来的国际协定。中国在名义上给予认可的任何协定,都会牵涉到对中国国内政治的经常干涉。这种协定会要求对它的各种事务进行不断加强的掌控，在一个危机出现时，没有外国士兵到场，这个掌控就无法发挥作用。而算起来，日本是唯一一个邻近到能在短时间内派出大量士兵的国家，而且是其国民对武装干涉中国的反对声最小的国家。此外，在这种情形下，日本还会如同获得加入涉及对中国的经济利益进行国际管理的协定的那些列强授权的一个代理人那样行事。

如果补充说，这样一种安排会从内部阻碍中国正常的政治发展，在除了理想主义者之外的任何人看来，这也许是一个离题过远的看法。但是，它也涉及美国的自身利益。如果在中国目前的状况下，美国加入任何一个对中国进行国际掠夺的安排，那么，后果将会毁掉美国在中国的最大资产——中国人的善意。未来无法预测。但是在特定情况下，这个做法也许最终会把中国推入一种日本人的泛亚细亚主义的怀抱，尤其是如果日本比过去表现得更加善解人意的话。在其他情况下，它也许会创造出实质上是与复兴了的俄国，或者与俄国和德国形成一个攻守同盟的东西。

说这种安排会阻碍与扭曲中国正常的经济发展，同样是一种不着边际的看法。至今为止，中国一直在拒斥西方工业体系的迅速引入。对大多数人来说，这像是愚蠢保守的惰性的一个表现。对一些人来说，这像是反对把人们还没有学会加以控制并且已经引起人对人的压榨、带来各阶层间尖锐冲突的各种力量引入的一种明确直觉的表达。受过教育的中国人，对工业主义的危险具有一种一致而鲜活的感觉。从一种模糊的伦理意义上来说，他们几乎要成为社会主义者了。如果允许中国人去完成他们自己的经济目标，那么可以想象，他们会设计出一种比如今困扰着西方国家的那个方案更好的方案。中国的煤炭和钢铁自然资源被严重地夸大了，它众多而勤劳的劳动人口的能力以及对低生活水准的适应被低估了。谁敢冒促使中国工业化脚步加快的风险，谁就是一个鲁莽得无可救药的人。

对提出来的这个方案有一种实际而具体的反对意见。有人提议，不同的国家按比例提供这个辛迪加的资金。目前，哪些国家有条件这样做呢？现有的银行团被作为正确方向上的一个开始。到目前为止，银行团一直给中国带来好处，而不是坏处，除了对日本在满洲的特权默许保留之外。但是，迄今为止，它的作用一直是否定性和防止性的。它阻止了国家垄断贷款。它没能以一种比较积极的方式发挥作用的原因之一，是英国与欧洲国家无法拿出资金，这种无能为力是战争的后果。它们不想看到美国和日本成为向中国提供资金的主动方。根据同一个普遍性质作一个引申,实际上会得出这样的看法:美国与日本将成为分摊给其他国家资金的主要提供者。因此,这个方案结果会使这两个国家成为中国经济的主导。这样一种安排,不像是能减少国际冲突的样子。

## Ⅳ. 建议措施

前面几篇文章仅止于说明在远东制造的国际冲突的一些情况。到目前为止,得出的结论主要是否定性的。一方面,是发展缓慢、刚刚开始社会与政治转型的中国。另一方面,在日本与美国之间有着尖锐而紧迫的利益冲突,而在英国与美国之间则存在着一些比较长远的困难。有没有可能找到一些措施,既能保障中国缓慢但正常的独立发展,又能消除其他国家之间分歧的根由呢?在我看来,这明确了华盛顿的基本问题所在。解决办法是不容易得到的。它几乎让人想起了,当一股不可抗拒的力量遇到一个无法逾越的障碍时,将会发生什么这个老问题。

目前,本文作者并没有现成的解决办法可以提供。但是,看起来确实有可能为理顺问题指出有助益的路向。关于远东的这些问题,其他国家会合作采取行动,这是一个必然。但是,在针对中国的外国列强合作与相互之间针对对方的列强合作之间,有着很大的不同。应该寻找这样一个解决办法,它对中国的国际监管与控制保持在最低限度,而对各个国家单独针对中国的行为则实行最大限度上可行的国际监管与控制。让我们在试着对中国进行一种国际调整之前,先互相对对方进行这样一个调整吧。

在我看来,这是着手处理把对中国——以及西伯利亚——的公平与其他国家之间冲突的减少结合起来的第一个方案。这个总方案以这样一种方式具体转换如下:这次会议应当为远东事务设立一个常设的国际委员会。为了确保对外国在中国活动的适当监管而又不过分介入中国本身,会议应当确立一个规章来主导委员会的行动。这个规章应该包括下面这些要点:

1. 所有的垄断与垄断合同都应当被绝对禁止。要说清过去一直在其他国家之间引发冲突并限制中国行动自由的那些垄断合同的历史,需要的篇幅会超过这些文章的长度。各国应当同意,在公用事业与公共财产方面,与中国有关的每一份合同都应提交给这个委员会,这不是为了确认而是为了驳回,如果它隐含着任何垄断特征的话。

2. 所有赞成设立这个委员会的国家都应当同意,把一切现有的、涉及中国政府的政府行为的合同,不管是国家层面上的,还是地方层面上的,都提交给这个委员会。如果不是立即废除,他们至少应当同意逐步废除这些合同中规定的一切垄断,虽说当然并不一定要抛弃已经在着手进行的一些具体事项。

3. 给中国政府的一切贷款,只要有可能使中国的资金偏离到那些非生产性的目的上,那么不管是国家层面的还是地方层面的都应予以禁止,包括那些所谓的行政贷款。在建造港口、建设铁路、开掘矿藏之类的工作在实际进行的情况下,加入这个协定的任何一个国家发放的贷款都应当设立一个可供支取的贷方。

为什么中国在过去给予了如此多的特许权,并且拿如此多的资源作交易呢?不完全是因为外国的压力,内部的腐败无能也起了一定的作用。通常的程序是这样的:某一群中国官员需要钱,部分是为了政府结算,部分是为了中饱私囊。某个有银行关系的外国方面提出给予数百万元的贷款,只要他们能得到一个垄断特许权,或者只要中国会购买一些材料、无线电设备、飞机,或者这个外国方面想要处理掉的无论什么东西。然而,这笔贷款并不是为了特定的交易而以一个信贷形式发放的。它经常是用来偿付眼前的债务,而且被乱用在"行政"上,大多数情况下是短缺的。当到期时,它就相应地成为要重复相同的过程来面对的另一笔债务。如果这次会议能采取步骤来杜绝今后此类操作的发生,那么,它将造福于中国,而且会消除出借国之间冲突的根源。

4. 这个委员会应当作出一种诚恳的努力来列出中国的所有义务,包括各项赔款,它们是明确的、附有相关条目的充足信息。随后,应当来看看在合伙经营与退还的方向上可以做些什么。在眼下,北京方面自身实际上完全不可能弄清中国的负债与收入是什么,尤其是那些国内项目。中国避免破产以及履行它的国际义务的能力是如此巨大,以至于持有中国保证的那些外国应当得到授权确保一个明确的审计和公告体系,作为用于任何目的的任何更多外国贷款的一个先决条件。

这牵涉到对中国行政方面的财政的某种监管,正如我们的第三条措施要求从技术上通过审计,对贷方的支出设立一个监管。但是,它是一个对与政治干预无涉的一些特定目的的监管,并且符合对中国的公共资金进行比较诚实而精明的管理这个意图。这样,摆脱了伴随着目前方法的所有那些干预,它会受到明智的中国人的欢迎。

5. 应当为无论国家还是地方上要着手进行的公共事宜的公布以及公开投标留出空间。近来,中国需要一些蒸汽机以供唯一一条完全在中国人的指导下并且完全由中国人管理建造的铁路之用。需求被公布了出来,并举行了自由的国际投标。结果,一个比利时企业取得了大部分蒸汽机的合同,而一个美国企业取得了剩下的部分。如果这次实践能得到推广,并对一切供货交易都成为强制性的——与各种垄断以及"优先权"的废除相联系——那么,它会自动取消如今造成国际冲突并使中国的腐败加剧的那些金融活动中的许多。

6. 已经存在着的这个银行团应成为委员会在资金方面的一个核心。但是,它应该摆脱各种垄断特征,摆脱局限于四个强国以及从这四个国家的银行团中进行选择的局限。它还应当公开地与相关国家政府的权威代表们联系。

如今,在银行团的银行家们和他们各自的政府之间,存在着一种潜伏的、经过伪装的同盟关系。它应当被公开化,以使银行家们的活动具有政治上的责任和公开性。直到目前为止,银行团一直没有被中国政府承认,主要是因为这个政府想要得到银行团不会发放的那种非生产性的行政贷款。但是,它的存在一直是阻止仅仅意在把中国的各种资源进一步挖过来的那些贷款的主要因素。

然而,中国为了防止它自己官员的无能——以及贪婪——而维持一个银行团的开支,几乎很难无限地跟上。各国政府应当确定他们承担的开支份额。这样,银行团或许就能在一个小的方面像一个国际辛迪加那样运作,至少直到经过检验之前,一直把其本身局限于诸如铁路支线以及那些没有战略上或政治上的重要性的小项目上面。

7. 这次会议应当采取一些将会以让中国恢复对其外国关税的控制为结果的步骤。外国对中国海关的控制之所以被确立起来,是因为外债和赔款。这看起来是唯一的一种方式——也许它过去确实是唯一的方式,外国借此可以得到偿还贷款和偿付赔款的保证。但是,作为由一系列条约加强了的一个结果,中国如今无法调整它在出口方面的关税。不仅如此,而且其他国家对任何一个变更都要求全体无异议。任何一个单独的国家如今都可以阻止关税提高,它过去曾被武断地固定在5%,现在没有超过7.5%。中国无法通过海关收入来增加它的国家收入,这是它不断求助于外国贷款的原因之一。这次会议应当通过一致行动以及通过对拒不服从的国家施加道德或经济压力来纠正这种严重的弊病。

这个方案会遇到两种相反的反对意见。它会被视为过于温和,无法发挥建设性的清理作用。它也会被视为走得过远,没有实际可行性,包含对外国,尤其是对日本既得利益的过多放弃。因为这个方案隐含着对它在中国的各种"特殊"利益要求的一个放弃。

由于篇幅限制,这里无法论证整个问题。但是可以指出,根据这些或类似的其他具体建议采取的行动,是检验极力宣称他们对和平的至高希望的那些国家的诚意的一个办法。日本的经济利益,无论与其政治利益的关系如何,都在于与中国民众建立起良好的关系。

目前,日本的实业家们声称,因为地方官吏的腐败,他们不得不采取一些他们觉得最好不要用的行为,比如控制原材料等等。把整个贸易状况摆到桌面上来看,就可以知道它有近水楼台的优势;并且,没有必要采取占有原材料的方式,因为那将会以激怒和疏远中国人并使日本成为世界上其余国家的一个怀疑对象为代价。

美国也应当在确保日本获得为了工业目的之用的直接原油供应这件事上助一臂之力,即使那意味着牵涉到墨西哥。需要牢记的一点是:不同于特许权持有者和银行家的小团体的利润,商人和实业家的普遍利益完全依赖于中国人购买力的增长。就目前的状况而言,中国不是一个良好的市场;不值得为了它大费周章。给它一个机会,让它去发展自身,那么,它就会变成一个正常的、和平贸易的巨大市场,日本在其中具有许多天然的优势。

中国问题的根本在于时间,再怎么频繁地强调这一点也不会过分。西方与日本过于匆匆忙忙了。战争使不耐烦的情绪一直加剧,直到让整个世界几乎因远东而处于一种歇斯底里的状态为止。像我提出的这样的措施,即使它们主要是否定性的,也能确保一个缓冲余地。在这段时间内,这个世界可以从对它的神经的刺激中恢复过来并重新获得清醒。会有更多的机会使进一步的必要措施浮现出来,而且是以一种正常的方式。停止对中国的瓜分和从外部对它的各种资源的挖取;停止战舰的建造,这样,远东的各种问题将会逐渐地在一个适当的视域内呈现出来。那么,这个世界能够回头笑看它在1921年对太平洋地区的各种问题的警觉状态的时日就不会远了。如果无法做到这些事,那么微小的冲突原因将会继续积累,人们目前害怕的各种事情将会成为现实。在这场大灾难之后,人们会认识到:相对于犯下的罪恶来说,有关的利益实际上是多么微乎其微,以及适量的预见和善意本来可以在多大程度上防止这场灾难。

(赵协真 译 莫伟民 校)

# 中国的诉求中表现出了精明的策略*①

中国的各项提议既精明又聪明。由中国代表们来说明他们自己的情况,而不是让美国或日本首先来说明他们的情况,由此免去了两个东方国家之间的猜疑,这是个好策略。

它的精明之处,在于想出了十点概括的基本条目。没有哪个国家能反对,比如说,第一点和第二点,是关于中国的领土完整和政治独立以及门户开放的。所有国家都反复地以书面形式加以同意。但是,当此秘密碰头会议之时,所有国家都正式重申把中国置于一个有利地位,以引起对一些被先前的协定违反了的特定条目的注意。

它的精明之处在于不是通过直接地提出要求,并且容许在执行的时间上作出让步,就像,比如说第五点,解除加诸中国目前的行动自由之上的种种限制。对于中国自身来说,立刻废除治外法权或者把海关的管理交到它手中,这些都不会有好处。不过,它有权了解做这些事情的环境条件,这样就能获得一个保证:只要它采取某些特定的步骤,在将来的某一确定时间内,这些事情将会付诸实际。

第三点是对待英日同盟和《兰辛-石井协定》的一个精明方法,两者都与中国有关,但是都没有找中国商量过。说它应当对影响到它的一切活动予以注意,并且应该被给予一个机会去参与的这个提议是如此合理,以至如果哪个国家拒绝同意这一点,那么立刻就会被置于怀疑的眼光之下。

---

\* 此文选自《杜威全集·中期著作》第13卷,第165—167页。
① 首次发表于《巴尔的摩太阳报》,1921年11月18日。

与好的策略相区别的智慧,在我看来集中体现在第四点(第六点和第七点是其附则),以及第十点(第九点是其附则)。因为"为各种国际争端的最终和平解决所做的准备"只不过是一种匹克威克式的用词,并没有为以后的会议做准备。少了某个即使名称上不那样称呼实际上是常设的咨询与仲裁委员会的东西,在其中,中国是作为一个参与者而不是受害者,就没有哪个准备能够变成现实。

第四点包含文件能够被有效执行的手段。要求一切委托、特权、特殊待遇等全部公之于众,否则视为无效;而且,这些和那些已经公布出来的都要根据它们相互之间的有效性和协调性来检验,并要严格倾向于授予方来拟定这些东西,这是大胆而合理的一步。

这些条款触到了问题的根本。它们将使中国特定而言对日本,普遍而言对其他国家的失望表露无遗。它们使公开外交成为了现实。它们驱除了长久以来一直是中国在国内和国外的最大敌人的那种秘密与阴谋的气氛。它是大胆的一步,因为如果这一点得到接受,那么随之而来的公开会在暴露出其他国家的贪婪和各种诡计的同时,也暴露出中国本身的虚弱和官吏的腐败。它是中国内部得到更好治理的一个保证,也是对抗其他国家的一个保障。它无疑比表面上看起来的样子走得远得多。

《二十一条》未被提及。但是,基于这些要求而签订的条约中的一些条款,不可能与中国已经向其他国家作出的其他承诺相协调。它们的有效性问题显示出了这些条约签订时的强迫状态——战争的致命威胁的一个最后通牒。

山东未被提及。但是就中国的同意来说,对山东的占领是基于《二十一条》之上的,而它也是与中国同德国签订的条约中的条款相冲突的,这些条款规定德国人的租借地和特殊待遇不得转让给任何一个第三国。任何公然反对第四、第六和第七点的国家,都立刻招人怀疑是不是抱有什么不好的意图。给予赞同,意味着对中国遭受的一些最坏的错误对待进行改正。一个人根据过去的事情对这些条款琢磨得越多,这些条款看上去就越显得有远见。危险在于它们"在原则上"得到接受,但在实际上受到削弱。

关于比较次要的那些条目,美联社报道说,第八点是最令日本人的圈子困惑的一点。考虑到中国作为一个中立国的权利在今后一切战争中都应受到充分的尊重,而日本与俄国以及德国进行的战争都侵犯了中国的中立,这个困惑不容易理解。根据相关的建议来看,它成了一个小小的不祥预兆,有可能意味着列强确保中国的中立,把它降到比利时那样的地位;而这一点连同其他各点的加强,又回到了中国的国内秩序和政府的统一这个问题上来了。

现在作出预言还为时过早,但是看起来,似乎日本的策略会对中国的各个目标表达一种一般的同情,但同时强调其内部缺乏统一,处于所谓的混乱状态,并且主张为了确保各项目标和愿望的最终实现,中国必须在一段时间之内被置于某种国际监管之下。在后一种情况下,日本会由于邻近而成为代表着列强的实际上的保护者和受托者。那时,日本就既能把其关于中国想要的东西捞到手,又能得到各个强国的祝福了。

(赵协真 译 莫伟民 校)

# 对中国的四条原则*①

　　如果华盛顿会议采纳的这四条与中国有关的原则终结了讨论而不是开启了它,那么,它们就会是再令人失望不过的了。它们表示旧的外交策略是战无不胜的,而像加藤海军上将②据说已经作出的几种不同解释那样变化无常的那些一般表述,就会像过去那样被拿给中国。

　　没有必要说中国需要的是像关于限制军备的建议这样具体的明确行动,而不是好言暖语。但是,由于这出现在开始而非结束之时,所以只能公平地推想这些原则代表着一个图表的框架,它在接下来的决议中会演变成一个详细的行动方案。

　　如果把这看成一个基本的概要,那么,这里浮现出两个问题。这些原则排除了所有不是直接涉及的问题吗?还是说它们可以有补充和解释?除非是后一种情况,不然它们就无法直接影响过去的行为。根本问题在于它们是否只与将来要实施的条约有关,还是也适用于对过去订下的条约的改正。

　　如果是前一种情况,那么,日本那边就大大赚了一笔。一些对它来说十分重要的事情,将被视为不可更改的既成事实。中国可以获得对将来不会再有类似条令的某些保障,这确实算得上是个收获。但既成事实是牢固的东西,而且它们会有办法继续去影响以后的事,相比之下,一般的保证就是相当无力的了。

　　但是,很难把这种解释与第一和第三条原则的总括性条款调和。尊重中国的

---

\* 此文选自《杜威全集·中期著作》第13卷,第168—169页。
① 首次发表于《巴尔的摩太阳报》,1921年11月23日。
② 加藤友三郎(Kato Tomosaburo,1861—1923),日本海军元帅,曾于1922至1923年间任日本首相。——译者

行政完整并施展影响力来真正确立和维持所有国家的均等机会,如果这些词句有什么意思的话,那么,它们意味着一个检查违反这些原则的各种现有承诺和特权的机会。在这种情况下,中国要求对所有种类的现有承诺作检查就获得了一个实质的承认。中国人的建议就要开始露出锋芒了。

与加强门户开放有关的第三点,和保证所有国家都不得利用中国的糟糕处境来谋取特殊的特权和权利的第四点,如果得到兑现,至少以后能防止各种工业和商贸垄断。它们也能防止对设立财政和军事特别顾问的要求,对特警以及对贷款给铁路项目和港口项目的要求,诸如过去使中国陷入极大混乱的那些项目。但是,在这些原则上打擦边球而又不公然违背它们的方法是如此之多,以至于它们很有可能会变成一些毫无意义的文字,除非预先作了一个防备,就像中国的第十点要求中提议的那样,有一个常设的委员会或者定期召开的会议和常设的正式公报。

这四条原则显然是被炮制出来搪塞或拖延一个重要问题的。从地理上说,究竟中国是什么?它与满洲、蒙古和西藏的关系是怎样的?而日本人对其在蒙古的特权的宣称又因这样一个事实而变得复杂了,即眼下既不是中国人,也不是日本人,而是俄国人,在实际控制着那里。

中国长城以南,听上去像是一个完整的存在物。但是,一个人只要看一看地图就能断定,在面对一个要求北方领土以及海洋的强国的情况下,它保有其在政治上和行政上完整性的可能是多么微乎其微。在中国接触的,只不过是蛮族游牧部落;而在铁路和蒸汽船都不存在的时代,长城本身就证明了很难做到这一点。

现在庆祝已经实现了的东西还为时过早。有了一个有希望的开端,但这个开端仅仅指示着必须密切关注其未来发展的一些线索。当要明确界定中国领土的时候;当要表明这四条原则是否仅限于以后的行为、排除既成事实的时候,还有当我们要弄清楚是否为设立一个常设的商议、仲裁和发布机构做准备时,就会有一番龙虎斗了。

在知晓这三件事之前,我们将一直无法知道中国这些要求是事实上得到了满足,还是仅仅得到了为避开真正的问题而使用的礼貌措辞。这三点的未来动向将确定是否已经作出真正的努力来帮助中国,或者是否外交家们在引我们入那个古老的圈套,即用文字来处理一些急迫的问题,只不过是为了在事实上通过运用含糊不清的表述来避开和拖延这些问题。让我们静观其变。

(赵协真 译 莫伟民 校)

# 地洞*①

自从会议召开以来,我一直相信,无论如何,公开性会比具体达成的决议更为重要。我们处于这样一个关键点上,在此,世界和平与安全的主要保障在于各国对其他国家的诚意与善意的相互信任。公开是发展互信的方式。让他们的态度为世人所知,不曾心怀鬼胎的那些国家从这件事上得到的只有好处;有着掠夺性策略的那些国家,因为知道它们的举动受制于公开和普遍讨论而最好地得到了限制。当然,在公开外交方面,公之于众(publicity)意味着最大限度的可能。但是,它也意味着对公众的一种教育。这样,它就不容易受不诚实的宣传影响,并在对发生的事情作出判断方面具有合理的精明。

带着这种先入之见来到华盛顿数日之后,我关心的第一件事自然就是试着对当地的氛围有所了解。我想知道有多少公开讨论和传播,无论事情是沉闷而秘密的,还是公开而轻松的。感恩节是个关键的时机。

在会议开始时,美国雄鹰在众人面前漂亮地露了一把脸。没有人会料到,竟有如此程度的坦诚;对此有了良好印象之后,我们全都希望在有关远东各项议题的讨论中也能如此开诚布公。

但是,这并没有出现。美国雄鹰似乎随意地栖落到一棵树上打起了盹儿,而与此同时,田鼠和土拨鼠们却在挖地洞,兔子们急急忙忙地寻找着藏身之处。这次会议上的两个欧洲国家指责法国言不由衷,而且一心想扩大自己的优势,即使因此而

---

\* 此文选自《杜威全集·中期著作》第13卷,第170—172页。
① 首次发表于《巴尔的摩太阳报》,1921年11月29日。

毁掉这次会议也不罢休。据传,中国人如此憎恶英国代表们对路特原则(the Root principles)①提出的解释,以至于他们可能拒绝;贝尔福(Balfour)②甚至对保存会议记录这种公开措施也表示了反对;中国代表团在逐渐失去中国非官方代表的支持,因为他们在就山东问题与日本人进行私下交涉;英国人不置一词,不露声色;日本人起先说,50%的海军对防御目的来说已经足够,之后又要求70%;路特原则仅仅是为了在将来起作用,而出于对日本人和英国人的敏感性的尊重,现状会得到巩固——诸如此类。

简而言之,存在着一种明白无误的紧张氛围,存在着一种不信任的气氛。这种紧张和不信任,与停止公开有关海军方面的各种提议有关。在这一周的后几天里,对上面提到的谣言中的一些有了正式否认。接着,前几天那种紧张气氛明确无误地缓和了下来。但是,有一些说法并没有被否认;它们得到了确认。由于否认与确认的结合在我头脑中形成了一幅有关目前状况的图景,我把它说出来,因为我认为它可能有些价值。

与前些日子相比,缺少对重要议题的揭示。公众对不同国家在远东问题上的立场,不像对它们在海军缩编问题上那样,具有清晰有据的观念。不过,与其说这是因为重要事件在幕后进行却不让公众知道,还不如说主要是由于那些领头的国家对于提出任何如此重要以至于对它进行讨论将会影响这个国家并使它放弃其立场的议题犹豫不决。

如果不存在如此程度的公众方面的公开性,那么也会有可以说是更加私人的、外交方面的公开性。因此,各国似乎都觉得它们正在接近一块雷区。没人想首先踏足其上,因为害怕这引起的爆炸。每个代表团都宁愿等待着,希望某个别的代表团迈出会影响到它自身利益的错误的一步。

这实际上意味着有一系列的委员会会议,部分是为了把已经达成的决议简化为固定的形式,部分是为了讨论相对而言比较次要的问题。治外法权、邮局和海关对中国来说完全不是次要的问题,尤其是海关。但是,它们远不像《二十一条》和满洲或者山东那样危险。因为中国人如果愿意和其他国家一起承认日本在满洲和蒙

---

① 路特(Elihu Root,1845—1937),美国律师、政治家,1905 至 1909 年间出任美国国务卿。——译者
② 贝尔福(Arthur James Balfour,1848—1930),英国保守党政治家,曾出任英国首相和外长。——译者

古的各种特权和优先权的话,那么,他们看来很有可能在后面这些问题上获得巨大的让步。目前的倾向似乎是帮助中国在次要问题上获得它能够得到的东西,否则,提出更大的问题到头来会谈崩,而中国会一无所获地离开。

这个外交阶段也许是不可避免的。它指示着某个转折点和某种用来试探其他国家的手段,以及万一关于远东没有做出什么有意义的事情的话,找到一种每个国家事后可以用来为自己辩护的策略。这次会议有喘息的机会,尤其是在其间例行公事都办完了的情况下。但是,它们没办法无限制地延续下去。各种危险的问题存在着,并且它们必须得到面对。

这次会议所有议题中最重要的那一个仍然被搁置着。当《二十一条》、满洲、山东以及英日同盟的问题得到处理时,这是否会根据日本、英国和美国关于各自立场的公开声明来进行呢?或者这些主要议题会迷失在由一些无关的问题,伪善地泛泛而言,逃避,讨价还价,私人的了解构成的一团迷雾之中?看来,美国出于一种高度的威望采取了前一种选择。对所有国家的公众来说,除了得到结果之外所能做的第二好的事情,就是确切地了解为什么没有得到这些结果以及谁挡了道和为什么挡道。说美国各项政策的成败如今取决于它们是否有一个针对所有国家对公开性的适当要求作为靠山,这一点也不过分。地洞也得公开地挖。

与此同时,在我看来,英国是猜不透的斯芬克斯。我不曾发现哪个人声称他确切地知道它在任何具体问题上站在哪个立场。单单就我自己来说,我会通过注意观察在接下来的一两周内,它是否会打破那斯芬克斯般的沉默来判断这次会议的可能结果。我们大概地知道美国和中国想要什么。我们知道日本想要什么,虽然不清楚它会愿意接受什么。看来似乎轮到英国来表明它想要什么了。机会主义在某一些情况下是可以容忍的。但是,英国方面过度的机会主义将会毁掉这次会议。

(赵协真 译 莫伟民 校)

# 山东问题的各个角度*①

数学家们有时把圆看成是无数直线的集合。随着角度的增多,你就能得到一个圆形的效果。当角度无限多时,你就得到了整个圆。对一个球体来说也是一样,你从一个有着许多投射角的立体开始,最终会得到一个可以滚动的球体。这是看待山东问题的一条途径。存在着许多角度,你能把它们变得柔和直到你得到一个光滑的表面吗?如果可以,那么,这个球会滚向何方,是朝着中国还是朝着日本呢?

投射角的数量使这个问题变得难以处理。它们也使对正在进行的这些讨论的意义和结果的判断变得困难。它们使人难以知晓在中国与日本之间进行对话的有关问题中,目标是什么,谁将因而获利。只有参与其中的人知道,但他们是否十分明确,这一点大可怀疑,虽然他们有自己的希望。不过,还是值得指出其中的一些角度。

假设参议院已经表决通过了《凡尔赛条约》,那么在这次会议上,我们的国务院就处于几乎不可能要求在山东问题上站在中国一边的境地之中。英国和法国表决通过了,而且在通过之前,与日本秘密地签订了与中国的要求相反的条约。它们必定都急于想让其参与制造的日本与中国之间的这个麻烦有个了断。它们不愿意承认自己错了,但是面对着中国和美国的态度,又不得不为过去的行为作公然的辩护而感到窘迫。

此外,英国还与日本有一种同盟关系。它几乎不可能参与一个普遍的商议并

---

\* 此文选自《杜威全集·中期著作》第 13 卷,第 173—175 页。
① 首次发表于《巴尔的摩太阳报》,1921 年 12 月 5 日。

且给中国当靠山来反对自己的同盟。但是,另一方面,英国希望使美国确信它是站在美国一边的,这个同盟从来不曾也永远不会被用来反对美国的政策。

明显的氛围是要把这个问题放到一边去。让中国人和日本人自己去解决他们小家庭中的口角之争吧。法国在质疑《凡尔赛条约》中的山东条款这个问题上,甚至处于一种更加微妙的境地,对这个条款的质疑会引发对其他条款的质疑。任何一个从法国消息来源中读到过一点东西的人,都清楚地知道,法国人是多么不可能为质疑《凡尔赛条约》开一个先例而做任何事情。

人们会猜测美国的角度是什么。国务院很了解法国和英国的立场。它可以用其对中国的友好机构来暗示,在目前的情况下,中国应慎重考虑:通过与日本直接谈判,它是否不太可能比通过把这个问题带到很可能遇到额外反对的地方来谈得到更多。美国政府也希望这次会议取得成功。山东问题可能会毁了这次会议。它也许会在重要性方面取代海军问题。于是,又是同样的劝诫。试着让贝尔福作为日本友人的官方代表,让休斯作为中国友人的非官方代表,在中国与日本之间进行一点直接的对话吧。

中国的角度在哪里呢?中国急于收复山东。日本反复强调其对归还山东以完全的政治主权的渴望,"仅仅保留授予德国的那些经济特权"。日本已经数次主动提出要与中国进行直接商谈,据它所称,为的是能落实它的各项承诺。但是,中国固执地拒绝了。这是所有表现中一个值得关注的现象!当它的邻邦自我牺牲般地把它最想要的东西献给它时,它却拒绝接受。

这是如此不同寻常,以至于在表面之下肯定另有某个原因。中国人坚持认为没有什么好谈的,能谈的事情一点也不比当德国人被赶走时,英国和法国同比利时谈把比利时还给比利时的多。

他们指出,与德国签订的最初的条约就明确否认了德国有任何政治权利,并且禁止把它的特权转移给任何其他国家。那么,日本说要归还其原本就不拥有的政治权利,"仅仅"保留其已经得到的每一样东西,这是什么意思呢?再说,过去的经历已经教会了中国人,在中国,当经济权利包括矿山、铁路和一个港口时,实际上,它们就变成看上去和实行起来惊人地像政治掌控的一个东西了。而且他们清楚,在战争期间和战后,日本已经把这种转变做到远远超过德国敢于想象的地步了。

中国还有另一个角度。中国人是精明的外交家和世界上最善于讨价还价的人。但是在大问题上,他们更加信赖道德力量的作用,而不是建立在一个讨价还价基础上的、具有法律效力的正式协定。开化了的中国自由派人士对这次会议的期待,主要在于把它看作使中国的国民情绪、愿望和不公正对待为世界所知的一个机会。这个目标只有通过把山东问题提交给有着最大公开度的外交的整个会议才能实现。

他们的愿望被达成的协定震惊了。这种震惊说明在华盛顿和其他地方的非官方的中国人对中国与日本之间直接对话的竭力反对。他们感到自己被他们真正地欺骗了。如果他们的立场能为整个世界所知的话,也许他们更愿意让山东问题在一段时间内保持现状,而不是得到他们想要的东西中的四分之三,让日本去控制另外一角,尤其是问题的关键就在于这一角的情况下。

同时,也存在着无法磨光这些棱角的可能。最好仔细地考察和回忆一下官方使用的准确语句。没有商谈,有的是"对话"。中国人至少是相当健谈的一个民族。没有一个字提到解决,而只是说"寻求一个解决"。寻求一下,是没有什么害处的。

也许中国人以后会有一个公开表达的机会,而其他人也会有一个一观其究竟的机会。

(赵协真　译　莫伟民　校)

# 会议和一个快乐的结局[*][①]

如果要让美国民众对这次会议形成一个清醒的公众舆论,那么,我们需要更多写伤感文章的姐妹们而不是写轻松文章的兄弟们来报道这次会议。有意维持远东现状的各个国家及其外交官们,通过对会议上的作为散布一种过分乐观的气氛,可以只占便宜不吃亏。别国外交官们对美国人的国民心理了如指掌。他们了解我们乐观主义的情绪倾向,以及渴望感觉到我们在促进理想的世界福利中扮演着一个重要角色的这种心情。他们清楚,当所有事情都说过、做过之后,让美国民众相信在远东问题上美国的各项政策已经胜出了,这对华盛顿政府而言,将是非常重要的;而且对政府来说,确保与海军有关的这些结果,也是非常关键的。这些是别国外交官手中持有的最好的牌。美国公众对这次会议上做出的每件事情都从最好的方面来看的这种倾向,是帮助一些最糟的事情发生或者至少让某些可能的好事没办法做成的最可靠途径之一。

在写下这些话的时候,事情已经发展到了这样一个地步,即现在重要得多的是指出什么东西没有被说到和做到,而不是已经说了什么,因为前者决定着后者的意义。这个显著的例外是军备裁减的情况,其中有一些具体的统计学上的情况可加以追踪,不是像关于远东问题塞给公众的泛泛之谈那样的东西。我提出三点,一点是对美国的,一点是对英国的,而另一点是对日本的,这些都值得加以关注。根据它们所得出的东西会成为《每日新闻》读者的一个公平的检验标准,来看待华盛顿发表的

---

[*] 此文选自《杜威全集·中期著作》第13卷,第176—180页。
[①] 首次发表于《新共和》,第29期(1921年),第37—39页。

那些公开声明,并给他一个可以用来确定事情实际上在向哪个方向发展的手段。

迄今为止发生的每件事情,都带有日本代表们依之行事的一般性指示的原始信息。这个信息是:日本会真心诚意地赞成军备的裁减,只要裁减仅限于海军,并且以一个公平的比例在三个强国之间分配;但是,也要尽可能阻止对远东的各项政策的讨论,而且如果某个行动威胁到这一点,那么就一定要拖延它。人们还认为,它会强调中国的混乱状态——好像它当然在某种程度上有权管一管似的——并且坚持主张,如果中国要做任何事情的话,需要列强之间在政治上的协调来对中国进行一个监管性质的控制,以确保事情的实施。

后一项策略的意图很明显。如果它被接受了,那么,日本由于地理上的实际情况,必然会成为受列强委托管理中国的一方。如果它失败了,那么,日本可以把过错推给其他国家,尤其是推给美国。实际上,它会说,在一如往常关于美国对中国的关心谈论了很多之后,美国在碰到要做些事情的情况时,又像往常一样没能点到要害。不需要多聪明,就可以看出它的策略会把事情变得只有两种选择:一种,什么事也不做,保留现状,把所有相应的好处留给日本;另一种,逼出一个美国会加以拒绝的联合行动计划来。当然,这种策略并不排除中日关系无论如何要求的一些偶然的让步,快乐而充满希望的美国公众则会把它们看成是美国政策的胜利。

加藤上将用他对休斯的各项提议的强力赞同,帮着造出了稀里糊涂的乐观情绪之潮。对美国民众而言,这被传达为向美国的一个友好让步,并且由此得到了那些长期以来被教导说日本总是一个军国主义国家的人的接受,他们不知道它由于海军开支的负担承受着怎样的压力,也不知道在休斯提出的美国对削减的优厚条件下,多么小的一支海军就足以满足日本的防卫性用途或者甚至是进攻性的用途了。也许,日本比它先前所希望的得到了更多。在这个事实中,没有什么好加以反对的。采纳这个方案,既符合世界的利益,也符合日本的利益。有意思的是,公众开始传言日本要求 8 或至少 7 的比例来与 10∶10 相配,而不是 3∶5∶5 的比例。

认为这是遮掩某种真实意图的一张面具,而日本没有谈到的东西比它大声宣称的东西更重要,这种假设并不是不值一提的怀疑。对日本来说,美国的公众舆论在军备问题上比在远东问题上更加积极和消息灵通,这并不是秘密。对它来说,会议的军备裁减这方面的成功与美国政府在政治上有一种巨大的利害关系,这也不是秘密。虽然美国对中国有善意的倾向,但是对于发生的事情并无特别相关的利益和严格的判断,这也不是秘密。日本在适当的时间里,有可能会不情愿地对实质上要求于它的海军军备问题作出让步,出于对它的好朋友美国的考虑,以及它对世界和平的考虑——适当的时间由关于中国的谈判的状况来决定。或者,它也许会变得强硬起来,危害军备限制的成功,除非与中国有关的事情顺着它的意思走。

关于白里安(Briand)①以及法国对陆军军备的需求的滔滔不绝的谈论,一定让日本感到非常高兴了,它实际上排除了军队裁员和废除征兵制的问题能够得到考虑的任何机会。那些凡尔赛和会期间在日本的人,了解那件给公众留下了深刻印象的事情。曾经一度有错误报道说征兵制的废除已经被决定了,在这个错误得到纠正之前,过去了几天,在这短暂的一段时间里,官方的惊愕程度和民众的满意程度简直无法想象。日本人是一个非常爱国的民族,如果有人相信他们喜欢强制兵役制,那么对这个错误报道的无数叹息,就是他一生都忘不了的教训。如果在法国人与日本人之间存在一种明确的理解,那么,法国的立场就正好是日本要求法国采取的那个立场,如此一来,日本就可以卸下维护其征兵制体系和庞大军队的重担了。假如人们意识到这一点,那么,配得上白里安的雄辩程度的那种美国式的乐观主义情绪本来可能会减弱。

新闻业界的乐观主义者们还报道说,英国在为美国关于中国的政策撑腰。同时,据报道,它坚持保留英日同盟。有一份报纸的通栏标题说,"英国为中国和美国撑腰,但是坚持与日本的约定"。这像极了说英国想要白的而坚持黑的。"约定"意味着这个同盟,虽然可能的话,可以加以扩大,把美国包括进来;然而,只要关系到远东的事情,这个同盟就正是位于英国作为一方而中国和美国作为另一方的两方之间的那个东西。但是从所有的消息来源,即使是从遥远的新西兰,在这个当口上传来的都是关于继续这个同盟必要性的报道,如果可能的话就拉上美国,如果必要也可以不算上我们。

询问那个隐藏的目标是什么,什么是英国真正在追求的,这并不算对英国表示过度的怀疑。它足够清楚地了解美国不会加入一个三方协定,即使外交家们同意了,参议院也不会对它加以批准——他们清楚,参议院和美国舆论一定会这么做的。无论如何,一旦这个同盟重新恢复,加拿大会站出来反对这个双方协定,英国舆论也会迅速地反对它,以至于外交部重新恢复它的力量变得不确定。对于这些,他们都不陌生。如果心意如此坚决,那么,英国为什么不在万事俱备之时,在国内

---

① 白里安(Aristide Briand, 1862—1932),法国政治家,曾多次出任法国总理。——译者

的反对意见比现在少得多的时候重新恢复它呢？这显然是在谈一笔交易，或者意在某个尚未得到公开的目标。它是不是要在一个关键时刻为日本的政策撑腰，因为美国拒绝参与那个唯一可行的安排呢？很可能不是，那么是什么呢？存在着一种创造出某种境况的渴望，这种境况会在某个方向上给美国带来压力。

至于美国为人所知的政策，关键问题是路特先生的四点是否意在承认中国的现状。如果事态的继续发展显示这就是它们的主要意图，那么，我们可以肯定：政府为了在政治上、在美国民众面前自保，愿意以中国为代价来同日本和英国进行讨价还价。这里存在着一个隐秘的暗示，即通过这些路特原则对中国主权的承认，等于是加强了不利于它所有已经签订了的条约和承诺——因为否则，中国在它订立条约的力量方面就不会是自主的！这个天才的发明值得那类具有法律头脑的美国人去思考，他们已经发现，它是对美国劳动阶层为了让自己处于一个安全的自由地位可以做任何事情的那种自由的干涉。但是，用这种态度来解决远东问题，这几乎是难以想象的——很不幸，不是很有可能。

当然，为了将来而改善中国的条件，这算得上是一件事情。但是，由于过去已经做了的那些事情而正在运作的这些力量，不会因为列强在华盛顿召开的一次会议决定这样那样的事情要在以后做而停止运作。规划将来的唯一一种成功的方式，就是通过处理如今存在着的这些情况。外交官们在白费心思画方的圆和完成其他不可能的事。承认中国的现状，并接着下决心说以后的事情应当以不同的方式来做，这是又一个这类外交奇迹。

美国新闻界是不是打算满足那部分要求每一部小说和戏剧都有一个快乐结局的美国公众呢？还是它准备以停止把每一个举动都宣称为一个巨大的进步，把一个别国外交官的每条评论都宣称为对美国的成功的称赞，以及使美国人的骄傲膨胀起来的一个理由，从而冒着触犯美国人的情绪与骄傲的风险呢？危险的东西是比较大的东西，因为我们的虚荣心在凡尔赛遭到了如此严重的打击——一个与我们缩进自己的壳里有密切关系的伤口。如今，我们又一次把头伸了出来，寻求安慰和补偿。有一些别国外交官擅长减轻我们的伤痛，而同时又在事实上达到他们自己的目的。如果不过分倾向于把精力花在开心的喝彩上，我们才更有可能在华盛顿戏剧中获得我们的心理习惯，以及受了伤的骄傲如此需要的那个"快乐的结局"。

（赵协真　译　莫伟民　校）

# 中国人的辞职*①

与华盛顿会议的中国代表团有关的那些有影响力的人物的纷纷辞职，引起了对这种举动的原因的疑问。我想，普通美国人会认为，这既不明智又不合时宜。这一举动会显得有些不太光明磊落，就像你因为担心自己被打败而在实际上被打败之前就退出了。中国人在这些事情上的习惯是不同的。一个与上司有分歧的官员辞职的平常举动，与其说是一个最终的行为，不如说更多的是作为一个抗议，或者作为引起公众对他不赞同某个行为的注意的一个手段。辞职作为公之于众的一个手段，在中国占据着类似于暗杀曾经一度在俄国占据的地位。

如果中国代表们认为，美国公众没有意识到事情向不利于中国的方向发展；如果他们认为，通过一个夸张的表示，可以让美国的公众舆论被激发起来而变得更加活跃，那么，辞职对他们来说，是相当习以为常的事情。也有一些其他可能的动机。至少有一个通过辞职来抗议的顾问属于中国政治中这样的一个派系，许多个月以来，这个派系一直在积极争取让它的成员进入内阁。没有什么比让中国民众相信内阁没有在适当地保护中国的利益，尤其是在山东的利益更有可能推翻目前的内阁了。

一个美国人几乎难以想象这次会议上的各种考虑受到中国受过教育的阶层注视的关注程度。对我们来说是一个有趣的游戏，或者顶多是一个重要事件的东西，对他们来说，几乎是一件生死攸关的事情。在这样的情况下，情绪很容易被带动起

---

\* 此文选自《杜威全集·中期著作》第13卷，第181—183页。
① 首次发表于《巴尔的摩太阳报》，1921年12月9日。

来，而且人们可以猜测，公众的感觉已经开始集中起来针对它认为是内阁方面苟安行径的事情了。无论在华盛顿遇到的困难是什么样的，现任政府几乎不得不承担失败的过失，而对许多人来说，就会有趁还有时间及早暗地里抽身的诱惑。

有一种看法或许可以作为缺乏根据而略过。一直有一种广泛的传言，说北京政府处于张作霖——满洲的军事总督的控制下，而他是受到日本人操纵的。那些接受这种传言的人相信，这些辞职或许是针对主导这个代表团的政府中的亲日成分的。

但是，只要考虑到国际关系，亲日政策在华盛顿就是个不可思议的东西。首先，外国外交官们从来不曾如此程度地处于北京的掌控之下；其次，没有哪个中国政治家敢于在对外政治方面亲日，即使他想要这么做也不行。这即使不是肉体上的自杀，也会是社会和政治上的自杀。

在召开凡尔赛会议的时候，一个亲日的内阁正在北京掌权。当时关于日本方面意图在中国首席代表过境东京的时候对他施加影响一事，有许多可靠的报道。但是，代表们一致拒绝签订那个条约，而且中国与德国签订了一项单独的和平协议。那时候做不成的事，现在也不可能做成。在巴黎，和谈代表们内部存在着各种分歧，这些分歧如今在华盛顿也可能存在。但是，如果是这样，那更多的是出于个人或者派系的原因，而不是由于对日本有什么不一样的对待。

这些辞职，不管起因是什么，都引发了中国如何在华盛顿行事以及哪些是其合理期望的问题。粗略地说，撇开把这次会议用于国内政治目的的任何企图不谈，我认为在中国人的情绪中存在着四派。有一派人把希望如此多地寄托在美国身上，以至于它的期望是无限的。实际上，它说，威尔逊在凡尔赛把山东从中国手中拿走了，而哈定（Harding）①要在华盛顿把它拿回来。

另一派当然想要好的结果，但是却对什么都不抱希望。中国知识分子最杰出的领导者之一给我来了一封信，说他刚刚发表了一个公众演说，在其中，他警告他的听众们：中国必定要经历一个巨大的震惊、一个巨大的失望。这个群体脱离于政治之外，并且反对所有现存的政治派别。他们坚持主张内部改革的必要，并且坚定地确信，当这些改革完成时，日本就没法继续反对中国了，而其他国家将会被迫放弃他们的不当占领和行为。

---

① 哈定（Warren G. Harding，1865—1923），1921 至 1923 年间任美国总统。——译者

第三派人,主要是在国外受的教育,其中许多人学的是政治科学。他们是热情的国家主义者。他们已经学会谈论主权了,对像治外法权以及外国在中国的自治特权之类的话题非常感兴趣。使中国从外国的法律干涉下解脱出来,是他们的主要目标。

第四个且最大的一个派别,在我看来,是由那些根据与《二十一条》和山东有关的事情来衡量这次会议成败的人构成的。他们并不那么在乎邮局、海关、领事法庭等。在他们看来,与主要问题相比,这些是小问题。

我刚刚看过中国的联合商会与教育联合会致美国公众的一份电报的副本,这些机构代表着中国最开化的非政治舆论。电报以感谢美国民众过去给予的帮助开头,以要求美国公众舆论在中国的两个基本要求——收回山东和废除《二十一条》——上,使劲地为它撑腰而结尾。毫无疑问,国务院与中国代表团在华盛顿处于一个困难而微妙的地位。但是,在这些点上无论获得或者没有获得什么样的结果,中国代表们受到中国民众检验的程度都自然而然地会比美国代表们受到我们国民检验的程度更加严厉。到目前为止,中国人一直以令人惊讶的程度避开在美国作直接宣传。辞职或许是一种积极宣传的一个前兆,这种宣传主要是反日的。

(赵协真 译 莫伟民 校)

# 条约的三个结果*①

洛奇（Lodge）参议员的演讲是这次会议雄辩水平的最高点。然而，在它的措辞之下，人们很容易读到对这个协定的热情与喜悦，并在其中发现比它实际包含的东西更多的东西。太平洋中的危险点，当然不是那些岛屿，而是亚洲。

尽管如此，《四国条约》还是达成了三个结果。它开了强国之间相互商议的先例，这比两国之间的仲裁协定走得更远。它终结了英日同盟，这是美英之间达到一个比较良好关系的巨大收获。它间接地使战争不那么容易在日本与美国之间发生，间接地给予中国承诺。中国也许会在其他方面感到失望，但它已经从这次会议中获得了一个重大的结果。

目前，这个公约的起草者头脑中的主要目标，或许是用一种令人愉快的手段来终结这个同盟。再者，它应当使美国停止谈论在关岛建设海军基地一事。我认为，菲律宾根本不会成为日本与美国之间麻烦的来源，但是，一个设防的海军基地对日本是一个挑衅。我们美国人也许并不愿意事情变成这样，但是，如果站在日本人的位置上考虑一下，我们就会有同他们一样的感觉。

既然菲律宾如今通过这个条约受到了保护，那么，人们就可以指望关岛方案被放弃。如果放弃了这个方案，那么，日本对 5：5：3 的海军比例的首肯或许很快就会随后而至。至少从消极方面来说，这个条约的各项条款是值得庆贺的。我们的国务院也许是迫于压力才同意订立这样一个协定，其中把中国也作为

---

\* 此文选自《杜威全集·中期著作》第 13 卷，第 184—185 页。
① 首次发表于《巴尔的摩太阳报》，1921 年 12 月 11 日。

一个缔约国包括进来。这些岛屿对于保持现状的外交努力而言,是一个安全的地点。参与确保它留在中国将是一个致命的错误,我们避免了这一失误。

(赵协真 译 莫伟民 校)

# 关于《四国条约》的几点事后思考*①

事后的思考往往会改变最初的印象。在先前写给《巴尔的摩太阳报》的一封信中,我表达了一个信念,即认为《四国条约》的关键在于让英国与日本体面地解散它们的同盟。稍微作了一番仔细回想之后,我确信,即使如此,第四个条款,在《四国条约》被批准生效时使这个同盟终止的条款,也不应该被引入。

我们国家的策略是要向英国人和日本人指出,这个同盟对我们与他们的友好关系所施加的恶劣影响,同时强调它的废除是他们自己的事,要由他们视我们的良好关系的重要程度来决定。这样就既不会有讨价还价,也不会看上去像讨价还价的样子,因而也不会给参议院对它的批准带来压力。

把这一条款包括进来,暗示着我们的代表团像威尔逊总统在凡尔赛会议上那样,有某种东西要出售,而为了把它推销出去,愿意给予优惠条件。要出售的这个东西,具体而言,是 5∶5∶3 的比例;而普遍来说,是海军的缩编。后者对本届政府来说,接近于一个政治上的必要;前者对我们代表们的声望来说很重要,看上去似乎是一个外交上的胜利。但是,一定要讨价还价吗?

冰冷的现实情况是:如果日本继续推行它的海军计划,那么,它就很可能崩溃。如果我们的代表团大胆而非谨小慎微,如果宣布无论如何美国都会进行削减,那么,商界和公众的压力本来会迫使日本作出一个类似的削减。而且,美国与英国的金融关系看来似乎足以确保英国方面有一个类似的政策,只要英国能够获得我们

---

\* 此文选自《杜威全集·中期著作》第 13 卷,第 186—189 页。
① 首次发表于《巴尔的摩太阳报》,1921 年 12 月 17 日。

将会裁减海军军备的保证。

此外,无论如何,英日同盟极有可能不得不解散,或者经历大幅的调整。说我们为了确保得到某个本来可以不通过讨价还价得到的东西而去进行讨价还价,这种暗示由一个通过非常可靠的消息途径而来的传闻得到了确认。加藤上将起初愿意接受5∶5∶3的比例,但是海军专家们反对。后来,他们被英国专家告知:如果他们坚执不让,那么,美国会向他们让出一个更大的份额。据可靠消息,日本海军专家们告诉其他人,其提议得到了英国专家的肯定,并用这个事实来为他们的主张寻找正当的依据。

与此同时,媒体在日本国内宣传造势。这样,如果代表们同意休斯的最初提议,那么就要担心他们在国内如何被接受了。加藤变得举棋不定。这种事态毁掉了整个限制这件事。英国人就这样间接地创造出一种境况,它给美国带来压力,要求它把加入《四国条约》作为确保5∶5∶3比例的一个条件。同时,日本国内的宣传变得相当难以对付,尤其是因为有许多报道说我们在强迫日本接受我们的提议,从而一种敌对的感觉由此产生,这种感觉直达海军缩编的道德效果这个根源。

另一点事后思考,是由条约公布的第二天,一位律师向我询问的一句话引发的。他问,条约是否不仅仅特定地适用于日本。他提醒注意纳入条约范围内的"由任何太平洋问题而引发的争端"这种用词。这番询问,关于这件事,给了我一个新的视野。撇开中国不谈,日本如果不是与整个俄国,至少与远东共和国之间迟早要出麻烦的。

在日本派代表出席而俄国被排除在外的情况下,我们是不是要在一次会议中推动对这个问题的讨论和调整呢? 如果是这样,那么在我看来,这个事实本身就足以使参议院有正当理由拒绝这个条约,或者坚持对它设立一项保留:如果争端涉及一个非缔约国的国家,那么,为了对其他国家公平起见,那个国家应当有权出席会议。

如果争端涉及中国,这么做,同样会保护它,以及我们自身与它的良好关系。没有哪个国家可以拒绝这一点而不暴露它本身的意图。我仍然觉得,这个条约就展示美国对日本和菲律宾的怀疑、澳大利亚对日本的畏惧,以及日本在关岛问题上对我们的畏惧来说,是有好处的。到目前为止,它有利于真正的和平。但是,搞一个名义上适用于岛屿所有权,实际上也特定地适用于日本的条约,并把日本可能与之发生严重冲突的两个国家,即俄国和中国排除在外,这不是要取消英日同盟。它是要使我们成为它的一分子，当然，是在放弃为武装援助作任何公开准备的条件下。

今天早晨，不止一份报纸正面肯定了这个条约把日本包括在内；过去，与国务院关系密切的一份报纸否认这种说法。这个问题太根本了，以至于不能留有任何外交所喜欢的那种模糊不清。如果留下任何含混之处，那么很有可能会产生一种紧急状况，美国将不会愿意参与进来调整事态，去反对中国以及俄国。随后我们就会遭人指责，说我们言而无信。最终，比现在暂时平息下去了的痛苦更多的痛苦将会被搅动起来。

值得注意的是，哈定总统并没有立刻把这份条约送交参议院。这个忽略可能与一个事实有关，即正在谈判的，与中国有关的《九国公约》还没有敲定。

这意味着不能脱离一方来理解另一方。这也暗示着我们的代表们犯了一个错误，在一件事情尚不确定的情况下就在另一件事情上作出了承诺。因此，关于《四国条约》的最终判断必须被保留。如果说加以毫无保留的谴责还为时过早的话，那么加以赞同也为时过早。这两个条约必须放在一起来评判。如果这个补充协定没有消除目前这个条约中的那些不确定之处，并且如果它在其本身的解释上又增添了额外的含混之处，那么美国人应当做好准备来表达一种公众意见，来影响我们的参议院，也影响其他国家的代表们。

已经作出的这个说路特的四个模糊的原则将成为进一步的条约之核心的通告是令人沮丧的。中国无法得到它应该享有或者它希望拥有的全部东西。但是美国不应成为把它牺牲掉的一方，即使只是在同意模糊的泛泛之言的程度上。这样的泛泛之言，虽然它们消除了外交官之间的直接冲突，但是归根到底，对世界和平永远是一个威胁。每个国家都以自己的方式来解释它们，并且指责其他国家言而无信。

人们也可以希望：新的条约不是在某个争端实际发生之后才来召开一个会议，而是代之以一系列的一年一次或两年一次的会议。还应该为民众或国会出席这些会议做好准备。这个世界一定欢迎向公开外交如此程度的让步。

为一系列定期会议所做的准备会给予中国某种未来的保障，以补偿它没能获得现在要求的东西这种失败。它将使各国在休会期间行为良好。它将避免不得不试着摆平或多或少已经是既成事实了的那些问题这种必然性，这种必然性对只有在冲突变得尖锐之后才召开的外交会议来说是致命的。它会消除博拉参（Senator

Borah)参议员如此强烈提出的对《四国条约》的反对,这种反对意见认为,在目前的情况下,支持调整的一个正常承诺,实际上意味着以武力使其付诸实施的一个保证。它有利于避免以后的麻烦,而不是进行讨价还价和在早就发生了的种种麻烦之上作出让步。它代表了一条明智之道:既与其他国家合作,又不加入难缠的同盟。

(赵协真 译 莫伟民 校)

# 回复《美国的中国政策》*①

布莱克(Black)小姐来信的主要话题和她对美国人的提醒,无疑是及时而必要的。我几乎未曾见过任何能否认美国的做法相比欧洲列强的做法来说,是一个改善的、对列强与中国的国际关系之过往事实的公平陈述。但是,过去无法保证将来;一份良好的记录甚至可能成为将来的错误举动的幌子。她的来信所暗示的主题,将在另一个专栏内讨论。

布莱克小姐赖以展示其观点的这些具体事例,看上去似乎不那么令人感觉愉快。她的来信中省略了个人部分;无论如何,对于一个人在中国的活动和这个人关于中国所写的东西,是受到对中国的真正友谊的鼓舞,还是出于一种自私的民族主义兴趣,中国人是最有力的评判者。关于美国无线通讯合同的事实十分容易求证;更重要的是,布莱克小姐应当说说她做了什么,因为合同的条款是她在中国期间公布的。这是一份针对一项特定工作的合同,这项工作是建起一些特定的无线电站,它们能促进中国与世界其他地方之间急需的、更自由畅通的联系,其中没有任何垄断的特征。英国政府立即向北京政府施压,要求取消美国的合同;这不是因为英国对承担这项急需工作有任何具体建议,而是由于这份合同侵犯了先前已经订立的一个垄断协定,其中涉及英国的利益(日本政府后来以日本的垄断为由提出了一个抗议)。据我在北京的中国通讯员所说,确实有着某种"威逼恐吓",但这是由相当不同于布莱克小姐所提及的机构来实施的。美国的抗议是向英国外交部,而不是

---

* 此文选自《杜威全集·中期著作》第13卷,第353—354页。
① 首次发表于《新共和》,第28期(1921年),第297页。

向中国人发出的。对布莱克小姐举出的事实作稍微奥妙一些的探究,就会发现:在英国的垄断合同签订前的一些时候,一家美国公司与中国政府签订了一个类似的垄断合同——这表明大宗交易到处都是一样的。但是,美国国务院既告知了中国政府,也告知了这家美国公司,说这个合同与美国的政策是相违背的,将得不到美国政府的承认。人们不需要一个格外地免于民族主义偏见的头脑,就能看出在这件事情上英国的态度和美国的态度的差异;我担心布莱克小姐被那些不像她那样具有国际头脑的人欺骗了。

在英国关于广东省的《卡塞尔煤矿条约》和美国所谓的《尚克条约》(Shank Contract)之间,存在着同样的差异。香港政府的利益让位于前者的利益,而它的礼让已经通过一位副国务卿由英国议会正式得到了确认。美国政府立即在广州发布公告,说它不会支持或促进尚克公司[顺便说一句,这是塞勒斯上校类型(the Colonel Sellars type)的一个美国小公司,没有任何重要的财政关联],并给予美国国内的潜在投资者相似的忠告。我要附带地说,"对中国人的敬意与好感",可以通过希望广东能有一个中国人自己的港口来表达。值得争论的是,为了中国的利益而不是美国的利益,南中国不应该为了贸易上的便利而依赖一个外国势力。我希望我没有作这样荒唐的论断,像什么一个中国的港口会因为《卡塞尔煤矿条约》而变得无用,因为关键在于这个条约不会让它有建造起来的可能。但是,无论如何,布莱克小姐所引证的这两个事例表明,直到目前为止,美国的政策是与唐宁街的政策相反而不是相似的。我要赶紧补充说,这并不改变布莱克小姐一般提醒的价值。

(赵协真　译　莫伟民　校)

# 美国和远东*①

在中国发生大饥荒时,我正好在那里。当时,北京有许多美国人在讨论美国和中国的关系。其中有位商人抱怨,美国人为了工业和商业的目的在中国投资所遇到的巨大困难。他从如下的事实出发,即一个毫无疑问会为中国带来收益的工程方案,由于包含一个禁止排放的回收利用项目,美国人拒绝投入资金而失败了,虽然确定会有相当大的收益。他把这种控制和慈善家自愿贡献出来用于减少饥荒的受害者的资金数量作了对比。拨付的资金要比作为贷款被拒绝的资金多几百万元。他声称,不完全是以异想天开的方式,在美国要为中国提供资金方面的帮助,唯一的方式就是基于仁慈而非盈利,诉诸教会和具有博爱精神的人们。

我经常想,这位商人的评论以某种方式提供了两国间深层关系的标志。美国和中国之间当然有商业上的关系,而且其中某些是相当重要的。然而,这很难代表全部的情况。在真正的意义上,我们对中国的关切是父母般的,而非经济上的。所有父母般的情感都是百感交集的:它们通常包含了经济因素,希望对孩子们的后来有所帮助。然而,期待金钱上的收益,并不是父母情感的本质。

美国在中国最多的人力和资本的投资是在传教、教育和慈善方面。习惯于大陆式方法的欧洲人,通常把带着商业的和政治的目的而设计的这些发展规划视为理所当然的。实际上,关于我们国家在远东地区定下的方案所具有的远见和精明,欧洲人经常表示称赞。对于那些了解这些事件历史的人来说,这样的意蕴是荒唐

---

\* 此文选自《杜威全集·晚期著作》第 2 卷,第 141—143 页。
① 首次发表于《调查》(Survey),第 56 期(1926 年 5 月 1 日),第 188 页。

的。然而，一种明确的态势被制造出来了；我们和中国的关系，主要是文化上的。我们带着思想和理想，带着激情和渴望去那里；我们为中国展现了一种特定类型的文化，以作为可以效仿的典范。就我们已经到那里而言，我们像父母那样，带去了建议、教导以及案例和准则。像称职的父母一样，我们会以中国的方式把它们培育起来。所有这些，有着惬意的和慷慨的一面；然而，它也产生了一种情况，这种情况和危险交织在一起。

我们在外交和政治上的角色，在很大程度上，一直是家长式的。从伯林盖姆（Burlingame）时代以来，如果我们还有任何作用的话，那么，我们一直是保护性的。开放国门的学说，坚持中国的领土完整的学说，和我们自己的利益肩并肩。为了教育的目的减少庚子赔款，人所共知。但海约翰在限制欧洲国家的主张和强行赔款上，毫无疑问，为中国提供了更大的帮助；就任何处在中国之外的、挽救中国免于分裂的人而言，海约翰正是其中的一个人。从积极的方面看，我们还没有做到我们津津乐道的那么多；但从消极方面看，通过不侵略，通过在可能的时候，只要不给自身带来麻烦就尽力平息事态，我们已经扮演了家长的角色。

这一部分引起了不会总是得到满足的期望。期望可能是不合理的，但是它们不被满足可以引起失望和仇恨。今天，在中国，对我们的感情中有这种情况：感到我们引起了不切实际的希望，然而却忽视了包含在其中的责任的履行。另一方面，父母很少让自己不受下面这种观念的影响，即感激应该归于他们；没有得到它们，很容易转变成愤怒和反感。除非这个国家有着高于一般数量的父母的理解，否则，很快会指责中国不知感恩。

然而，更加严峻的危险源于中国正在迅速崛起这一事实。在情感上，如果不是在行之有效的行动中，它正在赢得大多数人。因此，它会越来越不满于任何采取家长式的监护，即使是一种公开声明的善意的保护。这种不满的迹象已经很明显了。如果他们表现出或者就他们必须提供的帮助，或者就他们的管理而言的优越感的话，那么，使团甚至学校就不再受欢迎了。中国人感到，他们的新时代已经到来；而且外国人，即使那些怀有最善意目的的人，也必须使自己适应他们。任何时候，只要外国人的利益和他们不一致，他们就会随意地把不良的动机怪罪于他们。在政治上，中国也不再想要任何外国人的保护了。如果这个国家不会减少对他们的司法和关税的保护，那么，我们过去做的事情很快就会被忘记了。

在许多家庭中，当处于照料和保护之下的青少年成长到足以宣誓他们的独立时,就会有危机。在国家这个大家庭中,也是一样的。很明显,主要的责任在于成熟的和有经验的国家。在接下来的十年中,我们很可能需要许多耐心、宽容、理解和善良的愿望,把已经带上有意识或无意识的赞助人色彩的传统家长式态度,转变成对于和我们平等的文化的尊重和珍视的态度。如果我们不能成功地作出这种转变,这个国家和整个远东的关系将决定性地变得更糟。

(王巧贞　译)

# 相当虚假的小谎言*①

一两个月之前,来自德国的报道披露了俄日谈判中所谓的秘密条款。据此,这两个国家曾经联合起来,在总体上关于亚洲,尤其是关于中国的问题上,反对欧洲和美国。它甚至在为了这一联合的军队将要被训练的中国士兵的数量上触及了细节。不难想象,在这一报道之后,某些德国人想要在我们的心中激起不安,以免持续被西方世界不公正对待所冷遇的德国最终碰巧遭遇到亚洲的联合。甚至在战争之前,至少在某些美国人心中,已故的恺撒激起了对来自亚洲尤其是中国的威胁的担忧:这种担忧,和德国-俄国-日本联合——经常把中国放进去,以增加恐惧的分量——的威胁相遇了。

在过去的几天里,已经支付了有线电视的费用,以便使一位法国公共人物的演讲相当详细地为我们所知;他预言了下一次大战,认为要比此前发生的任何一次都更加恐怖。那次战争将在亚洲和世界其他的地方展开,美国是进攻的主要矛头。由于这个演讲的发表和有关的报道正好在那时,根据其他的报道,当时法国政府正在为另一次华盛顿裁军会议愁眉不展。假定那种特殊的恐怖场景被描绘出来,是为了让美国人断掉对尚不成熟的裁军的兴趣;而且是为了暗示,在那个冒险中,我们可能需要来自法国军队的援助,这几乎不会是一种讽刺。

几周前,在英国国会关于新加坡防御工事的争论中,在回应麦克唐纳(MacDonald)的质疑时,内阁的一名代表被报道:他说过,因为毗邻菲律宾的影响,

---

\* 此文选自《杜威全集·晚期著作》第 2 卷,第 144—147 页。
① 首次发表于《新共和》,第 42 期(1925 年 4 月 22 日),第 229—230 页。

美国公民很可能乐意看到使新加坡成为一个强大的军事基地，以防美国和日本之间发生战争。考虑到进攻这样的评价必然会给予日本、大英帝国昔日的盟友造成的影响，这种轻率的言语几乎不可能仅仅意欲在这个国家就新加坡的议案平息情绪。发表这一主张的秘书几乎不可能不知道，这一评论会被整个亚洲，包括印度、日本和中国，理解为关于亚洲的事务，而大英帝国和美国之间有某种谅解或协定。可以合理地推断，那就是他意在通过他的评价所产生的影响。

不要把这一点想象成说这三个欧洲国家在这件事上，比我们自己更有过错。我们海军利益的代表有条不紊地一直在尽其所能，在我们的心中激起对日本的恐惧。他们已经培育了很可能在我们心中存在并扎根的每一种怀疑和每一次警惕。他们还谈论了日本和俄国未来可能的联合；他们毫不犹豫地试图通过中国的布尔什维化，以及它可能与苏联利益联合起来，反对世界上其他国家这样愚蠢的谣言来蛊惑我们在历史上对中国的友好情感。如果不是公开的话，他们也是私下里让人们理解：日本的代理人在印度非常繁忙，鼓励并补贴那里独立的民族主义运动，以期在和美国未来的斗争中，获得印度人力的援助。

几周之前，一份美国报纸上的漫画描绘了两个与此不同的场景。或者，这个国家必须积极地与欧洲大国结盟，对他们的事务持一种负责任的兴趣，在构想他们的国际政策时真正与他们团结起来；或者，在黄色人种和棕色人种控制下的奴隶制上，我们最终被动地与他们团结起来。我们很容易看到另一个相当虚假的宣传背后的动机了。这个特殊的例子看起来像是对愚蠢的毫无必要的攻击，因为即使是对加入国际联盟最狂热的信徒，也几乎没有考虑过这一主张。然而，它只不过是试图产生下面这一信念的许多标志之一，即认为某个时候或其他时候，很可能在合理期望的不远的未来，在所有的有色人种和白人之间，或者在美国和一些有色人种之间，将会发生军事冲突。和颜色阴谋稍许不同的关于未来冲突的版本，是预言在穆斯林世界的人们反对基督教世界的人们从而消灭一方或另一方的战争中，所有的穆斯林都会团结起来。人们从官方的基督教信徒那里，偶尔会读到这类公开声明。

说明智的人很少注意这样的报道，这很容易。那正是使它们变得危险的原因。任何要追踪这些主张和流言蜚语——给出的仅仅是其中一些信手拈来的例子——的人，都会对它们的数量如此之大、种类如此五花八门且如此连续不断地涌入人们的心灵而感到惊讶，甚至感到震惊。使明智的人们忽略它们或者因心生厌烦而回避它们的那种愚蠢，让它们进入对外部事务的知识几近于零的许多人的头脑中。

向这些人指出，日本和俄国在亚洲的利益就和往常一样是敌对的，而且甚至现在，苏联政府的活动——保留了沙皇俄国的帝国主义并带有令人耳目一新的效率——正在制造和日本以及中国在外蒙和内蒙问题上的摩擦，这么说是毫无用处的。指出中国在历史上且在根本上既惧怕日本又害怕俄国，而且依据形势加入一方而反对另一方，这么说也一无是处。指出印度几代人都忙于应付自己的内部问题，不管继续作为英国的附属国还是变得独立都一样，这么说也是毫无用处的。同样毫无用处的是，所谓的穆斯林世界是特殊恩宠的部落和分散的部落的混杂，是小国家和利益的混杂，除非发生奇迹，否则任何东西都不会把它们引入团结的表象之下。指出那些被联合起来组成稻草人的人们在工业上的无能为力，同样一无是处。无知是不可战胜的。

因此，指出这些有计划地激起对亚洲威胁的恐惧，尤其是对日本威胁的恐惧的报道，来自相反的来源，而且受到前后不一致的来源的推动，这么说就不仅仅是毫无用处。对由于这样或那样原因而对它们大打折扣的少数人而言，还有数以千计的人被就它们的结果达成的共识所打动。因为它们都意在指向实践中唯一的后果，而不管彼此之间在逻辑上如何相互矛盾。公共意见的来源，在其源头上就被毒害了。与此同时，日耳曼民族的神话和种族的神话正在产生同样的结果。虽然它的直接影响不那么重要，因为它局限于一个很小的群体，即专业的知识分子群体，但恰恰由于它强化了无知大众的有偏见的情绪，最终可能具有严重的后果。

指出在这些来自如此多不同来源的流言蜚语中，被选出来作为这一不可避免的冲突的先锋的正是美国，这么说很可能激起另外一种更加有用的怀疑。不可避免的种族冲突，是一个不具有浪漫故事吸引力的浪漫的神话。但它的后果是明确和具体的，而且美国是其主要的受害者。很可能甚至很少有美国人知道，最高法院的裁决使东印度人不可能被这个国家所接受。甚至更少人知道我们政府的活动，看似在有爱国情怀的贝克（Beck）先生的教唆之下，通过取消先前已经归化的少数人的公民资格，实际上将他们置于没有祖国的境地，从而使这一决策成为可以追溯的。然而，数以百万计的人却知道印度的事实，而且知道我们在教育及其他方面产生的影响在那个国家最终受到了巨大的打击。

我们的参议院用它对日本的声誉进行诋毁，每年阻止两三百名日本人移民到这个国家。结果，美国的商业利益因为缺少在日本的合同而受到重创。与此同时，一件具有不可估量的更重要的事情，即日本民主观念的成长，旨在提升美国人在那里的声誉的唯一一件事情,遭受了严重的挫败;而且,帝国主义和官僚阶层的反美效果得到了最受欢迎的强化。

说中国人的情绪迄今明确地转而反对我们,有些言过其实。但是,所有和中国有教养的阶层——不管他们在我国,还是在那些国家的教育机构中——有接触的人都知道,许多中国人开始严肃地追问:美国是不是将要重新回到其传统上友好的超然政策,而且正在与欧洲经济和政治上的侵略政策达成联盟或协约?

仅仅从个人利益的立场看,我们需要追问。呼吁停止这些愚蠢的报道和谣言的流传,可能还不是时候。而从美国在世界上促成和平和国与国之间的善良意愿这个更大的立场上看,解决这个问题迫在眉睫。如果这些把自己设想得尤其具有国际头脑的人的思想和活动在欧洲的局势上,以及在抵消那一地区的孤立主义政策的重要性上变得如此僵化,以至于就我们与亚洲大陆的关系而言,对美国发生的变化视而不见和漠不关心,那将是令人遗憾的。在再次觉醒的人们中,有一个自然的和合法的领地,用以发挥历史上的美国观念和理想中合理东西的作用;而且,那里正是我们向善的力量系统地遭到破坏的地方。

(王巧贞 译)

# 我们应该像国家对国家那样对待中国[*][①]

在近来研究与美国有关的东方问题的《调查》中,刘易斯·加内特(Lewis Gannet)先生披露了和蒋介石上将在广州的对话。根据加内特的披露,中国的领导人说:"和憎恨日本相比,中国的文人更加憎恨美国……日本在最后的通牒中和我们交谈,直率地说出它想要的特殊待遇——在中国的治外法权和关税控制。我们理解,而且我们知道如何满足它的要求。而美国人面带笑容地接近我们,并且友好地和我们交谈;但最后,你们的政府却像日本一样,对我们采取行动。而我们,因为你们的花言巧语而放松了警惕,却不知道如何来应付这样的言不由衷。"

我无从知道这样的话在多大程度上代表了中国人的观点。在某种程度上,它们染上了广州的地方情感的色彩,憎恨美国政府提供给北京政府的支持。然而,持有这种想法的是像蒋介石这样具有代表性的人物,这一点意义重大。很可能大部分美国人,包括那些同情中国的人,会感到这样的说法不公正,而且容易被激怒。我也认为这样的说法不公正,但我引用它们不是为了反驳它们,而是为了说明国家在彼此理解时所面对的巨大的困难。我认为,美国人对中国的评价,以及对美国和中国关系的评价,一般来说是不公正的;但我同样认为,除了公正之外,两方都没有任何其他的愿望——忽视那些借助误传有所收获的人的例子。

我要引出的结论是,官方的和政府的关系应该是这样的,以至于形成的误解和不公正的话尽可能少地造成伤害。我承认在关于国家彼此的理解以及彼此尊重对

---

[*] 此文选自《杜威全集·晚期著作》第2卷,第152—154页。
[①] 首次发表于《中国学生月刊》(Chinese Students' Monthly),第21期(1926年5月),第52—54页。

方的文化等问题上经常说的话中的大道理。这都是正确的。但是，这样的理解和尊重发展缓慢，而且在它发展到能够仰仗它来调节国际关系的那个节点，还有很长的路。即使是同一个国家、同一种文化和传统，甚至是同一个家庭中的人们，要恰当地理解彼此都有很大的困难，何况我们在理解彼此的方式上尚且不够文明、不够科学。我不相信，经过很长的时间后，美国的民众将会像他们看待和感受自己那样去看待东方人；我也不知道，为什么我们要期待东方的民众以我们评价自己的行为时所持的立场来评判我们。

在未来很长的时间里，我们不得不面对人们之间在很大程度上的误解，这么说看起来有些残酷。但我认为，坦白承认这个事实，可以提供一个安全和保护的衡量标准。它会降低当误解被揭示出来或明朗时被激怒和愤怒的程度。尤其重要的是，正如已经提出来的那样，它将会表明，重要的是如此引导公共政策，以至于当不可避免的误解出现时，它们在力量上被削弱而不会导致严重的伤害。

正是由于我认为，当前美国政府在中国的政策容易引起产生恶行的误解，才宁愿看到这些政策发生变化。国家部门和外交官应该遵循传统的政策，这是相当"自然"的。这些传统的政策之一，即西方国家应该团结起来，寻求一个共同的对华政策，而不是每个国家独立地实施其外交。我们很容易看到，从历史的角度看，这个方法是如何发展起来的。外交的惯性，因循先例的愿望，会感到进行任何新的尝试都是有风险的；所有这些东西共同发挥作用，诱导美国的国家部门继续和其他国家的外交机构连起手来应对中国。但是，我认为，这样做加剧了中国和美国之间的误解，同时赋予这些误解产生实际的恶行的力量；而且阻止我们的国家部门积极地展现大部分美国人至少是被动的愿望。因此，我反对这样做。我认为，我们应该立刻像国家对国家那样对待中国，而且要让其他国家寻求类似独立不依的道路。一种完全不干预的政策不一定显得仁慈，但我不认为哪个国家当前足够明智和足够的好了，以至于可以基于对其他国家的利他主义和仁慈的假定而行动。直到情况有所改变，重要的事情就是彼此互不干涉，而且给每个国家一个处理自己事务的机会；而不管在我们看来，这样的处理是如何的不充分和不能胜任。

我认为，我们当前的政策还有一种倾向，即阻止中国人坦诚地面对他们自己的境况。只要存在着不平等的条约，而且只要外国在政治上——或者伴有政治支持的经济上——侵略中国的地盘，中国人就会把这个事实当作借口来利用。它将会把自己对于自身事务的糟糕状况的责任降到最低，而且会把所有的指责推给外国人。只有中国能摆平中国人自己的事务。在我看来,他们没有倾注更多的精力和更大的坚持来处理这件事,其原因在于:只要我们参与到外交的联手之中,他们就可以把外国的政策,包括美国的政策,当作一个借口。在我看来,当前——我知道观点是如何被误解的——应该让中国人引向他们自己的内部事务的思想和能量,在很大程度上被转移到批评和指责外国人了。这很自然,我们都喜欢借口和理由。但就其自身而言,美国应该取消所有的特权和单方面的关系,以便使中国人的注意力可以聚焦于改善他们自己的状况。

我认为,我们的政府应该改变政策的另一个相当有分量的原因,是在可以看到某个特定的结果确定无疑迟早要发生的时候,预见到那个结果,并确保它早点出现,确保它带有最少的困扰和恶行,这也是判断力强的题中应有之意。不管怎样,当前单方面的对华关系不可能永远持续下去。有些人认为,这些单方面的关系可以不带困扰,不会对中国造成任何伤害就可以被废除。我不同意那些人的看法。随着中国民族情感的日益高涨,这些罪行和困扰在我看来,与如果允许情况任其发展,直到中国出于自己的动机且不用与其他国家谈判就废止当前的条约和安排将会产生的恶行和困扰相比,就是微不足道的了。

(王巧贞 译)

# 中国与大国势力：
## II. 干涉——对民族主义的一个挑战*①

克罗泽尔(Crozier)将军为我们写了一篇有趣的文章，谈到了那些让中国难以建立起一个统一、稳定和有效政府的条件。对此，他还补充了一篇更为简短的文章，谈到用武力来征服中国倒是相对容易的。这两个声明实际上形成了请求几个大国最好用协调行动来干涉中国的基础。这种干涉的性质完全是利他的，是建立在帮助中国寻找自身统一的基础之上的，是帮助中国发展自己的民法和政府，将中国从军阀与官员合伙的贪婪干预中解放出来，直到将一个运作顺畅的政府交还给中国人民为止。这听起来像一场梦，如果尝试了，也许会变成一个梦魇。

即使他关于中国的观点曾经大体上是正确的，他也遗漏了一个极为重要的事实。他没有估计到在近几年民族情感的不寻常发展之下，中国人对于善意干涉可能接受的程度。我相信，下面这件事是不可能的：写关于中国政治事务的文章，却又像克罗泽尔那样不涉及这方面的情况。中国还不够强大、不够有组织来创建一个统一的政府，这一点相当对。要达到这一目标，也许还要好几年的时间。不过中国已经强大到能使任何那样的计划成为泡影。

克罗泽尔极大地低估了中国人民依靠外国势力组织起来抵抗政府的可能性和有效性。的确，中国人民依然缺乏正面联合与建构性联合的能力。不过，他们有巨大的能力进行负面组织，也就是抵抗。最近几年，对于反抗外国干涉的鼓动已经唤起了这股力量并付诸行动。外国干涉的增加，会使它成为一股不可抗拒的力量。

---

\* 此文选自《杜威全集·晚期著作》第3卷，第150—151页。
① 首次发表于《当代历史》(Current History)，第28期(1928年)，第212—213页。

中国人是派系化的,但是只要外国人存在,外国的干涉就会将他们焊接成一个坚固的单位。克罗泽尔将军认为(显然是基于从香港发来的报告),没有政府力量的支持,他们甚至不能成功地组织起一次抵制运动;然而因为政府在外国代理者手中,政府力量的支持自然就不可能了。八年前,中国抵制日本人的运动才开始的时候,我刚好在那里。这场运动是由学生发起的。亲日的政府并没有支持运动,反而试图通过武力镇压运动。在短短几个星期内,内阁被推翻了。普遍认为,这一抵制运动对日本利益的损害如此之大,从而使日本改变了对中国的态度。

从那以后,运动趋于迅速和广泛。商人和学生组织起来,而在所有的工业中心,工人也变成了有组织的力量。除了抵制与消极抵抗的手段,政府提出的计划也因为中国人民的不合作而流于破产。计划的成功依赖于募集中国人,让他们学习现代的行政和法律程序。唯一会为有武装支撑的外国政府服务的,只可能是那些腐败的、追求私利的阶级。他们的同胞会将他们视为叛徒,而外国政府则会变成一具空壳。外国政府也许会持续好几年,而中国距离自治政府的距离并不会比今天更近。事实上,伴随着鼓动,会产生基于敌视外国人的仇恨与团结,最后的状况会比最初的更糟。

克罗泽尔将军自己坦率地陈述了建立外国干涉势力之间的合作和建立一个真诚而理智的、真正为了中国人民的政府的困难,但是对于问题的这些方面,我们没有必要多说。正如克罗泽尔将军所言,"我们所承认的运用我们力量的唯一正当理由,是保卫我们的利益和本国公民的生命与财产"。他将这一点看成是自私的。但这是唯一能找到的理由,因为国家的政治意识知道下面这一观点是多么的荒诞,即存在一种真正和善的、不考虑自己的和理智的干涉。已经进行的干涉,通常是掠夺性侵犯和对从属民族的剥削。克罗泽尔将军想把强大的帝国主义势力团结起来,将帮助另一个国家(一个像中国那样有着如此不同习惯和传统的国家)作为其唯一目的,这一理想在我们生活的世界上只是一个梦。

西方国家用了几个世纪才从类似于中国的政治条件中兴起,形成现在这种诚实而有效的自治政府。中国需要时间来实现这一过渡。中国需要我们的帮助。但中国需要耐心的、富有同情的和教育性的努力,以及缓慢的思想交换和交流过程,而不是通过武力强加于其上的外国统治。

(孙宁 译)

# 和平——依据《巴黎公约》或《国际联盟盟约》？*①

因为我是在三月第一个星期的末尾写作这篇文章,我们可以来设想一下上海战事一个十分不同的结局。关于休战议和的谈论可能有些道理;但日本也有可能重复它先前的策略来诱使国际舆论暂时平静下来,同时准备在长江流域实施侵略计划。但不论结果如何,反战主义者十分需要评估一下自己的态度,为自己未来的行动找到一种合理的根据。

为什么日本能够屡屡成功地令世界陷入迷茫,其原因之一,在于它的动作极其迅速,这使公众舆情忙于分别思考每一个动作的意义,于是就难以对导向持久和平的那种最佳过程形成妥当的统一判断。再者,如我下面将要表明的,由于人们为争取和平诉诸的手段存在各种相互抵触的倾向,这种迷茫(这对日本是一笔极有价值的资产)还在不断地增长。

由于我是用《巴黎公约》的观点写作此文,我的评论适宜加上一段开场白。我要说,我从一开始就担心《巴黎公约》的通过恐怕过于仓促,因为它的权力完全依赖于支持它的源于各国人民的道德力量;可是并无充分的证据表明,当《巴黎公约》被正式签署的时候,人民对其意义的认识已经足够完整明了。《巴黎公约》本该体现出不可抗拒的公众要求,然而它在很大程度上不过是外交家们施展手腕获得的结果。所以,始终存在这样一种危险:对战争非法观念的正式采纳最后没有落实为行动,而只是让人们记住了这个观念而已。

---

\* 此文选自《杜威全集·晚期著作》第6卷,第158—162页。
① 首次发表于《新共和》,第70期(1932年3月23日),第145—147页。

不管日本人是快要结束他们的战事,还是才刚刚开始在整个长江流域做他们在中国东北已经做过的事,我们极其需要使公众舆情来集中关注一下战争非法的原则。下述说法颇能代表那种流行的感觉,《巴黎公约》不能阻止战争,它只能阻止宣战。《巴黎公约》形如丢脸的一纸空文,这种好像带有贬损之意的看法其实为严肃的思考提供了材料。不用多说,非法性意味着撤销战争体制的法律地位,但并不意味着那个发动战争的国家是非法的,无论该国是公开宣战还是不宣而战,如日本惯常所做的那样。于是,承认《巴黎公约》有关战争非法的观念,就意味着将日本在中国东北和长江流域的冒险行动置于一种全新的法律地位。如果我们谈论的是过去体制下的一种战争状态,那么日本的行动会被认为是符合法律规范的。即使它会受到某些人或许多人的道德谴责,它的活动也符合这一原则,即战争是国际法律正义的最终裁决者,是诉诸法律手段解决争端的最高法庭。

在签署《巴黎公约》之前的体制中,其他国家有义务正式承认战争状态;为了这么做,他们将毫无迟疑地宣布中立。但各国的公众舆情将表明各自的立场;商业金融利益集团会转向这个或那个方向进行活动;反华的英国保守党人和亲日的法国外交人士则会找到机会,把他们讨厌中国、同情日本的态度表达出来,在本国大概也会出现相反的舆论动向。

第一次世界大战的历史表明,在现代条件下,要在国际交往中保持中立多么靠不住。我们至少可以说,战争存在的非合法性有助于除去其他国家若不存在《巴黎公约》便会显现的那种特点。这些国家既不缺乏普遍的战争精神,也不会停止向民众灌输战争狂热,这完全要归于它们对第一次世界大战所持的记忆。《巴黎公约》的作用在于它不断提醒我们,我们至少在名义上承诺要生活在一个不同的世界里。下述事实可使人略感欣慰,即日本只能满足于解释它并没有开启战端,而不是用一种理想主义的理由向国外解释它为什么要开战。不由自主的可笑之举未必就是世界诸种道德力量中最不能产生作用的一种。

我并没有屈从我刚才说到的那种诱惑,一个坚信非法性观念的人、整天要想对它作出过分乐观证明的人自然会受到这种诱惑。人们可以指出《巴黎公约》带来的某些好处,但不必认为它赢得了十足的荣耀。几个月前,战争非法运动的最初发起者萨蒙·O·莱文森提出用他所谓的"和平制裁"取代武力制裁。他主张《巴黎公约》签署国应当跟着签署一份公开声明,以表明"依据《巴黎公约》",所有"通过战争的占有和掳掠,通过战争威胁或炫耀武力获得的捐税、领土和权利,均是无效的,应予废止"。虽然人们并没有朝着这个方向采取任何普遍的协商一致的行动,但他们仍采取了一个意义重大的步骤。史汀生①国务卿在他今年1月7日发出的照会中说(在他2月24日给博拉参议员的信中重复了这段话),本国"政府不会承认任何以条约或协议形式违背《九国公约》和《巴黎公约》的文件";他又指出(实质上也在力促其他国家这样说),其他国家的类似行动将有效地阻止通过施加压力和违背条约获得的任何权利。

史汀生国务卿在信中还说了如下一段话,这段话并未引起应有的注意。谈到目前的远东形势时,他说:

> 就此而论,没必要去推究争议的缘由,或者试图把两个不幸卷入其中的国家各自责备一番;因为不管存在何种原因或者责任,有一点毫无疑问,即已经发展的形势无论如何与人们对这两个条约的立约承担的义务是不相容的。

在签署《巴黎公约》以前制定的国际法中,外交家们和公众舆情除了考虑原因和分摊罪责之外,没有其他可供抉择的东西。当然,人们尝试去完成这两项任务,为此作了大量讨论。但按照《巴黎公约》,这些任务是不相干的,也不具实质性。每一篇讨论中国"以其非法行为挑衅"日本的文章都忽略了一个重要事实,即日本使用它和其他国家一道郑重起誓要放弃使用的手段来寻求赔偿损失。所以这样的事实不会令人感到惊讶,日本试图让国际注意力集中在关注先前发生的"挑衅"之类的事情。为数众多的舆论家们已被诱入日本设下的圈套,这个事实仅仅表明,公众对《凯洛格-白里安公约》所持的理解和看法不幸还是十分浮浅的。

更可悲的是这一事实,由于忽视并缺乏对《巴黎公约》的理解,公众舆情总体上更为中国的战事对美国国家生活和财产造成的危险感到焦灼不安,却没去想一想日本对世界和平赖以维系的有关放弃战争的誓词妄加嘲弄的行为。对许多人来说,更富戏剧性、更值得担心的是把美国人生活推入危境的那种威胁,而不是对世界各国都参与其中的那项神圣事业构成的威胁。国家荣誉和捍卫尊严之类的陈旧伦理观念,仍然全盘俘获着公众的想象。我们仍未发展出一种引人注目的认同之

---

① 史汀生(Henry Lewis Stimson,1867—1950),美国国务卿(1929—1933)。日本侵占中国东北(1931)后,他提出"不承认主义"(即"史汀生主义")。著有《远东危机》等。——译者

感,即把国家荣誉认作抛弃利用非和平手段来解决争端的国际性协议。在给博拉参议员的信中,史汀生国务卿隐晦地提到了对建立一支强大海军和加固远东殖民属地造成的威胁;这一事实弱化了上面提到的那些诉求,把展示武力和仅仅使用和平手段来观察信守誓约的情况混为一谈。

从以上事实情形中,即一方面是紧急情况下隐约提示给我们的《巴黎公约》的价值,另一方面是不利于发挥它的建设性力量的因素,我们得出的唯一结论十分清楚。爱好和平的人们应当集中关注一下这份公约;他们应当放弃所有违背公约精神的吁求和搅和行为。一旦做到这一点,我们就能重新担负起教育公众的工作,使之更具活力,这一工作多少因为过早对公约予以正式承认而被打断。即此而言,远东冲突只会强化《巴黎公约》的力量,而不会构成削弱以致摧毁它的事态。因为我们必须牢记的一点,是远东冲突对世界和平机制造成了长久影响。这种影响要比眼下的武装冲突对方方面面制造的效应都更为重要。正如其他人一样,我对发生在上海及周边地区的人间悲剧深感痛心,但要是我们一味沉浸于死亡与毁灭的惨象,因此而失去探查造成惨象的基本根源,也就是战争体制的眼力,那么,我们到头来只会赋予这种战争体制以更多的能量。

还有一点,各种倡导和平的团体歧见纷出,这已把争取和平的有效行动搞得面目不清,阻碍了人们的有效行动。一个简单的事实是:世界和平机制中的各种不同机制各行其道,如果说这还没有使该机制陷于瘫痪,那也会减弱这个机制发挥作用。要是我利用目前的形势来败坏国际联盟的名声,应不至于感到内疚。我认为它的效用不强,这要归之于我们自己的政府未能在日本侵占中国东北之初与其他国家真诚合作。对道威斯(Charles Gates Dawes)将军的任命只是一种无实质意义的姿态,他的举动也让日本老早看穿了它的空洞无物,于是日本就立刻行动起来。另一方面,某些美国的国际联盟支持者在利用当前危机推进国际联盟的事业,而不是用它来直接促进和平。《国际联盟盟约》第 16 条,连同国际联盟和《凡尔赛和约》之间存在的联系,构成了美国依附《国际联盟盟约》的最大障碍。事情还不止于此,它也是令国际社会作出的道德判决归于无效的重要原因;而国际社会所以要谴责日本,完全是因为日本破坏了《巴黎公约》。麦克唐纳(Ramsay MacDonald)称《国际联盟盟约》的这些惩罚性条款为"朽木";其实,这些条款连朽木还不如。它们集中反映着战争体制的感染力,而这种体制的本质就是依赖武力。我不怀疑,人们并不会把这些条款付诸实施,所以它们也不会起什么作用。但是,唉,它们会在另一方面起到作用,它们阻止了世界各国一心一意仰赖其作出的开明的道德判决。最强大的力量最终便表现在这里,所有的协定,包括发誓使用武力制裁的协定、诉诸所谓国际战争的协定,其本身最终不会仰赖其他什么东西,而只能仰赖舆情这种道德的力量。

所以,我恳请人们考虑三件事:第一,要把《巴黎公约》体现的基本思想放到醒目的位置,使众人一直对它有所了解,所有的有关远东局势的判断和政策要依据于它,并且仅仅以它为依据;第二,所有《巴黎公约》签署国在它们的共同声明中,要提到该公约所蕴含的逻辑结论:破坏该公约而提出的所有索求、假托的权利概属无效,应予废止;第三,正式废除《国际联盟盟约》中有关武力制裁的条款,以便使它与后来签署的《巴黎公约》保持一致,国际联盟的影响应使之能起到强化和平公约的作用,而不应让它成为反对《巴黎公约》的东西。

(薛平 译)

# 国际组织必须进行制裁吗？不*①

运用制裁以保证一个维护和平的国际组织发挥其作用的问题，牵涉到许多难题。但有两条根本原则贯穿于繁复的细节之中，使之变得条理分明。第一条原则是：制裁在实践上不可行，任何朝着这个方向做出的努力只会恶化而不会改善国际关系。试图把这个问题放到桌面上来讨论甚而也是有欠谨慎的，因为这样做只会转移人们的注意力，不去考虑可能会有效地改善国家间关系的那类举措。第二条原则是：即使有可能基于共同的协议采用强制的力量，这也是不可取的。因为诉诸武力只会使我们越来越依赖战争方式，以此作为解决国际争端的最终手段。于是，"保障和平"就成了把两个相互矛盾的观念组合起来的一个字眼。

Ⅰ.

尽管《国际联盟盟约》包括第10条和第16条，人们却始终拒绝援引后一条使用制裁的手段。它在这方面的记录并非没有瑕疵。这一事实本身就说明，动用制裁的观念是空想的观念。如果这一观念能够得到实际运用，如何解释国际联盟的政策呢？如果要责备的是非国际联盟成员国，这只能使事情变得更加清楚：国际联盟把各个国家作出划分，这使得联合一致的行动成了不切实际的东西。如果这种责备只是意味着国际联盟理事会未能自负其责，那么，这一事实也只是证明，这些

---

\* 此文选自《杜威全集·晚期著作》第6卷，第163—184页。
① 首次发表于《国际组织必须进行制裁吗？》(*Are Sanctions Necessary to International Organization*)，《外交政策协会手册》，第82—83号，纽约：外交政策协会，1932年，第23—39页。

结合得最为紧密的国家也未能团结一致地采用强制的力量。

可是,有关国际联盟之所以失败是由于美国不依附政策的陈述,尤其值得引起注意。依我之见,实际情况恰好相反。事实上,那些鼓吹我们应加入国际联盟的美国人,他们十分积极地要求采用制裁政策。法国承诺会在特定条件下,也就是关系到维护《凡尔赛和约》神圣性的情形下使用制裁手段,并且附加了这样的先决条件,即实施制裁的国际力量须有法方人员参加,或者须得到英国和美国陆海军力量的支持。某些较小的满足于现状的国家认为,制裁会强化其安全,抵御某些大国的帝国主义倾向。然而,一般来说,大国不愿意支持制裁,它们的态度由麦克唐纳关于《国际联盟盟约》第16条的评论可见一斑:麦克唐纳称之为"朽木",认为应予以删除。

我们可以从国际联盟如何处理冲突的历史中发现它坚拒使用武力支持制裁的证据。坚决支持国际联盟的研究人员和历史学家对之提出好评,认为它仅仅求助于宣传、调停,努力寻求使公众舆论与意愿协调起来。奇怪的是,只有大洋这边的国际联盟支持者因为未能运用制裁措施而批评国际联盟——可能是因为他们对那种实际控制着欧洲介入国际事务的行动因素颇为隔膜。我想不出还有什么能比敦促人们去做不可能之事更不现实的人了——尽管从表面上看,参与"实施"国际联盟的武力制裁是可行的。

由于无法考察国际联盟的全部历史,我将选择一个我认为典型的例子来加以讨论。为了表示支持《洛迦诺公约》,英国同意为德法前线的和平提供保障,但拒绝保障德波边境的和平。人们一致认为,英国作出这一决定,部分原因是它认识到,在后一种情形下,它不能保证英联邦成员国与它保持一致。既然如此,人们又怎能指望英国将其用武力支持制裁的白纸黑字的保证运用于世界的每一个角落呢?

当然,英国的克制还有其他原因。欧洲不是一个团结和睦的家庭,甚至那些在第一次世界大战中结为同盟的国家也存在相互冲突的利益。英国不可能为巩固法国在欧洲大陆的霸权而放弃传统的外交政策,比如要是英国由衷赞同制裁,以便为东欧平静的战争态势提供保障,那么就会起到这种效果。大国间的国家利益的较量、历史创伤、旧恨新仇、猜疑妒忌,使之不可能联合起来实施统一的制裁措施;勉强的实施,只能为已有的对立火上浇油。

以上提到的这个特殊之点,当然从一个方面反映出法国不停地要求确保《凡尔赛和约》拥有的长久影响力。沃尔特·李普曼(Walter Lippmann)1927年在《纽约世界报》（New York World）上写道："用'修正'一词替代'侵略'，用'维护巴黎公约'一词替代'安全'，你就会知道这场无休止争吵的真实意义何在。"撇开权利与正义的问题不谈，利益上的冲突将会继续阻止达成有效的一致，而实施制裁必须要求一致行动。要是我们专门来看看英国和法国，那么，一位作家在1928年6月的《圆桌》（Round Table）杂志上颇为真切地指出了这样的情形："当英语世界使用'和平'一词，它想到的是某种事态，这里不但没有战争，而且人们普遍接受了一种政治结构；人们所以默认这种政治结构，又不仅仅是屈从于武力胁迫。当法国人谈起和平，他们想要的宁可说是由和平条约创造的政治格局。这更像是一种通过法律控制的局面，而不是靠道德形成的局面。"

撇开和平条约问题不谈，假定存在一种情况，人们断言英国、法国或美国在履行国际义务方面存在违约行为，他们呼吁依据《国际联盟盟约》有关条款对它们的行为进行制裁。这时会有人相信这些条款被付诸实施吗？如果有人竭尽全力要使制裁条款生效，这对美国的舆情会产生何种效果？这种效果是否有利于维护以促进和平为宗旨的国际组织？要是有人思量一番后脑子里浮现出一幅如何作出反应的画面，那就不可避免会爆发一种民族主义情绪，他也会对祈求制裁美国的任何其他强国中产生的类似效应表示欣赏。为什么要限定受到这种影响的国家范围呢？美国支持制裁者的心目中，似乎对哪个国家会成为有罪一方始终存有一个未予言明的前提。

让我们再来考虑一个更少假设性的例子。假设俄国与中国在1929年的中国东北争端中走得如此之远，就像日本与中国1931—1932年就同一地区发生的争端那样变得一发而不可收。反俄情绪其实还有除俄国拟对中国东北采取行动以外的原因，这就有可能触发针对俄国的制裁。但是，这会让俄国或它的世界其余地方的同情者确信，制裁行动的真正理由正是人们宣称的那一种吗？如何实施制裁呢？制裁又将如何发生作用呢？难道说人们已明显认识到，只有打一场更大规模的老式战争才能达到制裁的目的？各国国内会涌现大量反对制裁的呼声，这难道不是极为可能，且实际上肯定会出现的情况吗？英国的工党会赞成动用制裁手段吗？

我们并不是单靠思辨来考虑俄国的例子。曾几何时，当人们对共产主义的恐惧与敌意达到了极点，他们尝试对俄国实行经济"隔离"；俄国无疑因此遭受磨难，那份死于饥饿之人的名单上又增添了好多人，但这种措施除了令全体俄国人——不管其持有何种经济哲学——对外部世界感到愤愤不平之外，它并没有取得多大的效果。即使比俄国弱小的国家也能退缩到内部,支撑到风暴平息。可是在风暴肆虐的时候,旧仇会被重新唤起,引发未来战争的怒火又被点燃。

我只能作出这样的断定:有些人为国际联盟未能按纸面上的规定动用制裁措施而感到痛心并指责国际联盟,在他们想来,民族主义的对立和雄心已趋衰歇,但这并不符合事实。他们设想的那种世界各国领袖间的融洽一致并不存在。如果我们要依据这种有关融洽一致的设定行事,那我们的行动只会加重已经存在的不和。欧洲并不存在人们想象中的那种至为高尚的外交,但那里的外交部门至少具备了足够的智慧,它们认识到呼吁制裁中隐含的危险,因此同意让《国际联盟盟约》中的有关条款形如一纸空文。看来我只能认为,有人劝告国际联盟:宁愿采取回避的态度,也不要采纳诉诸强制力量之类耸人听闻、令人瞠目的举措。在美国属于学术讨论的事放到欧洲,就会是致命的。况且,在美国这样的事也不完全属于学术。诉诸制裁激发了本国所有致使我们仍未在国际联盟门外的那种态度与信念,使之颇具活力。更糟糕的是:它对各种极端孤立主义活动产生了刺激作用,为它们提供了各种口实,而所有这些辩护之词均难以摆脱空想的性质。

## II.

至此为止,我说的话中还未涉及比尔先生对经济制裁和军事制裁所作的区分,并用前者来反对后者的那种看法。这一区分会起到实际作用吗?毫无疑问,《国际联盟盟约》并没有认可这种区分。该盟约第 10 条宣称各国同意不但尊重,还要"维护"领土完整。这里没有限定可运用的手段,"维护"就是维护。第 16 条指出了可以运用的手段。其中第一部分明确谈到了经济和金融制裁。但是,这一部分给人的印象是它的独立性:实施经济制裁可以,也可以不伴随军事制裁。该盟约对此没有作出明确的授权,这一点与其字面文字存在抵触之处。接下来的两个部分与第一部分是个整体。而根据第二部分,"在此种情形下,理事会有责任建议一些国家的政府关注其有效的陆海空诸种军事力量"等等,第三部分则要求成员国允许输送军队。从该盟约的观点来看,经济制裁不可能替代战争,它们是战争的工具之一。

那些对经济制裁和军事制裁作出区分的人,与反对制裁的人至少存在某些共同点:他们谋求对该盟约第 10 条和第 16 条作一重大修改。即便如此,仍然存在这种分别到底有多大可行性的问题、国际联盟设计者是否在把经济和军事制裁并用方面并不具备足够现实感的问题,以至于如果取消了军事制裁,经济制裁也将被取消。

让我首先对经济制裁支持者普遍使用的"抵制"(boycott)一词谈点看法。这一用法不仅不严格,实际上还会误导人。抵制是一种个别人或团体的行为,这类行为并不带有政治的性质:拒绝对某个特定国家特定的商行、公司或商业代理行给予经济上的支持。它的性质体现在它最初发源于爱尔兰的那些条件之中,也体现在印度和中国的抵制行为之中。无论这个词还是这样的观念都没有被运用于国际事务,在国际事务中,我们使用的只是禁运与封锁这样的词汇。该盟约当然没有使用诸如抵制之类含混的措辞,使用的是"切断所有贸易与金融联系","禁止"国民之间的交往,"阻止"国民、金融贸易以及个人的一切往来。这些措辞显得斩钉截铁,令人想到中世纪的宗教停权令。无论如何,切断与禁止意味着禁运;而没有封锁的配合,阻止就没有意义。

于是就产生了问题:没有陆地与海上封锁这类诉诸战争的手段,是否还能成功地实施经济制裁?我很怀疑,是否能给出适用于所有这些情形的答案。如果制裁针对的是一个弱小国家,而所有其他国家又一致同意并齐心合力地支持制裁,那么,制裁能起到威慑的作用。但在我看来显而易见的是,即使针对一个较弱国家(我已提到过俄国的例子),我们也不能保证成功地进行威慑,除非得到战争手段的增援;同样可以肯定的是,制裁会使受到制裁的国家的民众产生满腹怨气,滋生军国主义的情绪。受到制裁的国家会觉得它等来的不是正义的裁决,它被迫向超级强权作出让步,就像输了一场战争一样。

在许多情况下,正如从前的事例表明的那样,即使针对一个较弱国家进行的纯粹的经济抵制,也不会获得成功。考虑一下土耳其抗击希腊的解放战争的例子。土耳其一直得到法国的秘密资助,以对付英国支持的希腊;即使在土耳其受到封锁的情况下,法国和意大利还一道向土耳其走私武器弹药以从中获利。几乎所有的事例都表明,政治对抗和追逐利润可以令所谓的经济抵制归于无效。在上次世界大战中,尽管协约国拥有难以匹敌的陆海军资源,它们对德国的封锁是一种公开的战争行为,但也没有取得完全成功。

存在着许多声称要为国际联盟和《巴黎公约》"装上牙齿"的说法,从理智上讲,这些说法极不负责。所有的事例均表明,单纯的经济制裁只是一副制作拙劣、易于折断的陶制牙齿。国际事务中的牙齿是一副真正的牙齿——封锁和其他战争措施。依我看,比尔先生把日本的例子视为一个关键事例,这一点十分正确。他争辩说,如果国际联盟和美国在日本和中国拒绝把它们之间的争端提交裁决的情况下,及早显示出实施经济制裁的意图,那么,沈阳事变①可能很快就会得到解决,从而可使上海的战事得以避免。宣称一件已发生的事情如果不发生,则另一件事情将会发生或不会发生,类似的事例处理起来当然非常棘手。而当比尔先生声称,单单通过经济制裁就能实现双方的和解,没必要动用封锁手段以保证经济制裁能够奏效,这个论点的思辨性质也未见有丝毫减弱。根据他的主张,所需做的事不过是通过立法,禁止向"侵略国"出口货物,并禁止从"侵略国"进口货物。

思辨性的假设总归是思辨,单纯的"禁止"而不是"阻止",不足以成功地阻止日本实施其计划;同时还会制造出对建立国际秩序十分有害的怨恨,并导致军人操控局势。可以相信,日本将退出国际联盟;由于美国是日本货物的主要进口者,日本会把它积聚的怨恨化作战争挑衅。这种结果如果不是在眼下,那么会在日后加强执政党在日本国内的地位,该党欲使日本坚定地"走向亚洲"。

对日本可能采取的行动作出一种现实的评价,就不能不考虑到它独特的地理位置和独特的传统。西方人很可能会忘记,日本不仅是个与美国和欧洲相隔很远的岛国,而且与亚洲也相隔甚远;长久以来,日本一直奉行小心谨慎的闭关锁国和排外政策。我们不可能夸大这些情况对日本人心智造成的影响。最近的战争告诉我们,无论如何,通过宣传和屏蔽所有反对它的新闻消息,政府可以多么容易地对舆情实施控制。在日本,做到这一点更是轻而易举,因为日本民众怀着赤诚之心相信:日本针对中国的行为是"正义"的,它事关民族的生存。认为只要通过制定法律,无需借助封锁和其他武力展示,就能令日本改变其政策,或者,运用这种法律不会起到积聚怨恨、增加军方声望的效果,这些想法都不切实际。

那种以为事情本该如此的信念,不只是思辨的结果。请看135个在日本传教的美国传教士签署的一项声明,他们并不想为日本的行为开脱,他们的陈述可见于下面这段话:"如果所有反对侵略的国家如同《国际联盟盟约》规定的那样,拒不放弃动用经济制裁措施,从当前形势来看,我们相信,针对日本的禁运威胁只会让日本的公众舆情更趋一致地支持军方的政策"——这一陈述的温和节制令它更值得信赖。

---

① 沈阳事变(Mukden incident),即九一八事变,指日本帝国主义大规模侵略中国东北的事件。——译者

有人以为,对经济损失的担忧会阻止任何好战国家发动战争,但晚近的整个历史证明,这一看法是不正确的。日本很可能是这个世界上令这类担忧最不能产生威慑效果的唯一国家。人们可以指望,对经济制裁的畏惧会对一些国家起到极大的威慑作用,在这些国家中,产业利益压倒一切,民选政府占有极重的分量。但日本的情况刚好相反。强大的封建传统使军人享有崇高的威望,内阁中的军人成分也压倒了平民成分。所有的事实都与下述信念相抵触:一个单纯法律上的姿态足以动摇一个国家的政策,在这个国家中,军人正在磨硬他的牙齿投入一场追逐逃跑者的比赛,并博得了舆情的一片喝彩。如果以为我们需要制裁和"牙齿",然后又突然停止其使用,这种情况显得逻辑上不连贯,因而是做不到的事情。

让我们回到日本侵占中国东北的实际发生过程。我们可以再现一下假使所有列强对日本发出经济制裁威胁后可能发生的情况。假定这时所有列强已对运用制裁以实施威慑取得了一致意见,并制定了相同的政策。于是,质询和抗议声日日不断。民选政府必须日复一日作出解释,对未来的行动作出某种有条件的保证。军队将按照预定的作战计划逐日加以部署,让民选政府不动声色地向民众说明,令他们兑现承诺的条件还未得到满足。事件进展得很快。没有理由认为,与此同时,日本不会顶着经济制裁威胁的压力行事,直至把它制造的侵占中国东北既成事实放到世人面前。这不是一幅赏心悦目的景象,而是我们生活于其中的世界,隐瞒这一事实对谁都没有好处。

有人反驳说,要是《巴黎公约》载有使用武力的条款,或者能将《国际联盟盟约》配有"牙齿"的条款付诸运用,就不会发生所有这类事;然而,这一反驳只会把我们置于一种两难境地。如果"牙齿"不是假牙或纸做的牙齿,那么它就意味着封锁,并且时刻准备着一旦事态失控就进一步动用军事力量。即便这类手段获得成功,这种"成功"也是任何战争能够带来的东西,应付这种事态显示的成功并不有助于建立一种有组织的世界秩序。就日本的情形来看,这种成功会令它满怀怨恨,并巩固军人的强势地位。要是不动用武装力量,那么展示经济"牙齿"除了制造怨恨外,不会在中国东北产生任何其他的效果,它还会使今后诉诸纯粹的和平手段显得比现在更为荒唐可笑。有一个事实现在就可确信并非是单纯的思辨,即日本实际上已经从上海撤军;官方发言人承认,之所以这样做,是因为日本招致了世界其余人的"憎恨"。就算日本是迫于制裁的威胁撤军(像日本这样傲慢自大的国家,发生这样的事似不太可能),我认为,日本的后续反应也将表现为比今日更为暴躁和好战的态度。

还需要指出,如果采用国际经济制裁的措施,中国不会置身事外。作为参与制裁的一方,它不能不听凭国内外势力任由驱使。日本已宣称,中国国内出现的非正式抵制为它进攻上海提供了充分的理由。显而易见,如果中国参与正式的抵制,这会使日本的借口变得更加堂而皇之。只要它愿意,它那强烈的挑衅欲望就可以成为与中国开战的根据。十之八九,他会让战火从长江流域一直烧到汉口、天津和北平,还有可能漫延到厦门和广州。中国从其避免宣战中得到的所有好处,就将全盘尽失。

### Ⅲ.

以上所谈的是这种观点,即经济制裁不可能在未获军事支持的情况下获得成功。下面我要转而来谈谈我的另一个观点:经济制裁是否具备可行性?在把经济制裁付诸实施之前,就必须确定制裁针对的国家。现时我们是用"侵略国"一词来指称这个国家的,我们使用这个词,似乎《国际联盟盟约》已经认定什么样的国家是侵略国;事实上,该约并未提到这样的国家,一个含义较为接近的词是"违约国"。不管使用何种字眼,必须确定负有罪责的国家。即使我们可以接受有关经济制裁之功效的其余论证,那种有关日本本应及时认清罪责从而停止侵占中国东北并停止进攻上海,又是以何种依据作出的设定呢?负责判定事实情况的国际调查团只到过上海——在1932年4月。这一事实大可使我们对下述设定做一番评头论足,即确定罪责的性质和归属,并给予相应制裁,这是一件轻而易举的事情。无疑,调查本该加快推进。不过我怀疑,它的快速进展是否跟得上日本军队的推进速度。更何况调查还要面对日本灼灼逼人的声言:中国才是真正的"侵略者",日本是受到攻击的一方,所以它不得不采取先发制人的行动。

另一种特质的存在,也使确定违约国的问题变得复杂化了。它的确切形式仅与中日争端有关,但在重要国家的复杂争端中也能发现相应的东西。日本认为中国是真正的"侵略者",这一主张密切关系到中国作出的下述声言:载有"二十一条"①要求的那些条款是无效的,因为这是在胁迫下签订的条款——中国民众还一

---

① "二十一条"(Twenty-One Demands),1915年1月日本向中国提出的强索特权、独占中国的条款。"二十一条"激起全中国大规模的反日运动,后来日本国会未予批准。——译者

致相信,之所以会签约,是由于日本收买了中国的官员。总之,只要有可能,中国就提请注意它并不认为这些条款具有约束力。要确定哪个国家负有责任,这是件多么精细的事情!想象一下法国人的激情,他们声称出于胁迫签订一份已获认可的条款是无效的!即便如此,我可以想象,国际委员会会回避这一问题而满足于指责中国无视条款义务。如果施行经济制裁和爆发全面战争是取决于这样的决定,那么会干出些什么事来呢?我把这个问题留待于制裁的信奉者去作一思考。

Ⅳ.

断言说调查日本行为遭到的失败只能使人们强化这样的想法,即必须依恃武力来解决问题。这样的想法削弱了和平运动和裁军的愿望,并为世界性组织的发展前景设置了障碍。尤其值得提到的是,人们争辩说,不以武力进行还击的做法强化了日本那种依仗武力来实施国策的信念,使中国更加相信国际机构不可信赖;这种做法也让俄国感到担忧,促使它通过增强武力来寻找出路;它也使世界人民对裁军的后果深感不安与忧虑。

所有这些陈述皆持之有理,我无意否认它们。我完全同意这样的说法:"如果国际联盟和美国能够成功地约束日本的军国主义,并且能为中日争端的和平解决提供一种保证,那么,世界各大国会难以估量地增强它们的国际意识,这将使解决其他急迫的国际问题变得较为容易。"可是这一说法究竟意味着什么呢?它本身又说明了些什么呢?它不是在说,如果和平的措施当真促成了问题的和平解决,那么今日世界的形势会比实际情形好得多吗?上述说法好像在暗示人们:只有诉诸制裁,才能"约束"日本军国主义(我们不妨还可以说,制裁会吓阻日本军队停止冒险),或者更为一般地为和平解决争端提供一种保证,这种说法要么是不合逻辑的推论,要么就是回避问题的实质。

的确,运用和平手段至今未能成功地制止日本的军国主义——尽管可能产生某种抑制作用,因为很可能日本原来的作战计划并不限于针对上海。但是,有关强制力量的威胁确实会制止日本军国主义的设定,在我想来,就像第一次世界大战期间人们表露的一种诉求,对德国军国主义的武装反抗和征服将为一切军国主义敲响丧钟。事实上,如今我们拥有的是一个比1914年时更趋完备的武力化的世界。我认为,此刻我们应当超越这样的说法:诉诸强制力量意在减弱诉诸强制力量的倾向。这种说法只是转移了人们的注意力。

当然，对于上述观点，常有人作出这样的回答：一国使用武力和国际社会使用武力、作为国策工具的战争和国际战争，这两者极不相同；他们要论证的是"国际防卫和国际制裁"。我看不出这种驳论如何能够淡化我们与第一次世界大战所作的类比。欧洲以外的五个大陆国家武装起来反对同盟国①。这一点似乎标明了一种相当近似于国际战争和国际制裁的形式。然而要是回想一下，事情看起来更像是出于民族主义防卫和民族主义扩张的各种目的结成的老式国家联盟。虽然存在一个"神圣同盟"，如今相互结盟的国家看来甚至并没有在立足世俗的基础上团结起来，更不用说以神圣的名义结为一体了。在集联盟之力动用强制力量以创造一种利益与目的的共同体方面，世界已经得到了教训。一个反对日本的强制力量集团也许会比一个反对德国的强力集团更快取得决定性的胜利，为此遭受的痛苦与毁灭也会少得多。然而在我看来，不论就哪个事例而言，认为制裁将提高争取和平的真正世界性组织的声望，这只是一种幻觉。

就个人而言，我不认为有关经济制裁伤及无辜的论证是反对这种制裁的最终辩由（如果实施这种制裁确能保证成功地创造国际秩序与和平的国际关系的话），我这里只对比尔先生的有关论证作一点评论。现时世界上正在遭受痛苦的无辜之人不计其数，没有理由让他们遭受更多的痛苦，除非能够排除任何合理的怀疑，表明这种追加的痛苦确实是达到世界各国利益和谐的一种因素。而这一点需要作出论证，但它还没有得到论证。

比尔先生的文章似乎谈到了另一些观点，而这些观点与主要论题并不相干；但为完备起见，我会对它们作一考虑。我不同意这样的观点，即那些敦促现在实施制裁的人所持的是欧洲的观念，而反对者所持的则是美国的观念。我已说过，现在的欧洲人在乞灵于制裁作用的问题上过于实际，反倒是美国的国际联盟支持者竭力主张动用制裁，并且催促美国与欧洲一道实施制裁。秉持这种态度，这些美国人相信威尔逊（Woodrow Wilson）总统扮演的角色，他坚持说《国际联盟盟约》应载有关于制裁的那部分内容。然而如实说来，令美国置身于国际联盟之外的主要因素，正是美国反对制裁的观念；而且，依据原则和可行性的理由反对制裁，成了形成战争体制——把战争视为解决国际争端的法律手段——之非法的美国式观念的一个决

---

① 同盟国（Central Powers），指第一次世界大战时德意志帝国和奥匈帝国等"中部"欧洲国家组成的联盟。——译者

定性因素。即此而论,可以说,反对制裁是美国的观念。

有人争辩说,那些反对国际制裁的人又参与了对日本货物的私人抵制,这种行为显得不相连贯;我认为情况恰好相反,这样的抵制是针对日本采取的唯一自相协调的经济行动。只有极端的和平主义者会认为,对任何其他人造成伤害的公开行动都是错误的。它是一种抵制,但不是封锁。它甚至不包含运用政治力量的任何暗示。它表达了道义上的不赞同,希望引起人们的注意。有人断言说,私人的抵制伴随政治、商业金融交往方面发布的禁令,意味着日本提出的论点逻辑上是正确的,即中国抵制日本的货物使日本方面有理由进行武力报复。甘地抵制英国货物,也使英国方面找到了武力报复的理由——即使是英国赞成动用武力的党派,也不会用这样的理由来为自己的行动进行辩护。

要是我对下述论点保持沉默,我的讨论不会做到完全坦诚布公。有人认为,事实上,为了捍卫本国利益,某些大国会毫不迟疑地派遣陆海军到日本去。有些对制裁问题持独立观点的人可能会拒绝接受这样的主张,但我不属于这类人。那些支持美国干涉拉丁美洲事务的人经常为我们的国家主义行为进行辩护,他们的理由是:根据门罗主义(Monroe Doctrine),我们实际上是以欧洲列强受托人的身份在行事。但存在着另一种可能性:避免所有武装干预。这一结论也适用于中国。取代联手施压行动的唯一选择方案不是个别的国家行为,而是停止执行借用武力实施的保护政策,把处于危险境地的个人和财产自愿置身于某种法律保护之下。如果两个欧洲强国在打仗,碰巧把处在战地内的美国人财产毁掉了,美国不会认为这是一种敌意行为。同样的原则也适用于"落后国家"。所有国家也许适宜一同派船接回所有遭受战争威胁的国民,这类行动既适当又可取,它们与实施制裁毫无关系。它不是一国的"防卫性"战争或者国际"防卫性"战争。

V.

支持动用制裁手段的主要正面论点是说,创建"一种成功的国际组织"有赖于确保交由合作行动支配的一种力量,以便把和平破坏者绳之以法;各国无须解除武装,它们也不会任由他者采用排他性的和平措施,除非得到一种担保:国际力量将承担起防卫的义务。据说,如果缺少一种致力于维持和平的国际力量,各国只能依赖自己的军队进行防卫。

上述论点似乎放弃了对经济制裁的限定。但比这一事实更重要的是,就其被人们承认的分量而言,它接受了法国的前提:安全才是最要紧的事情,只有依靠武力才能确保安全;并直接呼应了法国人的提议:由一个总参谋部来指挥国际陆海军部队。如果安全是头等大事,如果除组建一支国际部队外,非此不能成事,那么结论似乎就是有必要组建一支国际部队。所有反对后者的论证也就是要反对据以引出后者的那个前提。有关国际秩序的论证和动用强力以维持和平的论证几乎成了一回事,我们无法保有一者而不对另一者作出证明,这样的论证如果说毕竟证明了什么,它证明的就是拥有自己的陆军和海军的超级国家的必要性。

即便如此,有关在现存条件下实施制裁是创造一种国际秩序的先决条件的论证,依旧是本末倒置的。如果存在对利益和融洽目标的普遍关切,建立一个特定的国际组织不失为一项真实的成就,无论它是否可取;该组织会用它的力量来对付某个桀骜不驯的国家。但要是以为运用纠合起来的强制力量有助于形成这种组织——且不说它还是最好的或者唯一的形成这种组织的手段——那就好像在说,众人会在棍棒痛打之下变得彼此相爱。这令人想起日本人的说法:他们正在上海为中日两国的友好关系而战。

比尔先生认为,旨在体现强制目的的组织(也就是动用制裁的组织)是创建国际秩序的必要先决条件;与此相联系,他想当然地认为,制裁的反对者相信依靠"善意"(good faith)便足以创造这样一种秩序。我不知道这样的乐观主义者是谁,我很抱歉无法分享他们的乐观主义。

众所周知,有些条件可能既非必不可少也不充分。我看不出,如果不经众多不同路径形成一种和谐的利益和价值共同体,维护和平的组织如何能够产生出来。我不知道通过哪一种单一手段能够促其自动产生出来。在我看来,在形成我们需要的这种和谐利益和价值共同体的过程中,逐渐逼近的强制力量威胁正构成了对其最抱持敌意的东西;而所有反对在国际事务中乞灵于制裁的人都相信,仰仗通达开明的舆情和善意则是一种绝对必要的条件。他们也相信,借助这种舆情和善意有利于产生稳定的和平,而使用武力则极不利于产生这种舆情和善意。这就把我们引向了另一条基本原则:即使诉诸强制力量是可行的,它对于实现国际和平的目的来说也并不足取。

VI.

尽管我对人们已被夸大到了危险程度的民族主义所作的批评内心表示同情,

因为它搅乱了今日的世界;我也同意这些人的说法,民族主义造成了国际社会几近于无政府的一种状态。在阅读人们为修复这种状态提出的某些建议的时候,我有一种感觉,民族国家具备的属性和活动只是被转移到了某个较大的替代性机构那里。要放弃某些被久远的传统神圣化了的概念和思维模式,是极其困难的。较容易的做法是用一种新的方式对它们作一些调整,使其得到改善,而不是发展出一种可引以为据的新的概念和思维模式。

所以,在读到"国际战争"、"国际防卫"以及用强力维持的国际秩序的时候,我不能不产生这样的印象:正在规划的政策和依靠某种想象形成的计划仍然不能摆脱民族主义思维的窠臼,至少说,它们都把武力推崇为最终的裁决者,而这正是民族主义的一大特色。我承认我的这种感觉或印象并没有得到任何论据的支持,但把它们记录在案是值得的。在建立世界国家的那个宏伟计划中,有一点确实很清楚,引为出发点的观念就是按现存形式组织起来的那种国家,然后把这个国家放大,直到把所有国家都纳入其中为止。我不会相信,通过操纵那些民族主义国家的构成因素就能摆脱民族主义的恶行。我们只能通过类似社会单位或团体活动产生的互动作用,才能生成一个世界国家;而美国各个州相互间形成的思想、产业和商业联系,正体现出这样一种互动作用。正是通过这些互动作用,而非凭借任何凌驾各州之上、对其滥施强制力量的政治实体,才能造成有关各方互利共赢的效果,从而把各个州结为一个统一的整体。

我并不声称这个类比完美无缺,但我认为,没有哪个理智之人会认为联邦政府的强制力量是把各州聚为一体的主要的或相当大的力量;或者,比起通过遵奉共同的传统、心智习惯、信念,通过讯息交流、商业贸易等,把各州民众联系起来的这条纽带、这种力量是最重要的统一因素。我也不能想象,任何敏感之人,当他看到今日各个地方仍存在着的利益冲突和潜在磨擦,他会要求强化那种凌驾其上的强制力量,以此作为一种补救(内战过后,我们曾尝试通过"武力法案")。除却积极加固各个地方业已存在的那条体现共同利益和目的的纽带,我不能想象这样的人还能提出别的什么建议。如果说内战最后不得不求助上述那种强制力量,这并非是可取的补救措施,而只是不能不加以承受的可怕的不幸。

至于说到把国际社会动用强力与一国内为实施法律而动用警力作一类比,那么对此所作的明确论证似乎陷入了僵局,双方各自提出的理由似乎并不足以打动另一方。我不会怯于对那些否认这种类比正当性的人讲述的理由作一概括,因为这些理由与这一事实相关联,即国际性的强制力量形同诉诸战争——这是双方都承认并不可取的一件事。

人们设想的上述类比为什么不能成立,最明显也最表面化的理由是:就一国的内部事务而言,这里已存在一种法律体系(普通法与成文法),它确定了使用武力的依据和方式;也就是说,它决定了公共力量施用的对象,以及运用这种力量的确切方式。这一体系中并未载有使任何法庭在任何特定时刻,为了自认为可取的目的而运用这种力量的任何条款。为数众多的规定和先例确定了公共当局要尽可能缩小施用法律的情形,尽可能把动用武力造成处决和监禁的后果降到最低程度。警察、行政司法长官等等皆被允许动用他们判定可以动用的无论何种强制手段,这一点之所以有效,是因为他们本人要依法办事,而法律又对他们动用强制手段的范围作出了规定和限制。众所周知,在国际制裁动用所谓警力的情形中,是不存在这些先设条件的。

我已指出,这一特定的有缺陷的类比不像其他的类比那样能够直指要害。不过,它指出的有一个问题却带有根本性。为什么这些法律能对动用警力的实体和程序作出规制,其理由在于:在各个法治国家中,人们对重要的社会利益和价值达成了实质性的协议。换句话说,要是存在强行动用强力的可能性,就不会存在法律。之所以可动用强力,是因为"法律"除了是一种强制手段外,它们还是习惯,是对生活、社群形式表示同意的方式;或者说,它们大体上是借助社群生活自己把它们落实的方法对社群共同认可的意志作出的宣示。贯彻的法律是由它背后某种共同体的共识在贯彻它,而武力威胁并不能导致产生共识。所以在这一点上,把一国的警力类比于运用制裁以作为形成和平稳定的国际秩序的手段,这样的类比完全不能成立。

对上述例证作一思考后,让我们来看一看形成这种差别的第三个要素。动用警力针对的是个人,最多也就是一个小群体;何以人们会认为它与针对整个国家使用武力是一回事呢?国内的罪犯如得到确认,会受到众人的斥责;他被警察制服,说明他只是整个人口中无足轻重的一分子。如果纽约州民众一致行动起来拒绝服从联邦法律,要是国家决定对他们动用强力,那么需要召来的远远不止是警察,而是陆军与海军。结果将是内战,而不是审判和司法起诉的普通程序。可能出现内战是事实上已难以避免的形势,但我不能想象任何人会说内战本身就是可取的,或者事先就应作出规定,因为制定这样的条文是维护和平秩序的必要手段。

虽说有人叫我们相信,在人类文明迄今达到的每一个阶段上,动用警力以执行法庭或其他律法实体的判决是必要的;我承认,我不能理解制裁的支持者会满足于寻求为动用警力形式的国际性武力进行辩护。我不是那种极端的不抵抗主义者,以至于相信在处置国内事务中可以把强力弃而不用。但有一点很清楚,在国内事务中动用强制力量确实会造成大量伤害,有时很值得怀疑它带来的好处是否足以抵消它造成的伤害。前大法官霍姆斯(Olirer Wendell Holmes)曾对动用强制力量表示过怀疑,如果我的记忆不错,这是有案可查的。毫无疑问,某些人仍然执著于惩罚正当的抽象概念。但当今大多数开明人士皆已确信,强力和惩罚应是最后求助的手段;诉诸这类手段的必要性本身就证明,正常的社会过程出了问题;社会的理想应当是去想方设法,对导致在特殊情况下必定求助强力的那种原因进行改造。令人感到奇怪的事情是:在某一国或某一刻,当仰仗强力来处置国内事务已被可悲地明显证明是靠不住的办法时,竟然还会有人把诉诸强力看成是维护良好国际关系的重要和必要条件,并为之激动不已。

对实施制裁的可行性所作的论证,是与实施制裁的可取性问题叠合在一起的。在很大程度上,实施制裁之所以不可行,就是因为对这个世界作出的最好判断本来就可使人们认识到实施制裁不可取。我们前面已说过,企求对英国或美国实施制裁实际上是不可能的,这可以用作说明不可取性的一个证据。让我们再用另一个例子来说明这一点。南美洲国家迄今未能相互形成一种稳定关系。相对来看,其国与国之间不幸经常发生争端。即使是那些在理论上支持制裁原则的人,他们当中又有多少人会认为,当这些国家间每一次发生威胁和平的争端时,美国参与对有关当事方进行抵制是可取的?美国人会被《查科条约》(Chaco Treaty)搞得兴奋莫名,他们准备对巴拉圭或者玻利维亚实施抵制,要是法律首先确定哪一方犯有过错的话,这可取吗?一旦这种做法被当作可采用的原则,事情究竟要走到哪里才算有个了结?如果它不算一个原则,那么这种做法只是一种躲避之计,或是把我们组成老式军事同盟、卷入战争的行为掩饰起来的面具。此刻我不会认为,人们这样做意在选择后者,我只是在说事情本身的逻辑。但我确实相信,某些制裁的狂热拥护者回想起上次战争中产生的那种同仇敌忾的感觉,仍觉得津津有味;他们像法国人那样,只能把一个特定国家或一群国家想象为"侵略者",从未想到要把他们那种原则的作用作一概括说明。

反对制裁者主张的观点阳光般地清楚直白。另一方面,制裁的支持者声称,动用警力与国际制裁之间存在真正的相似之处,后者与前者一样,同属必要的东西。他们还声称,制裁与战争有着根本的区别。不过,我相信,世界将依据受人尊重的逻辑运转,如果有个动物看起来像青蛙,跳起来像青蛙,叫起来像青蛙,那么它就是个青蛙。战争的定义并不取决于理智的分类和法律所作的区分,而取决于行为的检验。那些由枪炮、毒气作为后援的一般性的禁运和封锁就是战争,仍然是用另一个名字称呼的战争。

我相信,要想在"国际战争"与其他战争间划出一条明确的分界线,这是一种可悲的幻觉。只要按照武力的语汇来解释和看待国际关系,就会使战争的观念本身长久地保持存在,须知武力正是战争体制赖以立足的据点。吞下疯狗的一撮毛发来治愈狗咬的伤口,这种习俗固然带点傻气;而以为通过动用强力就能摆脱强力,这是否也是一种天真的想法。

如果我们谈论的制裁是针对某一特定的国家,这势必会刺激起该国以及寻思动用制裁的那些国家的好战精神。日本的例子很能说明问题。就美国民众来说,乞灵于对日本进行制裁的要求相应唤起了对日本的敌意。为了把美国公众舆论引导到愿意诉诸制裁这方面来,就有必要详述日本犯下的种种过错,于是就产生了残忍、公开施暴直至十足的好战精神。其中所用的技巧与一度用来造就不惜同德国开战的那种意志相差无几,而这种技巧的运用对象正是数百万爱好和平的美国人。我坚信,我们的公民中有许多人几周前还在说他们赞同进行抵制,现在则会为事情尚未再发展下去而感到庆幸。之所以造成这种差别,是因为他们的满腔怒火冷却下来了。我不想暗示说,那些为动用制裁的原则声辩的人依据的是情感而不是理性,但我确实认为,普通民众只是出于长期酿成的敌意或者瞬间爆发的情感,才会主张对某个特定的国家加以制裁。有人以为,这种事态转瞬即逝,最终起作用的是某种远程的非个人的机制在推动进行制裁,而不是动用制裁的国民胸中颤动的情绪,这样的想法与我熟知的人性不相一致。除非人们的情感被激发出来,否则,他们不会为遭受的痛苦而启用强力制裁的手段。

此前我曾经指出,我并不怀疑,日本现时至少正在世界上强化其军事影响;虽说我也认为,试图强制日本改变其目标只会把事情搞得更糟。承认日本的所作所为对世界和平造成了危害,同时又认为,日本的行动在很大程度上并未取得显著的成功,这两种看法并非不相融贯。很可能在现代还没有什么记录在案的事例显示,民众会怒不可遏地表达出近乎一致的道德感和公开看法。情感及其和平的表达不会让日本断念,不过,今天日本的立场并不是什么值得羡慕的东西;当一个敏感之人还在犹豫不决地预测未来时,我们却有理由认为,要是我们不对日本诉诸强力,日本未来更难守住它对中国所持的立场。日本已完全成了公众舆论法庭上的被告,它已在道德上被击败。很难相信,它可以不改变其政策而继续生存下去。求助强制力量则会使它确信,它有它自己的道理,这会使它的不妥协立场变得更为强硬。现在,它不得不面对其行为造成的所有不利后果,这些后果不是这个嫉妒而又怀有敌意的世界不顾它的行为有多么正当而强加给它的东西。如果让我们再来看看日本之外的国家,我怀疑竟会有任何国家愿意强化和效仿这种致使日本遭受普遍谴责的行为。我很愿意看到国际联盟组织维护和平的能力不断得到增长,我相信,即使日本并未改变其做法(它很可能不会这样做),国际联盟不诉诸制裁其实是对世界和平事业作出的一项真正贡献,因为它的行动强化并表达了世界的道德判断。《巴黎公约》规定,应使用和平手段解决争端,这是新近才出现的事,它的意义还远没有充分渗入民众的意识之中。例如,就日本侵占中国东北一事,其辩护者仍然认为要宣扬日本受到来自中国的"挑衅",以此来为日本开脱罪责。就算我们承认事情确如那些辩护者声称的那样,他们的论点也完全忽略了这一事实:日本之所以会受到指控,是因为它没有采用《九国公约》和《巴黎公约》规定的和平手段来补救自己的过错。一旦我们把注意力集中到这件事情上来,而不是耗在对先前的是非问题进行无谓的思考,我们会为世界打开一个新局面,这将对和平产生难以估量的作用。

## Ⅶ.

现在让我们来比较一下制裁的价值和其他可采用的措施的价值。首先我要谈一下《巴黎公约》,我想就"防卫性"战争这一题目说几句话。我十分赞同那些人的观点,他们认为"防卫性"战争逻辑上即蕴含着"侵略"战争,并且需要对这两者确立某种区分的标准。战争非法的初始观念是把战争体制视为非法,而恰好不是把借助某种特殊名义进行的战争视为非法。他们指出,没有任何东西可以否认自卫的权利——正像个人在受到暴力侵害时要行使自保的权利一样。这后一种权利并不依赖对攻击或防卫性的袭击殴打作出的区分;这完全是法律之外的事,战争也是如此。

然而不幸的是,民众在非法观念被正式采用之前并未就这一观念的意义接受过充分的教育。更不幸的是,世界各国的政治家中不乏视军事力量为必不可少的人,他们力图赋予这一观念以一种无害的意义;并试图把自卫的事实转变为防卫性战争之合法性的概念,而自卫既不是法律的产物,也无法由法律予以废除。颇具声望的政治家们急于迅速采用《巴黎公约》,以至于陷入了含混不清的窘境。白里安先生要么是从未能充分掌握这种非法性的观念,要么就是想削弱这一观念的力量。在1928年4月27日的演说中,他引进了两种类型的战争观念,其中有一种不是非法的,从而以这样的方式限制了放弃战争的范围。他说,只有"用自私和任意方式发动的战争",才应被宣告为非法。出于强调的目的,他有好几次把《巴黎公约》针对"自私和蓄意的"战争具有的意义作了限制,这就为一些人的主张提供了依据;这些人声称,纵使签订了《巴黎公约》,这里仍存在高尚和不谋私利的战争的一席之地。不仅如此,一些从前反对和挖苦非法观念的美国人、致力支持制裁观念的人也抓住这个漏洞,并以这一点为中心来解释《巴黎公约》,从而把"国际"防卫性战争的概念放到了突出的位置。

  从结果上看,《巴黎公约》本身仍存在含糊不清的地方,这就被人利用来支持这样一种论点,除非《巴黎公约》认可的"防卫性"战争能变成纯粹民族主义的战争,其本身要求国际制裁和战争。但是还存在另一个更好的选择,那就是对国际法作出澄清,从而能清晰地对自卫的权利和"防卫性战争"的概念作一区分。假使我们能在日本入侵中国东北之前就已作出这种区分,日本方面有关它打的是一场防卫性战争,因而并无违反《巴黎公约》的每一种口实,就没有施展的余地。

  有一种论点认为,其他国家拒绝承认因违背《巴黎公约》而获得的领土及掳获物是不够的,这是一种半制裁(half-way sanction),但也只是一种半制裁而已。支持这一论点的理由是:以往作出的不承认,并没有起到防止某些国家享用其侵略果实的作用。但是,基于先前事例提出的这种论点忽略了一个重要的差别。人们引证的是那种特定国家作出不承认的情形,例如法国对英国占领埃及的不承认、美国对拉美国家各种行为的不承认。而"和平制裁"(这一观点最初由战争非法观念的构想者S·O·莱文森先生提出)所考虑的不承认,是由所有国家共同实施的不承认,是借助史汀生国务卿的影响力而由国际联盟大会已正式确定的不承认。如果孤立的国家行为和有组织的国际行为不存在什么可期待的差别,那么,涉及一国和国际防卫、一国和国际战争的有关论点又成了什么东西呢?从一国不承认的失败的论证逻辑引申到目前和将来国际不承认的必然失败,势必使我们作出结论:国际制裁的唯一优点就是它代表着一种更强大的经济与军事的强制力量。

有人以为,不承认比方说日本在中国东北的地位,这并没有削弱日本在那里如此扎眼显现起来的能力,这说明不承认无济于事。但这一说法不会产生什么假设性的问题。在我看来,它忽略的是那种无法估量的缓慢而有效的作用。撇开思辨的事情不谈,它提出了这样一个问题,即那些向往一个有组织的和平世界的人到底以何为凭? 是仰赖武力或武力威胁,还是仰赖在发展共同利益和目的过程中采用的和平措施?

"和平制裁"不是一种"半"制裁,因为按照那些支持实施经济和军事制裁的人们的观点,它毕竟不是一种制裁;因为它们根本没有涉及动用强制力量。它们只是这种意义上的制裁,即某种执行的行动自会导出一种制裁的可取结果。如果某一国家借助法律禁止的手段获得了领土,那么,这些掳获物在法律上即应被视为非法无效。对某些人来说,对运用严格的道德手段和影响力持有信念看似极不现实;其实,战争史以及运用物质强制力量造成的效果史似乎足以令那些向往和平的理智之人深信,采用其他手段都带有极不现实的特征。

我们并不坚持认为,善意和道德压力肯定会起作用,只要有它们就够了。但我们确实认为,比起诉诸或明或暗的强力手段,以道德名义采用的措施对于实现稳定的持久和平而言,是一种更具希望的办法。现在我们似不必争论,采用前者的可能性要视后者而定,因为动用强制力量的誓约依赖于造成此举的国民所体现出的善意。你不能老是周而复始地对那些没有察觉到善意的人动用强制力量。比尔先生承认这一点:"不能不承认,所有的国际义务一言以蔽之,都要仰赖善意和公众舆论的力量。"这是个事实,而且必定是个事实。由此我们认为,基于这一事实采取的一以贯之的行动,是扩展善意和公众舆论影响力的最佳方式;而延续那种按照强制力量逻辑来思考和行动的习惯,则将使支撑着战争体制的那种观念和情感永久化,并相应削弱了善意和公众舆论的作用,而这两者正是我们承认可以最终仰靠的东西。

我们每个人都对那些对国家间关系的现状深表焦虑的人怀有同感,他们对这样一类国家感到愤慨,这类国家声称爱好和平并承诺放弃使用战争手段解决争端,但并没有兑现其美妙诺言。它们对善意的背弃影响了我们的心理,致使我们怀疑所有的善意是否具有效力;使我们会去设想,动用强力是得到他国敬重的唯一东西。但是,这样一种反应方向尽管因其希望尽快见到结果而显得合乎常情。我相信,对历史和人性的理解可以告诉我们:这种看法是短视的,到头来只会背离我们的初衷。我并不确信无疑地认为，战争非法将导致最终使世界摆脱战争体制。如果一些国家坚持要打仗，它们会这么做，其情形恰如一个人想去自杀那样。

但我仍然确信这样两件事：第一，如果一些国家的人想发动战争，那么，非法观念是针对这种仍被掩藏着的欲望表达看法的最佳办法；第二，对于那些对非法观念持欢迎态度、同时又相信该观念会与制裁或强制力量观念共同发挥作用（即使是思想上的作用）的人来说，这一观念会对他们构成致命一击。这些人如果这样想，那么，他们就在无意中恢复了战争的观念，从而颠覆了自己的立场。热衷于制裁，只会自然又合乎逻辑地出自这样一些人的看法：他们相信战争是解决国家间争端的无法规避的方式，他们不认为可以废除传统的势力平衡政策和结盟政策。实际上，推行制裁仅仅意味着在某一给定时间、在当下那一刻，存在着一个国家联盟；该联盟以为自己已强大到可以动用强制力量去阻止某个国家发动战争，去征服并惩罚该国，如果它真的走向战争的话。如果不担心有人以为我在推荐这样一个观念，我会说，较之人们已设计出的"国际防卫和战争"方案，由英联邦成员国和美国组成的经济、金融、陆海军的牢固联盟更能从容地实现一种"罗马帝国统治下的和平"（*Pax Romana*）。

Ⅷ.

从长期来看，《巴黎公约》以及一般的非法观念的效力有赖于由世界各国组成的利益与目的共同体的成长。就像任何法律安排一样，宣告战争非法的协议是对业已存在的利益起保护作用的东西；它借助宣示的善意来加固这种利益。但还存在着可以采用的切实措施，运用这种措施会增加《巴黎公约》表达的诉诸善意和公众舆论的效力。我相信，如果向往和平的人们能够把他们的能量集聚起来，推动落实这些措施，那么，相比于不断地集中讨论和思考动用强力的问题，他们为实现和平作出的贡献要大得多。

1. 对《国际联盟盟约》第 10、15 和 16 条进行修改，可使它与《巴黎公约》保持一致。除非做到这一点，否则，反对美国依附政策的呼声仍将持续不断。本国外交政策最确定的一件事，即我们不会放任任何外国势力对我国事关战争或战争威胁的未来行动作出的决策指手画脚。撇开美国的态度不谈，这类行为会造成互相干扰，从而只会妨碍为确保和平采用不同的方法和措施；它实质上在鼓励近乎战争的行为——在中日争端中，不幸已产生了这样的干扰。

2. 可以把下述原则作为国际法的一部分予以正式采纳，即所有因破坏《巴黎公约》，也就是通过采用与我们誓言仅仅采用和平措施解决争端不相一致的手段获得的领土、特权、财产都是非法无效的。这一原则已经国际联盟大会认同，应把它正式纳入国际法。

3. 国际法还应考虑采纳这个原则：任何未经一般外交过程，或未经调解、裁决等等加以处理的争议或争端应使之保持现状①。《巴黎公约》无疑已经隐含了这一原则，要是能把这一原则清楚地陈述出来，并让各国承诺予以接受，那么对《巴黎公约》的即定破坏行为就会变得昭然若揭，而舆情的反应也会更为快速而直言不讳。

4. 国际法应当对自卫权利和防卫性战争的概念作出根本的区分。

5. 要是有人声称出现了破坏《巴黎公约》条款的情况，而每个这样的问题又不能通过国家间一般的协商途径获得解决，那么，美国应正视舆情的开明意见和世界的一致道德判断，及时地支持将有关案件提交国际法院，以便作出裁决。

最后，不用说，采用上述措施只是要增加采用诸如协商、会谈、调解、仲裁以及所有其他有助于和平解决争端的可能手段，而非取代这些手段。让我们集中精力来强化这些手段，而不是去考虑采用强力的办法，因为迄今我们还未十分成功地把这些手段和《巴黎公约》付诸应用。

(薛平 译)

---

① 这一建议和上一节给出的建议都来自 S·O·莱文森先生，这些建议首次发表在《基督教世纪》(*Christian Century*) 1932 年第 3 期上。

# 第二部分 "五四"运动

# 中国的学生反抗*①

当巴黎作出了把山东让与日本的决定后,中国被击垮了。它在沮丧中变得极度悲观和痛苦。中国知道它在世界其他任何列强面前显得软弱无力。它知道,由内战造成的政治分裂还没有正式结束。它那落后的工业,它那混乱的财政,使它无法对企图蚕食它的任何国家说出一个明确的"不"字。于是,它忧心忡忡地聆听着和会的议决。它一再念叨着协约国政治家们所作的担保,以此夜以继日地维持着它的希望,这就是创造一种新的国际秩序以及能在将来对弱国反对强国的劫掠提供保护。它的希望需要得到支持,因为这些希望中掺杂着恐惧。它比西方国家更了解日本还准备走多远,因为它已两次受到日本几乎不加掩饰的战争威胁。它比西方国家更了解秘密条约和协议的情况。所以,只是对美国和其他协约国来说,巴黎的决定才产生了也许已如其所料的失望而不是激烈的对抗。这种结果正好印证了:列强仍在充当主宰;在国际事务中,强权就是公理;中国软弱无助,日本来势汹汹。

5月4日的一阵紧张唤起了这种无助感。有人做了什么事了。北京大学的学生进行了抗议,并在他们的游行示威过程中蓄意袭击和殴打了两名中国官员;这两人同属众所周知的三名卖国贼,因为他们参加了与日本的各种秘密条约和贷款的谈判。骚动将全国的冷漠情感一扫而空。官员的软弱,也许还有腐败,是他们在有

---

\* 此文选自《杜威全集·中期著作》第11卷,第156—160页。
① 首次发表于《新共和》,第20期(1919年),第16—18页。文章注明的发出地点和日期是北京,6月24日。

关山东的决定中要承担的一份责任(这里提出的老是中国的山东问题,而从来不提青岛问题)。如果中国不能拿其他国家说事,那它也许就要做出一些事来妥善处理自己的问题。人们并不认为学生的行动是非法的惩治性集会导致的莽撞之举,而是认为它表达了一种义愤。人们的预感使气氛再次紧张起来,这个事件后还会发生任何比过去事态更为严重的事件吗?

  一连串事件接踵而至。政府逮捕了一批学生。于是,他们的同伴进行抗议,军队包围了大学校舍。这座城市实际上已处于军事管制之下。谣言在各个省份到处流传,说是中国的各路军阀已准备就绪,不惜以杀戮等极端方式将反对派镇压下去;甚至还流传着一触即发政变的谣言,为的是徒劳地稳固军人政府和亲日派政党的控制权。被军阀们视为自由派知识分子领袖而对之衔恨于心的北京大学校长辞职并出走了,因为根据报道,不仅他的生命且数百名学生的生命都受到了威胁。之后又有消息说,北京小学以上的所有在校生进行罢课,以抗议政府的行动。他们不仅罢课,还提出明确的要求(下文将对这些要求作进一步介绍);他们以十人为一组,在各个地方作公开演讲,对军警逮捕学生的行为表示蔑视,并尝试将倾听他们演讲的民众按类似十人小队的方式组织起来,继续进行宣传。

  整个国家这时就像被电击般地颤动起来。5月7日这天一向被视为国耻日,连一些小学也打出了"毋忘五七"的横幅。这个国耻日是日本就"二十一条"发出最后通牒的周年纪念日。日期的相近,产生了有力的效应。北京大学的学生迅即走向全国,他们首先向各大城市的学生们发出呼吁。后者变得焦躁不安,于是开始罢课,其范围再次涉及除小学之外的中学(高中)学生、师范和技术等各类学校;到处可见组织起来的十人小队,讲演者各有一套讲些什么、怎样讲的办法。大众化的宣传遍及各个省份,为民众所喜闻乐见。

  对日本的散乱的敌对情绪要汇合成联合抵制的形式,这是男男女女的演讲者们的话题之一。他们并不满足于一般的倾诉劝诫。日本商品的清单被大批刊印或油印出来;在中国销售的所有日货的分类目录,以及替代它们的国货的类似目录,被人们广泛传阅。一些院校的工业科系已开始着手让公众知晓,在不追加资金的情况下利用现有工厂生产日本商品的秘密。一旦绘制出商品图样,人们就把它们带到小小的工厂作坊和已予讲解的制造流程中去。接着,为了打开市场,其他学生便携带着这些产品,一边沿街叫卖,一边就政治形势进行训斥、劝告和解释。随着假期的到来,这些学生将奔赴全国各地售卖国货,并一再地说啊、说啊、说啊……

同时，政府也没有闲着。政治性演说已遭禁止，学生集会被强令解散，全国各地有大批学生被殴打致伤，一些人失去了性命。不难想见，将来会开追悼会向这些爱国志士表达敬意，甚而设立圣坛缅怀他们的功绩。北京政府采取了严厉的措施。在所颁的训令中，学生们受到谴责，被责令返归学业，他们的团体被迫解散，并被停止对不属于他们分内之事的政治进行干预，以免遭到关闭学校的惩罚；称赞已被公众指名道姓视之为卖国贼的那些人物；对抵制日货发出警告；并大体认为外交事务应让政府来管。与此同时，据说北京已有数百名学生被捕。中国还有他国的军国主义分子昏昧无知，他们竟以为这样一来就可以制止学生们闹事。然而，第二天到街头演讲的学生数量成倍地增加，被逮捕的学生已超过一千人。学生们打算继续走上街头，直到所有人被关进监狱为止。女学生们排着队（其中有些人是砸破校门跑出来的），等候总统答应释放学生的要求；她们说，如果总统置之不理，就彻夜守在原地祈求公理。监狱已容纳不下众多关押的学生了。他们被拘进大学校舍，只供应少量的水和食物，四周是驻扎军队设置的警戒线。教员们联合起来，抗议这种军事占领；抗议把学堂当作监狱的丢脸行为；抗议对爱国学生的摧残；他们向外界发出大量的抗议电报。

事件的发生地正移向北京城外。这类新近发生的任意行为表明，运动正进入收尾阶段。上海的商人罢市，包括米店在内的店铺全部关门歇业；天津和南京的商人也加入了罢市的行列；北京和其他城市的商人也准备罢市。大量的证据显示，学生们实际上已成功地把商人争取到他们一边；他们不再孤立，而与商会缔结了一个攻守同盟，人们在谈论要进行罢市以反对纳税。政府突然间不怎么体面地屈服了下来。军队从大学校园撒出，学生被劝说出狱，他们予以拒绝，声称仍要待在牢里直至各地学生的自由演讲权利得到保证，直至政府向他们作出正式道歉。两天后，运动结束了。政府的代表按要求出面作了道歉；一道新颁布的训令说，国家已认识到，学生们是出于爱国的动机，如他们遵守法律，其行动就不应受到干扰。那三个被称为卖国贼的人的"辞呈"已被接受。无疑，各地商人的罢市，以及惧怕其进一步蔓延，是造成这种极不光彩的投降的驱动力。但是，学生们已试图到军队里去进行他们的宣传。曾有传闻说，军队不想再进行镇压了——尤其因为迟迟看不到这种镇压能得到什么回报。当学生们昂首走出他们自囚的监狱后，他们悲哀地获悉政府频繁更换看守，以至他们在各个监狱出出进进的速度还不及看守更换速度的一半。

原先对政府提出的是几项直截了当的要求,即必须释放因参与殴打事件而被拘捕的学生,并免遭起诉;被军阀集团如此憎恨的北大校长应恢复原职。正当政府准备答应第一项要求(至少从表面上看)时,所提的要求又大大增加了,即必须向巴黎和会的代表发出训示,除非保存山东,否则即应拒绝在和约上签字;必须将所有"卖国贼"免职;废除与日本达成的所有秘密协定;保障言论自由。除第一和第三项要求外,在一个月左右的时间里,学生运动赢得了它所有的要求;并且对第一项要求,政府承诺只要国际形势许可即当勉力去办;在接到大不列颠、法国和威尔逊总统准备签约的消息后,怀着日后再作计较的希望,政府含糊其词地作了让步。然而,没有证据表明学生们取得的一系列胜利只是骗骗人的。军阀集团仍然大权在握,三名被解职官员的位置可能由那些同为亲日派系的人来填补,从表面上看,一切好像跟过去没什么两样。政府以及外交事务方面都没有发生预期的变革,从而为这场持续的学生运动的全部价值给出理由。

但是,军阀派系的威信首次受到了沉重打击——而威信正是东方政治学的首要特征。消极的抵制最后肯定是失败了,但它变成了一场发展国内工业的建设性运动——这场运动仍处在初级但能够得到有效发展的阶段。那种独立于政府但最终能够控制政府的组织,已显示出其存在的可能性。很难对这一事实的意义作出评估,即这一新兴的运动是由学生团体发动的,对学者表示崇敬在中国已成为传统。在早先的日子里,对这一阶层保留的崇敬仍给予了知识分子。从西方的观点来看,这无异于是由迷信造成的崇敬。然而,学生们第一次在政治中竟然起着一种组织的作用。在目前的危机中,超越于他们在组织公共舆论时所说所写的东西的,是那种可在将来见到的经久不变的影响。这一运动的外在标识——除了叫卖国货兼及讲解爱国主义之外——现在已趋于消失。但是,全国的学生联合会已经成立,并拟定了将来的明确计划。如果不存在一种正向前推进的新的宪政运动,那么,人们尝试要做的事会令人大吃一惊,他们打算以抛开南北军阀势力的方式来谋取分离为南北两地的民众的统一。学生和商人的联合已被证明如此有效,很难认为它只能成为一种记忆。在某些城市,它已扩展成"四团体(工、商、学、报界)联合会"。人们正在努力把这个大规模的组织进一步推向全国。

或许外国的观察家们会把处于被动观望状态的中国觉醒,看作是这场运动最值得珍视的成果。锐利的打击使中国意识到无所依恃,必须展开自救。无论日本的报纸怎样进行猛烈的攻击,把这场运动说成是受外国人,特别是美国人唆使甚而金钱资助;其实,它完全是一场本土的运动,显示出开明的中国能够做些什么,将来又会做些什么。一段时间以来盛行的悲观主义似乎破产了。人们以行动来说话,以他们的所作所为来说话。也许现在发生的是一场源自中国本身的自救运动,较之革命以来任何时候曾有过的运动,它显得更为健康、更加有序。

即使这场运动不再会遇到什么事,它作为使中国真正得到治理——当它在被治理的时候——的一种方式的展示,也是值得观察和记录下来的。所有美国的孩子都会听人讲授那些源于中国的许多"现代"发明物。然而,他们不会被教导说中国发明了作为控制公共事务手段的抵制、总罢工和行会组织。在当今的其他文明国家里(俄国不在其列,因为它现在反对一切规则),不存在中国官方政府中那种如此蛮横无理的因素;但其他国家也不会像中国在过去五六个星期中所经历的那样,如此快捷而平和地成就了道德和理智的力量。这表述着中国长期存在的矛盾。但在过去,这种用以进行根本控制的道德力量只是为了抗议和造反才被组织起来。当危机过去,这些力量又会分解为它们的各种要素。如果现存的组织为了建设性目的持久而又耐心地运用这些力量,那么,1919 年的 5 月 4 日将是标志着新时代黎明的一天。这是一个开阔的"如果",但就中国的未来迄今为止一直有赖中国自己这一点而言,它现在正取决于这个"如果"。

(马迅　译)

# 学潮的结局*①

正如我所记录的,11月下旬在福州发生的中日冲突(几个中国学生在冲突中失去了生命,这是在其他国家的妥协退让下,日本海军在这个中国城市登陆的结果),激起了中国人的民族感情,这种感情在去年5月也曾被激起过。学生们再次进行公开的示威游行,并与中国商会联合起来,要求民众停止一切与日本之间的社会和经济往来,直到后者改变他们的做法。行将结束的抵制日货行动又重新开始了。他们要求政府宣布不与日本进行经济往来的政策,并对涉日进出口货物实行禁运,直到日本从根本上改变其方针。其结局无法预料。悲观主义者宣称,日本正在利用地理位置将福建直接纳入其势力范围——这是在《二十一条》②里已经反映出来的企图,只是被暂时搁置了。

严格来说,中国没有乐观主义者,但稍微乐观一点的人断言,在目前的状况下,由于山东问题还悬而未决,联盟③与满洲的关系尚在讨论中,还有敏感的西伯利亚问题这个烫手山芋,日本政府不会再想招惹更多的麻烦了——特别是整个世界的目光都在盯着它,美国参议院尤其如此。悲观主义者反驳说,恰恰是美国在中国日

---

\* 此文选自《杜威全集·中期著作》第12卷,第18—22页。
① 首次发表于《新共和》,第21期(1920年),第380—382页。
② 1915年1月18日,日本驻华公使日置益晋见袁世凯,递交了二十一条要求的文件,企图把中国的领土、政治、军事及财政等都置于日本的控制之下,并要求袁政府"绝对保密,尽速答复"。这些条款也称《中日二十一条》。——译者
③ 联盟(Consortium),美国竭力维护门户开放政策,从而导致1901年国际银行联盟的形成,并为中国的所有铁路提供贷款。后来,美国在1913年以中国政府管制权的完整性遭到破坏为由退出了联盟,它从而变成为其他国家对中国的各种资源进行操控的一个平台。——译者

益扩大的影响和特权,迫使日本军国主义采取侵略手段进行扩张,让世界不得不面对一个既成的事实;然后,日本将利用这种困境,要挟中国政府彻底制止抵制日货运动。日军一旦踏上了中国的领土,就再也不会撤回,而现在的福建正在步满洲和山东之后尘。

也许最为险恶的是来自东京的半官方报道:骚乱是中国蓄意发动的,是为了迫使日本派兵占领,从而增加整个世界现已存在的对日本的偏见。美国领事馆的官方报道赞同中方的说法,即手无寸铁的中国学生遭到了全副武装的日本人和台湾人的攻击,这从表面看来至少是在日本地方当局的纵容下进行的一场有计划、有组织的行动。根据以往的经验判断,首要目的不会是立即将福建省纳入日本,而是通过注入一股不可忽视的力量使对方"妥协",从而加强日本在其他争端中的掌控。这就是东方人的外交手段。正如我所记载的,在一段时间的沉寂以后,大约一万名北京学生的聚众游行,提供了一个很好的机会来盘点六个月的学生运动的成就。

作为一场历时短暂的政治运动,除了阻止中国签署和平条约之外,它并没有什么成果。回想起来,政治上相对失败的原因并不难弄清,但在去年五六月间那种激动和愤怒的情况下则很难认识到。学生的年轻和缺乏经验;对消除已经实施的措施的过分担心;在运动的发起地北京,担心政府官员(他们并不把运动看成是爱国的,反而把它视为会导致布尔什维克主义瘟疫般的骚乱)将会以游行为借口,取消作为自由思想中心的大学和高校;同商会继续保持有组织的合作的困难;危机过后,激情的自然消退;所有这些因素,一起造成了失败。

但是,如果认为学生运动就这样消亡了,那将是一个极大的错误。其积极的方面,从反对政治和军事大国的破坏转到了别的方面。它卷入了许多方面,现在正影响着中国的知识分子和工业界。在广州和福州,经济上抵制日货的运动仍然非常积极;在天津,政治运动还保留着其活力。除此以外,学生组织已经进入当前的教育、社会的慈善事业,并引起了知识分子的热烈讨论。中国人对政府的问题从来都是无动于衷的。学潮只在表面上标志着暂时的异常。令人绝望的政治混乱、官员腐败和各省军事首脑控制政局,足以让年轻人远离直接的政治。另外,一种共同的认知也在发挥着作用,即辛亥革命的相对不成功是由于这样的事实:政治变革超越了知识上和道德上的准备;这种政治革命是形式上的、外部的;在名义上的政府革命兑现之前,需要有理智的革命。中国人的爱国主义,集中表现在保卫自己的国家不受外国的侵略。参加学潮的学生们认为,最好是通过中国的国内建设来捍卫国家的存在，包括普及民主的教育，提高人民的生活水平，改善工业和消除贫困。

这场运动的外部表现，集中在创办那些学生支持并可以进行教学的新式学校，为儿童和成年人开办学校；大众演讲和进行直接的"社会服务"活动；与商店合作，提供技术咨询和专业援助，以改善旧的经营模式，引进新的技艺。这些活动使得知识分子的运动不再远离一切实际事务，远离政治，从而防止它成为文化和文学的附带品。

所谓的文学革命是在学潮爆发前进行的，其目的是对在书籍、杂志、报纸和公众讨论中使用的语言进行改革。外界的人会匆忙地断定，这意味着试图鼓励以表音的汉字替代表意的，其实根本不是这么回事。有一种运动是以音符补充形符来表达它的发音，其目的是使其发音非常规范，以便更容易读会它。但是，这个运动并没有像文学革命那样引起如此大的兴趣和激情，后者试图使口语成为标准的出版印刷语言。用于写作的中文是远离乡土气息的，就像拉丁语之于英语，也许程度还要深一些。两千年前就是如此，现在不过是经过修饰并固定了而已。要学会它，就等于是学会另一种语言。驱使改革者们进行改革的原因，除了掌握表意文字的困难之外，小学生们还被迫学习一门外语来获得教育，这使得实际上不可能真正普及教育。改革者们甚至更多是受这样一种信念驱动：除非口语，即群众语言被使用，否则不可能形成一种表现当今生活的文学。除了使用和丰富这种粗俗的语言，根本就不可能展开对当今的社会、道德和经济问题的普遍讨论。

幸运的是，这场新运动是"被其可爱的敌人所宣扬"的。古典文学家们看到了它对中国赖以建立的旧道德经典的致命打击。他们认为，中国的历史就是其文学经典的历史，它的统一建立在对它们所体现的道德传统的接受上。忽视传统就是毁灭中国。新运动笼统地将保守派和自由派合二为一，即将旧传统的代表和西方观念与民主制度的代表合二为一。年轻的中国团结得像一个人一样，支持文学革命。然而，据说两年前还只有一两家杂志在尝试性地使用通俗语言，今天却已超过了300家。自去年5月以来，学生们已经创办了几十种刊物，都使用口语和普通人能看懂的文字讨论事情。在北京一家资格较老的中文日报专栏里，近来刊登了由一群义务通讯员写的、关于在口头演讲中自由使用单个小品词的讨论，这一讨论已达洋洋数万言。

那些知道从文言文到白话文的转变对于从中世纪过渡到现代欧洲的转换意味着什么的人，不会小瞧这个体现在语言符号上的社会变革。它比颁布新宪法还重要得多。中国的保守主义既非本土的,也非自然出现的。它主要是一个呆板的、死记硬背的教育体制的产物。这种教育植根于用一种僵死的语言作为教学手段。10月份举行的一次全国教育工作会议最后通过了一项决议,赞成从那以后的所有教科书都要用口语来编写。这种做法经过一代人的遵循之后,那些明智的历史学家可能会把它看作是一次比满清王朝覆灭更加重要的事件。

根据出版了的摘要来说,那些新杂志上最重要的是一些社会问题。集中讨论经济和劳工问题有力地证明了新发现的世界的统一,这种现象在中国本土还没有以突出的形式存在。尽管马克思的理论并不比柏拉图的理论更切合中国当前的工业形势,但它还是被翻译过来并受到了广泛的讨论。所有的新"主义"都被论说到了。理想的无政府主义拥有众多的追随者,部分是因为中国人在历史上一向轻视政府,部分是受到在巴黎接触到共产主义思想的留法归国学生的影响。一个大约对50种学生报纸做过仔细研究的朋友说,这些学生们的特点,首先是问题很多,其次是要求完全的言论自由,以便可以找到那些问题的答案。

在一个一贯相信权威式的教条并且自鸣得意的国度里,怀疑的流行预示着一个新时代的到来。西方人难以意识到,东方对西方的兴趣只在于欧洲和美国的物质进步,在于工业机器和战争武器的方面;而在其他方面,没有人认为西方更具有优势。只是在最近的一两年里,人们才普遍地认识到,西方的观念和思维模式比西方的战舰和蒸汽机更加重要。这种信念集中体现在学生运动中的理智那一面,不过,它对西方观念并没有产生任何巨大的热情,而只是期望那样的知识将有助于讨论和批判典型的中国教条和制度。众多事件中的一个就足以说明,对思想和言论自由的要求具有一定的现实的指向。中国承袭了日本从德国借鉴来的集会法。一个论坛俱乐部向北京警察当局申请许可证,说它成立的目的是去思考当今世界新的思想潮流。然而,当局拒绝发放许可证,理由是较新的潮流必然意味着布尔什维克主义、无政府主义和共产主义,而思考这些话题是危险的。

情况总是这样,官方的反对会激起思想的运动。内外夹击的恐怖专制氛围使人忍无可忍,燃起了人们对新思想的渴望。对西方国家自由思想的渴望越来越强烈,如同东京和北京即将到手的权力似乎象征着一个对这个世界而言已经过时的理智信条一样。所谓的政治革命越是显得失败,对知识革命的要求就越积极,后者将使一些未来的政治革命成为现实。随着时间的流逝,学潮中最引人注目的是它的自发性。学生们遇到了来自各方面的挫折,甚至留美归国学生中的老师和顾问也开始倾向于打消他们的热情。它的自发性证明了其真正不可避免的性质。当大多数政治都表现为公开表达的时候,它不属于一种政治运动,而是体现了一种新的意识、一种年轻人和年轻妇女们在文化上的觉醒,这些人通过他们的学业被唤起了对一种新的信念秩序、新的思维方法的需要。无论该运动的外在形式怎么改变或趋于崩溃,其实际内容都是会继续下去的。

(马荣　郑国玉　译　马荣　校订　刘放桐　审定)

# 中国政治中的新催化剂*①

对于研究政治与社会发展的学者来说,中国的现状就是一幅最令人兴奋的智力图景(intellectual situation)。学者已经在书本上读到了对中国在法律上与有序的管理制度上的缓慢进展所作的解释,而在现实的中国,他会找到曾在书本上所读到的东西。我们会想当然地认为,政府的存在是为了实现人与人之间的正义和保护个人的权利。我们依靠规范有序的法律与司法程序以解决争端,就像我们认为我们呼吸的空气是理所当然的一样。但是,在中国,生活却是在没有这样的支撑与保障的情况下现实地进行着的;而在人们的日常生活中,仍然是和平与秩序占据主流。

如果你阅读有关中国的书籍,你会发现,中国人常常被说成是"世界上最遵纪守法的人民"。旅行者常常因为受到这个事实的迷惑而忽视了再去斟酌它,所以,他不会注意到,这个"遵纪守法"通常表现在对我们在西方与法律相关联的所有事物的蔑视上;他也不会注意到,中国人的"遵纪守法"没有法庭,没有法律,没有司法的形式和官员;事实上,中国人经常做西方(人)认为目无法纪的事情——私设公堂。在许多事情上,被认为违反了真正的法律——起控制作用的习俗——的人,恰恰是向"法律"(即政府机构与官员)求助的人。近代历史上的一些事件,可以证明这一点。

---

\* 此文选自《杜威全集·中期著作》第12卷,第33—40页。
① 首次发表于《亚洲》(*Asia*),第20卷(1920年),第267—272页。后来以"中国的司法与法律"(Justice and Law in China)为题,再次发表于约瑟夫·拉特纳编,《人物与事件》,1929年,第2卷,第244—254页。

去年5月,北京大学①的学生掀起了一场有组织的运动,最后驱赶了几位亲日的内阁成员,并强迫他们拒绝在和平条约上签字。这场运动一开始是游行,游行队伍经过一名被普遍指责为"卖国贼"的、令人讨厌的官员的家门口。在中文里,"卖国贼"这个词就是指出卖自己国家的贼(thief-who-sells-his-country)。站岗警察在不经意中打开了通往四合院的大门,带头的学生把这视为是一种暗示或邀请,于是冲了进去,在随后的混乱中,那个引发事端的官员被打成重伤,他的房屋也被点火烧了。

这个事件如今已成为历史。但还不为人所知的是,公众舆论最终迫使政府将被捕学生释放。对学生们进行犯罪审问与判刑,将会导致政府不敢面对的严重后果。几所学校的校长作保,担保学生不再从事进一步的动乱活动,于是,学生们被释放了,但名义上还要受到法庭以后的召讯。然而,到了秋季,政府似乎缓过神来,要求学校交出学生,并对他们进行审判,他们(学生们)的行为被认为破坏了约定。在学校回复说学生们还没有返回各自的学校后,事情最后不了了之。人们的普遍感觉是:召唤审判并不是官员们的真实意图,而只是由于某些报复心重的人的施压所致。

在西方人的眼里,由于习惯于规范的听证和审判,上面这套办法看起来就是非法的了。然而在中国,公众的道德感会因为一个完全按照法律进行的处理而受到震撼。在西方法律中构成重罪的事情,在中国却常常只是一个德性问题。这个事件还证明,团结一致和责任的原则在中国人的意识中占据了多么大的分量。学生们所隶属的学校承担着他们未来行为的责任,并对他们行为的正当性作出担保。

北京的学生们既是运动的发起者,也是运动的主要宣传者。军阀反动派们非常想诋毁他们。于是,有一些现在的学生,还有一些过去的学生,以及想要进入大学的人,一起有计划地组织了一次会议。会议准备了一些决议,宣称整个运动是一些聒噪的、自以为是的学生因为担心,通过胁迫一些软弱的跟随者而鼓动起来的;决议还以代表一千名学生的名义宣称,真正的学生团体是反对整个骚乱的。自由派学生听到了这个会议的风声,一拥而入,挟持了这些持不同意见者,从他们身上搜到一份由反动集团召集而写好的会议书面申明,然后将他们关起来以作为惩罚。当这些被扣留的人被警察解救出来后,保证书就被撕毁了,而闯入的自由派学生的

---

① 原文为"Peking Goverment University",应当是北京大学。——译者

头目们却被逮捕起来。这个行动引起了巨大的愤怒,它被认为是极其不光明正大的——不遵守游戏规则。一位留学归国的教育界领袖告诉我说,官员们不必介入这样一件仅仅是学生们自己的事情。

然而,这看起来缺乏公共法律,明显缺乏的是在和平有序的程序中对公共利益的关怀;但这并不意味着,公众意见将支持任何个人去矫正他自己的错误。它意味着,重大的困难是发生在群体之间的,所以要由他们以及他们自己的发起者一起来解决。

不难设想,关于这些行动的报告可能在俱乐部和编辑室里激起对法律缺失的谴责。然而,它们在此既与谴责无关,也与赞成无关。这样的行为是相当普遍的,它们表明,在西方被理所当然地认为是整个法律和司法的基础,在中国却还处于初步阶段。就像我们在这样的插曲中所看到的,法律与正义并不是受到了刻意的挑战,而仅仅是一个解决争端的传统方法的重演。该事件也还是有教育意义的,因为它揭示了其背后的原因:对政府没有信心,对国家官员的诚实、公正或者理智不信任。家庭、村庄、党团、行会——每一个组织团体——与其说对官僚集团的智慧有信心,不如说他们对与其反对集团达成某种合理的和解的意愿更有信心。

下面的事件表明了对政府缺乏信心的一个原因。北京的一份新自由周刊曾经是反动官僚眼里的一根刺,这并不因为它是一份政治性的杂志;而是因为,它是一个倡导自由讨论的机构。该周刊把令反对派害怕的大学里的知识分子联络起来,而且作为一种模式,在全国推广开来。上海的宪兵队就曾向南京的省军政府长官抱怨说,这份周刊在制造不安定。布尔什维克主义在中国已经变成一个批判当局的技术性名词了,就像其他任何地方一样。军事长官把这个声明传达给北京的国防部长(Minister of War),国防部长又报告给其同事、司法部长,后者再传达给当地警察局。于是,警察局查封了周刊和周刊办公室。

让我们来注意一下这个官方的杰克建造的房子①,还有在任何地方以任何方式界定责任以保护司法矫正的影响之不可能性。模糊性、重叠的职权,以及随后对责任的逃避与转嫁,都是流传下来的典型的政府管制方法。当然,在该事件的背后隐藏着这样一个事实:在中国,治理在很大程度上仍然是个人的——是一件依赖于布告、训令、政令之类的事情,而不是公共的或者法律条例的事情。如果说我们在

---

① *House That Jack Built*,这是一首流行的英国儿童歌谣,意思是做重复的事情。——译者

西方有时要忍受把行政从立法与司法权力分离出来的某种极端情形所带来的痛苦,那么,对东方的方法稍稍进行研究,就会揭示出需要那种分离的条件。例如,几天前,北京内阁的司法部长签发了一道法令,要求所有印刷品,不管是什么,在出版之前都必须交到警察局进行审查。奇怪的是,这没有引发危机,无论是政治的还是军事的危机,也没有相应的立法启动行为。这种做法满足了部长个人的愿望及其派系的计划。命令被温和地接受了。有评论说,它将会在北京得到遵守,因为政府控制着北京警察局,但是没有人留心它在中国其他地方的执行情况如何。要知道,在许多情况下,共和国的政令不出首都城墙。

已经反复指出,中国人的生存和重建的紧迫问题都是由于这样一个事实:在过去曾经运作得很好的一些方法现在却受到了激烈的挑战,这个挑战来源于将中国与世界其他部分连接起来的各种变化。中国面临着一个几乎在每个方面都以与其不同的方式组织起来的世界,例如,一个即使在其司法忽视实质内容时也仍会重视形式的世界,在这个世界中,政府的行动提供了矫正错误、保护权利的源泉与标准。而中国的习惯作法,虽然在自己的事务中极大地促进了中国人对法律的遵守,但是,当纳入外交关系时,从外面看就显得完全缺乏法律依据了。

实际上,中国与所有外国的关系就是这样。日本最靠近中国,与中国有最多的、各种各样的接触,因而抱怨也最多。它借鉴并改进了其他国家的技巧,把这些摩擦原因变成了要求让步和侵犯的基础,直至引起中国持续的困扰和日益增长的怨恨。例如,在强行抵制日货时,中国的学生联合会频繁地主动参与,他们袭击销售日货的商店,拿出存货并烧毁它们。当这些事情在日本得到报道时,没有人细心地关注这些货物终归是中国商人的财产,而且日本人并没有被干涉。

但是,日本政府却成功而巧妙地利用了一系列这样的事件。它通过新闻媒体在广大的日本民众中培植了这样一种信念,即中国人是目无法纪、不负责任的,在所有与日本人相关的事情中都是好斗而傲慢的;与他们的挑衅相比,日本人却总是保持了极大的忍耐。所以,帝国政府暗地里积累了为支持侵略政策所必需的公众舆论。例如,认为中国处于普遍无法无天状态的感觉就被用来作为占有山东的一个理由。

事情由于大范围的省级自治而进一步复杂化。在历史上,它们曾经是公侯国(principalities)而不是省。一位阅历丰富的英国居民在满清王朝倾覆前夕说:"中国有十八个省,每个都是一个独立完整的国家。每个省都有自己的陆军与海军、自己的税收系统,以及自己的社会习俗。只有在关系到盐业和海军的事情上,各省才不得不相互让步,受制于帝国的一点控制。"尽管名义上有所不同,今天的情况并没有什么根本的变化。铁路和电讯带来了更大的统一;但是,另一方面,每个省的军政体系在某些方面实际上显示了越来越强的州省权力。

在过去几个月里,反复流传着割让东三省、南方省份以及长江流域省份的谣言。这些谣言,譬如,当事情不顺其意时,这里或那里的省级地方长官就威胁要退出,这在极大程度上是政治的声望与权力上的游戏的一部分。但是,我们在美国知道,一个州作为联邦的一个部分,其独立行动是会使外交关系复杂化的。假如地方有更大的独立性,而中央政府弱小,我们容易看到,将会有很多外交争端兴起从而成为侵略政策的借口。

而且,对于一个肆无忌惮的外国列强来说,与省级官吏和政客私通交易,让其出卖民族国家利益,这具有持续的诱惑力。中国的近代史,在很大程度上就是一部外国干涉的历史。它自然地使得本来就分裂、混乱而虚弱的中央政府变得更加糟糕。不管是否公正,中国人相信,日本军国主义蓄意煽动了使中国分裂的每一场运动。我在写这些时,正流传着在日本支持下企图恢复君主政体的传闻。

忽视在涉外法权问题上的法律程序与司法形式,其后果是严重的。目前,如果中国与外强之间的商业以及其他关系要保持下去的话,那么,某种治外法权就是必需的;而且,这涉及"租界"的存在。然而,它们的存在对民族自尊是一种侮辱;留学回国的学生们带回了"主权"一词及其观念,没有任何其他词语比这个更合适。

不过,现存体系对于中国人自己却具有当下的优势。上海与天津的租界(concessions),现在处于外国法权之下;但是,对于中国自由派和政治不满者来说,却是名副其实的避难之地。现在,随着反动的司法部对新闻报纸的审查和压制的增加,报刊明显地呈现出这样一种趋势:形成在名义上由外资拥有的公司,用外国人的执照来获得法律保护。中国进步事业的机构纷纷跑到了租界。当下,如果没有中国元素,这些报刊就只是一些空壳。据说,在上海租界(the International Settlement),90%的人口是中国人,由他们支付了80%的税收。如谚语所说,良莠总是掺杂难分的。腐败的官员把他们的资金存放在外国银行里,以保护他们的财产不被没收充公。当你从天津租界走过时,就可以指出许多省府官员的房子;他们深思熟虑地规划了一块安全的地方,以防迟早会到来的、不可避免的愤怒浪潮。

有一位中国朋友对我说,那些中国人下一步的爱国运动将是从外国租界大规模地撤离。除了对国外不动产进行投资的人之外,从这个事情的发生中还是可以看到有趣的东西。租界将成为一具空壳；租界里所维持的外国的利益将在这个偶发事件中完全消失，假如还存在其他维持领事权方法的话。

我不愿给人以法律状况什么也改变不了的印象。恰恰相反，有一个法典编纂局是由一个中国学者担任主席，其关于欧洲法律某些方面的著作是外国法律学校的标准教材。现代体系正在建立起来，而且正在努力保护受过良好训练的法官，并改革和规范司法程序。对废除涉外法权的渴望，加速了这个变化。但是，引进形式上的变化是一回事，而改变人民的习俗则是另一回事。在调节社会和商业争端的过程中，蔑视政治和忽视政府司法权的行为观念还相当顽固。

中国是否会像西方国家已经做到的那样，完全服从于法律和形式主义，这是值得怀疑的；然而，这可能是中国对世界的一个贡献。例如，即使在开明先进的人们中间，也很少有人会喜欢一个在立法和政治决策上纯粹间接的和代议制的体系。在过去几个月里，公众舆论反复参与了一些事情，并通过公开集会和通告，对政府在外交事务中的政策施加压力。个人的感觉与公众意愿的当下影响是必需的。与西方相比，自行决定的范围总比固定形式的范围大。西方的法律主义在这里将会失效。伴随着平民普遍对政治事务的冷漠，对于处理大多数人感兴趣的问题，而无需政治形式中介的参与，他们有着非凡的心理准备。

现有的国民参众两院里的自由派，不是装模作样地参加会议，通过讨论和投票来施加影响。他们是向国家提出直接的诉求，而这实际上意味着诉求于各种各样的地方组织：直达学者与学生的省教育联合会、工商行会、商业会所（其权力比我们国家类似的机构大得多）、自愿联合会，以及其他的，诸如宗教之类的社团。

在将来的演化中，中国完全有可能远离西方宪政和代议模式而产生出这样一个体系，即把通过地方团体组织和行会直接体现出来的民众意志和大范围的行政官员的个人处置结合起来——只要后者能提供广泛的、令人满意的结果。通过法令、命令和随意抓捕与囚禁手段的个人式统治将会倒塌，将被这样的个人管理所取代，像已经存在于铁路、邮政、海关、盐务等行政部门的那样；在那里，要做的建设性工作是提供标准与检验，而非形式性的法律。

粗略地说，拜访中国的人，可能发现自己处于三个连续的阶段之中。第一个阶段是对各种不规范性、无能和腐败的不耐烦，而要求进行一些立即的和彻底的改革。再待长一点，他会接受许多令人讨厌的事情的深层根源，对"进化"与"发展"这些词语的涵义有一种新的体会。许多外国人就处在这个阶段中，在爱好自然的和缓慢的进化的掩护之下,他们变得反对所有事情的任何发展;他们甚至反对公共教育的推广,说它将剥夺中国人传统的易于满足、耐心和温顺勤奋,让他们变得不安、不顺从。他们在每一件事情上,都会指出伴随着发展的不同的阶段而来的恶。譬如,他们全力反对每一个把妇女从奴性状态下解放出来的运动。他们夸大某些妇女在家务中的尊严与权力,并详细描述在旧的法规和西方国家现存的法律都不适用的时候,放松当前的禁忌将会产生的恶。许多西方商人对传教士引进新观念的努力效果感到悲哀。但是,当他既不期望立刻的、彻底的变化,也不吹毛求疵于把现实与理想化的传统相比而来的恶时,就会脱离第二阶段。透过表象,他会看到理智重新觉醒的征兆,感到尽管现在追求新生活的努力是分散的,但它们如此众多、如此真切,它们将来会聚集、联合起来;他会发现,自己开始同情起青年中国(Young China)了。因为青年中国经过了乐观主义的状态,经历了对全面改革的信念,经过了一个迷茫而悲观的阶段。现在处于第三阶段,它在教育、工业和社会重组战线上开始了建设性的努力。

在政治上,青年中国的目标在于建立法治政府体制。它在思考如何消除个人式管理中的独裁、腐败和无能。但是,它认识到,政治发展主要是间接的;它的到来是科学、工业和商业发展的结果,以及由此而产生的新型人类关系和责任的结果;它还认识到,政治发展来源于教育、对人民的启蒙,来源于一个现代国家的行政管理所必需的、在知识和技术上的专门训练。

一个人见识越多,他就越相信,当前中国政坛上许多邪恶的东西都是纯粹无知的结果;他会认识到,现代国家各种各样精致的东西都依赖于知识和心智习惯,而它们是慢慢成长起来的,这是一个自然而然的过程。中国现在才刚刚开始学到这个经验与知识。旧式官员生长在古老的传统中,而新的官员完全不是在传统中生长起来的,那些竭力使自己在一个政治分裂时期进入权力中心的人们,将会逐步翻过这一页。目前,在古老传统中生活的学者,不是懒散就是犹豫不定;他们大多变成了军阀行伍或者强盗出身的强权人物的附庸。这些强权人物没有受过教育,大多不知道法律,而只知道自己的嗜好。他们既缺乏普通教育,也缺乏管理当代国家复杂事务的教育。

但是,在这个国家的学校里,在这次学生运动中,现在培育出了政治上的自我意识。这将是开创一个崭新的未来政治的力量。

(刘华初　马荣　译　马荣　校订　刘放桐　审定)

# 我们正目击一个国家的诞生*

我们正好看到几百名女学生从美国教会学校出发去求见大总统,要求他释放那些因在街上演讲而入狱的男学生。要说我们在中国的日子过得既兴奋又多彩的确是相当公平,我们正目击一个国家的诞生,但通常一个新国家的诞生并不是一件简单的事。我总在每件事刚有一个眉目时就马上写信给你,告诉你事情的经过,但一切都变化得如此之快,使我几乎无法赶上。昨天我们去参观西山的古庙,由教育部的一位官员带领。当车经城边大街时,我们看到学生正在对一群群的人演讲,这还是头一次学生连续几天不断地举行活动。我们问这位教育部官员这些学生是否也会被抓起来,他说:"不会,如果他们遵守法律,而且不在群众之间引起麻烦的话,他们是不会被逮捕的。"早上我们摊开报纸,上面对这件事也一无记载。最糟的是大学已经变成了监狱,而许多军队围着它搭起了帐篷,外面还张贴一张公告,说明这就是演讲妨碍和平的学生的囚禁之地。这是不合法的,等于用军队查封一所大学,而后其他的团体就非对政府让步不可。今天下午他们要召开一次会议,等会议结束,我们就可知道下一步将有什么事发生了。我们听到的另一个消息是除了两百名学生被关在法学大楼外,另有两名学生被带进了警察局,背上还挨了鞭子。这两个学生曾发表一篇演讲而后就被逮捕,并且会被送去宪兵队。他们在那里不但不肯照命令闭口不响,反而理直气壮地质问了宪兵一些问题,而这些问题都是难于作答的,于是宪兵官员就鞭打了他们一顿。不过到目前为止,还没有人能见到这些官员

---

\* 此文选自杜威夫妇:《中国书简》,王运如译,台北:地平线出版社,1970年版,第33—34页。标题系编者加。此信写于1919年6月1日。

中的任何一人。假使这些人否认这项控诉，记者们就可要求见见这两名"犯人"，道义上说这些官员没有拒绝的理由，除非外面的传言是真实的。今天早上我们所见到的那群演讲的学生，听说后来全都被捕了，而他们的口袋里早已带好了牙刷和毛巾。有的传言则说事实上不只两百人被捕，而是一千多人，只北平一地就有十万人罢课，方才出发的那些女孩子显然是受了她们老师的鼓励，许多母亲都在那里看着她们走过。这些女孩子们将步行至总统官邸，离学校有一段相当远的路程。如果大总统不答应去看那些被囚禁的学生，她们就将整晚站在官邸外面，直到他答应为止。我想一定会有许多人送食物去。我们听说被囚禁的学生今晨四点才睡觉，但至此还没有任何食物进口。大楼里只有水供应，他们就睡在地板上。当然他们要比在真正的监狱里干净得多，而且大家在一起，心理上也更加显得愉快。

（王运如　译）

# 有些地方他们却比我们更加民主[*]

如前所述的:"谁也无法预测未来的事。"学生们由于被命令解散他们的学生会议,以及被命令要批评抵制日货运动这两件事而整个被激动起来了,同时他们也因为两所学校的工业部门被警方勒令关闭而感到愤怒。这两部门的学生未借用资本即着手注意日本的进货中有哪些可以自己的手工业代替的,当他们试验成功后,就径自去商店教那些商人如何做,然后销售它们并发表演讲。昨天我们出去时,注意到演讲的学生比平时更多,而街上满是军队,学生们却未曾受到干扰;下午甚至有一队近千人的学生行列被警方护送而行。晚上大学内来了个电话说驻扎在校外的军营遭到攻击,现在已全部撤离了。而后被拘禁在学校的学生举行了一次会议,决定质问政府是否承认他们的言论自由,如果不保证他们此项自由,则他们的被释放只不过是预备下次再被抓进来而已,因为他们计划继续他们的演讲活动。如此他们又自愿地在"狱中"停留了一夜来迫使政府同意他们的决策。今天我们还没听说有什么事发生,但是街上已没有军队,并且无论到哪儿都看不到学生演讲,所以我猜想这只是一种暂时的休战状态,而彼此都在安排着下一步的棋该走什么。政府方面可耻的退让的部分原因是由于拘禁学生的地方已经快要人满为患了。而当前天抓了一千人之后,昨天似又增加了近两倍的人出来演讲,所以政府第一次承认他们对学生的吓阻不能产生作用;另一方面则由于上海的商人前天举行罢工,而据说北平的商人也为同一目的组织了起来。这真是个不可思议的国家;她现在被称为

---

[*] 此文选自杜威夫妇:《中国书简》,王运如译,台北:地平线出版社,1970年版,第42—44页。标题系编者加。此信写于1919年6月5日。

共和国实在是一个大笑话;至目前为止她给人的印象只不过是一个假公济私的营利集团代替了古老的帝国罢了,而这个集团无论在治理或刧夺上都是由军阀掌握实权。这些军阀中一位很热门的将军,最近几个月来经常邀约他的死敌共进早餐,然后就将他的贵宾绑靠在墙上枪毙解决。像这种事会影响他的地位吗?而他的势力却依然故我地稳定不动。但有些地方他们却比我们更加民主;丢开妇女问题不算,社会上的确可说是完全平等,而即使立法机构一塌糊涂,但目前这时候舆论却有它显著的影响力。有些人认为最坏的官吏将会自动辞职,另一些人则认为军阀自知必倒,可能觉得不如就此霸占更多的权益。幸好,后面这种势力如今已经四分五裂了。但所有的学生(以及教员)都担心的一点是:即使目前的这一群被赶走了,另一群更坏的会代替他们上台,所以他们一直抑制着不去向军队请求帮助。

过后——学生们要求警方首脑亲自来护送他们出去并且要求警方道歉,从很多方面来看,这真有点像一幕闹剧,但无疑的,至今为止他们的确比政府显得更精明机智而又有政治头脑,并使得后者的一切所为,无可避免地在中国历史上成为笑柄。但政府也并不就此偃旗息鼓;他们另外指定了一位新的教育部长和一位大学校长,都是相当有名望的人,没有不好的纪录,也没有任何政治色彩的特征。看来学生们会谢绝这位新校长的出任,除非他能发表一篇令人满意的就职宣言——但显然他做不到这点,这样一来激烈的争论又将无止境地展开,学生会议也势必牵连在内。如果政府有这份魄力,它可以解散这所大学,但学者的地位与声誉在中国却是崇高而不容侵犯的。

(王运如 译)

# 我们看到了中国活生生的一页史实[*]

目前学生是赢了一着并已得逞了,星期天上午我正在教育部大会堂演讲,当时那里的官员尚不知发生了什么事。但政府派了一位所谓的和平特派员去向那些自我监禁的学生说政府承认错误,并愿向他们道歉。结果学生们以一种胜利者的神态冲了出去,昨天他们的街头演讲比以往规模更大也更热烈。前天他们曾向四位非正式的特派员嘲骂,因为他们要求那些学生离开监房却并未向他们道歉。而学生们最大的胜利是政府今天发布了一道命令,开革那三个被称为"卖国贼"的人——昨天已先开革了一个,那人的住宅曾在五月四日那天被学生攻击,但他们曾告诉他那种攻击并不足以展示对他的惩罚,所以才会有现在的开革事件,赢得了这头一遭是否会使那些罢工的商人满意,抑或他们还有进一步的要求,至今还没有任何动静,当然也有很多流言。其中之一是政府这种退让并不全因为商人的罢工,主要的原因还是由于军队已不足依重。甚至有流言说西山方面有队同情学生的军人正向北京开发。流言也是中国有效的战术之一。虽然你也许以为我们来此还不到六个星期,时间很短,但你不得不承认我们在此的的确确看到了中国活生生的一页史实。一个国家之所以被认为不景气及不求改进,其中必然是有原因的。

威尔逊的先烈纪念日演讲已经发表了;可能它在国内听起来只有一种空虚的学术性性质,但至少在远隔重洋的中国它被认为是非常实际的——事实上可说是一种非常明显的威胁。另一方面,我们仍常可听到类似的谣传,说华盛顿的国务院

---

[*] 此文选自杜威夫妇:《中国书简》,王运如译,台北:地平线出版社,1970年版,第47—48页。标题系编者加。此信写于1919年6月10日。

是如何的拒绝这边送去的真实报导。最近他们又派了很多特殊的密探到那边去,想探得些真实的消息。

谈论到美国的民主发展时,只要我讲到类似的"美国人民并不依靠政府来为他们做事,而是自己抢着为自己的事务而努力"这种问题时,他们的反应总是敏捷又热切的。中国人一般说来都有民主的意识,但他们那个中央集权的政府却对这点十分厌烦,也十分戒惧。

(王运如 译)

# 中国真正的觉醒*

今早我们到高等师范学校去，出来接待我们的是工科部的主持人，可说身兼向导与主人了。他的学生今夏曾建盖了三幢新校舍——无论是筹划、细部设计，装配监工以及所有的木工部分全都是学生亲自动手。这位主持人由于学生们的鼓舞已组织了一个"国家工厂"，目前他又要试办一所艺徒学校，他的理想是每个工厂都可从学校里找到最好的艺徒。他们每天有两小时用来学习新方法及观摩新成品，然后将此用到工作上去。他们也做些金属工作，并希望渐渐将之普及到全中国。你简直无法想象此地工业落后的情形，别说赶不上我们，就连与日本也无法比较，结果他们的市场充斥了便宜而易损的日本货，可能日本在山东的利益足以抵回这种价格的低廉。棉业公会非常热切于和学校合作，只要他们能供应工人，尤其是监工人才，他们的产品将足够供应整个首都的需要。目前他们卖出价值四百万的棉花给日本，等日本纺好之后，他们再买回的棉纱却值四千万，这还是把其他大宗的进口棉织品除外的数目。

我发现过去的十年中外来游客对中国的觉醒已吹嘘过不下十次了，但我认为这回我所说的该是中国真正的觉醒，因为目前还是头一回，商人与公会真正着手来尝试改善工业方法。在这样的情形下，我所说的就不只是嚷嚷而已了。每隔几天我就要看看日本方面的译报，这样我就可知道日本的态度究竟有几分真诚或几分虚诈了，这也确乎有趣。事实上他们可能就如报章所写的，根本不知如何判断中国

---

* 此文选自杜威夫妇：《中国书简》，王运如译，台北：地平线出版社，1970年版，第62—64页。标题系编者加。

人的心理。但他们却强调在所有的外国人中,中国人只有对日本人才是真心喜欢的;因为他们认为中国在各方面必须依赖他们,而如果中国人不肯与他们协力合作的话,起因都在于那些外国人——尤其是中国人以政治的动机与图利的目的教唆而致。我真怀疑历史是否能记载这么许多国际间的不和与猜疑;而事实上是日本从不放过任何一个可以向中国挑拨离间的机会。

当我们看完学校的每一部门后,我发现我犯了一项错误。学生们其实只为这三幢校舍做了筹划,并为装配工作监工,但并未实际动手去做。不过新教室的所有桌椅,却是那些木工班的学生一个暑假的成绩。学校和他们订好契约,供给每月五块钱的膳宿,他们则付出时间。所有做金属工的孩子则留在北京店里工作,以期对各种不同的产品加以改良。记住他们都是些十八岁至二十岁的孩子,却已经在为自己的国家宣传尽力了;这个暑假平均有一百个人默默地在北京最不显眼的地方卖力,而你不得不承认他们确实是做出了许多好货色。

下午我们去欣赏了一个庆祝会,并非纯然为七月四日而举行的,但我仍觉得中国魔术相当有趣。其中没有一样是很复杂的,但他们技法的干净利落也确是我前所未见的。晚上还有一个露天音乐会,但因下雨了,所以我们没有参加。

你无法想象未签署《巴黎和约》对中国有多重大的意义,这可说是属于公众舆论的胜利,也可说归功于这些男女学生的推动,当中国能独力做到这类的事情时,美国实在应该感到羞愧。

(王运如 译)

# 第三部分 中国的危机与出路

# 中国的军国主义*①

"和平会议上协约国作出的保证日本权利的决定,其结果是增强了军国主义政党对中国政府的控制,也使这个黩武主义的邻国加强了对中国决策权的控制。"我们可以在中国各种自由派报纸上一而再再而三地读到这类用词上稍显变化的字句。一个美国人对此会感到震惊,他已知晓中国与和平主义根深蒂固的关联;并且,他在罗斯福先生的影响下,相信中国化即等于因循苟安的和平主义。中国是一个军国主义国家吗?这不可能!

在此可引用一些统计资料。据最低估算,目前中国政府维持着一支130万人的军队。中国并不实行征兵制,这是一支被雇用的、常备的职业化军队。中国没有派兵去欧洲,也没有训练一支部队准备派去那里。最让人能够闻到战场硝烟味的,是俄国溃败后鼓吹对西伯利亚进行干涉的宣传。如今,中国的内战也是有名无实,不管怎样,极大部分士兵从不会去打仗。于是,从它的常备军队的规模这一点上看,中国没有被"中国化"。

中国的预算同样告知了这一点。中央政府去年为常列军事项目开支了2.1亿元,为"特列"项目开支了3000多万元。百分比更能说明问题,这一数字要占全年政府开支的50%。由于国家的总收入除贷款外,只有3.7亿元,这意味着国家总收入的65%花到了军队身上。还可用另一种方法来计算,扣掉这笔开支中为国家

---

\* 此文选自《杜威全集·中期著作》第11卷,第167—171页。
① 首次发表于《新共和》,第20期(1919年),第167—169页。文章注明的发出地点和日期是北京,7月28日。1919年10月14日出版的《北京的领导人》(Peking Leader)一书亦收入此文。

债务支付的利息,中国用于军事目的的花费差不多是所有其他目的花费总和的 2 倍,是中央政府用于学校教育方面支出的 50 倍,是中央政府和所有省份用于公共教育方面支出的 6 倍。另外,现今中国在民国八年这一年花在军队上的钱,是清王朝末年花费的 2 倍以上。这些事实并没有证明人们过分沉溺于和平主义。

然而,与证明巨大的军事开支一事相比,还要对所称的政府的军国主义性质作一证明,因为这一术语总体上含有使国民的政治事务服从军事控制的意思。这件事不能用统计数字来证明,但甚至比本文开头所引句子中谈到的军队的规模和花费还重要。这种军国主义可溯自民国初期,特别是溯自袁世凯的野心。很难说这是一种巧合,即目前中国的政治领导人正是那位企图把革命果实化为一个新帝制朝代的家族财产的"强人"的旧部和门生,但它的现有形式还得溯自两年前,特别是溯自中国向德国宣战的相关形势。可能还没有什么人写过这段插曲的完整过程。但当战争仍在进行的时候,甚至一个初涉中国历史的新手,譬如本文的作者也能对某些没被讲述的事实,或没对西方人讲述的事实——在远东也只能被悄悄讲述的事实——作一些报道。有关军国主义势力增长的显著事实是,它现在增大的调门要溯自中国作为协约国一方参战造成的局面。如果这一事实没被载入记叙近年中国历史的书中,其中的部分原因是那些作者如此热衷于协约国的正义事业,以至他们很难让自己去想象这样的事实;部分原因则由于当战争仍在进行的时候,如果作者们对有可能面临的助长德国人阴谋的指控不置一词,他们就会变成亲德分子。

人们大可不必为反对中国参与战争的那批人寻求解释。存在着各种造成美国一方拖延时间的理由——德国广大民众已显得一蹶不振这条理由还不算在内——加之,还存在着对德国得胜以及德国随后进行报复的真正担忧,有关这种报复的性质,中国已受到了足够的警告。并且,与任何其他国家的侨民相比,在中国的德国侨民总体上更受人欢迎,或许美国的侨民除外。无论德国人作为一个民族有多么傲慢,就个别的德国人来看,他们都倾力追求事业的成功,显得谦逊、友好,并留意当地人的愿望和习俗。在反对不对德国人宣战的所有理由中,实际上,只有两条这样做的内在理由。有一部分中国真正的自由主义者和拥护共和思想的人士,他们在情感上确实相信:当美国参战以后,战争就变成了民主和专制之战,变成了能保障弱国权益的新的正义的国际秩序与旧的、贪婪的国家帝国主义之间的战争。于是,中国的历史所形成的人道主义理想便要求自由中国投入战争。这一方向指明了自我利益之所在,因为参与这场战争能使中国在和平委员会中获得代表权,使它得以提出归还山东的要求;并且从总体上看,能使它甚而开始成为对新的国际外交事务作出安排的伙伴,仅仅在两年前,除中国人之外尚有许多人热切信奉上述结果。美国与德国断绝外交关系后,中国立即以内阁和国会协调一致的方式效法了美国的行动。这是对威尔逊总统的请求作出的直接回应,而且,中国是第一个作出这种值得赞许的反应的国家。

接着便有了8月14日中国最终向德国宣战前情节跌宕的那数个星期和数个月。这几个月中,首先发生的事件是2月初美国对断交行动的那种明显支持已被日本的支持取而代之;其次,总理段祺瑞和国会发生了冲突——一场最终通过武力解散国会而告结束的冲突,并且北南双方仍未愈合的争斗又爆发了。由日本造成的美国外交失败的程度可从这一事实看出,6月7日,美国向中国发出一项警告:与重建稳定和统一的中国相比,中国的参战是"次要的考虑之事"。在日本有关解散国会问题的法律顾问的授意下,6月12日,军阀领袖们发布了一项命令,其直接的结果是结束了清朝年幼皇帝十天的复辟闹剧。最终的结果则是驱走了黎总统,并通过强制解散国会使立宪政治归于失败,接着便开始了内战,它转而成了军阀派系操控的一场战争。

总理这时是军国主义分子、反宪政和反国会的派别首领,虽说他现在尚未执政。自由派分子的国会不管它有何不足,仍献身于共和制的立宪主义,它在与德国人作彻底决裂的进程中变得越来越不热情。要是美国以及民主的威望如日中天,它准备紧紧跟随美国。当外交的主导权转到了日本人手里,当它开始相信内阁无须煞费苦心地用打败德国人作为借口来扩充军队和军国体制以确保其权力延续下去时,它变得踌躇不决了。

一种颇具嘲讽意味的命运是:军国主义反民主的派别成了协约国的公开发言人,而倾向宪政主义的国会却坐在了亲德国的位置上。稗草和麦子如此混杂不分,以至厌倦了拖延不决和密谋策划的那些标榜自由思想的外国通讯社对段祺瑞解散国会的"有力"行动表示欢迎。这只是因为,该行动加快了中国正式站到协约国一方日子的到来,并给予德国在远东的商业利益以虽非致命却显沉重的一击。人们看到,外国人的自由情感有多么地不适当——也有几个显著的例外——从袁世凯冒险称帝一事中可看到这一点,从他们现在都在咒骂处于草创时期的议会制一事可再次看到这种不适当,尽管在这两件事情上,自由的本土中国思想都发出过警告。人们是以这样的方式来接受明显教训的,即要按照所设想的外国利益向世界解释中国的事件,却很少联系中国自身的命运和发展问题来考虑事件的现实后果。有时人们会感到疑惑,中国人仍然相信外国人在对其现代史的解释中表现出的那种政治智力。

目前,那个势力在1917年夏天发生的事件中再次得到证实的军阀派系仍控制着政府。毫无疑问,它的所有成员都很爱国,欢迎归还山东。但人性终究是人性,他们同样欢迎巴黎提供的在处理弱国问题时也许仍显得正确的那种证明。于是,尤其是日本,一般而言也是帝国主义,便用那种奇怪而又难以捉摸的方式取得的外交胜利,对它们自己的反民主的军国主义政策进行了辩护。如果战争中曾被慷慨陈词的人道化的国际主义和民主理想已在巴黎实现,那么,中国问题的观察家就不会怀疑本应发生的广泛的国内政治的重组了。对于和世界的民主政治连为一体的国家自我利益所作的证明,本应通过国内政策而见到某种不可抗拒的促人反省的效果。很少有人会怀疑,除了看到有待攫取的山东的具体的经济优势之外,对上述事实的认知也正是日本要在巴黎表现得那么急不可待的原因之一。当它的报纸夸大其辞地说确保它的外交胜利已关系到它的民族生存,这种夸张掩盖了这一事实,即它的外交失败,随同专制的德国人的垮台,会把远东的军国主义的声望葬送掉,并迫使人们重新思考中国的国内政策和日本的外交政策。这种道德上的回响看来在巴黎完全被忽视了,很值得怀疑,华盛顿是否会给它应有的关注。

表明中国军阀统治制度延续性的特定标记有多种。在各个省份,"督军",也就是军人统治者的权力,仍高于文职省长,并凌驾于国民的利益。他们不顾教育和改善交通的迫切需要,利用钱财和权势为人数众多的军队招兵买马。在一些边远省份,他们鼓励种植鸦片,这或是为了获得直接收益,或是为了征税,这种征税几乎就是不加掩饰的敲诈。他们阻止开发自然矿产资源和发展制造业,因为他们的随从会让他们获得强行索要从生意买卖中产生的大笔收益的那种有效权力。尽管北南双方存在着和解的普遍愿望,两地的军阀(认为他们只限于在北方活动,这是个极大的误解)却阻止达成所有最终的解决方案。近几个星期来已闻知开始了对蒙古的神秘冒险活动,以及一名督军企图获得对三个满洲省份实质上的独裁地位。但尤其要指出的是,正是军阀统治,使中国陷入了对外国人的阴谋和不期然的干涉加以诱引和奖励的状况之中。

虽说目前的状况会延续一段时间,但没有一个观察家认为它会长久延续下去。这种平衡状况太不确定。当变化来临时,没有一个敏感的人打算对它的性质作出预言。但读者如果回到本文开头给出的统计数字,他会注意到,现在中国一年的开支已超出其可支配的收入达一亿一千万元之巨。自然,这意味着要借钱——而当中国要借钱时,它是通过将某种限定的资产抵押出去,才从外国那里借到钱的。换句话说,把军队削减一半,中国就能做到收支账目的平衡。继续维持现在的军队规模,将此责任维系在某个国家或国家集团的贷款上面,那么,它——或者它们——是很愿意组建一支在国外不会被看成或者将不被看成是中国力量之源、在国内会把整个中国吞吃掉的军队的。中国的军阀统治仍在延续,在这种情形下对历史所作的经济解释比惯常认为的要明显得多。这样看来,说中国下一步要发生的事将取决于财政上的考虑,或者说决定权掌握在有能力控制贷款的那些人手中,就很难说是一种预测。然而,要是某个国家以准予贷款来服务于它自身的利益,其他的那些国家也不能仅仅通过奉行婉拒贷款的自由放任政策来充分应对这种局面。这里需要采取某种积极的立场。

(马迅 译)

# 山东：从内部看*①

I.

替和平条约中涉及中国的部分作辩护的美国人，容易产生距离的幻象。大部分论据在那些即使在中国只住过几个月的人看来都很奇怪。他们发现，在场的日本人相信的是旧说法：领土是靠消耗财富和流血牺牲而得来的。他们从日本报纸上读到，从那些较为开明的日本人那里听说，日本必须像保护日本一样来保护中国，以对抗其自身软弱或腐败的政府；通过保持对山东的控制权，从而防止中国再次将那片领土让与别的国家。

欧洲在中国的侵略史使这一说法在日本人中有着极大的说服力，其实，大多数日本人对中国实际发生的事情的了解，并不比他们过去对朝鲜局势的了解更多。这些想法，加上战争期间在日本人中唤起的有关统治远东的巨大期望，以及凡尔赛会议期间日本激昂的公众舆论所坚持要求的实际上已成为既定事实的安排，对于频频作出的可以相信日本会履行诺言的主张，给予了讽刺性的一击。是的，有人常常忍不住要说，日本会履行它的诺言，这恰恰是中国所害怕的，因为那样中国就完蛋了。对于一个了解外国对中国的侵略史，尤其是其利用铁路和金融作为侵略手段的人来说，承诺归还主权的同时却保有经济控制权的讽刺如此一目了然，已经不

---

\* 此文选自《杜威全集·中期著作》第12卷，第23—32页。
① 首次发表于《新共和》，第21期(1920年)，第12—17页；修改并重新发表于《中国、日本和美国》，第9—21页。

再是一个讽刺了。在如此状态下,主权对于中国,就像一套银盘上奉送的康德的纯粹理性批判一样,是纯粹形式化的东西。

访问山东并在其省会济南作了短期居留,使我得出了这样的结论;据我所知,在中国的每一个外国人都会得出同样真实的结论。它提供了一幅经济的、政治的权利以许多隐蔽的方式不可分割地纠缠在一起的生动画面。它让一个人重新认识到,只有一个在战争期间对任何秘密条约都不了解的总统,才会足够天真地相信,答应归还完整主权而仅保留经济权利是一个令人满意的解决办法。它鲜明地表达了这样的观点:在最坏的情况下,日本最多只是接替了德国的权利;而且,既然我们曾经默许了后者的强占,就没有必要对日本的做法大惊小怪。它揭示了这样一个断言的虚伪性,即亲中的宣传刻意误导了美国人,让他们搞不清青岛港周围几百平方英里的土地与有着三千多万人口的山东省的关系。

对于德国和日本之间进行的比较,人们可能会猜想美国名义上参战的目的无论如何都非常重要。但是,除了这种想法,德国人在铁路企业以及铁路中不重要的职位中专门雇佣中国人。铁路警察(在中国,警察和士兵之间的区别只是名义上的)均是中国人,德国人只不过是培训他们。而日本侵略山东并接管铁路以后,中国工人和中国军警立即被解雇,日本人接替了他们的位置。济南府,前德国铁路的内陆总站,离青岛有两百多英里。在日本人接管德国铁路商务办之后,他们马上建造了营房,现在还有几百名士兵在那里——而德国从未在此驻扎过军队。自停战以来,日本在守备军的驻地设立了强大的军事无线电网,全然不顾中国当局的徒劳抗议。如今,再也找不到一个外国人会说德国利用其港口和铁路所有权来歧视其他国家,也找不到一个中国人会说德国利用这种所有权迫使中国人置身事外,或扩展条约中明确规定的德国的经济权力。常识应该教导那些即使是得到最高报酬的美国鼓吹者,从中国的立场看,来自一个在地球另一半的国家的威胁,与来自一个只有两天内海航行路程(这些内海又都绝对地被外国的海军控制着)国家的威胁之间,有着巨大的差别,特别是那个遥远的国家没有别的立足之地,而邻近的那个国家却已经额外控制了有着巨大的战略意义和经济价值的国土——那就是满洲。

这些事实反映了青岛权利和山东权利之间的模糊差别,也反映了德日占领之间的真正不同。如果说在日本对青岛港的占有与对山东省的篡夺之间似乎还有一层薄薄的屏障,那么,只要济南府的火车改道,就足以使得那层屏障坍塌,因为日本占领军的无线电和营房是首先映入你眼帘的东西。在途经重要的中心城市天津,连接上海与首都北京的数百英里①的铁路范围内,你会看到,日本士兵们站在名义上还属于中国的街道上守卫着他们的营房。然后,你会了解到,如果你走在开往青岛的前德国铁路上,你将被责令出示通行证,就好像你在进入别的国家。而当你沿着公路行走(记住,你从青岛出发走了两百多英里),在每一个车站,你都会发现日本士兵。在那条交通线上的一些重要城镇,还有几个守备部队和营房。于是,你会意识到,也许在最短的时间内,日本就可能切断中国南部(连同富饶的长江流域)与首都之间的一切通讯联系,并在位于首都北部的南满铁路的帮助下,控制整个海岸,从而对北京任意妄为。

之后,你会亲眼看到,当日本将其《二十一条》强加于中国的时候,机枪实际上已经部署在战略要点的位置上,整个山东的战壕已经挖好,沙袋已经码好。你知道,一位日本自由主义者会说出实情,他说,他访问中国回去后会抗议其政府的行为,日本已经对中国实行了这样的军事控制,从而使得他们可以在发生战争时的一周之内用最小规模的战斗就掌控这个国家。当你回想起他还曾告诉过你,在他访问期间,这些事是真的,那时是在寺内(Terauchi)内阁的统治之下;但在如今的伊藤博文当局(Hara ministry)统治下,这些情况被完全颠倒过来了,你就会认识到官方对信息和国内宣传的有效控制。由于我还没有找到一个弄明白他们的政策差异的外国人或中国人,除了战争的结局迫使他们必须更为谨慎之外,现在其他国家都看得出中国处于被人控制的状态了,这是他们在战争期间没能看出来的。

一个美国人能够想象到当前的现实形势。你可以设想一下:在美国的威尔明顿②,有一股外国守备军和一些军用无线电网,从那里通往要塞港的铁路被外国武力所控制,从而外国可以不遇抵抗地登陆部队,就像运输部队那样快速;他们还可以在威尔明顿、要塞港和沿线几个地方,设置供应弹药、食品、服装等基地。我们将南北方向颠倒一下:威尔明顿相当于济南府,上海相当于纽约,南京相当于费城,北京相当于华盛顿政府的位置,天津相当于巴尔的摩。我们再设想一下,宾夕法尼亚州的公路是华盛顿和主要的商业与工业中心取得联系的唯一途径,你就有了山东局势的框架了,就像它天天展现给中国居民的一样。不过,第二种设想比较起来,不那么准确。你必须补充的是,同一个外国也控制了所有海岸线的交通联系,就是

---

① 原文是英尺(feet),可能是英里(miles)的笔误。——译者
② 威尔明顿(Wilmington),美国城市名。——译者

说,从罗利市向南,通往附近的海岸和新奥尔良的铁路线。因为(还是颠倒方向)这相当于日本帝国在满洲的地位,它有通往大连的铁路,而且航行12个小时就可从日本本土一个庞大的军事中心穿过朝鲜通向某个港口。这些并不是遥远的和模糊的预言,而是既成的事实。

  然而,这些事实仅仅给出了当前中国局势的概况。山东境内究竟发生了什么?《二十一条》里"延期"执行的一组条款是:日本应为中国提供军事和警察顾问。它们并没被怎么延期,而是为了恢复此事的讨论,战争期间,日本通过外交上的威胁,迫使中国作出了一些具体的让步,或者说,所谓的延期就是日本顾问还没有安插进济南市的警备司令部。济南是山东的省会,有30万人口。它是召开省级大会和省属官员居住的地方。近几个月,日本领事去拜访山东省省长,向他提一些要求的时候,随身带了一群全副武装的士兵。这次拜访不时地被这些士兵对省府衙门耀武扬威式的包围所打断。在过去的几个星期里,当日本官员要求省长采取极端的手段镇压抵制日货运动的时候,两百名骑兵来到济南并驻扎在那里;如果该要求得不到满足,他们威胁要派日本军队巡查外国租界。

  一名前领事非常无礼地写道:如果那位中国省长不用武力(如何需要)制止抵制日货行动和学生运动的话,他将惹事上身。他强加给中国人的明确指控,主要是根据他那所谓的"保护"要求,即中国商店拒绝接受使用日本的货币买东西。这不是普通的日本货币,而是军用钞票,这种军用钞票是用来支付给在中国的占领军的,从而可以防止储备的金条被耗光。而所有的占领军,如果你还记得,距青岛只有两百多英里,是停战后八到十二个月开进去的。今天的报纸报道了日本人对那位省长的造访,要求他阻止济南学生组织的一场非官方的戏剧演出,否则将派遣部队进来保护自己;而他们要寻求保护的事情,不过就是学生们将演出一些用来鼓动抵制日货行动的戏剧!

  日军占领了山东省,然后想方设法想要夺取青岛。说他们在攻占德国的青岛之前就"攻占"了中国的济南,这只是稍有夸张而已。美国的宣传给予了这一行动以合法性,理由是德国的铁路对日军的后方将是一个威胁。由于没有军队,只有法律和外交文件,用以攻击日本的这一推论就是公正的,即"威胁"是针对凡尔赛宫而非山东省的,而且是出于对中国管理自己的地域将出现的危险的关心。中国人在济南被日本宪兵拘捕并遭受令人痛苦的刑讯,其严重程度是朝鲜人熟悉得作呕的。日本人声称那些人是因拒捕而受伤的。鉴于拘捕他们在法律上的依据并不比假如日本警方在纽约拘捕美国人更多，因此几乎任何人都会反抗，除了最爱好和平的中国人。而官方医院的报告证实了是刺刀伤口和鞭打造成的伤痕。在内部，日本人已被一个学生的传闻搞得很不安，传闻说他们突击搜查了一所高中，随意抓了一个男孩，把他带到一个偏远的地方，拘留了几天。当中国官员在济南找到日本领事抗议这种非法逮捕的时候，该领事否认此事在他们的管辖权限以内。他说，此事的责任完全在青岛军政当局。一些遭绑架的中国人被送到青岛接受"审判"的事实，印证了他的免责声明。

本文的第二部分将讨论与政治统治有关的经济权利问题。对于那些结交了许多友好的日本朋友，并且钦佩与军事和官僚统治阶级截然不同的日本人民的人来说，上述事实的报道是令他们不快的。他们几乎可能明确地从日本的立场出发，说在过去的六年中，日本对中国的政策最该受到指责的、干得最糟糕的事情是其不可估量的愚蠢。任何一个国家都不曾像日本对中国那样，错误地估计他国人民的民族心理。中国的被疏远感是十分普遍、深重而强烈的。就算没有外力干预，即使是那些认为中国将遭受日本全面的经济和政治统治的最悲观的中国人，也不认为这种统治会持续半个多世纪。

今天，新年伊始（1920年），抵制日货的行动比去年夏天最紧张的那些日子全面和有效多了。不幸的是，日本的政策似乎真的在走向希腊的命运。一年前在有利于日本的情况下引起突变情绪的那些让步，现在仅仅是在涂抹伤口的表面。即使八个月前会受到欢迎的东西，现在也会受到鄙视。现在，日本只有通过一种方式才能恢复自己，那就是完全撤出山东，尽可能拿到在青岛的严格意义上的商业特许权，以及真正的而非像满洲里那样的门户开放权。

据日本在济南自办的报纸刊载，日本驻青岛的军事指挥官最近与来自东京的访问记者进行了一番谈话，其中提到：

> 中国的疑虑现在不能只靠重复我们对中国没有领土野心得以扫除。我们一定要完全取得远东地区的经济控制权。但是，如果不改善中日关系，某些第三方将坐收渔翁之利。居住在中国的日本人招致了中国人的仇恨，因为他们视自己为值得骄傲的、来自征服国的公民。日中双方进入合作伙伴关系后，这些日本人在很多事情上想方设法为自己牟取利益。如果中日友善完全依赖于政府，那么将会一事无成。外交家、士兵、商人、记者都应该为他们过去的所作

所为忏悔，必须作彻底地改变。

然而，除非日本人撤出山东，如果把他们的国民像在中国的其他外国人那样留在那里，改变就不会彻底。

Ⅱ.

论及日本归还中国形式上的主权却仍保有经济权利的问题，我不再重复德国条约里诸如铁路和矿山权利的细节。读者应该熟悉这些事实。德国人的抢夺是骇人听闻的，这是一个臭名昭著的"强权即公理"的事件。正如冯·布洛（von Buelow）尖刻而坦率地对德国国会所说的，德国无意瓜分中国，同时也不想充当错过这趟列车的乘客。德国从欧洲先前的侵略那里找到了借口，反过来，它的侵占则成了外国进一步瓜分中国的先例。如果是根据一种比较的基础来下判断，那么，日本就能够得到全面的粉饰，因为它可以从欧洲帝国主义列强——包括那些在国内政策上是民主制度的列强——的挑衅中找到借口。每一个正直的人都会认识到，如果不考虑中国的立场，日中领土的邻近使日本得以使它的侵略带有自卫的色彩，而任何欧洲大国都不可能用这种方式来予以强调。

可以把欧洲对非洲等地的侵略看作是殖民化运动的事件。但是，在亚洲，任何外交政策都不能用殖民化的诉求来给自己作辩护。实际上，亚洲大陆就是印度和中国，它们代表着全世界两种最古老的文明，有着最密集的人口。事实上，如果说历史哲学这样的东西有其内在的必然逻辑的话，那么，一想到东西方交流的这场戏剧将如何闭幕，人们可能会不寒而栗。无论如何，聊以自慰的原因可能源于这样一个事实，即美洲大陆没有参与侵略，因此可以作为调解人来阻止那最终的悲剧；而居住在中国必然会使人认识到，将来清算历史的时候，亚洲毕竟要占很大的比例。别忘了亚洲真的就在这里。它不仅仅象征着西方的贸易数额，在未来，可以这么说，随着约占一半世界人口的民族意识的觉醒，它的意义将会重要得多。

战争期间，英法在日本问题上达成的协议代表的是西方人对于一小部分亚洲现状的认识立场，它衍生于受到其强大的海陆军支持的日本爱国主义。同一协议反映了西方人没有意识到亚洲的中国领土上的现实情形。更能体现西方人无意识的，也许是这样一些小事件——一位长期居住在山东的英国朋友告诉我，他曾写了一封家书，信中愤怒地提到山东驻地的英国人的地位。回信来了，信中得意地称日本军舰在战争中大有作为,以致盟军找不到合适的理由来拒绝日本的要求。一般说来,西方人的意识中没有中国,秘密协议本身很难为此作辩护。在说到中国和亚洲在将来的清算中会占据相当重要的地位时,军事黄祸①的传言并不意味着,甚至并不比工业黄祸的传言更可信。但是,亚洲已经逐渐觉醒,并且其自我意识很快就会变得巨大而持久,以致强大到使西方自觉地意识到她的存在,且主要是出于西方的良知。对于这个事实,中国和西方世界都得感谢日本。

考虑到山东的经济和政治权利的关系,这些言论似乎比它们表面看来的更有价值。因为稍作思考就会使人想起,外国对中国的所有政治侵略最后都会落实在商业和金融上,而且通常是找一些经济托辞。至于时下日本在唤起一种意识——这种意识在目前看来,将彻底改变西方列强和中国的关系——中所扮演的角色,让我们用一个小故事来验证一下吧。一些英国传教会的代表在中国参观旅游。他们走进山东的一个内陆城镇,受到所有居民特别热情的接待。一段时间后,随行的一些朋友回到那个村庄,却受到了惊人的冷遇。经询问发现,居民最初的热情是因为听说那些人是英国政府派来确保赶走日本人的,结果令他们失望了,他们感到非常愤慨。

不需要花多大力气,就可以看到这一事件的意义。一方面,说明中国从全国来说是如此无能,那几乎是难以置信的无知;另一方面,说明即使在中国偏远地区的普通老百姓中,一种新的精神也已经被唤起。我想,那些害怕或者声称害怕一个新的义和团运动或一个明确的全民反外国运动的人被误导了。这种新意识的意义要深远得多。不考虑这一点的外交政策,以及认为与中国的关系可根据以前的基础来经营的想法,会发现这种新的意识出人意料地令人迷惑。

有人可能公正地说——仍然是相对而言的公正——部分原因是日本的运气不好,它毗邻中国,战争又给了它超越欧洲列强的侵略的机会,使它成为这一令人不安的改变的第一个受害者。在中国问题上,无论那些要美国完全脱离和平解决的参议员们的动机是什么,他们的行动对中国都是永久性的财富,不仅相对于日本,

---

① 19世纪初叶,英国学者戴维斯在其《中国人的历史》一书中,沃尔尼在《古老帝国的遗迹》,德籍英国传教士郭实拉在《中国史》中,将蒙古西征称为"中世纪最大的黄祸"。而拿破仑也曾将中国比作"东方睡狮",暗含中国的潜在威胁的观念。后来,俄国人巴枯宁在1873年出版的《国家制度和无政府状态》一书中开始宣扬"黄祸论";英国殖民主义者皮尔逊在《民族生活与民族性》一书中进一步作了发挥,使得"黄祸论"这种种族主义谬论基本形成。——译者

而且相对于中国的所有外交关系来说都是如此。就在我们访问济南之前,山东省议会通过了一项决议,向美国参议院致谢。更重要的是,他们通过了另一项决议案,发电报给英国国会,请他们关注美国参议院的做法,并邀请他们参与类似行动。获得外部认可的意识,在整个中国特别是在山东增强了。有了这种先例,中国的民族意识可以说已经得到了巩固。日本只是第一个受到影响的对象。

在山东,经济权利的具体制定将通过一个可谓典型的个案来阐明。博山是中国内地的一个矿山村。那些矿山并不是德国人战利品的一部分,而是中国人自己的。那些德国人,不论其目的有多么不可告人,也没有企图要从中国人手中夺走它们。然而,在一条日本所有的新铁路的支线末端的那些矿山——是日本政府所有的,而非私人公司所有的,被日本兵守卫着。这40座矿山,除了4座,都被日本人在短短的四年时间里以自己的方式所侵占。他们采取种种手段,当然,最简单的手段是采取不公平的铁路运费。当接受日本作为伙伴的竞争对手来到时,断然拒绝提供汽车是一种做法。另一个复杂的做法是:当对方要求多派几辆汽车时,只派一辆汽车;拖到对方不需要用车时,再按对方事先要求的数量甚至更多的数量派去汽车,之后收取大笔的延滞费,全然不管对方矿山此时已不再需要或已取消订单。赔偿在那里是没有的事。

济南没有特别的外国租界。但是,所有友好大国的国民都可以在它的"通商口岸"做生意。而博山甚至还不是一个通商口岸。从法律上说,任何外国人都不能在那里租赁土地或经营任何业务。然而,日本人却动用武力强行建造了一个定居点,其规模相当于济南城里整个的外国定居点。一个中国人拒绝把土地租赁给日本人,而日本人希望把火车站搬迁至那里;其结果虽然没有对他直接采取什么行动,但商人们找不到舱位,也收不到由铁路运输过来的货物,他们中的一些人还遭到暴徒的殴打。一段时间以后,日本人利用与某些中国人的关系的影响力租到了他的土地,于是迫害就停止了。倒不是所有的土地都是靠威胁或强迫弄到手的,有一些是从被高价打动的中国人那里直接租到的,不管法律是不是允许这样做。此外,日本已经取得了一些电灯厂和陶瓷厂的控制权,等等。

现在即使承认这是日本人为使自己在中国站稳脚跟而采取的典型做法,一个美国人的第一反应是说,毕竟中国的工业是靠这些企业才建起来的,尽管一些个人权利受到了侵犯,但也不值得一个民族、更不用说全世界大惊小怪的。不知不觉之中,我们或多或少以自己的经验和环境来看待外国事件,从而失去了这个要点。由于美国主要是靠外国投资发展起来的,我们获得了经济利益而没有遭受到政治侵犯,因此想当然地认为那样的经济和政治分离的状况在中国也是可能的。但必须记住,中国不是一个对外开放的国家。外国人在此租赁土地,经营业务,以及加工制造,都只能根据具体的条约协议行事。以博山为典型的事件,却并没有这样的协议可循。我们可以根本不赞成中国封闭的经济政策,也可以认为在目前情况下它展现的是谨慎小心,那也没有什么不同。鉴于这种经济侵略频频发生,在帝国军队的士兵支持下,帝国铁路公开给予帮助,而帝国官员拒绝干预,所有这些都是日本政府对山东的态度和意图的确凿证据。

由于山东人直接面对的恰恰是那样大量的证据,它就不可能相信那些模棱两可的外交辞令。有哪一个外国打算干预诸如博山那样的事件从而恢复中国的权利?有哪一个外国将有效地让日本注意到这些它没有履行承诺的证据?然而,正是这一桩一桩看似琐碎的事件,而不是某个引人注目的大罪过,将确保日本对山东的经济和政治的统治。也正是这个原因,使得居住在山东的外国人,无论在山东的什么地方,都说他们看不出日本准备撤离的任何迹象;与此相反,一切都说明日本决定巩固它的地位。《朴茨茅斯条约》早已签订了,日本撤离满洲领土的正式保证是否得到了执行?

事情过去还不到一个月,日本没有给出延迟撤离的理由,也没说明为什么不交还山东的这个或那个原因。与此同时,日本却通过铁路的差别待遇、派兵把守、继续四处蚕食等方式,对山东进行渗透。如果谈到通过操纵金融来达到侵蚀主权这个过程,这一章就会拖得太长。说两起事件就足够了。战争期间,日本商人在日本政府的纵容下,不顾中国政府的抗议,从山东收集了大量的铜钱运回日本。当一个国家甚至连自己的货币体系都无法控制时,主权还有什么意义呢?在满洲,日本人强行引进了价值几亿美元的纸币,当然,名义上是说有黄金储备作保障的。这些纸币可以被赎回,但是仅在日本本土才行;并且,日本法律是禁止出口黄金的。这样说,你该明白了吧?

在与中国的经济和政治权利发生实际联系时,日本最近自己提供了一个实例教训。这是一个非常清楚的暴露,之前肯定是没有料到的。在过去的两周内,一位在北京的日本部长小畑(Obata)先生,向中国政府递交了一份备忘录要求处理。上面说:福州事件该是抵制日货行动的终极点了,如果继续抵制的话,此类事件的参与者将被逮捕;上面还说,日本对这种情况已经"忍无可忍",除非中国政府竭尽全力阻止这种做法，否则，日本拒绝为今后的后果负责。日本随即提出了一些具体要求：中国必须停止散布传单，停止召开会议鼓动抵制日货运动，停止销毁已成为中国财产的日货——被销毁的，都不是日本所有的财产。至于两国之间的经济和政治关系对日本的真正意义，备忘录不可能说得很详细。当"主权"这个脸色苍白的幽灵读到这份官方文件的时候，他肯定会发出嘲讽般的笑声。在山东问题上，对经济和政治权利作了明确且彻底的分割后，威尔逊总统也说，一个遭到联合抵制的国家很快就会屈服。在他的论证里，言行背离得太厉害了，以致几乎看不出小畑先生流露的意思。然而，美国人的幽默感和公平条件却可能被指望达到其目的。

（郑国玉　译　马荣　校订　刘放桐　审定）

# 中国的政治剧变*①

即使在美国,我们也曾听说过中国的一次革命,它推翻了满洲王朝。来中国的参观者常会顺带提及二次革命,它粉碎了袁世凯称帝的野心;而第三次革命,则扑灭了1917年满清复辟的企图。最近的几周里(1920年9月),第四次动乱发生了。由于政府首脑并没有撤换,它或许不该被美饰为第四次革命。不过,从其促成的中国政治事件中它所显示出来的力量看,好也罢,坏也罢,或许这次骚乱的意义超越了前两次"革命"。

中国的政治具体而言,是非常复杂的。对一个不了解其庞杂的个人、家族与地方史的人来说,他无法理清其错综复杂的人物和派系的变化。不过,偶尔发生的一些事情简化了这一团乱麻。其中确定无疑的要点,勾勒出他们错综复杂的纷争、阴谋和野心,等等。所以,当今执政两年的安福(Anfu)集团的彻底垮台,标志着国内军国主义与日本影响的联盟的终结;而对中国而言,则标志着战争胜利的硕大果实。中国参战之时,一支所谓的"参战"部队就形成了。它实际上根本没有参与,或许根本就无意参与。但是,它的形成却将权力整个交到了反对全民立宪的军事集团手中。为回报这些让步,在关于满洲、山东、新铁路等秘密协议中,日本为这支军队提供金钱、军火、指挥官和国内外政治监督。战争出人意料地过早结束了,而这时,袁世凯军国主义与日本金钱及淫威联姻的产物还相当年轻健壮;为了保留军

---

\* 此文选自《杜威全集·中期著作》第12卷,第52—55页。
① 首次发表于《新共和》,第24期(1920年),第142—144页;修改并重新发表于《中国、日本和美国》,第27—32页。

队、贷款和指挥官,就威胁说布尔什维克会取代德国。蒙古被说服切断了它与俄国之间的牢固联系,宣布放弃独立而重回中国的统治之下。

自然,那支军队继续受日本的支持与教导。取代"参战"部队名称的是"前线防御兵团"。段(祺瑞)元帅,军团首脑,在总统宝座后面保持着名义上的政治权力。徐(树铮)将军(通常被称为小徐,不同于总统老徐),是一个精力充沛的、具有蒙古冒险精神的经营者。幸而巧合的是,他也要求组建银行、土地开发公司、修筑铁路及建立军队等。这个军事中心周围集聚了以腐肉为食的美洲鹫,他们取名为安福俱乐部。它并不控制整个内阁,而直隶于操纵警察与法庭的司法部。他们迫害学生,镇压开明记者,因禁令其不快的批评家。俱乐部设有财政部和信息部,这两个部门分配税收收益、安排劳动就业和发放贷款;也通过邮件和电报等,进行情报信息的调节配置。只能靠学生的骚乱来缓和的腐败、专制、低效率的统治就这样开始了。两年里,安福俱乐部直接提走了两亿元公款,而对其不合理的耗费和花在那支军队上的开销只字不提。盟军已经着手让中国卷入战争。他们成功地让日本控制了北京,从政治上说,也似乎让中国陷入了腐败和混乱的绝境。

然而,该军团或称北洋军阀被划分为两个部分,每个部分都以一个省份的名字命名。皖系军阀聚集在小徐周围,几乎等同于安福俱乐部。就北京而言,直系军阀则不得不满足于安福俱乐部留下的残局。它显然不可救药地弱于其对手,尽管段(祺瑞)本人诚实且廉洁,受到两派的拥护而成为其首领。大约三个月前,有一些迹象显示,当安福俱乐部在北京构筑防御设施之时,其对手也悄悄在各省扶植自己的势力。八督军(各省的军事首脑)联盟逐渐成为总统的支持者,对抗来自安福俱乐部的超强压力。尽管有满洲三省军阀首脑张作霖,俗称满洲皇帝,与这一联盟保持同一战线,实际上,除了那些想从动乱中获得更大利益的投机分子,没有人对之抱有期望。

但是,六月底,总统邀请张作霖至北京。后者一见到段,即诉说他被一群居心叵测的游说者包围,怂恿他脱离小徐和安福俱乐部,公开与小徐宣战——双方早已成为臭名昭著的宿敌。除非中国再次妥协,就连民众也根本不相信会有什么事情发生。众所周知,总统倾向直系,但是,即使他不是一个典型的中国人,至少也是一个典型的中国政要:不坚定、妥协、调和、拖延、掩盖、逃避、要面子。但事情最终还是发生了,颁布了一道政令:免除小徐政、军、民各项权力,解散前线防御兵团,交与军务部指挥等等(通常,中国军队隶属于将军或者督军,而不是国家)。几近48小时的时间里,人们认为,段已经同意牺牲小徐,而后者必会屈服,至少会暂时屈服。然而出乎意料的是:段却向总统施压。后者被任命为国防军总长,薪酬则参照直系主要头目颁发;而对张作霖却未置一词,虽然他此时已经返回奉天并依然声称与段结盟。军队被动员起来了,官员和物资也迅速地被运到天津的特权区和使馆区。

这份略述并非历史,仅仅是指出了现在的几股力量。因此,在段和小徐威胁总统、标榜自己才是共和国救世主的两周后,他们藏匿了起来,他们的敌对方直系军阀则完全掌控了北京,并悬赏5万美元抓捕前司法部、财政部兼信息部部长小徐和安福俱乐部其他一些头目。说这些就足够了。政治逆转的彻底,恰如当初他们的如日中天,看似坚不可摧的中国部长一变而成为无能为力的亡命汉,其精心建立的安福俱乐部,随同它的军事、财政和海外支持,一起崩溃没落。历史上没有哪个国家曾见过比之更突然更彻底的政治动荡。与其说它失败,不如说它像死亡、完全失踪、蒸发那样地彻底消亡。

腐败从内生发,这是它的一贯方式。从日本买进的军火不能爆破,军需官带着购置必需品的资金消失了,军队断粮两三天。大多数人,包括一个部门的大部分人,一齐投敌。那些没有弃职的士兵无心战斗,只因一点微小的刺激就会逃跑或投降。他们说他们愿意为祖国而战,但找不到任何理由为军阀派系尤其是为那些曾经出卖国家的军阀派系而战。中国政治平衡表中值得赞赏的方面,体现在安福俱乐部在权力巅峰时跌落的方式,而不仅仅是其落败之事实。这是中国人最古老的最好的信条——道德衡量的力量。公众意见,甚至街上小工的意见,全都反对安福俱乐部。安福俱乐部的溃败与其说是他方力量所致,不如说是自身腐败所致。

目前为止,所有的结果都显示为负面、消极,最显著的是日本声望的消失。就像一位战事办公室的领导所说的:"一年多来,人们为山东事件强烈反对日本政府,但是现在就连将军们也不再关注日本。"受日本支持的安福集团之轻易瓦解居然成了日本软弱的证据,这几乎不合逻辑,但威望一直是感觉问题而不是逻辑问题。许多曾经深信日本坚不可摧而畏惧到了极点的人,如今放肆地嘲笑日本领导层的无能。当然,就此断定日本不能恢复为影响中国内外政治的一支难以低估的力量,这是极不可靠的;但是,说日本再也不能在中国维持超人形象,则准是错不了的。而这样的否定,毕竟是一个积极的结果。

因此,皖系军阀的垮台是咎由自取。中国的自由党人对其后果并不觉得十分乐观,他们大多打消了通过政治手段改良国家的念头。在新的一代出现以前,他们甚至怀疑变革政治的可能性。现在,他们投身于教育和社会变革中,期待若干年后,国家会明显地变得完美。自封的南方共和党,并没有显示出比北方军国主义集团更多的光明。事实上,它的老领导孙中山现今除掉了一个中国最可笑的人物之一,而在这次动乱前不久,他确实曾与段(祺瑞)和小徐结盟。①

然而,这并不意味着可以得出结论说,民主思想怎么也想不出来。腐败的军国主义自身的固有弱点,将阻止任何军国主义发展得像安福集团那样完善。如同一位中国绅士对我说的:"袁世凯被推翻,那是老虎杀了狮子,现在则是一条蛇杀了老虎,不管那条蛇变得多么邪恶狠毒,都会有更小的动物来杀它,它的寿命将比狮子或老虎都要短。"简言之,每一次连续的动荡都促使建立平民权力至上的日子更近了。这一天终将到来,部分是因为军阀独裁反复显示出与中国精神的不相合,部分则是因为教育将一天天地发挥出其作用。被压制的自由报正恢复发行,而安福集团资助的二十多家报纸与两家新闻机构则已被关闭。皖系的士兵们,包括许多军官,都清楚地看到了学生的宣传作用。值得一提的是:胜利方的一位军官是唯一带兵打了一场特殊战斗的人,且以少胜多,他就是吴佩孚。他至少不是为直系而攻打皖系的。他从一开始,就宣称是为消除这个国家中军队对民众政府的控制而战的,是为反对卖国贼而战的。他坚决地公开支持组建一个新的众议会,颁布新的宪法和统一中国。虽然张作霖曾发表评论说,吴佩孚作为一个低级军官,别指望其干预政治;但他还是发现,反对众议会的要求并不合适。同时,自由党人正在组织力量,他们几乎不指望能赢得胜利,但不管输赢,他们决心利用这个时机,进一步教导中国人民懂得什么是民主。

(郑国玉 译 马荣 校订 刘放桐 审定)

---

① 当然,这写于孙中山恢复对广东控制之前几个月。孙中山的这个控制,是通过成功地利用其当地追随者对南方军阀的暴动而实现的,这些军阀之前篡夺了政权并驱逐了孙中山及其追随者。但是,直到我本年7月离开中国时为止,华北和华中的自由党人还在艰苦地反对北京当局,但南方政权并不对此寄予多大希望。一般的态度是:"双方都得不到好报",并渴望一个全新的开始。中国的南北冲突,远不如美国的南北冲突那么强烈。

# 工业中国<sup>*①</sup>

中国人的勤劳和国家的工业化之间的差距之大,举世皆无。中国人的勤劳众所周知,而工业上,他们则处于从家庭手工自制到机器生产的革命的最初阶段。运输上,刚从男人(女人或孩子)的脖子转移到运货车厢。男人的脖子——有时,中国中部的大宗货物无疑是由神奇的水路系统承担的,然而当无风的时候,就由男人——还有女人和孩子,肩膀缚上绳子拖着船行走。在大运河边,你往往可以看到,40来个人十年来一直拉着一根缚在一些笨重的平底帆船的桅杆上的绳子。即使是一个突然被置于严酷的中世纪经济条件下的拉斯金人②,也可能被迫承认,所谓人性化的蒸汽机车有两面性。那些不加区别地推崇中世纪行会的人,可能会从研究中国同行的工作方式中学到一些东西。

最近六周,我游览了江苏省。上海就坐落在该省,它是中国工商业最发达的城市,拥有最多的工厂、铁路和对外贸易。至于具体的细节与统计资料,读者可去看领事报告、贸易杂志,等等。这篇文章的任务卑微,其目标仅仅只是报告我所见到的一些问题的印象,这些问题是中国在近些年走进工业、加速革命的时候所必须面对的。

我参观了分布在该省最北端到最南端的十五个城镇,严格说来,其中两个位于

---

\* 此文选自《杜威全集·中期著作》第12卷,第56—60页。
① 首次发表于《新共和》,第23期(1920年),第39—41页;修改并重新发表于《苏俄与世界革命诸印象:墨西哥—中国—土耳其》(*Impressions of Soviet Russia and the Revolutionary World: Mexico — China — Turkey*),纽约:新共和出版公司,1929年,第237—251页。
② 从事鞣皮工作的人——译者。

浙江南部。这些城镇分为四类。第一类计入通商口岸之列,这儿外商云集,外资汇聚,虽然外国方式往往得屈服于中国的条件限制,得接受买办做中间人,但还是确立了领头地位。为着技术商业化的目的,从统计的角度看,这些以上海为重中之首的城镇无疑是最有趣的;从社会的角度看,它们则是最无趣的,这无非因为以研究两种文明碰撞和交流情况为目的之一,另一目的却非常普通——赚钱。

此外,其首要意义在于展示出中国企业吸纳股份制管理体系的能力日益增长,而不像早期中国独资企业那样悲伤绝望。其原因值得一提,因为它们影响了引进现代工业主义各方面的所有问题,而投机因素、促进因素最为突出。通常的心理,则是受金矿刺激而致。在早期喧闹期,大多数投资者都亏了本,一朝被蛇咬,十年怕井绳。即使是合法的企业,也不能引起他们的投资兴趣,除了那些曾在投资股份合资企业获得成功的极少数人。其次,中国的家庭责任制度使得家庭中的富裕成员要负担所有希望被负担的亲戚,这种裙带关系的普遍存在已到了令人难以忍受的程度。其三,大多数早期企业不屑于在旺季存留储备金,也不屑于排除资产折旧与货币贬值的因素。"生命短暂,及时行乐",是普遍流行的座右铭。然而,现在许多中国企业的经营手段,已经发展到足以与外国资本和外国管理相媲美的程度。事实上,许多中国人认为,由于后者利益转移到买办,并且缺乏与工人的人际交流,将很快落于劣势。然而,这是不可能发生的,因为找不到事实依据。

第二类计入城镇发展的反向极端之列。这些城镇不仅不是通商口岸,而且仅仅接触到现代文明的最边沿。例如,该省的北部,几乎与500年前一样落后。铁路的修建,带动一些面粉厂建立起来。自战争以来,鸡蛋厂造就了一个新市场。鸡蛋过去一分钱3个,现在每个涨了3倍,而生产者获得了大部分增长的利益。在所有的小镇与小村里,每家饲养母鸡的数量被统一限制,否则的话,母鸡就会进入其他人家的地盘中。大量渐渐累积起来的、富有中国特色的奇特效果,在这件事情上展示得如此完美,即成千上万的鸡蛋每日靠肩挑或手提运到工厂里。此等现象似乎微小得不值一提,但是这种正在发生的典型事例,对于工业化程度大一些的中国地区而言,依然具有重大的意义。甚至出现了这样的事实:土地价值日益提升,生活标准逐步提高,使得农村家庭由过去的仅有一张床变成了现在的两张床,由敌视铁路变成了喜爱铁路。

在这些落后地区,也有人意识到必须克服这些巨大的劣势。拥有几百万人口的地区,几年前居然没有公立中小学,没有报章杂志,没有邮电局,而且直到现在,此类设施还远远不足。最确切的一个障碍就是土匪的活动,做强盗被当成与做商人是同样的职业。富人整日担惊受怕,害怕被掠夺、被绑架,所以,他们的家看起来如乞丐家一般一贫如洗。士兵与土匪的职业可以相互交替,基于上述整体情况,农民更愿意选择后者。有人听到一个游客的故事:他遇到一个村子的人都将家庭用品放在骡子和独轮车上仓皇飞跑,因为士兵们帮他们剿匪来了。

诸如此类的情况使很多人断言:中国工业的真正发展,必须等到一个强大稳固的政府形成之后。政治因素的重大意义被毗邻江苏北部的安徽省所证实。这里可以看到军国主义所开出的完美的"花朵"。军政府首长最近关闭了省内所有的学校,长达一年之久,其目的只是为了把钱花在军队上。他已经把省内所有的矿产据为己有,最近又将来自两个城市的一条河流改道,从而为他的矿井开通一条运河。这只是当前中国政治状况影响其工业发展的一个极端例子。几乎每个地方官员都在滥用权力。他们控制士兵来索取贡金,通过税收来勒索工厂与矿井,利用铁路来操纵货运,直到迫使利润交到他们手里方才罢休。然后,他们把资金再投资到当铺、银行和其他经济统治机构。因此,一种新型的封建主义正在迅速成长,其中,军国主义直接辅助资本主义。这些人将他们数以百万计的闲散资金存入国外银行,并在外国租界预留了避难场所。控制了交通部与财政部,相当于获取了中国经济的君主权,其影响遍布每一个地方。站长必须支付几千美元方能得到工作,而当发货人需要汽车时,他则索价五十或一百美元以追回投资。工商业都在进步,或许我们有足够多的理由相信:最终它们的成长将促使改革政府,那时,一个稳定的政府将允许工业正常发展。

第三类城镇由城市组成,也代表了古老的中国,但代表的是古中国繁荣与文明的一面。这些城市慵懒、奢华、优雅,同时伴随着极端的贫困与愚昧,如此城镇正在慢慢地堕落。他们从没想过新方式,而与此同时,新方式正从他们转向工业和贸易。许多退休官员到这些城市去,带着他们窃取来的资金,有的到处活动在俱乐部会所和镀金小船上,有的四处听赌博骨牌的咔嚓声。这儿的钱大多用于花天酒地和抽鸦片,而极少用来发展新工业。剩余的资金被投资到邻近的富饶土地上;旧式的小资产者遍地都是,一大批佃户产生了,家庭所有权在这里已成定律。该省北部农村是纯粹的野蛮与落后,而其南部的富有城市则是极端的保守与腐朽。

最后一类是工业城镇,这里外国人不能置地与贸易。这里到处都是棉花厂、面粉厂和丝绸纺织厂的烟囱,其数量之多,烟雾之浓,犹如上海的工厂区——大部分是近十年发展起来的,实际上主要是战后发展起来的。这些城镇中最重要的两个,恰恰是相对立的两种类型。其中一个是,整个企业的发展都被掌控在单个家族的两兄弟手里;而且,其领头的是一小撮自负而又爱冒险、欲致力于从内部改造满洲王朝的人。一旦发现他的计划搁浅、努力遇阻之后,他就退休回到家乡小镇,几乎是单枪匹马地开创工业与经济发展之路。他在日记中记载:他在中国创办了第一个严格意义上的中国棉花厂和第一所正规的学校。由于两者皆属开天辟地,因为中国从来都没有过两者之中的任何一项,所以他除了遇到反对与灾难预言之外,几乎没有遇到别的什么。现在,这个地区已经是众所周知的中国城镇的模范:拥有良好的道路,连通了各个村庄的大客车和技术型的学校;在那里,聋哑人被关心,乞丐完全绝迹。然而,这种方式只是古中国的理想方式,是一种儒家家长式制度;其展现的是拒绝大规模变革的小规模的国家改革规划。工业上的创新与陈旧的理念融合的最显著标志,就是工厂中出现了女童与妇女劳动力。由于工业巨头发现,男孩与女孩过了 10 岁不宜在一起读书,大多数女孩就失去了进校读书的机会。另一个城镇代表的则是毫无计划的竞争发展模式,不那么匀称却多了些活力。许多人强烈反对在发展城市生活时缺乏合作与组织,而这就是青年中国的特征:它视无秩序的大个人主义比所谓的模范城镇的仁慈独裁更有希望。

  但是,所有的工业化城镇都有一个共同的问题,这也是中国的问题,即中国的工业发展是否将重复英美和日本的历史,直至其放任的恶果导致群众运动和阶级斗争方才收敛,①还是利用他国的经验使发展人性化呢? 中国是一块问题之土,问题如此的进退两难和交错复杂,以致一些人常被提醒而想起在他青少年时期困扰中国人的那些难题。但是,对中国和整个世界而言,通过工业革命要解决的重中之重是方向性的问题。到现在为止,表面上所有的迹象都指向那场非人道的运动,指向盲目地重复西方工业革命中最糟糕的一幕。没有任何与工厂相关的法律法规,即使有,政府也没有能力去管理和实施它。你可以看到:丝纺厂里一群 8 岁到 10 岁的孩子,为了那么一点微薄可怜的工资,每天干 14 小时的活;而每天干 12 小时,在所有的作坊里是常规轮班制了。然而,在最近的几年里,多数这类企业每年分得的红利都在 50 到 200 个大洋之间,此外还有 50%的利润。很肤浅地,中国把其刚起步的工业看作不受约束的社会开拓者的天堂。然而,事情可不是那么简单。可

---

① 本文写作以来,已经爆发的民族革命促成了工会的发展,而且还不时地爆发阶级斗争。

以想象得到,未来的历史学家会说,中国拒绝引进现代生产和分配机制。这种拒绝长期被引证为是愚蠢保守的典型事例,其实是一种强大的社会本能的体现。这种本能使得中国等待,直到世界达到社会本身可以掌控工业革命而不是受其奴役的时候。但即使只是罗列此历史可能的诸多条件和力量,文末也没余地了,所以只能往最好的方面去想。

(郑国玉　译　马荣　校订　刘放桐　审定)

# 布尔什维克主义在中国*①

调查报告

中国北京,1920年12月1日

我亲爱的考尔·缀斯代尔(Col. Drysdale):

我现在就回复你的询问:我没有看到布尔什维克主义(Bolshevism)在中国的直接证据。去年5月1日,我抵达上海。在此后的一年半里,我去过九个省,包括各省省会。虽然大部分时间是在北京度过的,我还去过上海四次、杭州两次。我确信,布尔什维克主义在中国是不存在的,因为我与那些有时被称作布尔什维克主义者的教师、作家和学生一直保持着密切的联系,尽管他们的社会与经济观念事实上也的确是相当激进的。

这个国家的学生团体大体上都是非常反对中国的旧体制与现存政治状况的。他们尤其反对他们的旧式家庭秩序。他们厌恶政治,而同时共和党人在信念上也断定1911年的革命②是一个失败。因此,他们认为,在民主政治稳固建立起来之前,必须有一场理智的转变。他们在年轻的教师中拥有坚强的、有影响力的领导者。然而,绝大多数教师在观念上仍然是相当保守的。众所周知,中国的学生团体无纪律,他们积极插手于学校经营、罢工,并要求解雇教师,等等。这不是什么新鲜事,在日本只是程度稍轻而已,尽管那里存在着巨大的政治压制。

所有这些事情都使得学生们非常倾向于新观念,倾向于社会和经济的变化方案。虽然他们几乎没有什么经验背景,但他们欢迎任何观念,只要是新的,与事实

---

\* 此文选自《杜威全集·中期著作》第12卷,第191—193页。
① 本报告于1920年12月2日由美国驻中国大使馆的武官收到,报告在1960年7月22日由美国国务院解密。首次公开发表于《杜威的新闻书信》(Dewey Newsletter),1972年6月7—10日。
② 即辛亥革命。——译者

上已经存在的不同就行。他们实际上都是社会主义者,有时也自称共产主义者。许多人认为,俄国革命是一件非常好的事情。所有这些,可能看起来或多或少是布尔什维克的。但是,它根本没有受到俄国的鼓舞。虽然我试图追索所有的谣言,我还是没有听说过什么布尔什维克主义鼓动家。在南方,有人说他们在北方;在北方,又说他们在南方。我不怀疑在中国确实有一些这样的人,但是我确信,他们人数不多。而且,我绝对相信他们与这个国家激进思想的普遍氛围与气质无关。两个月前,在北京有一个学生因为传播"布尔什维克主义"文学而被捕。我调查发现,他实际上是无政府主义的,而不是布尔什维克主义的,因为他倡导废除政府和家庭。

然而,如果运动实际上是危险的,那么,它是否受到俄国的鼓舞或者指导就没有多大关系了。事实上,它只是学校男生的狂热而已,是理智和感情上的,而不是实践的。它是被政府的腐败无能以及前内阁的亲日态度激发起来的;它是中国从旧状况向新状态转变的征兆。它大多是相当愚蠢和肤浅的,但是,也反映出学生们在开始思考社会与经济的问题。这对于未来是一个好的迹象,因为这表明他们觉醒了,并认识到宪法与政府的仅仅纸面上的变化并不会对中国有任何帮助。激进的思想由于战争的缘故而得到了加强,但是,它一直伴随着这二十年的新运动。1901年或1902年被中国革命采纳的第一个平台是社会主义的,国民党——孙逸仙创办的革命党——的计划也是如此,直到它被袁世凯解散为止。但是,在这个国家,没有一种力量能带来一个社会革命或者任何类似的东西。农民仍然是高度保守的,他们占人口总数的90%,其中有相当多的佃农,但更多的是家庭资产所有者。一个经受着像北方那样饥荒的农业国家没有暴乱或混乱的爆发,这说明它比地球上其他任何国家都更少有布尔什维克主义的危险。而且,工业主义才刚刚开始。况且仍然只局限于上海和其他五六个城市。在这少数几个城市之外,没有任何不满的"无产阶级"可以号召起来。而在这些城市,虽然工会正在形成,但人们最感兴趣的还是他们的工资。他们没有受到巨大经济变化的观念的影响。几周前在长沙,我受邀参加一个组织劳工联合会支部的会议。会议上,实际没有一个散工、劳工,主要是商人,还有一些学生。这更像是国内的①某些市民福利或者慈善机构,而不是什么劳工党,虽然这个会议是由一个从上海来的代表国家的组织者召集

---

① 指杜威的祖国,美国。——译者

的。因而学生即使想要开始一个实际的运动,也没有工作的对象。他们也仍然太过理论化,不能成功地从事实际的运动。虽然他们在两年前相当成功地攻击了某些腐败的皖系派官员(Anfuites)[①],但是,强烈的流行意见伴随着他们。而目前,即使他们在政治上的影响——如果说在任何地方,他们还有一些实际影响的话——也是非常微弱的了。我想,大多数与他们有接触的外国人都希望他们更加积极一些,更希望他们能够开始什么行动,而不是只说不做。

整个事情总括起来说,就是:知识阶层在信念上是激进的,对所有社会改革的计划也都很感兴趣。但它毕竟是一个规模较小的阶层,产生的实际影响很小,而且也不大注重自我组织以获得更大的影响。作为一个对实际还在进行着的事情的关注,布尔什维克主义的整个社会与经济的背景还是贫乏的。随便找十个受过教育的、非官僚阶层的中国人(在皖系派政权时期试图通过称他们为布尔什维克分子而阻止学生运动),或者十个与中国人有接触的外国人问问,你就会得到同样的回答。许多人希望来一场政治革命,以推翻当前的官僚阶层,从而有一个新的开端。可能有这种剧变,那些不喜欢它的人称之为布尔什维克主义者的剧变。但是,恐怕它不会很快到来,而且一旦它真的到来,也将局限于重做那些在 1911 年宣称要做的事情。

你诚实的
约翰·杜威

(刘华初 译 马荣 校订 刘放桐 审定)

---

[①] 北洋军阀时期有两派,即直系与皖系,杜威分别用"Chili faction,Anhwei faction"来表达。——译者

# 中国是一个国家吗？*①

对于赫尔本（Helburn）先生这封字面正确但充满误导的信所提出的问题，要给出一个答案是很容易的。中国在我们所了解的欧洲国家的意义上，当然不是一个国家；它是松散的，不是紧密的。它至少与欧洲一样多样化，而不是像瑞士或法国那样同质。大家都听到过来自中国北方与南方的学生相互之间用英语交谈，以使对方听得懂。在中国许多人口稠密的地区，一个当地人只要走上几英里的路，就听不懂他的同胞说的话了。至于政治上的自我意识，还是让下面这个真实的故事来告诉大家吧。在反日运动开始一年半以前，一群学生从上海来到一个邻近的村庄。学生们要求村民们关心被"卖国贼"所掌控的北京政府的政策，并出于爱国主义对日本进行抵制。村民们耐心地听完了学生们充满热情的恳求，最后他们说："这对你们来说很好。你们是中国人，但我们是乡下人（Jonesvillians）。这些事情不关我们的事。"这还不是在内地，而是在靠近最发达的沿海城市的地方。

但是，尽管如此，如果任何人单纯或主要从这些事实出发来推断中国的未来，他就会步入歧途。这不是因为这些事实不具有普遍的代表性，而是因为事情都在变化之中。我们无法确切预言事情将向哪个方向发展，但它们确实正在向某个方

---

\* 此文选自《杜威全集·中期著作》第13卷，第64—69页。
① 首次发表于《新共和》，第25期（1921年），第187—190页；重刊于《苏俄和革命世界印象：墨西哥—中国—土耳其》(Impressions of Soviet Russia and the Revolutionary World: Mexico-China-Turkey)，纽约：新共和出版公司，1929年，第252—270页，以及约瑟夫·拉特纳编《人物与事件》，1929年，第1卷，纽约：亨利·霍尔特出版公司，第237—243页，以"中国国家身份的诸条件"为题。

向发展,所以一个固执地与作为一个国家的中国的利益背道而驰的中国政治家迟早是要被赶下台的。即使是中国国内的中国人,也不能放心地依据上述真实表现出来的事实行事。但我们同样不能根据有数以千计的电报发往巴黎抗议签订包含有关山东条款的条约这一事实,或者根据由亲日的政客所组成的一个内阁掌控财政与军队,他们完全不敢与日本就山东问题进行直接谈判这一事实,就放心地主张存在一个有持续影响力的少数派。在一场危机中,可能会存在一个如此有实力以至于占据主导地位的少数派,但仅仅是在危机中才能存在。

中国是一个国家吗? 不,在我们评价国家的意义上不是。但是,中国正在变成一个国家吗? 这将要花多长时间呢? 这些是悬而未决的问题。任何能够确定地回答这些问题的人,都能像读一本书那样来解读远东地区的未来。然而,没有人能够对这些问题给出确定的答案。在这份悬疑不决之中,存在着当前境况那转瞬即逝的有趣之处。说到底,是什么时候开始有国家的呢? 法国成为一个紧密而同质的国家有多长时间了? 意大利和德国呢? 是哪些力量促使它们成为国家的呢? 而中国之外的民族国家(the national state)的未来将会怎么样呢? 国际主义的前景如何? 我们关于国家的整个概念的起源如此晚近,这就不奇怪它在任何方面都不符合中国的情况了。也许政治上的国家性(political nationality)最充分地建立起来的时候,就是它开始衰落的时候。最后这个提法似乎有些狂野,但它暗示着世界与中国都处在变动之中。而无论对中国何时成为一个国家,还是对中国将成为一个什么样的国家这些问题的答案,在我们知道俄国以及普遍地说欧洲将会发生什么之前,都无法找到。

目前,继续就事态的消极方面来说,中国非常缺乏公共精神。家庭与乡土观念使中国在旧有的传统目标上强大,而在当前形势与国际关系上弱小。即使在政治家中间,派系观念也比公众或国家观念强大得多——这个弱点无论对传统事物还是新事物来说,都是相似的。一支庞大的军队消耗了公共税收,这使中国越来越依赖于外国的借贷并屈服于外国势力的干预。它对国家进攻与国家防卫毫无用处,而对贪污、个人野心与派系冲突有用。中国具有极度中央集权与极度州权利(extreme states' rights)的所有弊端,而极少有两者中任何一个的长处。不仅在北方与南方之间存在着分裂,而且北方与南方各自的内部都存在着相互交错的分裂,加上许多地方性的孤立与野心所带来的各种相互交错的问题。

不过话得说回来,在1785年后的那段危机时期中,美国是一个国家吗? 60年前不是刚刚发生过一场痛苦的内战,而格拉德斯通(William Ewart Gladstone)[①]不是宣布杰弗逊·戴维斯(Jefferson Davis)[②]建立了一个新的国家吗?所有关于国家统一性与各州权利的问题都已经解决了吗?距今不远的几个世纪以前,欧洲政治家们从外国政府那里取得资助,以壮大自己那一派的力量;并且,偶尔随着党派或宗教冲突的加剧,还会邀请或欢迎外国的干预。直至今日,国家与教会各自的要求都还未充分协调好,直到不久以前,教会还独立于国家所要求与保障的干预力量之外。而中国至少没有这种麻烦。

我最近读了一个从英国到美国来访问的聪明人的一些文字,他说,未曾融合的人口与传统的多样性是如此的丰富,以至于美国只在欧洲大陆是一体的意义上才是一个国家。而几乎与此同时,威尔斯(H. G. Wells)[③]根据一个不同的标准,即迁徙与交通的自由和便利的标准,说美国是一个自身如此完整的帝国,以至于我们不能在与说法国是一个国家相同的意义上用"国家"一词来形容它。这些零碎的引用提醒我们,即使对西方的情况,我们也只能在一个变动不居的意义上使用"国家"这个概念。它们也暗示着对中国的国家统一性作出有力而迅速的断言的困难。

当从政治事务转向经济事务,我们惯常的西方观念就更无用武之地了。这些观念简直是牛头不对马嘴,使我们不可能用它们来巧妙地描述中国的情况,甚至不可能用来恰当地把握这些情况。在我们对"中产阶层"一词所熟悉的意义上,中国不存在中产阶层。以前曾经存在过一个掌握着相当多的不成文权力的士绅阶层,但起码在眼下它实际上并不存在。商人阶层一向被排除在政治权力之外,并且尚未萌发任何政治性的或社会性的阶层意识,虽然它的一些端倪已经在1919年的抗议中露了出来。即使在西方,要把农民放进(我们几乎忍不住要说)有产者-无产者的术语框架中,也会遇到相当大的困难。而一个自耕农阶层,他们不仅构成一个民族的一大部分,而且是这个民族的经济与道德基础,他们在一贯以来的以及目前人们的评价中,是那些仅次于学者的值得敬重的人,如何在我们的西方概念之下得到归类呢?

即使在西方,这些区分的特点也是工业革命的产物。而在中国,工业革命尚未

---

① 格拉德斯通(1809—1898),英国政治家,曾先后四次出任英国首相。——译者
② 戴维斯(1808—1889),美国军人、政治家,美国南北战争期间担任南方政府的唯一一任总统。——译者
③ 威尔斯(1866—1946),英国著名小说家、新闻记者、政治家、社会学家和历史学家。——译者

到来。比起应用目前政治科学与经济科学的概念和分类来,中国这个地方更适于人们研究几个世纪以前的欧洲历史。如果来访者能从中国学到任何东西的话,他需要花时间去了解,而不要用他在本国认为理所当然的那些观念去思考他所看到的东西,否则,他得出的结论必然是模糊不清的。但我们可以询问:他对那些对中国感兴趣的人所能做的最有启发性的事,是不是去与他们分享他的发现,这个发现是中国只能根据它本身或较早的欧洲历史来得到了解。尽管如此,我们仍然必须强调说,中国正在迅速地发生着变化;而继续用古老的王朝式的观念来思考中国——就如濮兰德先生[①]所坚持的那样——就像把有关中国的事实塞进西方观念的框架中来解释一样愚蠢。从政治与经济上来说,中国确实是另一个世界、一个巨大而持久的世界,以及一个无人知其将往何处去的世界。正是这些事实的组合,才使人类事务的观察家产生难以抗拒地去琢磨中国的兴趣。

中国的国家身份(nationhood)问题,正如来信的作者接下来发现的,"并不是一个毫无用处的问题。中国是通过归顺来幸存的一个现成例子。如果中国是欧洲或巴尔干意义上的国家,那么,显然,日本就无法永远在那里作威作福。如果不是,那么,组织起它的工业和教育的那个国家可能会出于政治与经济的目的而吞噬它,比英国吞噬印度更彻底——吞噬,如果不说消化的话。或者也许地域规模与耐性的古老惯性会胜出,而日本人会被吞噬并被消化,就像他们的前人那样"。

这些评价都很贴切,而且涉及到中国的外国观察家常有的疑问。但是,虽然如此,除了指出问题,指出事态的变化,以及某些可能左右事态变化方向的因素之外,他做不了别的什么事了。一方面,我们不能放心地主张,因为中国已经吸收了所有从前的入侵者,它也能把未来的入侵者并入自身之内。它从前的征服者都是文化层次较低的北方蛮族。如果他们把一种先进的工业技术与管理一起带到中国,那么没有人知道将会发生什么。据说大隈侯爵[②]用中国没有铁路来解释中国历史上长期的独立状态,乍一看,这似乎有点幼稚,就像说别针救了人的命,因为人没有把它们吞下去。但是,这种观点暗示了古代入侵与现代入侵在特征上的根本差异。现代入侵以开发先前未得到利用的经济资源为核心。一个拥有中国的港口、铁路、

---

[①] 濮兰德(J. O. P. Bland,1863—1945),英国活动家,曾担任中国海关官员,也曾作为《泰晤士报》的记者走访和游历中国,著有《李鸿章传》、《慈禧外纪》(与白克好司合著)等。——译者
[②] 大隈重信(Okuma Shigenobu,1838—1922),日本政治家,曾两次出任内阁总理大臣。——译者

矿藏与通讯的国家会控制中国。入侵国越聪明，它所承担的超过必要治安维持的国民管理负担就越少。它会像长期压榨的资本家那样，利用这个国家的自然资源与不熟练的劳动力来为自己的目的服务。此外，毫无疑问，它会试图招募当地的人力来充实军队。一般来说，当地人会像苦力那样生活，而外国人则像上层人物那样生活。在这样的情况下，文化同化的成功或不成功就无关紧要了。

但是，只要人们一说起这些事，我们就会回想起内部通讯与交通的改善已经使国家发展成为政治单位的一个主要因素，而来自外部的压力是另一个重大的因素。同样的力量正在中国起着作用，并将继续发生作用。如今存在着的民族主义情绪在很大程度上是对外国侵略的反应的产物，在沿海地区最为强烈，不仅是因为工业的发展在那里最为发达，而且因为外国的侵略在那些地区最为明显地被人所感受。利用国家统一性的缺乏来控制一个国家，很可能导致一种国家意识的诞生。朝鲜就是一个明显的例子。政治上的腐化与分裂，缺乏国家的政治意识，在不到一代人的时间里，结合着完全意在为外国势力的利益服务的工业与教育变革的异族统治，已经几乎把朝鲜变成了第二个爱尔兰。历史表明，在企图颠覆国民性的意图的影响下，国家似乎反而会巩固形成。中国也不像是一个例外。虽然它不是一个"现成存在的"国家，但也许情势在召唤一个"正在形成的"国家，而这一过程会因阻止其企图而加快。与此同时，任何报道，只要不表明几乎中国任何地方的任何派系，无论北方还是南方，都会把国家权利交给一个外国来换取对其派系的援助以对抗国内的对手，就是不诚实的。

另一个在可能的变化中的因素也应该提一下。长期以来，除美国之外的各国列强都在按照这样一个假设行事，即中国应该处于分裂状态，而每一个外国的政策都是在其中分得自己认为应得的一杯羹。这个断言可能过于强烈了。但至少正在起着作用的假设是，无论何时发生任何分裂，对中国来说，向任何国家屈服都必须以向其余国家的让步作为补偿。世界大战造成了其他国家无法在这一问题上与日本相竞争的局面。现在很清楚，中国的分裂状态几乎只对日本一国有利。因此，其他列强对中国的国家完整性的善意关注有了很大的增长。中国历史上的政策，一贯是借一股力量来对抗另一股力量。现在，中国有受到所有列强支援的倾向，至少给它一种力量，以对日本侵略消极对抗。国际银行团（consortium）的形成及其对特定地区外国影响的消除，英日同盟的重新确立或废除问题，以及山东问题，都是在这一背景下获得它们的意义的。迄今为止尚未解决的问题是：日本能通过许诺或威胁对其他列强作出什么样的补偿,以引诱它们放宽对日本在中国活动的限制。

  一个长期居住在中国中部的美国教育家提醒我说,中国正试图在半个世纪内完成文化、宗教、经济、科学与政治革命,而西方花了数个世纪来完成这些。这个提醒意味着作出预言与确定描述的困难。尽管惯性与稳定性统治着广阔的乡村地区,尽管过去的具体预言在变化着的中国未曾应验,中国确实是在变化。由与西方方法和观念的接触所带来的成千上万微小的变化所积累起来的作用,已经在受过教育的阶层中创造出了一种新的精神。眼下,这一事实比任何单独的外部剧变或能够单独区分出来的外部变化的失败更为重要。在这种新的精神能够达到任何确定的成就,甚或能够确定地追寻可以察觉到的进步轨迹之前,还需要很长的时间。但这些使得一个巧妙描述如此困难的条件,却正是使中国具有引人入胜的兴趣的因素。

(赵协真 译 莫伟民 校)

# 中国内地*①

中国的两位总统之一——没有必要具体说明是哪一位——最近声称英日同盟的恢复意味着对中国的一次瓜分。在这次分割中,日本会取得北方而英国会取得南方。也许不应该从正式的征服或侵扰的意义上来看待这一论断,而更应该从象征的意义上,把它看作同各种策略与事件的趋势相关。即便如此,这种观点对中国以外的人们来说,也会显得过于夸张或粗野,这些人要么相信门户开放政策如今已经在中国不可改变地建立起来了,要么认为日本是中国所要害怕的唯一一股外国势力。但是,最近去南方的一趟走访向我揭示出:在那个地区,尤其是在广州,英国人在很大程度上占据着像日本人在北方所占据的那样令人感到怀疑和惧怕的位置。

从否定方面来说,日本人的威胁在广州所处的广东省是可以忽略的。据说,在广州的美国人比日本人多,但美国人的殖民区分布不广。从肯定方面来说,《卡塞尔煤矿条约》(Cassel collieries contract)的故事是有启发作用的。它显示出大众对英国人的态度的来由,并且相当有说服力地解释了上面引用的论断中所包含的苦涩。无论从哪个角度来看,无论从时间,从它包含的那些条款还是从伴随着它的情况来看,这个条约都是值得注意的。

假定这个条约让一个英国公司对于省内的高产煤矿享有为期90年的垄断权,并且(当然是相当附带地)有权使用一切运输手段,即水路或铁路、现有的码头和港

---

\* 此文选自《杜威全集·中期著作》第13卷,第107—111页。
① 首次发表于《新共和》,第27期(1921年),第162—165页;重刊于《中国、日本与美国》,第21—27页。

口,以及"在需要的时候修建、管理、监督和营运其他的公路、铁路、航道"——这读起来像是把省内一切进一步的交通便利设施都作了个垄断——首先来看条约拟定的时间。它草拟于去年4月,并在数月之后得到了确认。当然,这个条约是会同广东省的有关当局一起拟定的,并呈送到北京去加以确认。在这段时间里,广东省是由来自邻省广西的军人政客统治着的,这些人实际上是独立于与当时处于安福系的控制之下北方政府联合的南方各省的。广州和广东省的人对这种外来的控制充满敌意,仅仅是迫于军事压力才向它屈服,这是常识。为了驱逐外来者,民众已经在进行造反了,并渐渐达到了目标。几个月以后,广西军队被陈将军[①]的军队打败,并从这个省份被赶了出去;陈将军如今是广东的地方长官,他在进入广州时受到了热烈的夹道欢迎。这时,目前的这个地方政府建立起来了,它是一个使孙中山和他的追随者有可能从上海的流亡中返回的变化。那么,显然,这个放弃省内民众各种自然资源的煤矿条约,是由一家英国公司与一个并不代表省内民众的政府签订的,就像战争期间的德国军人政府并不代表比利时民众一样。

至于条约的各项条款,说它给予这家英国公司对这个省所有煤矿的垄断权,这种说法从字面上看是不准确的。从文字上看,列出了22个区域,这些是省内仅有的和将要修建的铁路,包括尚未完工的汉口-广州铁路沿线的一些区域。也许,这个事实能为我们解释银行团中的英国伙伴们为什么焦急地要求这条铁路的完工首先由银行团出资承担。这份文本还包含对具有如此重要的经济意义的合法文本是件新鲜事的东西,也就是按名称列出的地区之后的"等等"这个词。

为了这份特权,英国的辛迪加[②](Syndicate)同意向当地政府支付100万美元(当然是用白银)。这100万美元连带着6%的利息将要付给这家公司,而且,本金和利息都将通过当地政府,从它得到的分红(如果有的话)中拿出来还给这家公司。这些"分红"的实质已经在一篇文章中作了说明,它在其他地方会作为掠夺性条约的一个可能典型而引起企业发起人的细心留意。1000万本金等分为"A"份与"B"份。"A"份毫无保留地到了这家公司的董事们手里,而"B"份中的300万被分给这个公司的董事们供其支配;余下的200万又等分为两部分,一部分作为以刚才说过的方式付还的那笔由公司拿出来给当地政府的钱,而另外100万——本金的1/

---

[①] 指陈炯明。——译者
[②] 即企业联合组织,财团。——译者

10——作为一笔信托基金,它的分红要用于"这个省份穷人的福利",以及用作这个省的教育基金。但是,在"B"份取得任何分红之前,8%的分红要支付给"A"份,并加上对所有开挖矿井征收的每吨一美元的矿区使用费。任何对煤炭业稍微有一些了解、知道通常的矿区使用费是每吨10美分的人,都可以很容易地算出"穷人"和学校的辉煌前景,那代表了一个具有未被透露的价值的特许权给这些省份的全部回报。条约也向公司确保了由当地政府协助来没收所有已经授权给了别的公司但还没有开挖的矿主的矿。这些技术上的细节读起来枯燥无味,但它们凸显了英国公司与一个被其宣称统治着的民众所抛弃了的政府进行掠夺性谈判时的那种精神。与日本在山东的相对粗暴的做法相比,它们显示出广泛的贸易经验的好处。

关于使这个条约具有额外威胁性的环境和情况,下面的事实是很重要的。香港,一个英国直辖殖民地,处在河对岸与广州所处的位置正对着的地方,是省内巨大的产矿区域和铁路通达的进出口港口。通过对煤的垄断式控制而获得一切经济发展,这一点无须指出。条约的巩固会使英国在香港的各个利益集团控制中国几乎最繁荣的省份的整个工业发展,这一点怎么说都不会过分。在靠近广州的地方,在大陆上建一个一流的现代港口,将会是件相对来说比较容易且不那么破费的事;但是,这样一个港口有可能把香港的价值降低为拥有世界上最美丽景致的地方。已经有人在担心会建造一个新港口了。许多人认为,建造这些铁路等等的特许权,"是为了这家公司的生意和为了改善现有的设施而需要的";甚至,与对煤炭的垄断相比,它更是这个条约的目的。因为英国人已经据有了大陆上相当可观的一部分,包括连结海岸地区与广州的铁路。通过在英国所据有的区域内给这条汉口-广州铁路建一个直道,后者实际上会成为汉口-香港线,广州会变成一个小站。有了如此保证的这些好处,建一个新港口的方案可以无限期地被搁置了。

在这个条约得到保证的这段时间里,英国的各个商会在上海召开了一个会议。由此通过的决议,赞成从此废除特别的国家特权的全部原则,赞成与中国人合作来建设中国。在会议结束时,主持人宣布:对中国来说,一个新纪元最终到来了。在中国的所有英国人的报纸都齐声赞扬商会的这一明智之举;与此同时,拉蒙特先生在北京,在陈述银行团的目标是废除进一步的特权,以及为了中国自身的经济发展,把各个银行的金融资源结合进银行团之中。令人啼笑皆非的巧合是,香港-上海银行这个条约和这家新公司背后的金融力量,正是银行团中为首的英方合作者。

那么,如果那个国家的银行利益集团通过与中国的任何政府进行独立谈判而进入的话,就很难看出任何一个英国人如何指责日本人言而无信。

当活动场景转到北京为了保证中央政府对条约的确认时,安福系的统治已经不再,因此没有获得确认;广州的新政府已经拒绝承认这份条约具有任何有效性了。香港政府的一位官员告诉广州政府的一位官员说,香港政府支持这一条约的巩固,而广东省是英国的内地物资供应区。在最近几周中,香港总督和香港一个有影响力的中国银行家——他是一位英国臣民——到访北京。关于这次访问的目的,在南方到处流传着谣言:英国人的媒体报道说,一个目的是把威海卫还给中国——只要北京同意把大陆上广东的更多部分作为补偿而交给香港;南方的中国人的见解是,其主要目的之一是保证北京对《卡塞尔煤矿条约》的确认,其中将另有90万美元进账,10万美元在与当地政府签订条约的时候支付了。北京不承认目前的广州政府,而是把它看作一个非法政府。签订条约的那帮家伙仍旧控制着邻省广西,而北方要依靠他们来对这个宣布独立的省份进行军事征服。事实上,仗已经开打了,但广西军阀急需用钱;如果北京确认这个条约,那么很大一部分资金将会付给他们——所有那些没在北方军阀的半途而废中损失的钱。① 同时,各个英国通讯社一直持续刊发倾向于不承认广东政府的报道,虽然当地所有不抱偏见的观察者都把它看作是中国最有前途的一个政府。

这些思考不仅有助于使人看清在先前关于银行团运作的一篇文章中谈到过的一些困难,而且为判断英日同盟恢复的实际作用提供了一个不可或缺的背景。迫于情势压力,每一个政府,即使违背它的本意,都将不得不对对方的掠夺性策略睁一只眼闭一只眼;而眼下的趋势,将会造成为了避免更多的直接冲突而在北方与南方的势力范围之间作一个划分。主张恢复同盟的英国自由主义者的理由是:它将使英国能够对日本人的诸项政策进行管制。他们真是比相信对山东的经济控制与政治控制的分离的威尔逊先生还要天真呢!

不能过于经常地重复美国与日本之间真正的冲突焦点不在于加利福尼亚,而在于中国。英国当局不断重复:无论在任何情况下,这个同盟都不意味着大不列颠会在一场日本与美国进行的战争中支持日本。这是愚蠢的——除非这经过了算计。这个同盟恢复之日,日本的军国主义者们将会更加有力,而自由主义者们的力

---

① 这篇文章写成之后,报纸上宣称北京政府正式拒绝使这个条约生效。

量——已经够虚弱的了——还会进一步削弱。结果是,美国与日本之间在中国的一切冲突之源都会加剧。我不相信有注定要发生的战争,但如果它来临的话,日本的第一个行动——在中国的每一个人都相信会如此——将是夺取中国北方的各个港口和铁路,以确保食物和原材料的供应不受干扰。这个行动将会被作为国家生存的必要而被视为正当的。与日本结盟的大不列颠,除了以最匆潦草的方式之外,将无法采取任何立场来抗议任何东西。这种克制的保证,对日本来说,是仅次于公开的海军和财政支持的好事。没有这种保证,他们不会敢于夺取中国的港口。在最近几年中,外交官们已经显示出他们能够达到无比愚蠢的程度;但是,英国外交部中的一些人不可能对这些基本事实毫无察觉。如果他们恢复这个同盟,那么,他们是有意地要为这些后果承担责任。

(赵协真 译 莫伟民 校)

# 分裂的中国[*][①]

## Ⅰ.

大约6个月以前,北京政府发布了一个公告,宣告中国的统一。5月5日,孙中山在广州正式就任整个中国的总统。这样,中国在6个月之内二度实现了统一,一次是从北方的角度,另一次是从南方的角度。事实上,每一次"统一"的举动,都是中国分裂状况的一个象征,这是一种表达着语言、气候、历史和政策以及地理、人群和派系的差异的分裂。这种分裂状况从十年前满清王朝被推翻之日以来,就一直是中国历史显著的事实之一,并通过断断续续的内战表现出来。尽管如此,另有两种说法虽然表面上相互矛盾并与刚才说的这一点相矛盾,但具有同等程度的确实性。其中一种说法是:如果仅就中国的人而论,那么不存在真正的地理界线上的分割,而只有比比皆是的保守者和进步者之间的普遍分歧。另一种说法是:在中国不是有两个分裂的部分,而是至少有五个,南北各有两个,还有一个在长江流域的中部[②];这五个中的每一个,又根据派系或省区的界线分裂为大小不等的部分。而就以后的情况来看,这最后一种说法或许是三种说法中最有实际意义的一种。这三种说法都是确实的,它正是使中国政治甚至在比较主要的特征方面也令人如此难以理解的原因。

---

[*] 此文选自《杜威全集·中期著作》第13卷,第112—120页。
[①] 首次发表于《新共和》,第27期(1921年),第212—215、235—237页;重刊于《中国、日本与美国》,第33—34页。
[②] 自这一篇和上一篇写就以来,似乎有迹象表明,吴佩孚意欲控制中部地区。

时运凑巧，当就职典礼举行的时候，我们正好在广州。广州与北京之间的隔阂不仅在于两地相距遥远，两地之间几乎没有确实的消息往来；不胫而走地传入其中一个城市并被公之于众的消息，大多是由意在诋毁另一个城市的那些谣言构成的。在广州，人们听到帝制频繁地在北京复辟；而在北京，人们则听说广州至少每隔一周被赤化一次，而在每个间隔的一周中，孙中山的拥护者和陈炯明将军——那个省的都督之间则爆发公开的战争。即使在把北京政府仅仅当作一种必要的恶而接受的那些人的圈子里，也没有什么可以不给人造成这样的印象，即孙中山的旗号所代表的，无非是一小帮无信之徒以牺牲国家统一为代价来为他们自己取得一小点权力的渴望罢了。即使在广东北面的邻省福建，除了一些旨在把南方政府的重要性削弱到最低程度的流言蜚语之外，人们听不到什么东西。在北方的外国人圈子里，像在整体而言的自由主义中国人圈子里一样，有着一种共同的感觉，即北京政府也许事实上是坏的，但它代表着国家统一的力量；而南方政府则代表着要使中国的分裂状态持久固定的一种倾向，这种分裂状况使中国虚弱，并且不断吸引着外国的阴谋和侵略。只是非常偶然地，在前几个月间某个从那边旅行回来的人才羞羞答答地提出一种看法，认为关于南方，我们"吃错药了"，他们确实试图"在那儿做一些事情"。

结果，对于5月5日这一周里发生在广州的景象，我几乎毫无心理准备。这是两年来，我在中国见到的仅有的一次像是自发民众运动的游行。纽约人习惯了拥挤的人群、游行队伍、街上的装饰和与之相伴的热情。我怀疑在纽约是否有过一场游行在规模、喧闹、色彩和自发性——还冒着热带的阵雨——方面超过广州的这次游行。乡民们以如此规模群集在一起，以至于即使是在河里的船上也找不到住宿之处的情况下，他们持续游行了一整夜。一些没能在这次正规游行中找到一块地方的行会和地方团体，在正式游行那天的前后自行组织了一些较小规模的游行。尽管可以尽可能考虑到广州人对当地忠诚的强烈程度，以及他们也许更多的是在庆祝广州人当地的一件事而不是一个原则，这幅景象还是足以使人改变那些先入之见，并促使他试图去寻找给南方的运动以生机的东西是什么。

一场游行也可能虽然人数众多，却没什么实质意义。然而，人们发现，在当地的外国人——至少是美国人——说，自从前几个月以来在广州掌权的那些人，是中国范围之内仅有的一些确实在为民众做一些事情，而不是充实自己腰包和扩张个人权力的官员，甚至北方的报纸也并未完全忽略不提对有执照的赌博的压制。在当地，人们得知这种压制不仅是真正的和彻底的，而且意味着一个其主要困难在财政方面的政府，放弃了每年接近 1000 万美元的财政收入；而在这件事上——撇开个人压榨的动机不谈——本来是很容易主张为了维持收入来源，至少暂时地用目的使手段合法化的。整个中国的英文报纸都曾为香港政府把鸦片税从每年 800 万降到 400 万并计划最终取消这项税收而称赞过它；但是，香港是很繁荣的，它没有卷入内战，而它需要税收仅仅是为了一般的市政用途，不是作为在一场危机中保持自身存在的一个手段。

在目前的情况下，南方政府的这一举动几乎很难说不是英雄式的。这一放弃是广州政府的法令中最感人的一项，但人们很快便得知，它是数量可观的许多建设性的管理措施的一个伴生物。其中最令人瞩目的，是在全省范围内改革地方长官制度的各项尝试：在广州建立市政府——在地方官员均由中央任命和掌控的中国，这是个新事物——它建立在美国委员会方案（American Commission plan）之上，并由从美国的政治科学学校毕业的人领导；在全省范围内引入地方自治政府的各项计划；为了在广州引入分三个阶段完成的普遍的初等教育而定出的一个方案。

这些改革是地区和地方性的，它们是席卷全中国的一场普遍的反对中央集权、要求地方自主的运动的一部分。这场运动是对从北京派遣官员并从派系——以及钱包——利益出发来管理地方事务的一场抗议，那些人对地方事务的主要兴趣在于从中能榨出什么油水来。唯一可与目前中国的地方政府相类比的，是我们的内战之后那些日子里的南方投机客政府。这些能够解释为什么北京统治之下的乡村地区，包括中部和南部省份不听话；但无法解释随着孙中山当选为总统，一个新的国家政府，或者说联邦政府的建立。要理解这一事件，有必要回溯历史。

1917 年 6 月，北京的国会打算推行一部宪法。当时，国会受到旧的革命派领导的控制，这些人一直与袁世凯，或者宽泛地说，与行政首长不和；后者指责他们是妨碍议事者，在国家需要行动的时候把时间浪费在讨论和空想上面。这时，日本改变了针对中国参战的策略，并且借助《二十一条》确立了自己的地位。它发现了一条控制中国的军火库，并最终通过掌控中国的参战而在中国的军队中掺入自己的军队的途径；英国与法国为着同样的目的，也正在强力施压。国会行动迟缓，而唐绍仪、孙中山以及其他南方领导者则持反对的态度，因为他们认为，这场战争根本不关中国的事，而且总体来说，他们反英的程度甚于反德——这个事实能够部分说明目前各种英国报纸共有的反对广州政府的宣传。不过，最能说明问题的事实是：

这部将要施行的宪法取消了各省的军事总督或者说督军,并恢复了被袁世凯摧毁了的文官权力机构(civil authority)的至上地位,此外还写入一项去中央集权化的政策。受到自称是立宪主义者,并且要去推翻即使不是控制着行政权力、至少也控制着立法权力的革命派以维护派系利益的所谓改良派成员的唆使,军事总督们要求总统中止国会,解散立法会。这一要求得到了除美国代表团这个令人自豪的例外以外,所有协约国在北京的外交官的积极支持。总统软弱地让步了,签发了一项解散国会的法令,在文件中以书面形式承认其行为的不合法性。此后在不到一个月的时间里,由于张勋所导演的帝制复辟这场闹剧,总统成了在荷兰使馆避难的一个难民;张勋如今又以张作霖——眼下的中国"强人"——的各种计划的辅助者的身份回到了北方,走上前台。后来,举行了选举,又选出了新一届国会。这个国会在北京作为中国的立法机构,选举徐世昌为总统,得到了外国列强的承认——简而言之,这从国际角度来看,是中国政府;从国内角度来看,是北京政府。

旧国会中的革命派成员从不承认对他们的驱逐,并因而拒绝承认被他们称为伪国会的那个新国会的合法地位,以及由它选出的总统的合法地位,尤其因为这个新的立法机构不是按照宪法规定的规则选举出来的。此后,在一些昔日成员的领导下,被其反对者们称为过期国会的旧国会以断断续续的方式存在。它自称是中国唯一一个真正的立宪机构,最终选出了孙博士为中国总统,并相应地准备好了我们提到过的5月5日的行动。

这就是目前的南方政府在法律意义上与形式上的背景。它对北京政府的合法性的攻击,在严格的法律意义上,毫无疑问是有正当理由的。但是,出于各种不同的原因,它本身的实质地位同样易于受到严重的质疑。如此随便地被套到对方头上的"伪"和"过期"这两个词,在一个局外人看来似乎都有正当性。而去深究使南方国会的地位因其最终行动的迟缓而显得无效的那些原因,就更没必要了。一场等待四年之久来采取实质行动维护其权利的抗议面临的,不是法律上的要点,而是既成的事实。在我看来,就合法性本身而论,南方政府在技术争论上稍微有一点优势。但是,面对一个得到外国承认并且以这种方式维持了四年的政府,合法性的荫庇就成了一种靠不住的政治偏见。把南方政府视为一个革命政府,它除了享有十年前的那场革命运动持续的声望之外,还作为对抗北京政府的军事篡夺的一种立宪主义抗议而具有一笔可观的情感资产,这样看会比较明智一些。

南方政府并未取得在广州的各种反对北方政府的力量的一致支持,这是一个公开的秘密。比如说,唐绍仪就因缺席就职典礼而引人注目,因为他认为在那个时候祭拜他祖先的坟墓比较合适。地方都督陈炯明将军倾向于主张限制地方自主的程度,并鼓励在其他省份进行相似的动作,期望最终得出一个至少由长江以南各省组成的联邦制或邦联制的政府。他的许多将领希望把行动推迟到广东省与其他西南省份的将军结成军事同盟之后,这样,如果北方进行征伐,就能够加以对抗。另有一些人认为,对新政府的技术合法性的论证做过了头,他们一方面并不反对进行一场十足的革命运动来对抗北京,另一方面认为时机尚未到来。他们在指望张作霖恢复帝制的尝试,并认为民众对这一举动的反对会为这样一个如今过早进行了的运动创造一个适当的时机。不过,尽管英国人和北京政府的报纸大肆宣扬这些公开分歧,大多数反对者还是忠诚地收起了他们的反对意见,支持孙中山的政府。折衷方案已经有了,通过这个方案,联邦政府将把注意力集中在对外事务上,而把地方事务完全留在陈将军及其拥护者手中。不过,仍有发生冲突的可能,尤其是在对税收的控制这个问题上,因为目前对一套管理体系来说都缺乏足够的资金,更不用说两套了。

Ⅱ.

南方新政府的成员与人们在任何其他地方,无论在北京还是在其他省会城市,看到的类型都惊人地不同。后一些人简直就像是中世纪的,如果说他们不像是晚期罗马帝国的人的话,虽然他们中的大多数人学过一点现代的饶舌之辞用来说给外国人听。前者则是一些受过教育的人,这不仅是指上过学的意思和他们为了工作受过某些特殊训练的意思,而是指他们思考的观点和用来谈论的语言是时兴于全世界进步人群之中的。他们欢迎探求,并自由地谈论各种计划、希望和恐惧。我有机会碰到了在地方和联邦政府中都具有影响力的所有人;这些对话并未采取以供刊行的访谈形式,但我了解到,他们至少从三个角度来看待整个局面。

陈将军没有接受过外国教育而且不会说英语,他的训练和见解的中国特征特别明显。他是一个强有力的人,雷厉风行,在思考和行动上都是直来直去的,有着不容置疑的正直;并在一个官职主要是因其可能带来的奢侈而受人称羡的国家里,过着一种几乎是斯巴达式的生活。比如,就从实际的来说吧,在第一等级的中国地方官员中,他没有包养情妇。不仅如此,他还向议会建议采取一项措施,剥夺所有包养情妇之人的选举权(这项措施没能通过,因为据说它的通过会剥夺议员中大多数人的选票)。从各个方面来说,他都是我在中国碰到的所有官员中令人印象最深刻的。如果要我来选择一个有可能在未来成为国家首脑的人,那么,我会毫不犹豫地说,是陈都督。他能够忠实地给予和要求——单凭这一点,就使他显得相当特别了。

他的见解大致如下:中国最重要的问题是真正的统一的问题。工业和教育由于政府缺乏稳定性而受到阻碍,而社会中比较好的那些要素全都与一切公开的努力相隔绝。问题是这种统一如何达到。过去,一些强大的个人曾经以运用武力的方式尝试过:袁世凯尝试过但失败了,冯国璋尝试过但失败了,段祺瑞尝试过也失败了。必须放弃那种方法。中国只有通过民众本身,不是用武力而是用正常的政治改革方式才能统一起来。使民众担当此任的唯一途径,就是使政府去中央集权化;必须抛弃中央集权化的各种努力。北京和广州一样,都必须容许各省有最大限度的自主;各省会必须给予各地区尽可能大的权限;各地区对各乡镇也一样。官员必须由各地区从当地选出,而且必须尽一切努力来激发地方的原创力。陈都督的主要雄心,是把这种体制引入广东省。他相信,只要这个方法得到示范,其他省份就会纷纷效仿,而国家的统一将会是地方的砖石垒起来的一座金字塔。

伴随着行政事务上的极度自治,陈都督竭力强调一种中央集权化的经济控制政策。他说,实际上,伴随着政治上的控制,西方生发出了一种经济上的无政府状态,结果导致资本家的统治和阶层间的争斗。他希望能通过让政府在一开始就控制所有基本的原材料和基本的工业,比如矿业、运输、水泥厂、钢铁厂等等,而在中国避免这一后果。用这种方式,各省当局就有望确保本省一种平衡的工业发展,同时无须恢复重税,就能实现收入增长。而由于几乎所有其他都督都在运用他们的权力,与国内外那些掠夺性的资本家相勾结,为了私人利益而垄断各省的种种自然资源,因此就毫不奇怪陈都督的这些见解被视为是对这些人的特权的一个威胁,而他则在整个中国被宣扬为一个狂热的布尔什维克主义者了。他的观点对照英国对这个省份取得一种经济上的压制的意图来看,具有特定针对性——关于这些意图,我将在另一篇文章中加以讨论。

另一种类型的见解着重强调中国内部的政治状况,它的持有者们实际上说:既然事实上中国被分割了,有成打的政府,那么为什么要小题大作地在中国搞出两个政府呢?在北方,张作霖和他的对头们之间的战争肯定迟早要爆发的。每一个军事总督都担心他手下的师长;旅长密谋反对他们的师长;即使是团长们,也在不遗余力地扩张他们自己的力量。北京政府是个傀儡,听命于各省的军事总督,仅仅是由于这些将军之间的相互嫉妒,以及依靠外国的外交支持,它才得以存在下去。实际上,它已经崩溃了,而这种实际状态很快就会得到正式的确认。我们要做的就是继续向前,保持对这场革命的作用的良好信心,尽可能给这个省份最好的地方管理;然后,在不可避免的日益趋近的大崩溃到来之时,南方政府就可以准备来发挥真正重建的核心的作用了。眼下我们希望,如果无法得到外国政府的正式承认,至少他们能采取仁慈的中立。

孙博士的心中仍然保留着1911年革命的精神。就它不是反满族的而言,它在本质上是国家主义的,只是附带的有点共和主义色彩。孙博士就职典礼的次日,树立起一座纪念碑,献给这场成功的革命前大概六个月的时候发生在广州的试图摆脱满清重轭的一次不幸流产的举事中罹难的72位爱国英雄。这个纪念碑是我在革命的政治史上见到过的最富有教益的一个榜样。它是由72块花岗岩组成的,其中的每一块上都有铭刻:泽西城的、墨尔本的、墨西哥的、利物浦的或新加坡等地的中国同盟会(Chinese National League)提供。中国人的国家主义是中国人向外国移民的一个产物;外国土地上的中国人的国家主义促进了革命,并在很大程度上滋养了它的领导者,为它提供了组织形式。孙中山是这种国家主义的具体化身,这种国家主义关心把中国——以及亚洲——从一切外国统治下释放出来,更甚于关心各种具体的政治问题。并且,尽管从那时起各种事件风云变幻,他却始终在根本上停留于那个阶段,他在精神上与欧洲的领土收复主义类型的国家主义者而不是与当今的少年中国更为接近。虽然他是一个十足的共和主义者,但他衡量起各种人与事来,仍更多的是通过在他看来他们会做些什么来促进中国摆脱外国控制的独立,而不是通过他们所做的会对促进一个真正的民主政府起什么作用。这是对于一年前他和如今已经倒台了的安福俱乐部那些领导人们眉来眼去的糟糕行为可以给出的唯一解释。他容许自己自欺地认为,如果他能给予他们支持,他们本来会很愿意转而反对日本人的;而他的国家主义想象,则被小徐①征服蒙古的夸张计划点燃得更旺了。

比其他人更为开诚,孙博士承认和确信南方新政府代表着中国一种分裂的状况。他坚持认为,如果不是因为南方在1917年的脱离,如今日本就会在实质上控

---

① 指徐世昌。——译者

制整个中国,一个统一的中国意味着一个很容易被日本整个吞掉的中国。这个脱离使日本人的侵略区域化了,表明南方将会抗争而不是被吞灭,并给了北方的公众舆论一个喘息的机会来重整旗鼓,奋起反对《二十一条》和与日本签订的军事和约。由此,它拯救了中国的独立。但是,它虽然抑制了日本,却并没有困死它。日本仍企图借张作霖之助,把中国北方变为自己的附庸。统而言之的外国政府和具体而言的美国政府给予北京的支持,只不过被日本人玩弄于股掌之间而已。南方的独立成了仅有的一个屏障,可以暂时阻止日本把中国北方在事实上变成日本的一个省份的计划。有一种实在不怎么可信的流言说,在日本总领事与新总统会面时(没有其他外国官员曾经作过正式访问),前者提出他的政府会正式承认孙博士为全中国的总统,如果后者能把《二十一条》承认为一个既成事实的话。从日本的立场来看,这是一个很保险的提议,因为接受日本人的这些要求是新政府不可能做的一件事。但同时,这个提议自然而然地加强了孙博士这类国家主义者的信念,即南方的分离是使中国保持政治独立的关键;或者,用孙博士的话来说,一个分裂的中国在时下是通向一个最终独立的中国的唯一手段。

  列出这些见解并不就是说出了全部真实情况,它们是片面的;但列出它们,是真实地摆明了南方运动的领导者们的观念,以及如果要理解中国的国内国际状况就需要加以认真对待的那些观点。据我自己的看法,而不只是表达他人的见解,我已经得出了一个与我在走访南方之前的想法相当不同的结论。虽然不可能把中国的统一作为美国外交政策的一部分而给予过多的重要性,但还是有可能把北京政府作为那种统一的一个象征而给予过多的重要性。借用南方领导者们的话来说,尽管除了承认北京政府为事实上的政府之外,几乎无法指望美国做其他事,但是没必要过分宠爱那个政府和给它面子。这种情形保持着名义上和形式上的统一,而事实上却在鼓励各种腐化的军事力量,它们使中国停留在分裂状态之中,并招引着外国侵略。

  在我看来,对中国局势观察了两年得出的结论是:中国与美国的真正利益都能得到照顾,首先,如果由美国带头得到在北京的外交人员的承诺,确保他们会代为表达对北京政府的提醒,即无论如何,列强都不会认可一个帝制王朝的复辟。在美国,这听起来似乎是对一个外国的国内事务的随意干涉,但实际上,这种干涉已经是一个事实了,目前的这个政府仅仅是靠了外国列强的支持才得以维持着。这个提醒会终结一种阴谋、一种谣言和怀疑,这种东西如今正阻碍着中国的工业和教育,并使中国一直无法变得安宁和稳固。这会开创一个相对平静的时期,在这个时期里,无论什么现存的有建设性的力量都有可能浮现出来。第二项措施应该更加极端。美国的外交应带头澄清,除非关于裁军以及普遍削减经费的那些承诺得到不折不扣的立刻兑现,否则,列强将对北京政府推行强硬策略而非温和策略,坚持索要到期的利息和贷款,并坚持要该政府最严格地履行它的各项义务。这个要求生效的警告完全可以包括一个根本的威胁,即如果这个政府不认真地尝试把它作出的各种承诺付诸实行,那么就会被拒绝承认。这项措施还应该包含对任何意在对南方进行军事征伐的开支表示明确不同意。

对南方政府在外交上的承认,眼下还不是要讨论的问题。施加财政压力,以使南方政府有时间和空间来展示通过和平手段自己能做些什么,来给予一个省份或更多省份一种体面、诚实和进步的地方管理,这是可以讨论的问题。没有必要列举推行这样一种政策之路上的种种障碍,但是据我判断,这是列强可以用来避免使自己成为让中国长期处于虚弱与分裂状态的帮凶的唯一一项政策。这是对抗日本能够想得出来的无论什么侵略计划的最直截了当的方式。

(赵协真　译　莫伟民　校)

# 再访山东*①

我们在中国的最近三周,是在山东省度过的。自从我们上次走访以来,已经过去一年半的时间了。那次是在寒冬腊月,这次则是在夏日炎炎之时,社会气氛的变化与气候的变化一样巨大。在先前那段时间里,济南正处于军事管制状态,而黩武之人确实正在用武力针对处于高潮的学生运动。其时,安福系人正在国家首都和省内掌有大权。甚至教育性质的讲座也受到了影响。地方官员通电北京当局阻止我们的到访,因为这肯定会给他们带来麻烦。这个消息并未传到我们的耳朵里,我们在得知这次走访有多么危险之前就已经身在济南了。到处洋溢着的兴奋,立刻揭示出发生了某些事情;正在对抗黩武而亲日的官员们的报业人士和议员,给了我们一个非比寻常的热烈欢迎——所以,那些官员也只好跟着那么做了。每隔20英尺一个士兵,沿街一字排开;省议院大厅的院子里布满了士兵,机关枪架设在屋宇之上——所有这些,都是因为害怕当时正在罢学抗议关闭他们总部的学生们会采取武力示威。警察头子在台上占据着通常由一个教育官员所占据的位子。

这一次,在建立一个师范学院的过程中,一切都像在美国一样平静。街上只有通常数量的武装警察;省议员仍在对抗这个省的都督,但这种抗争是和平的抗争,没有一个士兵踏入议院大厅。目前的抗争,指示着中国的政治状况。这个省的财政专员是一个山东人,因此他致力于通过把各项支出限制在合法用途上来保护本省的民众。省督的职位受到追捧,归功于它是通向亿万富翁最短最便捷之途,因而

---

\* 此文选自《杜威全集·中期著作》第13卷,第121—126页。
① 首次发表于《新共和》,第28期(1921年),第123—126页。

都督撤消了碍手碍脚的财产审计员一职,于是就与省议会之间产生了冲突。我说它对目前的状况有代表性,是因为虽然军阀黩武还很猖獗,但是中国人如今开始吸取那条古老的教训了,即政治上的控制与对国库的控制并行,以及中国的士兵既是省议会对公共资金缺乏控制的一个原因,又是其结果。吸取了这个教训,中国的政治发展就会开始朝向与西方世界争取代议制政府的抗争平行的方向。"共和主义"渐渐地从一种热望和一个幻想中的词汇变为一项实务了。

与日本人的关系以及国内形势在这一年半之间呈现出一种平静得多的面貌。直接的侵略行为实际上已经停止了,"入侵"如今采取的是一种稳步的和平经济渗透的形式。偶然的挑衅事件仍有发生,比如说,日本人的地方当局要求都督下达禁止在5月7日——纪念签订《二十一条》国耻日——举行集会和游行的命令,目的是要引发学生作出公开的反日行为。但是,这个命令从都督手中传到教育专员手里,从专员那里传到各个校长那里,从校长那里传到学生那里——在那次纪念之后的某个时间。集会举行了,每一件事都在和平的状态下进行了。在国家植树节这个春季假日那天,日本驻扎在济南的士兵又似乎碰巧在学生们选来作为植树地点的山头上进行操练。但是,学生们组织得很好;在这种情况下,公牛被训练得无视那块红布,无论它怎么耀眼,先前企望已久的挑衅行为并未发生。但是,尽管这些偶然事件仍时有发生,像先前那样任意无度的拘捕和审讯已经停止了。总体上说,它们被一种安抚政策取代了,因此可以公平地推断这样的偶发事件是由于当地狂傲的日本人不喜欢这个对中国人策略的改变。这个改变也影响到了在这个省的外国人。过去,他们或多或少对在去青岛的时候被强加的那种通行规则的粗暴无礼有些怨言;如今,一个满口当地奉承话的和蔼官员会问你是否有一张通行证,然后会告诉你,既然你是个美国人,那么即使你没有也没多大关系。这个小插曲对于旅行者如今受到接待的方式来说,是很有代表性的。这种方式与人们在日本本土所能发现的殷勤好客非常相似,而不像是那种粗暴态度,那种态度直到不久以前还提醒着到访者:对占据这块陆地的日本人来说,他是个入侵者,那里只有日本人的难看脸色。

在青岛,在与工业区分开的居住区中,给人留下印象的与其说是日本,不如说是德国。而无论一个人对德国占领的由来和目的持什么样的观点,他都不得不承认它在占领状态下做得很不错。在远东,没有哪一个城市像这个城市建设得一样规整悦目。德国人在数年之间,把它从一个满是土坯小窝棚的肮脏小渔村,变成了中国最整洁的城市和一个具有巨大商贸潜力的港口。在这里，日本人的态度改变也是显而易见的，在所有事情的外在方面都着力减少军事占领的痕迹，而强调市政管理。他们花了很大的力气把外国客人吸引到这个宜人的避暑胜地来，长期居住的外国居民则不再抱怨质询式的登门拜访和烦人的打搅，而只是抱怨要顺顺当当不吃亏地办任何正式的事情，比如签个租约或者交个税什么的，所需凭证的数量之惊人。不过，我们的布赖恩①时期的远东外交政策的色彩还很明显，原来就居住在那里的美国居民从来不曾因为日本士兵在占领时期进行的有组织的洗劫而得到任何赔偿，虽然英国公民们已经得到了赔偿。

说日本比较具有安抚性质的策略已经影响了中国人的感觉或见解，这是不确切的。原原本本地探究一下，为何恰恰对先前德国人的占领，人们感觉到的痛苦如此之少；而对如今日本人的统治，人们感觉到的痛苦则如此之多，这会具有很大的启发意义。日本人把这种反差看成是中国民众拒绝承认他们的真正朋友的特别顽劣的性情所致。对一个彻底结束了的过去的理想化，与一个鲜明的现在相对照，或许与此有关；德国人在打交道时友好而老练的品性，肯定也与此相关。下面的事实也与此有关系，即德国商人主要限于对外贸易，日本定居者则参与所有种类的零售业；而且更为严重的是，他们正在占据土地。还有一个事实也能说明问题：山东的铁路在德国人统治时是一家私人企业，这家企业自由地雇用中国人来帮忙和当守卫；而现在它是一家日本政府所有的企业，除了用来当苦力之外，不雇用中国人。但我认为，把所有这些事实放在一起都抵不上另一个事实，即德国人的占领似乎只不过是一系列必须尽可能好好对待的外国侵略中的一个偶然事件，而日本人的统治则是一个笼罩着的巨大威胁，即他们随时可能完成吞并。由此，激发了深刻而强烈的感受。

与一年半以前相比，如今直接的抱怨集中在鸦片问题，以及向匪帮提供武器和以其他方式助长他们。在青岛设立了一种政府垄断的鸦片经营，这是一个得到官方承认的事实，不是一则谣言。官方的具体细节当然不容易获知。不过，据人所知，这种生意是由一个中国人来经营的，一个名叫刘则山（音译）的人；大约每年进口250万盎司，特许经营者每盎司付2美元给日本帝国管理部门，这样单鸦片和吗

---

① 布赖恩（William Jennings Bryan，1860—1925），美国政治家、律师，1913年至1915年间出任美国国务卿。——译者

啡的贸易就要付给占领者每年500万美元。到此为止,还可以说日本只是步英国和法国在中国南方的后尘而已,但是至少有着如下的不同:香港和印度支那确实在外国主权管辖之内,而中国的旗帜仍飘扬在青岛海关的上空,所有入境的货物都要付固定的关税。鸦片当然是禁运品,让它出现在进口货物之列是不行的,因此它贴着"军用储备"的标签装船载入,这样就逃过了检查。人们还普遍相信,除了把这些货品充作行李的一部分来携带的那些商人之外,军用铁路上的守卫也扮演着境内分装者的角色。

关于提供军火给匪帮的确切事实甚至更难获得,人们必须依靠在中国人和外国人中间都广为流传的那些相似的说法。客观事实是,日本人铁路上的守卫足以保护这一区域,而在德国人占领期间,即使用中国守卫,这个区域也完全太平无事。从那以后,这块地方就饱受骚扰,有时甚至到了被迫整村撤退的地步。这种事态没有日本当局的默许,当然是不可能的。混水摸鱼的策略在满洲已经有过大量好的——或坏的——先例了。小道消息说,日本士兵在晚上把自己的左轮手枪出借给匪徒,还直接出售枪支弹药——这些东西是处于日本官方的严格监管之下的。人们可以得出比较接近统计数据的事实是:仅仅一个月之中,在离青岛5英里远的区域里租给日本人的地盘上就发生了20起抢劫,而日本人从来都是毫发无伤。

日本政府已经向国际反鸦片协会(International Anti-opium Society)保证,会取消山东的鸦片垄断,而中国政府则承认已经有一些改善的迹象了。如果日本军队撤回,抢劫就会回到中国的一般平均水平上,虽然试图通过找麻烦来得到借口插手进来保护日本人利益的企图仍会保留下来。剩下的关键点是经济问题。聪明的山东人确信,日本如今很可能在最近的某个时间兑现其撤军承诺;但是,他们认为,这不会对局面造成任何实质性的不同,因为与此同时,日本已经在经济上扼制着这个省份了。即使这种扼制确保有超出一般的经济效益,中国人也几乎不会比其他人,例如加利福尼亚人更欢迎它,尤其是当这还牵扯到土地所有权。在中国,土地本身集中了所有感情;而在西方国家,这些感情是分散在宗教的和爱国的旨趣之中的。但是据称,欺骗与武力一直是日本借以使其经济地位得以稳固的手段。对德国人在青岛的财产的所谓拍卖,就其对人与价格的偏袒来说,无疑是一桩丑闻。使农民们被迫与他们的土地相分离的那种手段,我在上一篇文章中已经谈到过了。此外,还据说,当争议涉及租约或其他经济利益时,向法院上诉是没有用的,因为日本的诉讼当事人永远是对的,这是一条准则。一些中日合资公司已经办起来了,据中国人的看法,其中大部分是在胁迫下创办的,而结果则是待遇不平等。但是,关于这一点,很难找到不带偏见的证言。

尽管中国人普遍认为日本的经济控制太牢固了,以至于随便什么东西,只要缺乏国际压力或者政治上的造反,就不可能动摇它,我却并不认为日本满意于这种工业与商贸状况,尤其是根据一开始就被激发起来的那些强烈的希望来看。在写这篇文章时,我手头没有去年的数据;但是,1919年的海关统计显示出德国人占领的最后一年在贸易方面并没有很大的增长,虽然日本人建起了大量的工厂。这也许可以归因于普遍的萧条,但是从1916年到1919年,大连这个日本在中国北方的港口的进口量几乎增加了两倍,而出口量则增加了一倍多。日本人在进占时的计划包括修建数条铁路,把内地和他们在济南的铁路连接起来。他们随意预言,青岛将成为取代天津并与上海相匹敌的整个中国中部的主要港口的那一天。不过,这些预言也不完全建立在感情的基础之上,正如以下这个事实所表明的,外国在中国的商业利益与日本人的占领之间的对立,完全建立在一种威胁的基础上;这种威胁,就是他们的占领意味着对外国人公司所在的那些港口贸易的一种扼杀。但在其间的这些年中,日本把它的资金用作非生产性的政治性贷款随意发放,这引起了民众的仇恨,而且使得铁路特许权成为不可能。而如今,规划中的铁路归银行团管辖——用来补偿它对满洲的实际忽略的一个信用条款。预期与实现之间的鸿沟是如此巨大,以至人们倾向于认为,日本愿意拿出其在山东的一些保留特权来换取中国人和国际上对它在满洲的"特殊地位"的确实承认。

这就把我们带到目前山东在外交上的地位这个问题上来了。就像日本的辩护者们强调的那样,日本已经三度敦促中国就"归还"山东问题进行公开的磋商,这种说法大致不差。这些辩护士们为了那些无视实际状况的人的利益说话或写作,说日本极其痛惜中国缺乏任何可进行充分稳定的商谈的政府,还说日本热切地盼望这样的一个政府出现。在他们比较坦率的时候,他们承认没有哪个中国政府敢于就这个问题与日本进行直接谈判,即使是处于极盛时期的安福系政府也不敢,因为他们深知,这将成为一场暴动和可能的革命的信号。这种不愿意的部分原因,在于深植于中国人心中的那种心理:"在拿不准的情况下,不要轻举妄动。"特指这件事而言,在对将要代表中国进行"磋商"的那些官员的才智、力量和品性都不确定的情况下,完全有理由采取这种"无为"的策略。但是,这种拒绝还有一个客观原因。日本最初的谈判要求是这样的:要求中国政府保证,如果它接受谈判结果,那么就承认《凡尔赛条约》以及《二十一条》签订时订立的那些条约的有效性。后来的建议重复了最初的令人反感的理由。他们提到"正式同意",这指的是"中国政府保证事先承认并同意移交"德国的权利给日本。当然,中国的整个问题在于它拒绝承认先前这些条约的有效性,拒绝的理由有三:首先,它们是在胁迫之下签订的;第二,德国的资格禁止转让给第三方;第三,当中国作为一个盟国参战时,它的地位就改变了。这最后一项理由在日本企图阻止中国参战,直到其与法国和英国签订了密约保证支持它夺取山东之后,得到了默认。那么,与大众的感觉相当不同的是:日本为中国政府参与谈判提供的仅有的基础就是使其最近的外交徒劳无效,以及放弃矫正由《二十一条》引发出来的这些状况的一切希望,而后者所包括的东西比山东问题多得多。比如,世界上的舆论似乎都还没有意识到,将旅顺港租给俄国的最初的那份租约于1924年到期,而日本对满洲的占领则依赖其中包含《二十一条》的那些条约的有效性。

毫不奇怪,中国的各种希望与恐惧如今集中于太平洋会议,而且是明智的山东人圈子里谈论的主要话题。它的关键在于包含《二十一条》的那些条约是不是既成事实,这样说一点也不过分。如果这次会议确认了日本的地位,那么,中国命运中的一个章节也就结束了。如果它拒绝这么做,那么除非日本愿意做出比现在看来会做出的更多让步,否则,这次会议肯定会谈崩。很值得去尝试一下,但对它的结果的过度乐观是幼稚的。几乎不需要凡尔赛来提醒我们,一场和会也许会同一场战争一样危险。

(赵协真 译 莫伟民 校)

# 中华民国成立十周年纪念*①

## 一个通讯

对那些信任中国人且信任他们的真正民主性格的人来说,中华民国成立十周年的纪念是一个又喜又忧的场合。喜的是这个国家至少已经面向一个目标,它的强大、幸福与自由都将在这个目标中找到;遗憾的是,民国在相当大的程度上还只是一个名称,在这个名称的掩盖下,各种独裁专制力量和军国主义力量已经掌控了中国的国内事务。如果我们留意一下这个国家的政治环境,无论在整个国家的层面上,还是在大多数省份的层面上,或是在各个城市的层面上,我们都不得不承认:十年前的这场革命成功地推翻了满清王朝,但在任何积极的意义上,它都还不是一场完整的革命。作为权力和权威转到民众手中的一场变革,作为普通人从一种腐朽、暴虐和愚昧的寡头统治下的一场解放,这场革命在相当大的程度上还有待去完成。

尽管如此,在中国为期两年的逗留和对11个省份的省会城市的访问,使我确信进步的迹象是确凿无疑的。我甚至相信,许多表面上看来使人灰心的事,实际上标志着各种力量的涌动,这些力量在下一个十年中将会为中国做出丰功伟绩。详细的,我就不说了,但我在中国的逗留印象最深刻的一点是:我看到了一种开明进步的民意确实而迅速地发展。道德与理智的力量在中国是如此巨大,以至于一切

---

* 此文选自《杜威全集·中期著作》第13卷,第127—128页。
① 首次发表于《中国评论》(China Review),第1卷(1921年),第171页。

热爱中国的人都能从中受到鼓舞并且拥有这样的信念,即有朝一日,人们会通过他们伟大的奋斗赢得一个实实在在的而不仅仅是名义上的民国。作为热爱中国的人们中的一员和对它的命运抱有信心的人,我希望自己微不足道的声音加入在10月10日这一天欢呼中国建立为一个民国的许多声音的行列中。

(赵协真　译　莫伟民　校)

# 联邦制在中国*①

刚到中国的人通常在对各种事情的观察和评判上,会犯把新近发生的事看得过于重要的错误,各种如果出现在西方世界中预示着重要变化的事情经常发生——但是,没有任何重要的结果。改变经年累月养成的习惯,不是一件容易的事情;于是,到访者就推断一件令人吃惊到耸人听闻的程度的事情,必定是一系列有明确趋势的事件的一部分,其背后必有深远的计划。时间、经验和有一点理智的耐心加在一起,才能让一个人意识到即使在各个事件之间存在着一种节奏,它的步调也是如此迟缓,以至于必须等上很长的时间,才能判断实际上发生了什么事。大多数政治事件就像日常的天气变化一样,这些起伏或许严重地影响个体,但是逐个地分开来看,却不怎么能说明季节的变化。即使是由于人的意图而发生的那些事,也通常是昙花一现的和偶然随意的;而由于在其中读出了过多的谋划、过于复杂的方案、过于有远见的计划,观察者就误入了歧途。事件背后的目标,很可能仅仅是某种直接的优势、直接的权力增长;击垮一个对手,或通过一个孤立的行为来获取更大的财富,而没有任何连续性、系统性和前瞻性。

不过,在对中国近几年政治局势的判断上,不仅仅是外国人才犯错。两年前,有人听到有政治倾向的有经验的中国人说,事情不可能像当时那个样子继续下去超过三个月之久,必定会发生某种决定性的转变。但是,在表面上,局面不仅在三个月之内基本维持了原状,而且到现在已经两年了,除了一年前安福系的倒台这

---

\* 此文选自《杜威全集·中期著作》第 13 卷,第 129—134 页。
① 首次发表于《新共和》,第 28 期(1921 年),第 176—178 页;重刊于《中国、日本与美国》,第 44—50 页。

个例外。而这件事也几乎谈不上标志着什么事件的一个明确转向,如果要说起来,它在很大程度上只不过是权力从一派督军手中转到另一派手中而已。尽管如此,我还是要冒一下成为我已经提到的这种错误的受害者的危险,赶忙下断言说,最近几个月来,确实已经显露出一个明确而持续的趋势——透过日复一日为个人权力和财富而进行的争夺,社会中的一种周期较长的政治变化正在表现出来。似乎已经显出了几条分水岭,这样,透过各种惊人的、夸张的、耸人听闻但没什么意义的事件的翻滚涌动,一种明确的模式显露出来了。

这种模式通过本文的标题得到了指示——向着一种联邦制形式的政府发展的一个动向。不过,虽然称它为向着联邦制发展的一个动向,这样说还是较多地跳跃到超出目前境况允许的遥远将来了。更确切和更中肯一些的说法是:存在着一种相当明确且看来似乎会长久保持的、向着地方自主和地方自治的趋势,它伴随着一种模糊的希望;希望在未来,在不同程度上独立的单元将会重新结合成为中华合众国或中华联邦国(the United or Federated State of China)。展望未来,人们期待着三个阶段:第一个是目前的分离主义运动的完成;第二个是北方与南方形成各自的邦联;第三个是重新统一成为一个单一的国家。

要对这种明确而持久的趋势进行一个详细的证明,预先要求读者对于中国地理的知识和最近的具体事件非常熟悉,可以说,近乎苛求。所以,我将限于局面的相当一般的特征。第一个特征是北方与南方的长久对峙所构成的新阶段。粗略地说,建立共和国、推翻满清的这场革命,对南方来说,代表了一个胜利。但是,过去五年中,从一个名义上的共和国向一个腐败的暴吏或军事总督或封建领主的寡头制的这个转变,对北方来说,代表了一个胜利。这是一个重要的事实,至少是标志性的事实:中国如今剩下的最强有力的督军或军事总督——从某种意义上说,唯一的一个在过去数年动荡中幸存下来的强人——张作霖,是东三省的无冕之王。然而,不能把所谓北方与南方之间的这场内战,理解为南方的共和主义与北方的军阀主义之间的一个冲突。这样一种概念直接与事实相反。直到六个月或八个月之前为止的"内战"主要是军事总督之间以及派系之间的冲突,它是整个中国范围内都在进行的争夺个人权力和财富的一部分。

但是,事情最近向一个不同的方向发展了。在南方的四个省份,看起来不可一世的督军都被推翻了;而且,这些省份已经公开宣告或隐秘地实行它们的独立。既独立于北京政府又独立于先前的广州军政府——广州所处的省是那四个省中的一个。当时,也就是去年秋天,我正好在湖南。湖南是南方各省中最先取得相对独立的省份,它刚推翻借助北方军队来统治这个省的那个邪恶的暴君不久。在一周的时间里,在湖南省的省会长沙,举行了一系列会议。每个演讲的主旨都是"湖南人的湖南"。这句口号包含着两种各自都想成为主宰的力量的精神;它是政治上成熟的南方所代表的地方自主原则与北京所代表的军阀主义中央集权化原则之间的一个冲突。

正当我写作之时,在九月上旬,因为吴佩孚与由于名义上独立而在目标和利益方面与南方相一致的湖南人之间的战事,当务之急被掩盖了。如果,而且很有可能,吴佩孚胜利了,那么他会采取两种做法之一。他可以用他得到了壮大的力量来对抗张作霖和其他北方军阀,这会让他与南方人结成实质的同盟并使他成为联邦原则的代表人物。这是早先的情况会要求他采取的做法。或者,他可以屈服于官员一般都有的对权力和金钱的贪婪而再次尝试袁世凯的军事中央集权化政策,在确定得出张作霖是他的对手之后,由他自己来当首领。这是军事首领们过去的例子所暗示的做法。但即使是吴佩孚步前人的后尘而变坏了,他也只是加速了自己的灭亡。这不是预言,而只是对一个军事首领似乎完全大权独揽时在中国无一例外发生的情况的一个叙述。换句话说,吴佩孚的胜利,根据他将采取的做法,或者会加速或者会延缓地方自主的发展。这无法永久地阻止或改变这种发展。

使人们可以确定这种朝向地方自主的趋势是一个现实,而不仅仅是一种迷惑观察者的毫无意义的权力转手的基本因素,它与中国人的脾性、传统和氛围相一致。分封制在两千年前就成为过去了,而从那时起,中国就再也没有过有效的中央集权政府。过去两千年中起起落落的这些绝对王朝,都是靠着不干预和宗教的光环而存在的,后者永远无法加以恢复了;这个共和国在历史上发生的每一个插曲都显示出:有着广大繁杂的不同区域,3.5亿到4亿的人口,多样的语言和沟通的缺乏,由家族体系和祖先崇拜所认可的巨大的地方关系,中国不能从一个单一而遥远的中心出发来加以管理。中国依赖于一张由习俗巩固下来的自愿的地方联合的网络,这个事实给了它无可比拟的稳固性和进步的力量,即使在像过去十年中那样动荡不安的政治环境下。有时候,我觉得,美国人具有蔑视政治的传统,自发地依赖自立的地方组织,几乎是仅有的一些天生适合于理解中国状况的人。根深蒂固地依赖国家的日本人,不断地判断失误、行为失当。英国人对地方自治政府的意义比我们理解得更好;但他们被其对政治的推崇所误导,以致当政府没有采取政治形式时,他们无法一下子发现或认出它来。

说满清王朝倒台的一个重要原因在于这样一个事实,即由于国际关系的压力,他们企图把一种在民众精神看来完全陌生的中央集权强加于各省,尤其是在财政事务上,这一点并不会过分。这种做法在先前没人在乎的地方制造出了敌意。中国不可能像一个面积小得多、人口少得多的欧洲从神圣罗马帝国这个单一国家的解体中产生出来那样,从各种动乱纷争中产生出一个统一的国家。事实上,人们时常感到奇怪的,不是中国处于分裂状态,而是它竟然没有比现在的状况更加四分五裂。但有一点是肯定的,不管中国最终取得了什么样的进展,这种进展都只可能来自许多不同的地方中心,不是来自北京或广州。它将通过联合与组织而得到实现,即使他们采用的是一种从本质上来说并不首先是政治的政治形式。

对于目前的情况趋势,人们尤其是外国人,非议甚多。这些非议已经超出合理的程度。中国目前的虚弱,是因为它的分裂状况。因此,可以自然而然地论证说,目前的这种分离和普遍的分裂动向将会加重这个国家的虚弱。中国的许多麻烦都是由于缺乏任何有效的行政体制,这一点很明显;认为没有一个强大而稳固的中央政府,中国甚至无法建造铁路和推行普遍教育,这也是合情合理的。关于这些事实毋庸置疑。中国的许多友人深深痛惜目前的趋势,而其中有些人则把这视为长久以来人们一直在预言的中国解体的最终完成,这并不令人惊讶。但是,基于对历史、心理和现实状况的无视而开出的针对中国病症的药方,是如此不切实际,以至于不值得去讨论它们在理论上是否令人向往。通过一个强大的中央集权政府来解决中国各种麻烦的办法,可以和通过驱魔来治疗疾病归为一类。罪恶是实际存在的,但既然它是实在的,就不能尝试用一种假设不存在的方法来对付。如果恶魔真的在那里,它就不会被一道符咒驱除。如果麻烦是内在的,不是由一个外部的恶魔引起的,那么,这种疾病只有靠病人自身具有的抵抗力才能治好。而在中国,虽然这些复原和成长的因素众多,但它们都与地方组织和自愿联合相关而存在。日益高涨的"督军下台"的呼声,源自地方各省维护自己被一种名义上中央集权化、实际上混乱无序的局面所欺压侵犯的利益的动机。在这场否定性质的工作完成之后,中国的建构性重建只有利用地方的利益和能力才能进行。在中国,这种动向与在日本所发生的情况相反,它将从外围到中心。

对目前趋势的另一种反对意见,从外国立场来看特别有力。正如已经说过的那样,满清王朝后期加强中央权力的做法是迫于国际上的压力。外国把北京看作一个像伦敦、巴黎或者柏林那样的首都,结果为了符合外国的要求,它只好试着变成那样一个中心了。这个结果是一个灾难。但是,外国仍想有一个能够担负责任的单一的中心。如果不是有意识地,那么就是潜意识地,这种愿望要为外国对地方自主运动的反对负很大的责任。他们很清楚,实现联邦这个理想要花很长的时间,那么与此同时,为外交关系、战争赔款的增加和各种特权的保障负责的主体是什么,它又在哪里呢?

从某一个方面来看,这种分离主义趋势不仅对列强来说是不便的,而且对中国自身而言也是危险的。它很有可能激发外国插手中国内政事务的欲望和力量;将会出现许多实施阴谋诡计和从中取得特权的中心,而不是一个两个;还有一个危险兴许是一个外国同一些省份联手,另一个外国同另一些省份联手,这样国际冲突就会升级。就在眼下,一些日本消息来源,以及甚至像罗伯特·扬(Robert Young)的《日本记事报》(*Japan Chronicle*)这样独立的自由派报纸,都已经在制造或报道一个谣言,说广州的试验是借助美国资本家希望得到经济特权而提供的资助才得以进行的。这个谣言是出于一个邪恶的目的而制造出来的,并且由于妒嫉而流传开来。但是,它表明了,如果中国有数个政治中心,并且一个外国为一个中心撑腰,另一个外国为另一个中心撑腰,那将会造成怎样的一种局面。

这种危险是足够现实的。但是,不能通过采用不可能的办法来对付它——即阻碍朝向地方自主的运动,即使分裂或许暂时伴随着它。这种危险只是突出了整个中国局面的基本事实,也就是说,最关键的是时间。中国存在的这些罪恶与动乱是足够现实的,而且不能无视这个事实,即它们主要是这个国家自己造成的,由于腐败、无能和大众教育的缺乏。但是,没有哪个了解普通民众的人会怀疑,如果给他们时间,他们将取得完全的胜利。具体来说,这指的是让他们自己去做他们注定要完成的事情。在太平洋会议上,无疑会有人提议把中国置于某种国际监护之下。这篇文章和它所提及的与这一趋势相关的那些事件将会被引用来说明这种需要。其中的一些方案将出自与中国敌对的动机,另一些将好心地出于拯救中国自身以及缩短其混乱混沌时期的渴望。但是,世界和平的希望,以及中国自由的希望,在于坚持一种"放手"的策略:给中国一个机会,给它时间。危险在于匆匆忙忙,没有耐心;也可能在于美国想要显示我们在国际事务中是一股力量,以及我们也有一种积极的外交政策的欲望。然而,一种从外部支持中国而非从内部提升其志向的好心的政策,最终给它带来的伤害也许会与一种出于恶意而设想出来的政策一样多。

(赵协真 译 莫伟民 校)

# 中国与裁军*①

我诚挚地答应了《中国学生月报》(Chinese Students' Monthly)的编辑要我为即将召开的太平洋会议说几句的要求,这是因为,我很高兴能有一个机会来表达我对中国的关切,而不是因为除了大家已经知道并成为讨论话题之外,还要补充其他什么东西。相当明显,这次会议面临的困难将是巨大的。在美国、英国和日本,都有一些人认为限制军备是最重要的,通过引入对诸如在远东地区政策的冲突这样一个烦人问题的讨论而使困难变得更复杂,是不明智的。另外一些人(我比较赞同这些人的)认为,这些政策的调整是基本问题,即使大幅削减军备,也无法在实质上改善国际关系,虽然这样也许可以减轻税收的负担;他们认为,如果在这些政策上达成一个最终解决,军备竞赛就能在很大程度上得到消除;而一旦相互怀疑和恐惧的根源得以消除,每个国家倾向于和平的国内情绪和舆论将会促进和解。在每个国家,许多人以普林斯顿·希本(President Hibben)校长很恰当地称为"犬儒的悲观主义"的眼光来看待整个事情。其中一些人受到《凡尔赛和约》后的幻灭感的影响,相信每个国家都会通过扩张来取得自己想要的东西,而不相信代表目前政治秩序的外交官们会获得任何建设性的成就。然后,还有那些经济上的极端主义者认为,列强之间的敌对是现存资本主义体系的必然表现;只要资本主义很强势,那么,要想寻求任何实质的改善都是荒唐的。

对公众情绪的这种区分创造出了一种氛围,加大了得出一个明确结论的困难。

---

\* 此文选自《杜威全集·中期著作》第13卷,第135—137页。
① 首次发表于《中国学生月报》,第17期(1921年),第16—17页。

然而，我这么写却不是助长绝望，而是暗示这次会议可能成功的一个方向。在我看来，这是一个对中国来说非常重要的方向。这次会议一个附带的产物，也许比获得的任何直接结果更有价值，我指的是达到一种对远东局面更好的理解和更多的了解。尽管有这样一个事实，即这个世界由于战争的过度紧张遭受着道德疲劳，但我还是相信，一种新的社会意识正在每个国家中渐渐成形。这是一种新型的自由的跨国界的思想，而这种新的意识将对每个国家在国际上的行为产生越来越多的影响。

没有必要列举觉醒了的美国公众舆论与前几年相比如何看待与中国相关的每一件事。我的爱国热情还没有高涨到去推断这种觉醒采取了对自己国家或者长远来看对中国有好处的形式。不幸的是，其中一些主要是消极的，伴随着把日本作为经济上和海军方面的潜在对手而产生的敌意与恐惧以及怀疑。但是，像大多数美国人一样，我也认为，这是对中国人的真正关心，是对他们的同情以及一种愿望的产物；这种愿望就是：希望他们能有一个机会独立于外部干涉来完成他们自己注定要做的事，而在过去，外部干涉一直是世界上的强国与中国的接触中如此令人不快的一个特征。如今，这种对中国公平的更加敏感的感觉不仅限于美国，也在英国迅速发展；而且，一旦战争热情的平息容许大不列颠复归政治自由主义，它就会变得更加明确。在日本，越来越多的人对过去的对华政策感到不快，希望加以修正。它相对于以帝国军令部（Imperial General Staff）为代表的那些势力的力量来说，是无序的和几乎完全无力的。但是，这种感觉存在着，尤其在比较年轻的这代人中正持续壮大着。

那么，会议提供的一个重要机会就是启发每个国家的情绪和舆论，并在某种程度上使之固定下来。即使在日本，与会议有关的一种令人高兴的意见也提出要把所有东西摊到桌面上来。我们可以称之为会议的教育效果的那种效果，那种使事态问题明朗化的间接效果，从长远来看，或许会超过会议在它直接针对的目标方面所获得的实际成功。我这么说并不是要贬低这些直接目标的重要性，也不是因为我认为它在这些目标上的失败是不可避免的。其实，强调事情的这个侧面出于两个动机：其他更有能力的人会讨论直接的陆军、海军和政治问题，而这个教育方面很容易被忽略掉；而且，在我看来，事情的这个方面也是中国学生群体最为自然的关切，并且是表明他们的影响对这次会议而言最有用的地方。近来，世界上已经有了太多的宣传鼓噪，而如果我写出任何文字来助长这种糟糕得不能再糟糕了的东西,那么我将感到非常抱歉。但是,中国学生有了一个机会去帮助这个世界(至少帮助这个世界的美国部分)更好地理解中国的国内外的困难和问题,并以一种确切的方式培养一种对普遍而言的弱国以及具体而言的中国是公平的国际正义政策的同情理解。有一些人认为,我们对中国的新兴趣是因为美国想要取代其他国家在那里扮演一个更重要的角色。我希望这不是真的。我不相信这是真的。但是,如果存在任何这样的危险,那么,这次会议为中国学生提供了一个机会来表达中国各种独立发展和自我决定的权利,这些权利要求摆脱声称出于好意的干预和监护,以及公然出于敌意的干涉。

(赵协真　译　莫伟民　校)

# 中国是一个国家，还是一个市场？*①

如果它不是一个事实，而且是那种多少为人熟知的事实，目前在北京召开的严肃的秘密会议②就是不可思议的。所有"合理的政治科学"的公认准则就是国家主权；在实践中，没有哪个政治独立的阶段比控制税收和征收关税的权利更加谨慎地受到捍卫，不管是为了岁入，还是为了培育方兴未艾的产业。在北京开会的是世界上最伟大的三个民主国家——大英帝国、美国和法国的代表，各方都宣称无条件地相信独立的国家自治的权利。此外，还有对于带有"国际主义"的任何事情的普遍存在的敌意。难道"红色"国际主义者以及红色政权不是一种威胁吗？从这些前提出发，人们几乎不会得出结论说，北京会议算作是为了参与管理中国的一次国际会议；它为自己妄取了主权国家一种最重要的职能，即确定对于外国商品的关税；而且，它对中国就其自己的事务而言的公开的愿望和目的，没有任何进一步退让的想法。而为了避免严重的麻烦，它发现必须作出退让。

把注意力聚焦在政治理论和实践之间如此臭名昭著的不一致上面，毫无疑问，是相当空洞的。然而，它可能是一种引导美国民众直观地看到中国情景的方式；并且他们认识到，美国的国家部门很快将不得不在如下两者之间作出决定：它是否会继续参与管理中国的内部事务，或者是否有勇气和动力采取行动，不但以纯粹民主的方式，而且以一种体面的方式采取行动，以允许中国政府进行金融上的自治？没

---

\* 此文选自《杜威全集·晚期著作》第 2 卷，第 148—151 页。
① 首次发表于《新共和》，第 44 期（1925 年 11 月 11 日），第 298—299 页。
② 指 1925 年 10 月 26 日在北京召开的"关税特别会议"。——译者

有理由怀疑国家部门善良的情感；就所有的可能性而言，它被中国理解为是好的，而且表现出来的善良意愿不是伪善的伪装。但是，这个部门受到了先例、惯例的影响，受到了更容易害怕对其他国家缺少礼貌而非对中国缺乏公正的外交礼节的影响。而且，它还直接暴露在来自希望为了自己的钱袋子而让中国对外国商品的关税保持在最低点的商业利益的直接且有力的影响之下。希望一般的公众积极地关切将要作出的决策，而且会对国家部门施加比私人利益和隐秘的群体在相反方向上施加的压力更大的压力，敦促国家部门以一种公正的、人道的和民主的方式行事，这有些过分吗？就他们在这件事上的责任，向一般公众发表演讲是徒劳的；它已经厌倦了外部责任，而且希望不被打扰。但是，带着所有可能的强调作如下的断言，不会有什么伤害，即在当前的中国，美国人正在接受审判；而且美国人所持的对于关税自主的态度，将在很多年中决定中国人对我们所持的态度。我们宣称的对中国的善良意愿是真诚的吗？我们声称的比鼓动其他国家更大的公正无私是真的吗？或者，它们是形式主义、多愁善感和妄自尊大的言论的结合吗？这些是大部分中国人心中所想的问题。可以说，美国人民应对关税问题的方式，会在未来一代决定中国人民对于一般的西方文明，尤其是对于美国的观念和制度的道德和政治上的调整。

更不用说民主国家——它们自身是相当民族主义的，而且大部分情况下沉迷于保护性的关税——对于中国内部事务不合法的干预立场，是由于历史上的原因逐渐发展起来的；而且，这一直被容忍着，直到它变得为人熟知，且成为一种既得利益。最初，中国人漠不关心，几乎可以正确地说，中国政府邀请了这种干预。过去，它不完全起坏的作用；有相当的好处源于这样的干预。如果帮助管理个别国家的国际会议是常规，而且不局限于如此弱小，以至于他们可以安全地插手国家的特例的话，那么，继续在中国的实践可能还有些话可以说。但过去不是当前，而且就所有关乎自己处理自己的事务而言，当前的中国正在下决心与过去彻底决裂。危险在于，外交家不会面对现实，不会正视这一变化的程度，而只会敷衍和妥协，会屈服于细枝末节，会尽其所能地无所作为，并寄希望于未来的事件使他们免于受到逃避问题的惩罚。就国际会议采取具体的和确定的方式看来，是朝向恢复中国关税自主的方向行动，而不是在某个模糊不清的未来，那时，中国政府的一切都会好起来；而且在具体情况下的一个具体日期，中国的公众意见将会迫使中国政府公然地对抗大国权力，恢复关税自主，那就为时不远了。站在底线来看这件事，把必需的事情变成一种好事；而且通过预知事件赢得公正和明智行动的声誉，是最好不过了。

据了解，大国允许中国征收百分之十或百分之十五的关税。据报道，日本在第一次会议上，主动同意提高到百分之十二点五，这引起了震惊。试图全面评论这种形势，人们感到非常无助。如果想象力会发挥作用，而且想象召集一个类似的会议来发表对法国或意大利或美国，甚至一个三流的欧洲大国的事务的看法，就没有必要做任何评论了；对于一个觉醒了的中国的愤慨和怨恨的感知，以及对给出其持续增长的原因的认识，将会使我们慎重地对待这件事。但是，正在考察的不只是中国将被允许征收的关税的数量，还有替中国决定如何用这些钱。有一种传言说，日本同意美国提议召开一次会议，这得到了一个默许的保障，即美国将加入进来，敦促附加的资金被用来偿还日本的西原借款。① 这个传言很可能是错误的——但其中有一点事实的成分。毋庸置疑，中国必须履行它的外部责任。但是，要考虑到下面的事实，即这些借款是在这样一个时期签订的，当时安福亲日派在北京掌权，而且被普遍视为中国向国外利益的背叛；显然，这次会议的声誉不会因为任何这样的提议而提高。而且，这种情况表明当前外国势力每一次妄称为中国决定其内部事务所伴随的危险。就中国对额外的资金的使用所作的某些决策，和某些其他的决策相比，将不那么不受欢迎。但是去作决策，去强迫服从决策的任何企图，不只是在当前中国金融错综复杂的情况下是合法建议的企图，将确定无疑地会制造麻烦，而不是缓解令人焦头烂额的局势。

认为在当前的世界状况下，国家已不能再做曾经作为当然之事和不受惩罚做过的那类事情，是老生常谈了。而这个老生常谈的事实，却是中国处境的本质。唯一的问题是：它勉强地被承认，而且在麻烦突然爆发之后，通过向它屈服而被承认，还是它的全部潜能立刻被全心全意地承认？如果美国展现出妥协、延迟、走一步退一步、逃避的倾向，展现出依靠与当前的状况不相干的古老的解决方案的倾向，正如大国之间的形势最好的情况下也足够艰难了，事情预先就失败了。如果它引领了一个明确的和彻底的政策，其中，中国的金融自主是一个重要的特征，那么，一定有把握实现某些确定的事情。

美国的公众应该记住：没有甚至被称为国家的荣誉和声誉生死攸关的问题，而只有既得利益。降到最低层次来说，美国公民要作出判断的问题是：他们是否希望

---

① 1917年至1918年间，段祺瑞政府和日本签订的一系列公开和秘密借款的总称。——译者

美国政府的权力被用于以牺牲中国以及中美之间的友好关系为代价来推动一小撮制造业者、商人、代销商和出口商的金钱利益?毋庸置疑,在国内,他们都是热情支持高关税的人,但却想通过保持低的关税率来保留廉价的商品和对中国市场的轻松占有。说到底,这就是在北京召开的庄严和神圣的国际会议所关心的事情。尽管事实是用许多重要但却毫不相干的事务来粉饰这一根本性的工作,但这是可能的。问题足够简单了,以至于甚至厌倦了国外问题和对外政策的人也能迅速而有效地发表意见。我们希望中国像一个自由和自尊的人应该被对待的那样被对待,还是作为一个为了少数人的金钱利益而倾倒商品的市场来被对待?

(王巧贞 译)

# 真正的中国危机*①

我应该强调标题中的"真正"二字。显而易见的危机充斥着每天的报纸：外国人被杀，房屋遭洗劫，安全受到威胁，以至于外国人都被集中到几个港口，并被警告离开这个国家，离开战争的混乱与内战的残暴。但是，在我们听到的所有谣言、传闻与事实中，有鉴别力的人经常会注意到这样一个信号：中国正在经历着一场真正的危机。整个隐藏的宣传意图——有时是公开的——是反对民族主义运动和势力的。而北方的势力总是轻易地让人失望。这是为什么呢？

要了解实际情况，最直接的方法是问：如果撤退的山东军队（它的指挥官之前是个土匪）确实进行了杀人和洗劫，新闻的基调会是什么？答案是：这些事情一定会被掩盖，它们会被看成内战的不幸伴随物；并且人们会说，败军在撤退时往往乱来。无疑，正当的赔偿要求会向北京政府提出。但上海和伦敦不会请求美国协调干涉和封锁中国港口。换言之，不会有人吵着要我们帮广东人反对北方人。就像之前的新闻都带有反对民族主义者的色彩一样，新闻也会倾向利于北方人的一面。我无法想象，任何了解中国所发生的事件的人会否认这一说法。

再问一次，为什么呢？这一报道新闻的双重方法意义何在呢？如果北京政府真正能够代表团结而完整的中国去反对不法叛乱分子，那么采取这种双重方法是可以理解的。如果北京有一个稳定的政府，能够维持一般的权威，并拥有道德和法律权威，那么这样的区别对待是可以理解的。如果北方军队大体上更守纪律，举止

---

\* 此文选自《杜威全集·晚期著作》第 3 卷，第 152—154 页。
① 首次发表于《新共和》，第 50 期（1927 年），第 269—270 页。

更为有序,那么这样做也是可以理解的。然而众所周知,上述每一条假设都与事实相反。

多年来,北京政府一直都是一个盲目的生物,被每一个掌权的军阀所控制。同许多人一样,我见过掌权的总统和内阁先大声训斥某个将军,宣布他是叛徒,悬赏他的头颅;几个星期以后,又全部收回,并颁布同样的法令来反对那些请求他们作出第一个公告的将军们。我还清楚地记得当时的惊讶:我刚到北京的时候,我们的公使雷恩什(Reinsch)先生告诉我,没有外国势力的承认,北京政府的寿命实际上不会超过一个月。我没住多久就确信,他所揭示的并不是什么秘密。对整个国家来说,北京政府并没有权威性。它的支持者为了自己的目的而截留了收入,筹募并支持自己的军队以供自己使用。并且,这种现象在有组织的反抗北京的起义出现之前就早已存在了。

不,下面这个简单的事实可以解释我们所接收到的新闻基调与倾向:民族主义政府代表着一个民族运动,而在现在的情况下,任何一个民族运动都注定是反对外国的,也就是反对外国公民因为旧条约而享受的特权。在汉口和上海这样的商业和工业中心,大量的外国人都反对所谓的广东人革命,这不足为奇。我们不能完全用严格的经济理由来解释他们的这种反对。美国在中国的经济利益并不大,但是在大的中心,在传教士的圈子之外,美国人一般分享着英国居民的感受,这些感受在外国人俱乐部中聚集和兴盛。大多数记者在这些俱乐部中吸收各种思想,收集他们的新闻。中国人的整个生活模式已经同建立在单边特权的旧政权之下的各种情况紧密联系在一起了。看到一个旧的、看似稳固的秩序从根基上被动摇,确实是令人不安的。这就是在中国所发生的,这才是真正的危机。从"国家"这个词的现代意义上来说,中国正在成为一个国家。

在这样一种情况下,为了更好地看待事物,需要大量的镇静、洞见和同情心。那些直接受新秩序建立影响的人自然只会认为,这是一种被不守规矩的精神所鼓动的排外表现。但是,下面这一点非常重要:站得远一点的人会认识到,这种排外只是一个伟大的内部革命的外在表现。一个有 4 亿人口、占据一洲疆域的民族不可能不经历巨大的阵痛,就从一个中世纪集成体转变为一个现代国家。这一转变准备了 10 年,现在已经达到了一个明显的高潮。处于这个国家中的我们,除非记住这个事实,否则就不会理解中国所发生的事情。

有一天,我收到一个美国人的私人来信,他在中国的一所教会机构教书。他的家和个人物品遭到了洗劫,他的职业生涯被打断,他的生活也许不得不重新开始。然而他写道:"民族主义分子最终是对的。我们所有在中国的外国人都无法脱离一种旧的秩序,而一个新的、进步的中国一定要消除这种秩序。对此,我们不能尖刻,因为在他们急于摧毁这一结构的时候,他们并不能区分出那些支撑这一结构的人。"我们不可能期望所有遭受苦难的人都能有这样的大度和远见,然而我们这些没有遭受苦难的人应该知道这些话表达了整个问题的本质。我所说的,不过是放大了他的说法。

  我不想给读者留下这样的印象,即民族主义力量的一次胜利,即便是占领北京,就能完成这一转变。将中国变成一个现代国家的全部任务,要由几代人来完成。然而,我们正在见证这一转变中戏剧性和关键的一幕,这一幕如果成功,将会标志世界历史进程一个明确的转折。历史上几乎没有可以与之相比的事件,在我们的时代可以说没有,即便是世界大战也无法与之相比。我们已经习惯了地方主义和种族歧视,因此,这样的声明在聪明人看来也许是愚蠢的。但是我怀疑,在肤浅的泡沫与喧嚣之下,大多数伟大的历史变化在其同时代人的眼中都是晦暗模糊的。我们认识亚洲处在我们的世界之外,我们很难认识到那里发生的任何具有伟大重要性的变化。但是当这些变化产生了后果,并被置于历史的视角当中,重建亚洲最古老和最多数民族的生活至少会具有像欧洲脱离中世纪后进入现代文化那样的意义。而下面这些问题——这一变化给几千个外国人所拥有的特权带来的影响、英国对印度的控制,以及其他当下显著的方面——都可以作为一本书中的章节。用长远的眼光来看当代的事件并不容易。但如果没有这样的眼光,我们只会将中国的事件视为单纯的喧哗与骚动以及激情的混杂体。这一结果不但在理智上是不幸的,而且在实际上也是危险的,因为它标志着一种倾向;基于这种倾向,种族、肤色的偏见与有意的宣传进行着灾难性的运作。我们对于中国的历史性同情有被破坏的危险;并且,由于误解引起的情绪高涨,中国未来的不幸事件会将我们拖向支持欧洲的、同我们的传统和利益背道而驰的政策。

(孙宁　译)

# 广州印象*①

因为去南方作讲座的关系,我们在 5 月的第一个星期来到广州。那一个星期被各种周年纪念和庆典活动排满了。首先是周日的"五一"劳工游行;紧接着是"五四"运动(两年前发生在北京的学生运动)两周年纪念、孙逸仙就任大总统典礼、向黄花岗七十二烈士——十年前的革命先驱——纪念碑的献辞,还有国耻日——即接受"二十一条"的日子——的常规活动。从旅游观光者的角度看,这是一个奇妙的星期;即使下着雨,依然色彩缤纷。这是个不寻常的机会,让我们亲眼见证这里的民气。此外,我们还有机会同大部分新运动的领导人交谈,包括政治领导、行政领导以及知识领袖。这些交谈都不是正式访问,谈的内容都无意发表。但或许正因为这样,他们倒更能给出中肯的见解。总而言之,和我来广州时的先入之见相比,所有这些事件和谈话都给了我截然不同的印象;因此,我很乐意满足《远东每周评论》(Weekly Review of the Far East)编辑的要求来谈谈我的印象。

第一个值得注意的印象来自当地的外国人,他们的角度比较客观,也有机会获得真切的经验。据我了解,他们几乎不约而同地对北方占主导地位的态度心怀怨恨。他们说,我们被各种利益集团灌的迷魂汤误导了;据他们所知,自治政府和省政府几乎是当今中国最有前途的政府。很多人甚至说,他们认为,在中国,只有这里的政府考虑的是大家的福利而非攫取权力、利益;而且,政府的主导者们不光有

---

\* 此文选自《杜威全集·晚期著作》第 17 卷,第 23—26 页。
① 首次发表于《远东每周评论》(Weekly Review of the Far East),第 17 期(1921 年 6 月 11 日),第 64—66 页。

好的意图，而且具备现代眼界，在管理公共事务方面训练有素。这一证词确实令人印象深刻。它令我们愿意对原有的偏见作出修正，而不是仅仅怀着这样的感觉看待现状，即仿佛广州是在中国最需要统一的时候加剧了中国的分裂。

于是我们就可以想象，先前的信念和偏见是由怎样的信息造成的。由此就能得出个印象——这已经不仅仅是印象，而是对事实的感知了。当前南北关系中的困难，很大一部分是由于信息匮乏或信息歪曲造成的。香港的英文报纸致力于当地新闻和宗主国的新闻。对于中国整体，他们近乎一无所知，除了从近邻广州获取一点点消息——尽管每天有两趟火车，很多船舶彼此沟通。广州的英文报纸则更关注北京，而且拥有涌尾通道；但它们毕竟是中文报纸，没有直接的电报沟通渠道。新闻起码是两周前的。举例来说，关于北京教师罢工的状况，广州就无法获得任何确切的消息。当我通过阅读北方的报纸来思考南方的新闻时，这情形也好不了多少：信息的量固然不足，而质则更差；偶尔也有电报信息，但是由于宣传的需要，它们往往被歪曲了。

大体上讲，我想说的是：北方的每一位读者在阅读来自广州的"新闻"报道时，都必须保持警惕。它们中的绝大部分是纯宣传，这宣传的源头有两个：第一个，当然是出于北京政府的利益；第二个则出自英国。孙逸仙及他最亲密的追随者们反英已经很久了。倘若英国当局能够对广州的政治发展采取公正无私的态度，那么，他们也只不过是做到起码的人道。不过，他们确实存在动机，要让《卡塞尔煤矿合约》中的广州省政府丧失名誉；这一合约是与先前的广西军阀签下的，而当今政府之所以认可它，是出于极度的诚恳、公益心和智慧。对于香港那强大的财政和政治利益而言，搞垮现政府，恢复腐败、低效、无能的旧体制，是直接有利可图的事情。当我们阅读所有来自香港的关于广州的"新闻"，都必须记得上述事实。

举个例子。我回去后不久，在一份较为公正的北京英文报纸上读到一篇文章，直指广州政府。它的主要反对观点之一，是恢复赌博税。毫无疑问，作者相信他写的是真的。但说实在的，很难从中找到基于事实展开的论点。不光没有赌博税，而且在中国，恐怕没有哪个城市的麻将声会比广州少。先前的政府不仅把所有征得到的税收全部装进了腰包，而且怀揣着18个月的税收卷款而逃。财政是现状的症结所在，大部分中国政府肯定都会考虑到这一点；这是事关生死存亡的问题，其目的证明了手段的合法性。可是，当今的省政府却非常英勇地放弃了800万年税，为了把民众从赌博及行政上的腐化堕落中拯救出来。认识省长陈炯明的人，都不会相信他会允许恢复这一税收。外国人会宽容地对待向罂粟种植业征税的行为,因为这样,督军就有钱供养士兵、维持秩序了——那么,即便把赌博作为公共资金来源,也是可以原谅的。

刚好在今天,我又看到了另一个曲解的例子。

有一份报纸报道了广州劳工的动荡,说广州技工在为确立八小时工作日努力。对于大部分国家来说,劳工要求保障八小时工作日是合法的,甚至是值得赞扬的。但是,在夸大了广州的劳工动荡程度之后,这篇新闻报道把这次运动和广州政府的"布尔什维克"倾向联系在了一起。此等手段,显然意在让粗心大意的读者产生反对政府的偏激情绪。从某种意义上说,陈炯明省长和孙逸仙博士的执政确有社会主义因素,因为他们希望自然资源、基础工业为政府所有,否则,它们在私人掌握中会倾向于垄断。这里包括了两重目标:为人民守护这些事物,为政府创造税收。如果说这样的尝试是布尔什维克式的,那么,罗斯福在美国进行的保护运动也是一样。与此同时,当局也认识到,为了全省的发展,外国资本是需要的;他们欢迎没有政治企图的资本家来,只要他们愿意在合理利益的基础上真诚合作。

我在此强调信息的扭曲和流传,因为在我看来,这就是理解事态的关键。倘若新闻报道的这一特征没有改变,那么,远方的人们就无法对新政府作出明智的判断,无论是赞同还是反对。不过,我还想简要地列举一下新的省政府及自治政府正在进行的改革。消灭赌博,废除赌博税,这个上文已经说过;还有继续进行城市现代化,加强城市的物流便捷度;任用训练有素的执政者在现代形式——大体上说,即美国式的委任制——上创建自治政府,这在中国独一无二;建立明确而可操作的计划,让公众能够参与地方政府,部分通过个人投票,部分通过行会选举——后者被反对者宣扬为"苏维埃式";在全省进行行政职位和文职官员的全面改革,其中包括一套用于培训文职官员的学校计划;建立公共健康卫生部,负责者为中国在公共健康方面最有素养的人之一;成立由受过教育培训的人组成的教育委员会,他们夜以继日地为改进城市和全省范围内的学校操劳——在以往五年的军国主义统治下,公共教育显著地倒退。对于广州的普通基础教育,已经有了明确的计划,女孩和男孩一样都得完成三个阶段;计划已开始在选定区域进行试验;此外,还有大学计划,以及在全省建立工业学校的计划。以上及其他可能被提及的改革都是省内的、地方性的。它们唤起的是人们对陈炯明省长及其追随者的同情与支持,而与孙博士领导下的所谓新国民政府相距较远。关于孙和陈之间实际摩擦的报道固然有所夸大，但这一点不是秘密；许多孙的支持者——甚至效忠孙博士的人——都并不信服那建国方略中构思的步骤；很多人认为，这样操作的时机尚未降临。作为一名访问者，无须比当地人更有自信、更投入感情；因此关于新政府，我只想说一点。

即便是那些并非热忱支持这次运动的人，也提出了一个颇难回应的论点。他们说，这里有个惊人的矛盾：一方面是北方外国人的观点，另一方面是反对南方国民政府的中国自由主义者——其立场是北方政府代表了中国的统一体，而南方政府在倡导分裂。他们指出，北方及整个国家都缺乏统一领导，而在很大程度上说，他们并没有制造分裂而仅仅是针对已有的分裂来采取行动。他们指出，北方的外文报刊对北京持续不断的谴责，针对其军国主义体制，针对其放任军阀上下其手；这些军阀们一直在彼此争吵，因此即便是北京政府的支持者也很容易预言战争不可避免。他们指出这样一个事实：北京政府要想维持自身——统一中国什么的姑且不论——唯一的希望就在于借助军国主义力量，而这是被全世界谴责的。于是，他们这样发问：从外交关系的视角去纵容、支持这么个政府，并将它理想化；而从国内视角来看这个政府堪称腐化、低效且崇尚武力——此等做法究竟如何自洽？我承认，我个人没法回答这个问题。实际情形确实令人苦笑：报纸上的文章一面在严厉地抨击北京政府，说它毫无希望；一面又谴责南方政府不以"统一"为念，服从北方政府的领导。

简而言之，对于每一个对中国抱有好意的人而言，广州的地方政府、省政府有资格被寄予厚望。最起码，对此持仁慈的中立态度不无裨益。因此，我不认可北方政府用武力压制南方政府的企图。即便它能成功，也并不意味着统一。广东只会再一次被广西那野蛮的军事力量——和他们相比，安福派都算得上秀才了——吞并。如果孙氏政府不能对当今中国的经济有所作为，那么，它会被自己的重量压垮。等着看吧！倘若在广东的引领下，南方能涌现出大量好的地方自治政府，那么假以时日，他们自然会结成同盟，这是中国真正统一的开始——不是纸面上的统一，也不是屈服于武力的统一。

（李宏昀　译）

# 南游心影<sup>*</sup>

今天承贵校自治会请我来讲演,得和诸君相晤于一堂,真是非常荣幸。今天的讲题是"南游心影",就是我此次南游闽粤各地的感想。

此次南游感想中的第一样,就是中国交通的不便。当我初到上海时,便感受这种痛苦。原来自上海至厦门,中间有一段海程,是要坐轮船的。方我在北京未动身之先,已经将路费及一切应用的物品,都料理妥当。哪知到上海时,由上海至福建的轮船已经开了。不得已,在上海等了几天,但还是找不着相当的船只。我此次南下,乃是赴厦门大学校长邓芝园先生之约,所以更是格外着急。因此,也曾打过电报往该校,请邓先生将日期延缓。到了后来,才算打听着一只往香港的船,因乘之前往。这只船又是外国的,我并不是不爱中国,但是为势所迫,实在是没有别的好办法。我说过这话并不是不能忍受这种困难,我的意思是想教中国人听了这话,晓得中国交通不便的情况和害处。我们由这里就可知道中国有许多省份所以和它省时常断绝的原因,大半是由于交通事业之不发达。因为交通的事业,不外海陆两种,这两种在中国都不十分发达,海路尤其多受制于外国政府之下,故以福建这么大的临海省份,而与其他通商口岸,多不相联络。前曾闻有人拟造一铁道,直达福建内地,此路若成,其造福于往来行旅,必非浅显,可惜又以财政困难中辍。但是,财政不过其主要原因,此外还有一种足以牵制此路建筑的进行,使它不能成功的,就是没有工人。工人所以少的缘故有二:(一)工人近来多往南洋去了;(二)沿路

---

\* 袁刚、孙家祥、任丙强编:《民治主义与现代社会——杜威在华讲演集》,北京:北京大学出版社,2004年,第 639—643 页。

驻扎之军人多与工人为难。

由福建到广东，也有一桩事足以证明中国交通的不便。什么事？广东一省向来是和外洋交通的，但是凡货物上海船，其始必将货物先用小船运至香港，然后才可上船。而外来货物之欲至广州者，也必先在香港换次小船，而后始能达广州。有此两种困难，以至中国与外洋的交通不得充分的发达。考由香港至广州所以必需更换小船的缘故，因为珠江入海的地方河身太浅，不能容巨大的船舶驶行所致。但是据工程师测量、调查结果的报告，若能将广州附近河身略加疏浚，这种换船的麻烦就可免除，至所需之款，也只数百万而已。若然，则广州将来可变成今日之香港，而今日之香港则将变为登山临水的游玩地了。

大家知道，粤汉铁路之建筑，到现在已经十几年了。现在从汉口至长沙中间，已经可以通行，广州以北，也已筑成好几百里，只有长沙以南一带，还没有筑就。他日此路若能告厥成功，不难使扬子江流域和岭南各处互相联络。

交通不便的影响，不唯使旅客有行路难之叹，并且及于政治上、工业和智识等项。何以言之？福建因为三面环山，和内地隔绝的缘故，所有的言语异常的复杂，并且难懂。他们——福建人——所说的话，不独外省人听不来，就是本省内这县和那县，甚至于甲村和乙村所说的话，也有差别。所以我们至该处讲演，必要用两个翻译，一个翻成北京话，一个翻成福建话。要是交通不这样阻塞，言语比较的普通一点，何致如此。

交通不便对于知识重要的影响，可分为两项：第一项就是内地人不能知道外处的情形，同时外处的人也不明了内地的状况。即如我在福建时，对于北京教育运动的情况，就异常隔膜。福州是福建的通商口岸，又是省会，尚且如此，其他乡僻之地，更是不用说了。他们对于内地消息的隔膜，不独普通人如此，我也时常向常读新闻的人打听，他们也不十分晓得。这都是交通阻塞，消息不灵通所致，怎么能怪他们？因而此地的人虽是对于国事异常的热心，却只知竭力去谋本地的利益。第二项就是教育。该地受过教育的人只能读文言的作品，而不能读白话的。现在传播新文化的出版物，大半以国语文为唯一之工具，该地的人因为不能读白话的作品，所以对于新文化的内容，也不能彻底的明白，以致各学校所授的国文，还是古文为主。又该地各校，比较完善的，就是教会所办的。因为他们觉得若能通英文，就可用英文和外省能通英文的人谈话，交换知识。中国人与中国人相晤，倒用起外国语来互通情愫，不是桩可奇怪的事吗？

我此次南游对于教育的感想,可分为两方面:(一)乐观,(二)悲观。

(一)乐观方面的事,就以我所往的厦门大学来证明。该校校董,原是一个商人,因为他觉得自己没有受过高等教育,是一件恨事。所以不惜捐出他的财产,来创办这个大学。不但如此,他在未办大学以前,也曾在本城附近,办过小学、中学和女子师范。这次兴办大学,又允许捐款三十年,这不是教育界很可喜的事吗?他的高义自是可风,但是我之所以赞美他的缘故,并不是因为他舍得捐钱,为的是他借此办学的事所表示出来的爱国心和重视教育的诚意。我不是说这个大学能造就许多人才,我是说他以百万之家产竟能做出这样事情,其他比他还要富裕的人,也不难有所观感,闻风兴起。有人说这个大学在开办之初,很有些困难和不完全的地方;但要晓得以一人血汗所得的代价,来做这样大的事业,困难和不完全的地方之发现,是难免的,是不足奇怪的。

(二)吾对于教育发生悲观的感想的缘故,就是该省各校近几年来,不但没有进步,甚至于不及从前。何以证之?前几年福州学校和学生的数目,都比现在多几倍。这种情况之造成,并非无人上学,乃是教会所设的学校和所收的学生的数目日益增广所致。但是这也不是该地做父兄的爱把子弟送入教会学校,或是做子弟的爱入教会学校,实在是由于不得已。要是官办的学校能对于教授上、管理上负点责任,也未尝不可战胜教会学校,不过为政治和经济所限制,不能按照目的做去罢了。因为这种关系——政治经济的限制——所以官立学校多半停办,学生不得不入教会学校。岂独福建如此,安徽、武昌、北京何莫不然。良以他们的大宗款项多用于军政,以至教育的经费不但不能保留原有的数目,还要时时裁减。那么教育事业怎样能发达?据各省的情况观察,军费与教育费的比较,差不多成八与一,至二十与一之比例,倘有人能将它调查清楚制成个比较表,也是桩很有趣的事。这是我南游感想中最深而又最大的。总之,中国自军政日益扩充以来,教育、实业都不得按照它们的相当的程序发展。诸君中若有能将各省的军费和教育费的数目,加番精密的考察、研究,造成有系统的表,发散于全国,真是一桩极爱国的事业。

但是以上所说的,不过是偶然的事实,最足证教育费受军费影响的,就是中国现在有两个不能并立的大势力。是什么?一个是教育——知识界,一个是军人。这两个势力相反的程度,已达到"有彼则无此","有此则无彼"的地步。

广州军政府的教育事业,也正在进行之中,但却有很可喜的现象。换句话说,广东的行政机关要是能延长下去,中国教育前途或许有点希望。因为广州的地方官现在已经划出一个区域,调查该区届入学年龄的儿童的确数,将要实行强迫教育,做他处的模范。这一区中又分为三部分,按次可以遍行广州全城。

第二桩可喜的事,就是南方多私立的学校——一族所立的——差不多占学校数目三分之二。虽说它们所授的功课,是中国的旧文字,但是广东的教育长官能利用它们,联络它们,改良它们。

二者之外广州教育长官又有一个计划。什么计划?就是拟设一种新式的高小和中学。他所注重的地方,全在学校自身组织物完善,俾毕业的生徒纵不能升入大学,而有相当的技能可以谋生,这类学校,自是以实业、工业为主。

我并不是说,以别省份对于教育事业简直没有一点计划,他们也是有计划的,不过他们的计划是纸上谈兵,无裨于实在罢了。所以要想中国教育前途些微有点发展,只可望之于广东政府。

政府方面也有许多足以使我发生感想的地方,不过我是个外国人,以外国人而谈中国的政治,很有些不方便的地方,所以从略。关于这种——政治——感想,我也曾做了一篇文章登在上海《密勒氏评论报》上,但是这篇文章是给外国人看的,不是给中国人看的。因为外国有许多人对于中国的政治,都不十分了解,所以我特地报告给他们。

最后有句要说的话,就是广东政府的一切设施,都是极诚恳地想着为人民造幸福。

还有一种感想,并且是大家应当知道的,就是由南方传到北方的新闻多半是不可靠的,我们看的时候,应当具种特别的见解去观察。因新闻界传出一种消息,其中往往含有别的用意,不尽是可信的。

南方的风景也很多可资人游览的,我想世界各地的风景,必有一处和广东相似的。该地的风景大概属于海岸附近居民的生活,和在轮船上所见的渔船。这些渔夫们那种凌波驾浪、勇敢、冒险的态度,不但可称为好水手,就是他们那技能,也是叫我们佩服。我到广州的时候,正是阳历五月间。这个月的第一个礼拜,差不多天天都有极繁盛的大会。5月1号是劳工纪念日,又值孙文即大总统位之时,尤其是特别热闹,与会的有五千多人,街上是人山人海的,不独是本省的人都来观这盛典,就是由外省来的,也不在少数。2号是1911年为革命死难的黄花岗七十二杰的纪念日。4号是前年北京学界为外交问题而起种种示威运动,南方学界群起响应的纪念日。7号是国耻纪念日。

我此次南游还有一个最大的感想,就是中国人对于美国人的感情异常的好。无论各处的风俗习惯怎样不同,而其对待美国人的诚恳,却是一样的。这个感想能令我永远不忘。

(淑兰笔记,《晨报》,1921年6月17、18、19日)

# 致在美国的中国朋友们*①

本委员会的成员注意到我们的中国朋友经常卷入与当局的严重冲突之中。由于执法人员的歧视行为与态度,我们的中国朋友常常经受许多痛苦,有时还受到非同一般的不公正对待。因此,我们感到有必要通过一些有组织的努力来处理这种情况。"华人法律保护全国委员会"的成立,就是这种情感的直接结果。委员会的目的是:通过为这个国家的所有阶层的华人提供适当的咨询,以及它所能给予的任何其他相关形式的帮助,充分保护他们的法律权利。委员会还把努力改变执法机构的歧视态度视为其职责之内的任务。

很明显,基于工作的难度与广度,委员会的任务不轻。同样明显的是,其目的的成功达成有赖于对这一新尝试感兴趣的每一个中国人和美国人的共同支持。

我们邀请了约翰·T·芬德(John T. Find)先生担任执行秘书。我们衷心希望全体在美华人能够以个人或集体的方式同芬德先生及委员会成员展开合作,使这一组织成为一个促进在美华人的法律利益,增强中美两国友好关系的有效工具。

(孙宁 译)

---

\* 此文选自《杜威全集·晚期著作》第 3 卷,第 283 页。
① 首次发表于《中国学生公告》(*Chinese Student Bulletin*),第 1 期(1928 年),第 4 页。

# 致中国人民[*][①]

你们国家和我们国家,中国和美国,都是热爱和平、对其他国家没有图谋的国家。我们都被贪婪的、背信弃义的敌人毫无理由、毫无预警地攻击过。我们——你们国家和我们国家——在这次被迫加入的战争中都有共同的目标,即为了保卫我们的独立和自由。我们都想看到一个这样的世界,在这个世界中各国能够致力于其工业、教育、科学与艺术建设,不必担心一些国家的干扰,那些国家认为它们可以通过毁灭其他国家的男人、妇女和儿童的生活和工作来增益自己。我们——你们国家和我们国家——都决心战斗到最后。

在一个重要的方面我们不同。你们承受战争的负担、压力和灾难比我们更久。我们深深感恩于你们,因为你们进行了持久而英勇的斗争。我们的任务是严峻的,但却容易得多,假如不是因为你们通过长期承受苦难困住了敌人,它会困难得多。我们现在是共同战斗保卫自己的同志,我们的全部精力和能力都用来保证你们的防卫和胜利。

美国会赢得整个战争,美国和中国会战胜日本。在这个问题上就像太阳将在明天升起一样毫无疑问。因为我们是一个爱好和平的国家,我们像你们一样,在战争初期都措手不及。我要告诉你们,早期的灾难是一种刺激,唤醒了人民的团结精神,激发了人民不可改变的决心。我们在战争中和你们、和你们周围国家的人民在

---

[*] 此文选自《杜威全集·晚期著作》第 15 卷,第 299—300 页。
[①] 首次以英文形式发表于罗伯特·克洛普顿(Robert W. Clopton)和 Tsuin-Chen Ou 编:《杜威 1919—1920 年在中国的演讲》,檀香山:夏威夷大学出版社,1973 年,第 305—306 页,选自华盛顿城国家档案馆打字原稿。

一起，我们将坚持到底，直到全部胜利属于我们，直到你们和他们都永远消除了战争的威胁，你们已经在这一威胁下生活了多年。日本在四分之一世纪以前强加给你们的"二十一条"，是多少年来你们生活在这样一种威胁下的永久记忆，将来你们将不再遭受这一威胁，你们将能够在与其他友善国家的和平合作中，重新投入平静的文化建设工作。

你们通过自己的英勇斗争，已经在世界大家庭中拥有了一个新的位置。你们赢得了所有关注自由的国家的尊敬和钦佩。作为战争胜利的结果，你们屈从的所有不平等会被全部扫除。我们感谢你们，我们尊敬你们，在胜利的曙光来临之际，我们在共同事业中的共同战斗和牺牲保证了中国在各国交往中的平等地位。

我们两国即便在共同经历苦难作出牺牲的过程中，也能表现出勇气实现我们的世界图景，在这样的世界中，我们能够不受长期恐怖困扰而生活，能够朝着友谊和亲善的世界迈进。在这个新世界中，你们确保了东亚精神领袖的地位，你们悠久的文化传统和当前的英勇斗争足以赋予你们这一地位。我们不能忘记，正如日本从西方国家获得技术和机械资源、工业和战争，它也从你们那里获得了文学、艺术和宗教中最好的东西。即将到来的胜利将恢复中国悠久恰当的领袖地位，这有助于人类精神的发展。

（余灵灵　译）

# 与孙中山先生同桌晚餐[*]

昨晚,当我与中国前任总统孙中山先生同桌晚餐时,我发现他竟是位哲学家。他目前已写好一本书,即将付印。内容是说明中国之积弱完全是由于将中国古代一位哲人的思想——"知易行难"——根植于心的缘故。结果必然的是,他们不喜欢做任何实际的工作,而只希望求得理论上的通盘了解。但同时的日本人,甚至在茫然不自知的情况下已扩充了自己的军备;而中国人却凡事都深怕自己的行动会导致什么错误的结果,所以他写了一本书来向他的国人证明"知难行易"的事实。

此地所有热心的美国人都希望上议院将拒绝《巴黎和约》,因为事实上它等于帮助日本完成了倾覆整个中国的宿愿。关于这次的会谈,我将告诉你两件事:日本在中国的武装部队已比她本土的多二十三师。日本在许多方面几乎已在指挥中国,而她对满洲地区的统治权也已完全掌握。他们甚至向中国强行借用二亿银圆,以为扩充军备之用;并言定中国在二十年中每月须付出两百万银圆。日本估计战争会延长到1921年或1922年,所以打算与德成立攻守同盟,日本供应其训练的中国军队,德国则以其在中国所有的特权与殖民地为回报。为了证明他们彼此的真诚与信赖,德国已将其在中国境内所强占的土地全部给了日本。而英国则与日本签订秘密协定,承认日后和平时,日本将承继所有德国在中国的既有特权。这些全是侵略主义者,他们自认在侵占他国的利益与主权上都有足够的伎俩而密商协谈不已,其中有些已是众所周知的,如军队的数目,两亿圆的借款。但我认为断然拒

---

[*] 此文选自杜威夫妇:《中国书简》,王运如译,台北:地平线出版社,1970年版,第11—12页。标题系编者加。此信写于1919年5月13日上午。

绝这些由秘密协商与秘密外交所成立的条约是应该的。另一方面来说,我认为只有一个真具诚意的国际联盟才能解除整个西方的紧张形势。而这点,此时确比在美国本土看来更为重要。欧洲的外交政策几乎完全是空谈的,当然它的性质也影响了美国。英国是凡对有关印度的事都要插上一脚,他们全是姑息主义、顺应时势的乐天派,而彼此之间又时起争端,只有日本,静待时机摄取她的目的物。

我依然相信日本有许多坦诚的人民正在从事于自由主义的活动,但他们缺少道德上的勇气。那些最具智慧的自由主义者,对于事实的真相几乎与我们一样无知,但他们却清楚应继续保持这种无知的状态,以配合其伟大的爱国热忱,这当然是一种很容易纠正的观念,但基于欧洲这许多强权分割的实例,他们的这种做法也不过是出于一种自卫而已。

(王运如　译)

## 第四部分　中国人的心灵

# 中国心灵的转化*①

现代中国的发端始自那桩血腥事件——义和团的造反。这场骚乱的爆发清楚地表明,古老中国所做的显著努力不能不永远地牵扯到不受欢迎的侵略者,于是它也许会轻车熟路地返回到其自足状态。这一结论明显地表示着它承认,古老的中国或者说中国从今往后的生活,注定要或者说必然会笼罩在西方生活的力量——思想、道德、经济、金融、政治的力量之下。中国用它惯有的耐心,开始使自己去适应无法规避的东西,但在这类场合,需要的不只是某种善于忍耐的被动性。中国在1900年知道了它不能不作一番自我调整,以适应西方人各种活动所强加的要求。自那以后的每一年,它不断地懂得,这种调整只有靠对自己长久保持的习俗再作某种调整才能达到;它必须改变自己的历史意识,而不仅仅是某些实践方式。20年过去了,这场好戏看来没有取得什么进展。中国似乎经历着一段步履维艰的时刻。这出在中国舞台上演的戏剧,其主要剧情显然已在一大堆缺少开展、高潮和情节的变幻无常的事件和刺激中走失了。

但是,怀有一颗适应西方快节奏的心灵的外国诠释者也来观看这场戏了。他盼望通过这场戏,能看到那种在电影样式中无从展现的东西。他对中国以这样规模上演的历史还不习惯。当他匆忙得出结论,说什么事也没做,或竟不如说虽然每天都在发生新的意想不到的事,但一切就像是一种漫无目标的循环运动。他忘记

---

\* 此文选自《杜威全集·中期著作》第11卷,第172—179页。
① 首次发表于《亚洲》,第19期(1919年),第1103—1108页;重印于约瑟夫·拉特纳编,《人物与事件》,第1卷,第285—295页。

了20年只是它那经历了四千年之久的历史的一瞬间。一种历时四千年之久进化了的文明,一种缓慢演进的将每一种当时碰到的阻碍吸附消融的文明,一种自身内部容纳着累积经验的无数褶皱的文明,它在新的进程中能很快找到自己的位置吗?我们不假思索地谈论着和平问题的重要性,就是一名学生也会引证西沃德(William H. Seward)①、海约翰(John Hay)②和塔夫脱(William Howard Taft)③,但我们会想到这是什么性质的问题吗?我们是那种关心流淌之河的表面景色的人吗?不,真正的和平问题是对中国的心灵加以转化的问题,是地球上最为古老难解的文明自己来再造那种与巨大的外部影响力相适应的新形式的能力问题。

各种类比,尤其当它们变得显然如此,正如它们很久以前在自然科学中已被证明的那样,它们在政治思维领域也会带有欺骗性。在其对西方的观念和制度的反应方面,对中国的未来与关于日本的记录进行的诱人比较是要误导人的。蕞尔小岛和广袤大陆的规模之不同,使得它们之间不可能存在相似之处。中国兴起于两千年前的封建制度,与此同时并没有成为我们熟悉意义上的民族国家。日本的崛起缘于它对西方世界的开放,所以其内部条件和来自其他国家的外部压力使它确立了一种(点缀着某些制度上的装饰品)绝对国家的形式;这种国家形式从表面上看,与从近代欧洲封建制度的演进中产生的那些国家十分相像。日本很容易发展成一个拥有统一的行政体制和军事防卫手段的强大的中央集权国家,而中国则很难做到这一点。更为根本的不同点,在于民族心理方面。一千多年前,日本通过朝鲜从中国文明中拿来了一些东西,并且基本还保留着日本特色。在过去60年里,它接纳了西方文明中的一些东西。然而,大多数抱有日本情怀的作家和思想家会告诉你:日本的心灵没有被西方化,虽然它全盘引进了西方科学、工业、管理、战争和外交上的方法手段;它引进它们,是出于增强自己的传统政策之抗衡能力的慎重考虑。它对此表示感谢,但并不准备承认西方方法的优越性,这类先进的方法一直是用来维持本质上优越于外国的东方理念的地位的。这在外国人看来,或许就是

---

① 西沃德(1801—1872),美国国务卿。美国内战前辉格党和共和党内反对奴隶制的领袖,国务卿任内从俄国买进阿拉斯加。——译者
② 海约翰(1838—1905),美国国务卿。曾任林肯总统私人秘书,参加结束美西战争的巴黎和平谈判,主张对华实行门户开放政策,提出各国在中国享有平等贸易权利。——译者
③ 塔夫脱(1857—1930),美国第二十七任总统。他在总统任内建立邮政储蓄体系,推行反托拉斯法,实行金元外交政策。——译者

那种经常与日本相联系的自负的证据,但反驳起来也很容易:欧洲人对于优越性的自以为是,难道不比偏见的自负更甚吗?在看待所有事情上,日本人生活中体现出来的这种两重性,将传统目的和道德取向与外国的技能和专业知识这类外在物结合起来的做法,可用来说明人们在与当代日本的接触中屡见不鲜的那种口是心非的印象。

值得怀疑的是,这种二元论,这种表里生活的不一致,还会保持多久。可是,它那份与西方文明关系的成绩单显示的却是一帆风顺的成功。这样的事情恰好不会在中国发生。它的文明是演进的,不是引进的。它没有成功引进的巨大本领。它的问题是转化的问题,是发自内部的转化的问题。有教养的中国人肯定会告诉你:如果你想使中国完好无损地复活,你就要去日本——而日本人也会同样跟你这么叙说一番,虽然是带有点不同的口气和意思。一个来访者会对这样的事实感到吃惊:在日本,而不是在中国,人们在公共建筑物和学校内到处可以看到古代儒家学者的语录,特别是那类体现极端保守思想和威权思想的语录。中国因为它的落后、它的混乱、它的虚弱,如今与日本相比,更为西方的当代思想所渗透。有一个事实带有某种意义:在日本,散布威尔逊总统有关战争的演说是被法律禁止的;而在中国,这些演说却在过去两年里成了畅销作品。日本把保持它从处于历史鼎盛时代的中国那里取来的观念并保护它不变质看作是日本得以强盛的原因,关于这一点有许多话可说;而中国的衰败,恰好是由于它让那些外国的而且是建设性的思想观念渗入进来,这也是真的。在此,我并不关心如何去否认这一点。无论如何,它说明了我的命题:中国必须走一条截然不同于日本的路。

要么是衰败和解体,要么就是彻底的内部转化,这里不存在为了直接的实践目的而对西方的外在方法的采用,因为中国的精英们不想沿着这样的方向走。

日本对中国的影响是巨大的。对这样的情形不甚了了的外国人几乎不会意识到,特别是日俄战争后,中国采用日本的管理和教育方法已到了怎样的程度;但这一点也已很明显,这类方法的作用并非是它们在日本所起到的那种作用。眼下中国的大部分思想和道德危机,要归结为对中国人生活中这类因素作出的反应。无疑,从表面上看,当下直接的政治运动增强着这种反应,但在这层外表下酝酿着的却是知识分子一般的激动情绪以及那种信念:中国不能求助于日本式的西方化版本,而要走进给予西方道德和思想以灵感的泉源。这样的求索并不是为了获得自己往后用来仿造的模式,而是为了获得借此可用来更新自己制度的观念和思想的本钱。

民族的自大、民族的虚荣是被外人看作高深莫测的东西。只要我们表现出我们的自傲和自尊就够了。那些外国人对我们自己珍爱的生活方式，要么抱之以荒唐的态度，要么给人以对此嗤之以鼻或用心险恶的印象。但对这样的事情进行概括是令人生疑的，人们会对日本和中国的群体自我意识之间存在的某种差异感到吃惊。这种差异或许可从他们某些绝非少见的互相之间传来传去的评论中得到暗示。一个日本人会告诉你，中国人不在乎别人怎样看待自己。一个中国人则会说，日本人没有"面子"意识。这两种批评都好像显得十分诡秘。但是，这类说明却使人想到，中国人的自满有着更深的根基，所以并不表现得那么剧烈。它是固有的，是理所当然的东西。它并不需要用特殊的事例加以断定。只要中国人保持他们对自己原本的判断，他们便保住了自己的荣誉和面子，其他人的想法无关紧要。另一方面，像日本那样去"借"，对他们来说是一种羞辱，这好像是一种缺乏内在源头的自供状。日本雇佣外国专家，它的兴趣在于结果，所以会让他们放手去干，直到学得了他们不得不给的东西。中国雇佣外国专家，往往有礼貌地把他们搁置起来。这里的差异，是看待西方生活之态度上的那种差异。它在很大程度上成了日本飞速进步和中国贫穷落后的原因。日本人很自然地将自己置于西方观察者加以注视的地位，他强烈地意识到旁观者对其不时看到的东西作出的批评，他尝试去改变这类事物以满足那位外国观察者的要求。他对他的民族理想深深地感到骄傲。中国人很少关心外国人会对他们看到的东西作何想法，他甚至会把他的家丑兴高采烈地拿来供来访者观赏。这种态度中包含的自满和自负，极大地妨碍了中国的进步。它造成了对古老传统持有的保守主义偏见，以及中国文明在所有方面对于外国蛮夷文明生而有之的优越性的信仰。同时，它也产生了难以在日本遇见的某种客观批评和自我分析的力量。一个有教养的中国人，会以一种无与伦比的冷静的客观性对自己国家的风俗习惯进行剖析。我想，这里的基本理由正在于同样的民族自豪感。他生活于其中的制度也许并不能很好地避免批评，但这些制度的创建者本质上是无懈可击的。他们创造了制度，当他们有时间对它进行考虑，将会创造某些新的能更好适应现代生活条件的制度。无论当前的事态多么令人绝望，中国人对他们国家最终结局的信心，使人想到一个美国人对他自己国家饱含的那种相似的信念。

让我们返回到我们的主要论点。中国在借用西方的城市管理、公共卫生、税收、教育、制造之手段方面的迟缓松垮，是与它通过与西方文明的接触对自身制度造成一种彻底转化的那种努力相互兼容的。在这种再造过程中，它会做到"恰适"而不仅仅是"拿来"。它会设法去洞悉之所以造成西方进步的那些原理、观念和理智，并通过对新生的活泼的民族心灵的运用而达到对自己的拯救。这是一项艰巨的任务。时间是这一行动至关重要的因素。正因为这项任务是要造成一种内部的变换而不是外表的调整，实施这项任务将耗费很长时间。那些正在挟持中国、谋划着使其国土解体的无处不在的势力，那些渴望控制中国的政策、掠夺中国的自然资源以服务其自身利益的势力，它们会让这样的正常进化进行下去吗？它们会伸出援手，还是入侵、挑衅、转移视线或横加阻挠，直到无人可知的那场悲剧性灾难达到最终的高潮？所有这些，正构成了如今上演的这出宏伟戏剧的基本要素。

中国向西方表露的那种让人摸不着头脑的"神秘"特性，可说是够真实的了，但这似乎并不能归结于任何乖僻的幽暗玄妙的心理学。在中国认识的人性好像示意那是不寻常的人，如果人们可以这样说的话。这些人为数甚多，并且也是可加以评点的人，而不是隐身人。但是，中国的社会心灵、政治心灵已有几个世纪隶属于那种不仅对现在的西方人习惯上显得陌生，而且历史上没有先例的制度。无论是我们的政治科学还是历史，都不能提供对中国制度之甚具特色的现象进行理解的分类系统。这一事实使不谙中国心灵作用方式的外国人感到不可思议，并使人们用矛盾的语汇对如此众多的事物进行描述。这一文明本身不会是矛盾的，但就其自身是自我一致的这点而言，它含有与西方生活尖锐对立的东西。于是，便存在我们必定没有抓住的那种中介形式、政治上失落的环节；它们显得模糊不清，因为我们没有用以对它们进行定义和诠释的比较形式。自然，中国心灵按其对习俗惯例的思考来看，本质上与我们对它们所作的思考无异。我们只是忘记了我们是按深植的以至习以为常的习惯和传统来对其进行思考的；我们想象我们是在用纯而又纯的心灵进行思考。如果把心灵习惯看作是心灵规范，我们便发现了那种并不适合称之为病态、神秘而狡猾的思维方式，就能找到只有通过对社会前身和环境的研究后才能进行心灵操作的要点。这个道理对于理解像中国这样的古老文明，是事先便明摆在那里的事。我们不能不去理解信仰和传统以便理解行动，我们又不能不去理解历史的制度以便理解信仰。

很明显，朝鲜问题几乎成了亚洲许多最为紧迫的对外政治的中心问题。霍尔寇伯(C. Holcombe)先生已告诉我们，那种形成西方国家处理朝鲜问题基础的误解如何在早先年代使问题变得复杂起来。这些国家知道,朝鲜保持着对中国某种依附性质的关系。它们想当然地以为,这是西方熟悉的那种宗主国与附属国的关系。当中国拒绝禀其权威承担起对朝鲜某些请求必加照管的责任,西方国家便认为中国要么是不诚实,要么就是放弃了所有政治管辖权。但这里存在着真正的附属关系,它是一种劝导、说教、祖孙般类型的关系。它超出了西方由其先例和理解形成的视界。西方与北京朝廷的早期外交关系,也是一份充满类似误解的记录。所有的地方都展示着对中国表示忠诚的标识,甚至对暴虐的君主权力表示效忠的标识。所以,若涉及各个省份发生的事,它们自然会赋予北京"政府"以如同欧洲形成的那种君主制的所有属性。这是说(除了某些已完备地建立起来的税收关系以及摊派劳役外),与中国大部分地方主要保持着仪式上和劝勉督促关系的中央政府是无所不能的。在对中国制度生活的几乎每一个细节进行思考时,这些大而无当的误解层出不穷。人们必须如其所是地加以理解,不能把它翻译成那种疏异的政治形态学的类别化的语言。

中国在引进铁路时不得不克服许多困难,或许这是最为人所知的中国事件。它之所以再被提起,是因为它足以成为下述事实的一个典型释例,即思想和道德上的东西是造成东西方接触的主要障碍。反对引进铁路并非事关寻常的保守主义,并非事关因它是新的所以要把它当作新东西来反对的那种茫然呆滞。中国人具备正常含义上的好奇心,也许这种好奇心甚而超出那种从新事物中获得某种好处的正常的实践含义,假使这种新事物不与传统信仰造成冲突的话。难题本身表现为要在一座座坟墓间为铁路辟出一条确定无碍的通道,这些四处散落的坟墓在西方人的眼中显得杂乱无章;但从中国人的观点看,它们坐落的位置是极其科学的,惊扰了它们就是打乱了会影响到健康和收成的环境作用系统的平衡。并且,墓葬之地是祖先崇拜仪式的中心,也是民众组织活动的中心。这则信口说出的故事表明,我们要多么完整地来看待思想和道德的力量,它们是多么完整地嵌入生活的结构。没有民族心灵的转换,我们无从设想中国会伴随着与西方的交往大踏步地向前迈进。

对中国大众心理学中无论是积极的还是消极的因素所作的某种匆忙的概括工作,会对完成中国复兴的任务产生极大的影响。但是,在个体性格方面,一个民族的优点与其缺点之间的距离只有一步之遥。我们这样说,或许还不致引起争议,那就是中国通过成为现代世界的真正成员而重获新生的期许取决于它养成民主生活和思想的习惯。这又以我们提出的另一个陈述为条件:这一民主的特殊性质,同样构成了中国在面对一个期待、骚动和贪婪的世界时进行改造的巨大障碍。因为当中国在思想和道德上拥有一种家长制的民主时,它缺少一种特殊官能,而只有凭借这一官能才能在国际或国内范围有效地保持民主。中国面临着两难的处境,这种处境的严重性怎样夸大都不为过。它那常见的权力分散的习惯,它那离心离德的地方主义,所有这些都对它成为一个国家性质的实体造成了掣肘。这样的国家实体有它必备的公共财政制度、完好的公共秩序、国防、法律和外交。它那源远流长的传统,它那坚不可摧的思维和感情方式,它那本质上的民主精神,所有这些都已在各个地方、各个村落以及周边邻邦遍地开花。我们现在中国看到的,正好是缺乏地方形制的相应转化(或更适当表达的话,就是未能体现出地方的民主精神向着整个国家范围扩展)的那种强加的民族国家形式:军阀集团统治着名义上的共和国,维持这个共和国部分要靠出卖国家资产和权力换得的贷款,部分则靠着与地方上那些拥兵自重的首领所做的交易。对枪杆子的控制,使这些首领能够对丰润的行业和财富实施敲诈。事实上,我们如果静态地、冰封般地来看这个国家,那么,它用新形式的罪恶再现了老的专制统治的罪恶,这只有靠释放具有美好前途的民众力量才能找到出路。但是,问题仍然在于要把这些力量组织起来,使它们发挥作用,为它们创造一个常规的运作通道。

直到今天,西方思想仍把自己限制在比较明显、比较结构化问题的因素上。这自然是西方政治生活中一些最为熟悉不过的问题,诸如权力的调整和中央政府对地方和地区政府部门的权威、政府中行政权和立法权的关系问题、对法律程序的修正,以及通过法律取消任意的个人的决策权等。但这类问题毕竟只是症状、结果。要想借此入手对中国进行再造,好比要靠着熟练地耍弄戏法来解决一项工程问题。真正的问题在于如何让民主精神在缺少阶级的情况下历史地显现出来。那种在社会和国民中普遍存在的平等意识,那种通过道德而不是物质的力量——就是说,通过教诲、劝导和公共舆论而不是通过明确的法律手段——对个人和团体取得的控制,应能为自身找到一种组织化的表达方式。我再重复一遍,由于传统形成的信仰以及行动的习惯,问题显得异乎寻常的困难。这些在中国转化过程中必定会产生的力量,是反对对整个国家进行组织的。举一个明显的例子,要在当代世界上使自己作为一个国家站立在其他国家面前,中国即需要具备一个国家金融、国家税收体系。但是,建立这样一种体系的努力不仅徒劳无功,而且不得不遭遇壁垒森严的地方征税程序;这些征税程序如此根深蒂固,以至于去干预它们可能就意味着中央政府被推翻。实施另一种税制需要国家的官能运转起来,而这种运转又依赖国家的公共收入制度。这是一个有关谬误循环的绝佳的例子,它困扰着中国所有走捷径的制度改革。它又表明,发展必须是自内部而来的转化性生长。它既不是外部强加的东西,也不是靠着对外国种种资源的挪用。

有很多人,包括数量上十分惊人的中国人以及外国人,他们认为,中国只有经历一个由外国人监护和托管的时期,才能迈开步子并行走自如。一个相邻岛国的某些人士在勤勉地培植这种感觉,而中国也作出了某种明确无误的反应。虽说这类观点如果没有不适当地用刺刀来加以力挺,它所引起的反应也许会小得多。另有一些人则盼望西方的民主制或者国联来实施监护的责任。我们也许要搁置这样的问题,即在当今的世界上,是否还存在足够公正的理智来担当这份监管的工作。假设我们自己只限于去说:要成功地成为这样一个监护人,只有努力去刺激、鼓励和促进那股通过内部发生作用的民主势力,那么,我们倒还能做到言之有物。由于这是一项几乎完全涉及思想和道德方面的任务,假设中国有一个能够防止外部分裂图谋的成长的保证期,那么监护并非必要。在为中国提供暂时(*ad interim*)保护方面,大有必要的是,来自国际社会的充分的正直态度和开明的自利。它也许仍会变得一团糟,然后会坚定地站立起来,并自由地向前行进。唯一的危害之事就在于低估这项任务的严肃性。

我已说过,日本的演化提供的并非是一个尚属正确的先例,存在的问题比进入现代欧洲时的封建制变化还要复杂。因为中世纪的欧洲,并不存在类似中国这种意义上的文明化过程。在中国,人们并不能找到容纳着人们的深厚感情和深刻思想的那些风物形制造成的惰性和压力。何况,欧洲的变迁可以自定时间来自行完成,中国却要面对急躁、多变的西方世界来完成这种变革。如果说这会带来助力,那它同样造成了一个贪吃的胃口。对一个外出漫游中四处搜寻浪漫生动景致的人来说,中国看上去好似一幅令人扫兴的图画。然而,要是用心灵的眼睛去观察,那么,它处处显示出现在正上演着一部极富吸引力的大戏。

(马迅 译)

# 中国的国民情感*①

一个西方人有可能理解中国人的政治心理学吗？没有关于中国历史形成的习俗制度的先验知识，那肯定是不会理解的，因为制度塑造心灵的习惯，而不是心灵塑造社会的习惯。西方人依据民族国家模式构成的观念，依据其主权以及明确地履行着特殊功能的政治、司法、行政和管理等机构去看待所有的政治问题。我们甚至要改造历史，以适应这一模式。我们已把欧洲的发展视为正常的政治进化的一种必备标准。我们相信，从野蛮到文明的整个发展必须遵循此类过程，经历相似的阶段。当我们发现有些社会与这一标准不合，便满不在乎地把它们当作反常社会、落后状态的遗留物或者缺乏政治能力的表现而打发走了。用这种预设的概念去理解中国的制度和观念，它便经常被作为拙劣的活计、作为抑制发展的个例而被抛弃。然而，从实际情况看，它们标志着在一个特殊方向上的超常发展，只是由于我们对这类东西极不熟悉而把它们看作是令人绝望的政治上的一片混乱和整体堕落，或者看作是惹人注目的发现物，而它碰巧竟是一套并非在神启中被赐予的高级的伦理规范。

试图按西方的观念解读中国人的制度，早在我们刚开始接触时便导致了理解和行动上的失败。举一个例子，在早期交往中，那些在朝鲜沿海地区遭遇海难的西方水手对他们的待遇有理由提出抗议。外交部门知道朝鲜和中国之间存在着某种

---

\* 此文选自《杜威全集·中期著作》第 11 卷，第 180—190 页。
① 首次发表于《亚洲》，第 19 期(1919 年)，第 1237—1242 页；重印于约瑟夫·拉特纳编，《人物与事件》，第 1 卷，第 222—236 页，标题是"中国国民情感的成长"。

朝贡关系,如同霍尔寇伯(Holcombe)已指出的,他们把这种关系解释为依附关系。他们认为,这种关系是封建宗主国和附属国之间存在的关系,于是要求中国采取相应的行动。当中国否认其权限,他们便认为,这要么等于宣布中止所有的关系,要么是采用独特手法存心玩弄的一招骗术,为的是逃避应有的责任。他们没有可资说明这种关系的先例,在这种关系中,一方是真正的附庸,它却可以保持教化的劝导的性质。西方国家与北京朝廷打交道的整个早期历史,充满着类似的误解。这里存在着一位毋庸置疑的君主。这种君主制甚至是专制型的,不存在西方人心目中熟知的那种有关宪政和代议机构的任何核查标准。所以,一切内外政治主权的特性统由朝廷来说明。可是,这里构想出的再次是一种无先例可循的王朝统治,它把原始的对于进贡—征调的绝对控制和某种道德主义、教化、劝勉性质的权威捏合在一起。当我们从这类外观出发,深入到它们的形成条件,我们发现,只有按那种在其历史进化中发挥着作用的制度和观念,才能对中国有所了解。

中国历史形成的政治心理学的中心要素,就是其对于我们与国家、与政府相联系的所有一切表现出的那种极度的冷漠之感。人们有时不免会疑惑,为什么那种持和平主义的逍遥自得的无政府主义者没有抓住中国来作为验证他们理论效用的范例。其中的理由或许在于,要是为积极地废除政府的问题操心,他们就不可能揣想出一种只应对政府抱以极度冷感的无政府主义。或者说,他们同样被民众那种混同于极端的自由自在和变幻不定的无政府主义给误导了,而不会想到这种无政府主义与造成中国停滞的状况是有关系的。

根据文献记载,下述诗句出自语言文字诞生以来最古老的一首诗——一首从农夫口中吟出的诗:

> 凿井而饮,
> 耕田而食,
> 帝力于我何有哉!

如同过去多少个世纪一样,中国仍然是一个农业社会。这个社会里的农夫,为了他们自己的耕作、温饱、婚丧嫁娶而忙活。就像过去一样,他们自己料理自己的事,皇帝或总统的权力扩及不到他们那里。地方大员们来了又去,为了他们追名逐利的琐碎的谋划而奔忙。他们管不到占人口大多数的农夫,后者唯一能够知道的统治形式就是自然,就是自古已有的四季变化的法则,就是生与死、播种和收获、水患和疫病的性命攸关的规律。他们最常引用的箴言是这样一句话:"天高皇帝远。"言下之意,土地才可以相亲相依,家庭和村庄才是贴近人的。

古伯察先生(E. R. Huc)说过一件事,那是发生在1851年的事,然而这样的事情在中国漫长历史的任何时期都会发生。皇帝驾崩后不久,有一次,他与几位宾客在路边的一家茶馆喝茶。此时,他尽量想让大家一起来议论政治的前景和各种可能的情况,但枉费了心机。虽然他使出各种巧妙的手段,但总没有人响应。最后,有一位中国人答道:"听我说,朋友,为什么你要这么心焦神疲地对这些事儿妄加猜度呢?国家的事自有那班官员去打理,他们就是干那事儿的,让他们去挣他们的银子得了。我们要是用那些和我们毫不相干的事来折腾自己,不就成了个傻子?想去鼓捣那没有结果的政治的买卖,那才是个大傻瓜蛋呢!"这则轶事往下又提到,"'说得好极了',他的其余同伴叫唤起来。随之,他们向我们比划了一下,意思是我们的茶快要凉了,我们的烟也快抽没了。"国家、政府涉及的是一桩特殊的买卖和交易,比起大多数人操持的日常事务,并不令人感兴趣,也并不重要。可是,对那些擅长此道的人来说,它倒也不失为一份能够生利的差事;让他们去挑起那副担子吧。与此同时,不光婚礼丧葬、春播秋收这些老百姓生活的固有之事,就是对一杯茶和一斗烟的社交性善意提醒,也比国家事务来得重要。

如果人们对政府的事漠不关心,那么,政府——用西方的术语,我们称之为国家,是会作出报答的。从理论上说,它成了天的代表,所以占有了地,也就是土地;并且成了土地丰产象征性的原因,它对国家的繁荣施加有益的父亲般的影响。事实上,就像天自身一样,政府高高在上。在较早的时期,天也许会直接干预人类事务,但在往后更长久的岁月里,它依然冷漠超然,满足于很久以前确立的那种关系,只是在发生巨大危机时才对人类事务进行干预。除了很好地体现在习俗中的几种目的以外,中央政府与老百姓的生活毫不相干。它是朝廷,它的威严、显贵、仪礼和消遣的形式不能不维持着。这种生活的物质一面,需要有物质和货币的供给。理想的生活,统治王朝的荣耀和至高无上,可以象征性、仪式性地得到满足,正如鬼神已学会满足于象征的货币、奴仆、牲畜和粮食。这时,政府的首要物质功能就成了受纳或以实物或以货币形式供奉的土地出产物。这种贡赋并不沉重,并且长久相沿的习俗把这种贡赋转化成了自然的正常秩序的一部分,虽然说像自然的收成和其他现象一样,它也会突如其来地变得起伏不定。道德和礼仪的统治通过朝廷的辅臣、地方大员、专使和其他各类官吏予以实施,他们代表朝廷,他们用极其文静的风格向老百姓传递各种训令和劝诫,以此显示出天的代表为了他们的道德品行一如既往的善意的挂念。这些道德品行反过来,成了国家繁荣和帝国稳定的源泉。这些官员花钱显摆具有一定象征意义的光宗耀祖的生活,但税赋被习俗限制在一定范围内;作为通例,它的负担并不很重。痛苦便尽可能地让有钱人来承受,以便达到既对可能的竞争对手的势力进行打压、又不至引起老百姓不满的双重目的。如果对古老中国的政治理论作一追究,有可能看到某种始源性神权统治的复活。但即便与欧洲自然神论最为盛行的年代相比,中国的上帝或者天显得更为疏远,它以一般的仁慈的照看为满足。它的地位带有缺席者的性质。代表天的朝廷也甘愿模仿"天"的那种对生活的琐碎事务不闻不问的性质。

  结果从所有的实际目的来看,各个省份都成了一个独立王国,它们由大量叫做村庄的小共和国组成。1900年,一位英国作家依据长期居留获得的个人经验信笔写道:"中国的十八个省份,每一个本身就是个完整的国家。各个省有自己的陆军、海军、税制和它自己的社会惯例。只是在与盐的贸易和海军相关的问题上,某些拥有特许权的地区彼此间不得不听从帝国那么一丁点儿的调控。"这些独立的单位,在传统上称之为省。但正如引文中表明的,除了没有传承的国君世系外,它们可以被叫做公国。中国甚至不是一个邦联,从西方历史赋予下述词语的意思上看,它更不是一个民族国家或者是一个帝国。

  我们再次碰上了没有先例可供对这样的境况加以诠释和理解的情形。我们了解到的是这样一个帝国:它们听任地方上的习俗自主其事,并以征税、进贡和索取战利品而自得。但它们是一种军事力量,并总是处于不稳定的平衡状态之中。它们从不曾与地方上的习俗交融成一体,使之成为已确立的自然秩序的一部分,并能够对军事力量进行调配。然而,中国制订出一种出色的保持静态平衡的谋略——一种历史上已知的最为稳定的谋略。中国的政治生活基本上一直没有受到干扰,虽然说一些王朝被民众的造反推翻;这类造反正像间或有的水患和疫病一样,本身就是天或者自然的确定秩序的一部分。这类危机无论多么令人不安或者带有毁灭性,都有其自然的原因,所以是适宜的、正常的。生活的条理不会发生变化,它持续地展示出同一种样态。平衡出自人类,出自内部,出自道德,不是靠外界的压力和武力维持的东西。中国的执政机关是一个被精确计算过的个人和集体的压力系统,是一个将各种主张和产出效果、各种实验以彼此间取得极佳平衡的方式加以吸收、敲打和"挤压"的系统；当某个要求显得过分以至召来同等的反作用力，这个系统就能看到该要求在多大程度上是可行的，是有产出效果的。早在伊萨克·牛顿爵士（Isaac Newton）的时代以前，中国就在政治、法律的领域给出了证明，作用力和反作用力相等，而方向则相反。它举例说明了人类交往各个方面的运行原理。这样的社会系统示意着一种高度的文明状态，它几乎自然而然地造就出了温文尔雅的人物，因为礼貌的本质，或者说文明的本质，就是那种有意识地与他人相处的本领；就是对他人的期待、要求和权利的觉知；就是觉知到他人能对某个人施压，而同时意识到那个人又会在多大程度上对他人相应地还以颜色。正是在没被他人打扰的那段时间里，中国人以无与伦比的精确性思索出了社会方程式中所有的复杂因素。他们的社会演算法、社会微积分学超过了其他任何地方现存的相关学问。这个事实，也唯有这个事实，导致了中国有文字记载历史以来几乎延续四千年之久的那种忍耐力。

接着，外部种种带有全新性质的新生势力崛起了。它们前所未闻，对此没有社会演算法的规则可援。严格来说，它们是非人化的，是那种怪异的无法预料的物质势力——战舰、大炮、铁路、陌生的机器和化学品。中国起先仍不屑一顾，它想起了过去年代里试图冲破它的体制的无数次劫难和侵略，并想到它们如何通过吸收同化而被慑服，它们如何逐渐汇入那种使中国得以形成起来的调适、请求、让步、妥协和交流的模式。但事实变得越来越明显，老的公式不敷运用，这股彻底的新生势力被引了进来；并且愈加明显的是，这股新的势不可挡的动原和力量，本身就是用以构成很不寻常的社会政治秩序的工具和设计。中国文明碰上了一种组织得与中国不一样的文明，中国成了一个民族国家。有关这种接触的后果，在占据着今日中国的每一个内外问题中都被人们所提及。

有一则传闻是这么说的：一名中国的士大夫要求一位外国人向他解释日本向中国提出赔偿要求的性质和意义，这项要求源于日本因朝鲜问题发动的一场成功的战争。听完解释后，他略为思酌了一下，便以一种满意的口吻评论说："不错，这是满人的事，此事与我们无关。让他们而不是我们来赔付这笔钱。"这段评论表明的，显然不仅仅是前面已谈到的那种对于政治异乎寻常的冷漠，而且显露着一种异乎寻常的政治愚念。然而，只有依照西方政治制度的模式，才会把它看作是植入心灵的愚念；从中国人的习俗观点来看，这个评论明智通达，因为与外国的关系属于帝国朝廷处理的事。这类关系造成的费用，当然要由朝廷掏钱来支付。在已确立的征税和岁入制度中，通过对外国进口货物征收关税累积的资金统归帝国国库。朝廷如何花这笔钱，不干任何人的事。逻辑的结论是：任何借贷项目同样也是统治王朝专管的事。这个逻辑当然不错，但它以过去为凭，以不再有效的前提为凭。继日本人提出赔偿后，又发生了义和团酿成的赔款。收入制度的整体平衡被打乱了。帝国长期维持的收支的平衡被摧毁了。然而，要使已确立的税收制度发生任何根本性的改变，在实践上是不可能的；迫于形势的需要，以任何直接或唐突的方式对其作出改变完全没有可能，这种改变会使整个社会制度陷入无序的状态。

甚至那种被迫引出的变化也导致人们对满清王朝大为不满，这使它被推翻了。不光在各个地方，人们能感受到对于明显增加的税收的对立态度；不光是说对习俗的干涉，这种习俗自远古时代以来便对强索和抵制的游戏划定了界线；征税牢不可破地关联着帝国朝廷与众不同的特权，这一点再怎么往乐观方面想，也不太受人喜爱。增加的税收与官僚阶级的"榨取"同样有着固定的联系，与腐败形影不离。确切说来，这种腐败如果保持在某个百分比的限度内，不算是腐败；但如果超出这个百分比，它就不可容忍了。这个足以应付所有内部不测事件的国内征税系统，在面对外部引发的危机时便不够灵活。人们不得不求助外国的贷款。补救加重了病情。它为来自外部越来越多的干涉提供了机会；它得到的恰好是那种对外国势力成倍增加的依赖性，这些国家是麻烦的始因。于是，与外国势力接触的结果，使整个国内的平衡逐渐被打破了。中国历史形成的政治体系若不经历一场彻底转化，是不可能恢复这种平衡的。它必须以某种样式使自身国家化，以便符合它与其他那些按国家形态组织起来的人们开展交往时诉诸的条件。税收和岁入事情上的真相，涉及的几乎就是中国人生活之方方面面的真相，公共财政问题不过是提供了一个典型的例子而已。

人们还就中国人是否具备对国家的忠诚、是否具有爱国主义作过讨论。在这方面，我们那些含有其惯常意义的语词同样误导了我们。观其字面意思，"国家"（nation）一词一开始就系于对这个字眼所作的推衍，因此它含有共同体的意思，中国人当然同属一个国家；但在其获得的历史含义上，国家意味着一群生活在一定政治组织中的人，这群人宣称或拥有对某一片土地某种集中形式的主权。这却是中国人不曾做过的事，而在面对外国的苛刻要求时又不能不学做此事。这件事与他们社会的惯性和动力不合，他们以迅捷而复杂的方式在数个世纪的调适中学做此事。爱国主义表示对国家的热爱。就眷恋他们的土地、他们的故土这层意思上看，中国人也许是所有已知民族中最爱国的人了。这种爱也许不如日本人那么急切，不如波兰人那么热烈，但它与生活的每一个细节环环相扣。它作为生活一种不易打破的习惯，并不怎么表现为是一种情感、一种意识的事实。对土地和出生地的眷恋与有效组织起来对国家效忠是十分不同的事情，后者不是从日常生活和交往习惯中自然而然形成的政治现实，而是通过政治手段构成的政治现实。人们习惯于试图逃离这样的窘境，即这里存在着对国家自发的、遍布的无争议的爱，可在这样的爱中又看不到那种熟悉的公共精神和政治民族主义的显示。说中国人具有强烈的民族意识和自豪感，就像西方人对他们的爱国主义表现出的那样，真正来看，情况很难说是这样。他们的旗帜可以作证，中国人视他们自己由五大民族而非单一民族组成。就某种真实的感觉而言，中国人对种族和种族差别深表冷淡，他们并不像欧洲人和日本人那样感染上人种学的病毒。满清王朝是异族的统治，这一事实促进了国民革命；然而，这一反对的理由在过去两百多年里未见起到什么作用，只是在与西方接触后唤起了民族主义的感情，它才成了有意义的东西。中国人富有的是生活的共同体，是一种文明统一体的感觉，是那种自古以来一直延续着的习俗和理想的感觉。他们从未离弃用他们生存的全部材料织成的整幅图样。成为一个中国人，并不是成为某个种族之人，也不是对某个民族国家表示效忠，而是以某种方式与无数的他者分享感情和思想；基于长期建立起来的调适和交往模式，这类分享伴随着无尽的记忆和期望。

这种意识正是在这样的程度上变成了忠诚和爱国主义，即它转换成了我们所能辨别的、依循我们所熟悉的那种模式的民族国家的观念。这样的国家拥有陆军和海军，拥有按时征税和公共财政系统，拥有立法、司法和行政组织系统，拥有相对于中央权力的所有附属地方权力的设置，以及我们熟悉的所有其他体现主权的设置。由一种传统的感情转变成民族主义并非轻而易举，于是人们为它附加了一个对象；这是一个在很大程度上不存在的对象，是一个信仰的而非洞察到的对象。

鉴于此，中国人的民族主义感情便带上了一种排外的色彩。尽管出现了排外的义和团运动和其他暴力抗议，值得怀疑的是，这类举动是否表明存在着对外国人的强烈敌意。人们的揣测是，中国人毋宁说非常宽容。他们到处运用的是温和的你我两便的政策。他们的一贯态度是对外人不关心，而不是采取咄咄逼人的攻势。但情况是，他们走的这条只有他们能够以此显示其献身于他们自己文明的道路是消极的。正是外人在干扰这个文明。中国人缺少用以抵抗外国侵犯、国家赖以生存的积极工具。于是,人们会说,他们对自己习俗的忠诚,势必采取袭击外国居民这样反常混乱的形式。有少数人认为,义和团的日子还会重现。中国人是聪明的,他们知道用这样的手段来保持自己的力量是没有希望的。然而,这也是真的,即他们的民族感情会被唤起,并且更容易集中到抵制和反抗外国的目的,而不是用于建设性的目的。

在中国最近的国际关系中,可找到说明这一事实的很好的例子。很少有人怀疑,政府正式训示它出席凡尔赛和平会议的代表签署和约,事实上承认了日本人拥有德国在山东的权益。然而,民族情感猛烈爆发了。如果日本准备把一股新的足以压倒老的地方分治主义的民族精神煽动起来,那它就不能继续以有效的方式来实现其图谋了。民众使事态脱离了政府的控制。他们向巴黎发电报、向北京通电、举行群众集会和公开辩论,最后学生进行了罢课,一些大城市的商会团体又进行了罢市。他们以此清楚地表明,国人的感情会将那些参与签约的人视为叛徒。这是有关中国的生存状态和民族感情之力的一次给人非凡印象的展示。说它给人深刻的印象,因为它没有借助有组织的政府力量展开活动,并且确实对盘根错节的亲日本的官僚阶级进行了抵制。如果在什么地方还会有人怀疑中国人爱国主义的力量和普遍存在,那么,这一示威就是一个决定性的、使人信服的教训。但是,它造成外国人对这种感情进行恫吓的巨大危机。日本在最近两年对中国干的事,也许人们要花一代人以上的时间才能办成。当阻止签订出卖中国权利的条约的直接任务得到落实后,人们的感情便减退了。也许它仍然同样的强烈,但失去了方向上的确定性。为建设性的国家政策作出实际决定所需要的外部手段与确立的思想习惯仍然是不完全的。

每个人都知道,外国侵犯中国的主要工具是财政手段。俄国首先想到利用银行和铁路的征服政策,其他国家也掺和了进来。日本以它惯有的警觉态度,看到了问题的核心所在,并以惯有的精力按其觉知行事。资金问题在中国任何积极的国家政策中仍显得极为重要。尽管中国有资金来关顾它自身的发展,它的资金比它已使用的要多些,但喜好私营化的习俗使老百姓不愿向政府借这笔钱。对官员们的能力和诚实缺乏信任强化了另一种影响,该影响不利于扩展为了公共需要的国内信用。很清楚,国际银团向中国大量贷款,签订这种贷款协议不用向任何特定国家让渡特别关税优惠和势力范围作为回报,这是一个明确的解决办法。但是,要使人们对这件事唤起任何广泛的兴趣却极其困难。反之,某些利益集团借此煽动对立却相对比较容易。它们只会不停地说,这是个有利于外国势力完全制服中国的举动,民族感情便沿着消极的方向被鼓动起来。一种替代方案即由列强分别贷款的方案,事实上就是日本声称的以获得特定权利和特权作为回报的方案,还未见有人提出,却变得更加明朗化了。民众相信以自由放任、听天由命的政策来应付银根紧缩,而不是举全国之力制定出某种全盘性的计划,后者由于关联到涉入其中的组织,会使外国影响的事实变得明显起来。由于惯以零敲碎打的方式来对付障碍和危险,以绝妙的技巧在一种力量和另一种力量之间玩弄平衡,举国上下那种对未知的东西全然感到畏惧的情绪可以在人们针对大型组织的态度上觉察出来。而由于组织是属于外国国家主义的一部分这个事实,使之显得特别令人惧怕。谁能责备中国以其过去的经验对外国的影响抱有的这种看法呢?如今还有某个小宗派几乎是振振有词地在说,与其让青岛成为国际殖民地,还不如让日本占有它为好。

形势已到了危急关头。至少就目前的情况来看,那种对外国组织抱有愈益迫近的恐惧足以在近期将统一全国铁路的计划挫败。最终,这个计划将意味着在中国单独的控制下形成大规模的国有体制。而在目前,它还容纳着某种程度的国际控制。外国对维持分割的范围感兴趣,这自然使它们彼此间产生敌意。它们最简便的活动方式不是造成公开的对立,而是通过国内代理人展开秘密活动,基于中国全民性的恐惧而从现存的事态中获益。这股势力已经在着手攻击计划中的国际性协议,并有可能使之破产。事实上,它们差不多肯定成功地使这项协议受到了耽搁,直到它成为一件可怕的必办之事。然而,这一点看来几乎是自明的:要是中国依赖外国的贷款,那么,与那些只能以专门的租借地和对战略要地的控制(这些要地的战略意义不仅是经济上的,而且体现在政治和军事方面)作为回报才会放款的单个、分散的列强相比,它求助于已同意放弃各种特权的列强的联合贷款要好得多,后者会用它们的资金把整个中国建设起来。乍看起来,这一点似乎极不合理,即中国宁愿继续维持一种体制,或者缺少体制,这把它逼到了现在的关口,而这是极不合理的。但是,我们需要理解,中国现在达到了强烈的民族感情的沸点,并处在一个能够有把握像一个国家那样行事的地位。感情就是感情,人们能相对容易地唤起一种民族抱负或者全民性的恐惧。要使任何可操作的全面的或建设性的计划取得同意,并确信能取得整个国家的理解则不太容易。理由很明显,不存在什么国家机制、国家机关去提供理解的材料,并为那种持续的信念和信任提供基础。一方面是强烈的民族情感,另一方面却不存在或者缺乏国家的活动渠道和机关,这两种情形的结合正描绘出今日中国在国内外发现的它所面临的窘境。

尤为重要的是,美国应当以同情的态度来理解这一情况。目前,特别是在官场之外,正涌动着一股亲美的情感暖流。这中间好像涉入了日本人的诡计,这是真的。但它在很大程度上是普遍流行的反日情绪的一种反弹。无论如何,它总是民族的感情,而不是一种民族的思想。它在将来仍会受到种种势力的支配,这些势力总会以有别于思想的方式操纵感情,把它造成一种波动起伏的事件。美国基于过去的历史和经济利益反对瓜分中国的政策,无论是公开的还是采用对势力范围和特殊利益进行划分的手段。就中国对待我们的感情而言,这全然是有好处的。正如在铁路一体化和联合资金援助的事例中表明的,中国同样期待有组织的国际帮助。这类政策如果顾及惯常的体面和善意,它会使中国快速得到建设,并使它走向能够摆脱外国控制的目标。但出于刚才作过解释的理由,中国会表现出犹豫、反对和迟缓。可以想象到它会完全停止不前,宁可继续玩弄让一个国家与另一个国家相争的策略而全然不顾这一事实,即在现时,这将意味着增强日本人的控制。至关重要的是:美国要理解这种态度的原因,并耐心、执著地推行其政策,而不是因"忘恩负义"而被情绪上的一阵强烈厌恶搞得摇摆不定。因为我们的主动示好和计划没有得到直接由衷的赞同,便收缩和撤销我方的积极利益,这只会让那些在中国谋取特权和私利的国家占到便宜;这些国家基于这样的诱因,并且由于对中国人的政治能力缺少信心,在它们的头脑中总是存有造成最后瓜分和征服的计划。我们需要认识到,正因为中国人具备极大的政治能力,国家的转向是一个艰巨而缓慢的问题。因为这种能力是沿着既定路径行进的能力,而这条路径与切合当前形势的路径方向是相反的。这将使人怀着理智上的同情记住这一点:中国还没有在现代政治民族主义的道路上足够地向前推进。在这里,人们的民族情感真挚而强烈,但表达民族思想和行动的确定机制还处在初期的形成阶段。

(马迅 译)

# 是什么阻碍了中国*①

一个人在中国待的时间越久,对什么阻碍了中国这个问题印象就越深,而且越是难以回答。在中国的朋友对这个问题给出的每一条答案中都有"如果";而这个"如果",通常只是重述了解答这个问题的困难。

最常听到的评论,可能是最肤浅的,"如果我们有一个稳定的政府,我们就可以做这个,做那个。"但是,为什么没有一个稳定的政府呢?其缺失更像是一个结果而非原因。这个国家仍然处于分裂之中,北方和南方都有他们自己的政府,而且相互之间争吵不休。但是,每一位中国朋友都会告诉你:这个国家是统一的,虽然政府是分裂的。而你能够体验到的所有事情,都印证着这个说法。为什么人们不实现他们的感受与意愿呢?日本的阴谋和干涉是一个明显的答案。但是,这样你又被给予了一个后果、一个症状而不是一个原因。还有一些人会告诉你,困难的原因是缺乏组织上的能力与经验。这个答案就深入一些了,但它仍然需要解释。在某类组织上,中国人的经验与能力,就像他们在行会和村庄自治的长期历史中所显示的那样。为什么他们不能展示出至少像日本人那样的组织能力呢?日本人只是到最近才从封建主义中挣扎出来,还带有反对组织的所有个人猜疑、嫉妒与阶级分裂等封建主义残余。而且,没有一个了解中国人的人会相信困难是智力上的(intellectual),认为中国人民不具备成功的组织所需要的聪明才智。

---

* 此文选自《杜威全集·中期著作》第12卷,第41—47页。
① 首次发表于《亚洲》,第20卷(1920年),第373—377页;后来以"中国人的社会习俗"(Chinese Social Habits)为题,再次发表于约瑟夫·拉特纳编,《人物与事件》,第1卷,第211—221页。

说(就如常常据说)中国人不能更系统、更迅速地进步,因为他们是一个保守的民族,这显然是在用另外的词语重复需要解释的东西。毫无疑问,他们是保守的。然而,他们的历史却不像我们在错误的教科书上所接受的那样,是一个停滞不前的历史,而是社会性的,充满了朝代更替。他们在他们的时代中尝试了许多试验。若干世纪以前,他们有一位政治家劝导皇帝致力于把王国改造成某种接近于现代社会主义的东西,但那是没有蒸汽机和电的社会主义。中国经历了像任何欧洲国家一样多的蛮族入侵。它的延续和对入侵者的吸收,反驳了它的惰性与保守的说法。没有一个其保守主义来自于纯粹常规、来自于想象力的缺乏和心灵的僵化的国家,能够像中国那样延续和扩展其文明。经验表明,中国人是柔和的、温顺的、随和的,是善于适应的——既不是僵化的,也不是呆板的。

也许会让西方读者感到吃惊,以为这是一个玩笑。但不止一个中国朋友明确地对我说,日本人才是真正保守的。他们举证说,日本经历了那么多的历史变迁,却仍然墨守一种原始的神权政治。他们还举例说,一千年以前,日本人从中国借鉴了他们当前的服饰、屋内布置,以及坐睡在席子上的习惯;中国则改变了好几次,朝着实用的方向,朝着以手段适应于需要的方向不断变化。中国的烹饪法就是一例,毫无疑问,在世界上,它在用来制造食物的材料上的变化是最为丰富的,在其组合上也是最丰富的。学术分析可能会轻视衣、食、住和装饰方面的论据。但是,当一个人注意到在运用于日常生活和工艺上的过程和器具中的多变性与灵活性时,他会确信,中国人的心灵天生就是善于观察和适应力强的。但是,看上去似乎无须为这个问题劳神。针对中国人,有许多指责,但没有一个人说他们愚蠢。他们毋庸置疑的保守性是某种需要被解释的东西,而不是对任何东西的解释。

对这个秘密是否存在一个单一的解答,是很值得怀疑的。当然,现在的观察者提供不了最终的答案。但是,我非常确定,有一个事实必须被纳入考虑而且能够解释许多事情。无可争辩,中国人的许多精神特征是一个长期持续的、非凡的人口密度的产物。心理学家发现了,或者说创造了一种"大众心理学"来解释人们在群体中的行动方式,如处在一个私刑治人的情景下的那个群体。他们没有探究,一直与许多人保持亲密接触而生活在群体之中的生活方式对心灵会产生什么样的影响。若干年前,一位生活在檀香山中国人中的美国教师告诉我,如果中国人获得了盎格鲁-撒克逊人的原创力,他们将会是世界上最伟大的民族。我不知道,即使是盎格鲁-撒克逊人,如果在受到周围人持续不断的监督这样的状况下生活几个世纪以后,他们是否还能够发展或者保持住那股原创力? 中国人的思考习惯是:在想要做什么事情之前,先考虑"面子"的问题。也许在他们看来,考虑一件新事情的时候,踌躇三思对于创造来说更加重要。在中国,如果说有独居或者孤独的话,只存在于一些退隐山郊野外的和尚那里;除非亲眼看到相反的证据,我相信,即使中国的和尚也是社群性的,是生活在一起的人群。直到引入迅捷的交通之前,很少有中国人喜欢那种在陌生人群中可能带来的孤独感。想象一下,所有可自由活动的场所都被去除了,数以百万计的人们日复一日、年复一年地面对着同样的人(相互之间很熟悉)生活着,当新的光芒照到中国人的保守主义上的时候,将会怎么样呢?

有一位长期居住在中国的英国作者曾写过一本书,书中除了许多图片事件、流言蜚语之外,就是对青年中国的长篇恶骂——就是反对那些热衷于引进西方各种制度、发明和方法的中国人。他的论证方法非常简单:中国遭受人多之患,大量的人口只是生活在生存边缘。一次洪灾,一场让人丧失能力的瘟疫,一个季节的坏天气,就会把百万计的人抛到生死存亡的边缘,从而维持生态的平衡。但是,长期的繁荣导致了过多的人口,过多的人口又通过叛乱、内战、屠杀以及朝代的更替来得到释放。中国的历史就是,而且必然是这样的连续循环。同时,儒家思想、祖先崇拜、家庭和宗族组织让中国文明完整地延续下来。而这,正是青年中国要消解的,它会剥夺中国的道德基础。由于它不能改变生存竞争的基本事实,青年中国为这个国家就提不出任何有价值的东西。

逻辑不紧密,结论就没有说服力。但这是一个好的例子,表明外国人是如何被这样一种观点所感染的:在中国,未来的事情必然与它们过去的差不多,任何想要改变它的努力都会使事情更糟。以我的经验,大多数长期生活在中国的外国人都在某种程度上有这样的看法。你会听到有人郑重其事地警告你:这也不能做,那也不能做。不过,第二天你会从某个中国朋友那里得知,它正在被做,而且天没有塌下来。与中国的年轻一代相比,他们当中有许多人更加儒家化——持有一种模糊的信念,认为孔子提出一种缺少了它,中国就不能存续的东西。一些年之后,有些外国人会发现,自己着迷于这种使人们紧密地群居生活在一起的文明的厚重感和亲和感。他们担心,如果触其一缕,整体就会瓦解;并相信,让他们顺其自然,才是安全的。最近从美国来的年轻的美国教师和社会工作者告诉我:传教士中的长者们不断地告诫他们,要收敛他们的创新热情;告诉他们说,随着他们变老,变得更明智,他们就会学会保守。据报道,大多数英国老居民对革命没有同情心,还哀悼君主制度的日子;并且,把日益增多的恶的现象当作中国一直是这样的、必须一直这样下去的证据。

假如有这么多拥有盎格鲁-撒克逊人注重创造传统(与中国传统相反)的外国人,对中国的态度是这个样子,那么,对于那些幼年生长于浓厚的内生文明中的人,情形应该是什么样的呢?自己活着并让人活着,是对拥挤状况的反应。如果事情是相对幸运的,就满足于现状;如果事情变坏了,就忍受它们而不是冒着让事情恶化的风险进行干预。自由主义学说盛行于西方国家,是因为放任政策被认为可以鼓励个人的热情和事业心。而自由放任的信条在中国得以盛行,则是因为任何人所表现出的任何非凡能力或功绩都会导致不幸的后果。不要无事生非,这是普世智慧。在一个人口众多的国家,如果不是按照对自然资源的利用而组织起来,任何革新都会打破这艘社会之船的平衡。

改革者甚至没有遭遇到明显的尖锐抵抗。如果遭遇到,他可能会被激发起进一步努力的斗志,然而他就这么被窒息了。拖延变成为一种艺术。在最近举行的一次国民教育大会上,一位持官方立场的归国留学生提倡公立中学(相当于我们的高中)联合办学。他是经过认真而成熟的考虑提出来的。中国饱受缺乏受教育妇女之苦,资金也短缺。有效的事情是要让女孩进入现有的学校,但这个提议是一项激进的改革。然而,它没有遭到反对,一个赞成的决议及时地通过了。但与此同时,要清醒地认识到,这只是出于对提议者的礼貌,不要指望这个决议会付诸实施。这就是许多提出来的社会改革提案的命运,它们没有遭到抵制,而只是被淹没了。中国并不停滞,它是在吸收;它采取懒散不理的态度(让所有的力量都失去耐心),直到不再有拉它的绳子。

就像一个人的弱点一样,一个民族的弱点就是他们诸品质的缺陷。诸恶与诸德性不会相隔很远,它们是彼此的反面。中国人相信自己是世界上最文雅的民族,这个信念可能是对的。与之相比,西方即使最好的行为方式也常常显得粗鲁、过分或者做作。日本人在个人交往中的温和无与伦比。不过,他们是从中国学到礼节的,此外还从中国学到了其他许多东西,而且还保持了某种形式的、需要培养的技艺。在中国,久远的时代熏陶,使得交往形式看起来不再像是形式的了。无论地位高低,都平易近人,相互之间不显拘束。即使是科学权威,也愿意相信,他们前代的行为特征会被后代遗传下来。在大多数艰难的条件下,愉悦而满意都是良好的行为举止的一部分;没有严苛,更不用说阴沉与狂热(我们平常会把它们与斯多葛主义①或者宿命论相关联)。在这里,自我控制也不活跃,仿佛违背了自我控制与困难之间的正相关关系。人们对于命运只是付诸一笑,或许一句俏皮话,没有愁眉苦脸,更没有豪言壮语。如此的谦恭和愉悦,毫无疑问,是人们长期持续地面对面地群体生存的结果。一个厚重文明的、不间断的影响让人觉得,摩擦和抱怨只会增加生活的负担。礼貌和惬意是让私下交往保持持续亲密关系的润滑剂。环境只允许两个选择:要么是无情的竞争,拼了命的战争;要么是悠闲的和平。中国人选择了后者,把它看作是其逻辑上的必然结论。

然而,在面对面的直接交往中,个人为他人考虑,体谅他人,与在西方世界里被认为是无情的残酷和对他人缺乏主动帮助的行为并不完全矛盾。有一天,在北京的大街上,一辆马车撞倒了一个行人,但马车没有注意就摇晃过去了。那个被撞的人受了重伤,当时没有一个经过者采取行动去帮助他;所有人都径直从旁边经过,最后还是几个外国人救助了他。几个月前,白雷(Baillie)先生在满洲受到强盗袭击,现场的其他人不仅不援手,反而都跑到一边闭眼不见,以免被召唤作证。这个事件更进一步的要点是:白雷先生把中国贫穷可怜的人从拥挤的地方带到满洲来,这里有充足的土地,他们大大地改善了生活条件。这些闭眼不见的人可能不知道发生了什么,而他们就是白雷先生援助过的人,他们是私人朋友。

这并不是说中国人的习惯性礼貌是不真诚的。我从未听说中国人被指责为伪善,虽然我听说过许多对他们不愿意把事情做到底的更尖刻批评。我从没有看到任何一个人认为真诚的友好不是中国人的一个主要特点。但是,在一个马尔萨斯的(Malthusian)人口理论得到完全证明的地方,友好要发展到主动解救苦难的地步就极其困难了。人口的进一步增加意味着生存竞争更加严酷,主动的仁慈是不大会占据主要角色的。相反,当灾祸、洪水或者饥荒夺走成千上万的人口后,对于生存者来说,就有更多的空气呼吸,更多的土地耕种,斯多葛主义的同情不难获得。一个感兴趣于保护动物不受残害的外国人,在经受许多挫折之后,满怀希望遇到一个佛教和尚。这个外国人认为,普遍怜悯的学说可以为人们接受他的思想铺平道路。然而,他的思想遭到了冷遇;他被告知,当动物被虐待时,它们仅仅是在为其前世的罪过而受苦,而这是人干预不了的。这样的佛教只是宣扬了宿命论,是一种对

---

① Stoic,现在也有翻译成斯多亚主义。——译者

周围环境的普遍的自然反应。

东方人缺乏主动的同情与救济的大多数特征,在传教士们看来,这是由于异教教义之故,但似乎还有一个更简单的解释。另一方面,西方慈善机构发出呼吁,在最近的抗洪工作中,传教士与基督教青年会(Y. M. C. A.)工人肩负起极大的重任。受灾地区的中国人对之前的传教一直保持平心静气,不为所动;但在灾后,对传教士们表现出的友善印象深刻,以至于非常感激,于是涌入教堂。教堂被迫对人们进行筛选审查,以免人满为患,这就不是"热烈欢迎"了。人们被传教士们所展示出来的前所未有的同情和帮助深深打动。据可信的权威来源,山西的长官①——中国最受尊敬的省级长官——说,在腹股沟腺炎瘟疫爆发以前,他一直认为西方文明之好只是在于船坚炮利;但是,医生们、教师们和传教士们冒着自己生命危险的无私奉献,让他相信西方文明之好还有另一方面。

忽视别人的事情与缺乏有组织的救济有着同样的根源。不管做什么事情,都是承担着一份责任。帮助那个被撞倒的人,不只是多花费一点点时间的事情;那些助人的人可能会惹祸上身,可能会被指责为同谋。在中国,事不关己,高高挂起;不要惹火烧身,祸从口出,这是生活的法则。对与自己不直接相关的事情的漠不关心,只是过分考虑个人关系的一个侧面。在考虑个人关系的地方,每一件事情所指向的至高主张,都是立即去掩饰过失,而不是基于客观后果来进行调整。"面子"(face)的影响比外在事实的后果更加重要。例如,一个政府学校接受私人馈赠,这是与礼节相抵触的,将会导致政府丢"面子"。北京一所学校的校长最近说,他将接受馈赠,他愿意为学校和国家的利益牺牲自己的"面子"。这是一个西方人能够相信的更真诚的牺牲。

当人们生活在一起而彼此不能离开时,现象——就是说,对其他人产生的印象——变得与实在一样重要了,如果不是更重要的话。这就是说,外交活动中所潜藏的后果看来并不比当下的谈判行为更重要,当下的谈判会努力避免当前的麻烦并体面地遵守所有适宜的礼节。当逃避和拖延不再让人满意时,屈服并接受对方的粗暴无礼,比失去自己的"面子"更好。日本人对这个特性的了解,相当好地解释了他们对中国的外交策略,即强硬外交。对中国人的任何让步,都会让他们觉得你害怕他们,他们立刻就变得傲慢起来,并得寸进尺——这在日本讨论中国事务的报

---

① 指的是阎锡山。——译者

纸上是一个共识。迄今为止,就与官员打交道而论,看来日本人的方法很明智,收获颇丰。他们的失败之处,是在广大的人民中激起了一股巨大的憎恨的浪潮。

总之,拥挤的人口培养出了那些心理习惯,就如俗谚所说,这些习惯让单个中国人变得友善、令人愉快,而所组成的集体却令人厌恶。改革与试验遭到挫折,不是因为缺乏智慧,而是因为智慧对于可能导致的错误的过度敏感、过度关心会引来麻烦。"远离麻烦",变成了(行动中的)指导原则。在与前总统孙逸仙一起愉快度过的一个晚上,他提出了关于与日本的快速发展相比中国的变化显得缓慢的理论。就像中国古谚所说,"知易行难"。孙先生这样解释,中国人把这个谚语记到了心里。中国人不行动,是因为他们害怕犯错;他们想在事先得到保证,不会有任何失败或者严重的麻烦才行动。而另一方面,日本人认识到,行动比认知容易得多。他们相信得必大于失,于是采取行动,前进,做事情,而不考虑错误与失败。我倾向于认为那个古老的智者①是有影响的,因为他的教导得到了曾经是亲近厚重的环境的证实。

只有那些肤浅的人会认为,为不幸的事找到原因就是为它们找借口。任何事情,都要在产生其后果的基础上进行判断,而不是按照解释其存在的原因来进行判断。但是,如果原因如所描述的那样的话,忠告、劝诫和鼓吹都会于事无补。条件的变化、环境的转变是必须的。这不能通过减少人口数量而发生,虽然在青年中国中,有一些人正在通过宣扬计划生育而冲击着古老的中国。能够深刻影响环境的唯一可行之道,就是引入现代工业方法。利用现在尚未接触到的能源与资源所产生的效果,与扩大生存环境是一样的。以中国尚未使用的资源为基础的矿业、铁路和制造业,将会为那些不冒带来"麻烦"的风险就不能得到利用的热情开辟一条新的出路。现代生产与商业非个人的和间接的后果将会产生一些新的习惯,它们将减弱"面子"的重要性,而增加事实的客观后果的重要性。随着财富与建设性工具的增加,人们会找到这样的道路,把个人的亲切、持久的友善和好心情转变成社会服务的通衢(general channel)。

(刘华初 译 马荣 校订 刘放桐 审定)

---

① 杜威大概是指说谚语"知易行难"的古人。其实,没有明确证据表明存在这么一位古人,这个谚语可能是流传下来的集体智慧。——译者

# 老中国与新中国*①

在这个星球上——现实中的星球,而不是纸面文字所说的星球——存在着一个其人口几乎占全世界居民六分之一的国家,这个国家的历史绵延四千年之久。地球上找不到任何一个其他地方能表现出一种如此具有连续性和稳固性的记录。尽管如此,它的历史却并不是一个单调或停滞的故事。在它的连续性内部,至少有着与17世纪以前两千年间的欧洲历史一样的多样性与变化。一流的发明、手工艺、哲学、诗歌与绘画装点着这个国家的文明。在任何其他时代和其他地方,除了基督教会的推行和神学的支持以外,道德观念没有像这个国家那样广泛普及过。在一千多年以前,这个国家把道德习俗、文学、艺术以及文明的各种要素带给了如今位列现代国家"五巨头"(Great Five)之一的邻国。在农作领域之外,它的社会等级从来就不是非常有效的;除了极少数例外,它的统治者们腐朽而无能。但不管怎么说,它对付过来了,它持续下来了。它以如此微乎其微的统治维持着自身,无政府主义者们竟然没有把它作为在一种无政府的基础上能做些什么的典型例子,这真是令人惊奇。然而,它是在孤立隔绝的状态中维持下来的,海洋、沙漠与高山把它围了起来;它自给自足,在一种由孤立状态所孕育的优越的想象之下自满自得。但最终,工业革命使它的屏障失去了作用,蒸汽与电力消除了距离,这个国家发现自己面对各种完全无法对付的力量。数个世纪以来的虚弱不再仅仅是国内的小事

---

\* 此文选自《杜威全集·中期著作》第13卷,第83—95页。
① 首次发表于《亚洲》,第21卷(1921年),第445—450、454、456页;重刊于《人物与事件》,第1卷,第255—269页,以"少年中国与老年中国"为题。

了,它们是从内部毁灭的一个威胁,以及对来自外部的帝国群狼的一个招引。与各种新力量的接触,使一切积聚起来的缺陷和腐败公然地展现出来,而与此同时,一种新的、组织得较好的文明带来了种种新的罪恶新奇而又难以抗拒的诱惑。

在描写这个国家——中国——如其事实上那样,面对迄今为止一切文明所遇到的情况中最困难的重建问题时,濮兰德先生选择了一小群个体作为从个人来说要对它大多数灾殃负责的人。他选择这群人来承担他称为"少年中国"（Young China）的这种责任的重担,尤其是那些经受了西方教育破坏作用的人。面对所有罪恶,濮兰德先生有一种万灵药,那就是国际范围内对政府财政（finance）的外国控制。

就任何一个对眼下的处境有些许了解并稍有社会想象力的人而言,这种生硬的论断使对濮兰德先生的任何详细答复都成为多余,虽然本文在行文过程中有必要指出某些具体的错误论断。然而,一个对中国的转变与转型问题中各要素的独立分析,就它本身来说,是非常值得做的。仅就理智上的推想,以及用于研究与推测、探究与思考的场景来说,今天的世界上没有任何地方——即使处于重建的阵痛中的欧洲也不算——能等同于中国的情况。历史没有记录下任何可以类比的东西——一个古老、巨大、独特、排外、自足的文明能够再一次诞生吗？它必须进行改制,不然就无法延续下去。尽管如此,它必须面对各种完全异于它的事实与力量来完成这一改制,这些事实与力量有物理的、政治的、产业的、思想的和精神的,这些力量全部是陌生的、未曾有过先例。其中有许多——具有进攻性敌意的——是由那些试图靠中国的衰败来养肥自己的人所引导的。它的过去,传统习俗中的许多东西,实际上都在给它试图应付新情况的努力拖后腿。它在中国每一个试图使自己振作起来去完成任务的努力方面,都设置了巨大的障碍,以至于一个又一个可嘉的努力成为徒劳。在旧的秩序中有许多好东西,就像在尝试性的新秩序中有许多好东西一样。但是,不仅存在着一种物理的神秘作用,而且存在着一种社会的神秘作用,各种本身是好的要素据此产生出爆炸性的或有毒的化合物。

人们可以反复搜寻历史来描绘一种如此吸引人的处境,它使旁观者在希望与恐惧之间不断摇摆,并对每个寻求解决之道的努力摆出一副令人费解的面孔。人们时常会回想起小时候猜的中国谜题,其相互交织的各部分的复杂性与多样性似乎在藐视每一个试图把它们构成连贯一致的整体的努力。存在着一种线索、一种解开那些谜题的方法,并且或许存在着一种有待我们去发现的导向目前这个巨大谜题的成功解开的方式。无怪乎在中国,无论一群人在哪里聚集起来,他们偏爱的室内运动都是"拯救中国"。但是随后,不管与此同时还是在不同的场合,把从乐观主义到悲观主义整个地想过一遍以后,心地诚实的人就把它作为一个远远超过他们智力范围的问题而放弃了。"如果这样"和"如果那样"是最后的词句。许多人都有他们偏爱的"如果":如果有一个强有力的中央政府——从来就不曾有过,即使是在绝对主义的鼎盛时期;如果有正直的官员们——这要追溯到尧舜的神话时代。而现在又有了一个新的"如果",如果可恶的归国学生停止制造麻烦,并且中国的财政管理能够由新的像罗伯特·赫德爵士①和理查德·丁恩爵士(Sir Richard Dane)一样的人重新组织起来,那么一切都会好的。效法盐税改革(the Salt Gabelle)的模式对中国进行改制,一切麻烦就全都消失了。

但是,重组、转型、老与新的统一的任务在复杂程度方面是如此庞杂,以至于任何对将来的整体预测和简单的补救措施都不值得在此花费笔墨。确定的东西是很少的,无论成功或者失败,都将给世界的其余部分带来剧烈的影响,以至于无人敢对此无动于衷。必须进行大量殊途同归的冒险和试验,世界上没有哪种处境更适合于确证对"万灵药"和整体方法的不信任了。所要进行的变动遍及一切方面,其中许多是外部的、技术上的,是管理上的变更,也即现代管理方法的采用。在某些令人失望的时刻,人们可以描绘从一种单纯的算术和现代会计审计体系角度出发来考虑所能获得的巨大好处。但是,除非中国被扯得四分五裂,甚至比它的邻国日本如今在精神上被扯碎的程度更甚,否则,思想、信念和对世界看法的改变必须进行,必须创造一种新的精神。而所有外部管理上的变更,无论在政府中还是在产业中,其最重要而持久的结果将会是它们对一种新精神和新道德的产生所发生的影响。

在必需的外部变更之中,有一个是在公共财政方面。正是中国政府自身的不称职,加上一些外国的贪婪和另一些外国的愚蠢,使其无可救药地依赖于外国贷款,这些贷款积累产生利息的负担,而这个负担又只有通过新的贷款来对付。在中国某些地区内不缺少财富,但国内的安全保障是如此脆弱,以至于除非处于外国政府的保护之下,否则,商人是不会拿他们的钱财去投资的。富有的官员们也不会去

---

① 赫德(Robert Hart,1835—1911),英国人,曾担任晚清海关总税务司一职长达半个世纪之久,长期居留北京,参与晚清多项政治及外交活动。——译者

投资，因为他们是通过投资外国贷款来获得财富的——那些钱落进了他们自己的腰包。国际控制不仅仅作为一种确保中国资本用于中国的手段是必要的；其必要性还在于，它是唯一能够阻止中国因特许权体系和势力范围以及把自然资源抵押给这个国家或那个国家而发生进一步的分裂的手段。任何一个不带偏见的观察者，都不会对这些事实存有疑义。

但即使从表面来看，把这个确保国际财政控制的计划看作与中国的学生运动所表现出来的各种倾向相对立，也是没有道理的。相反，只要这个计划是依据中国发展的利益而不是外国金融寡头的利益制订出来的，那么，在向他们的国人解释这个计划方面的领导者必定来自这场运动。拉蒙特先生也许像濮兰德先生一样关心银行团的成功，他发现，根据中国的情况，为了消除误解与达成合作，值得给中国学生和他们的教师中的领导者充足的时间。公道地说，在中国，关于这个方案还存在许多疑义。但是，任何公平的人都会承认，中国与外国银行家的金融贸易先前的历史有助于促进密苏里态度（the Missouri attitude）。濮兰德先生对日本影响的完全否认和他最近的著作中表现出来的偏见，必须以其充分的意义来得到接受。但是，把中国人对银行团的反对归于学生运动，并不声不响地忽略日本人的各种机构勾结中国的腐败政客和报纸而在中国搞的非常规战斗——一场直到1920年11月还在进行的战斗——恰恰是引起人们怀疑的那种举动。拉蒙特先生关于反对银行团的宣传的本质所说的话是如此充分明晰，以至于责任应该由谁来承担这一点不可能存有疑义。

关于这一点，我们可不要存有误解。濮兰德先生对中国政客提出的腐败和搞阴谋诡计的指责，以及他关于中国国内冲突的典型派系特点，以及背后原则的缺乏和对地位与权力——实际上，是对金钱——的贪婪所作的这些论断是基本常识，是关于局面的陈词滥调。如果他在穿越一些沿海城镇的匆忙旅行中不是只待几个星期的话，他本来可以为比他如今所描绘的更加阴暗和令人沮丧得多的图景找到材料。比如，官方的圈子里关于目前严重饥荒情况的态度，其令人作呕的程度已经无法衡量。冷漠和无动于衷与压榨联合，为了地位和声望而耍的手腕与从饥民那里获利和盘剥结合在一起，黑心的官僚们从勤恳老实的农民那里霸占土地，以必须运送有比没有更糟的士兵为由，拒绝提供车辆去运载慈善人士提供的粮食——这是一些突出的事实。问题不在于这些事实，而在于它们的原因和补救的办法。

尽管濮兰德先生急于给人留下这样的印象，即这种情况在某种程度上是由于"少年中国"，但即使是他，也无法避免承认所有这些都与中国官僚阶层的传统相符。无论情况是否比满人统治的那段不幸的日子更糟,或者只不过像那时一样糟,这都不可能以独断的方式来说清。许多人认为,它们变得更糟了。另一些人认为,更大罪恶的出现是由这个事实引起的,即某种程度的宣传已经入侵中国,并在这个粪坑里瞎搅和,放出更多的臭气。不过,在许多方面,现代商业环境提供了许多新的机遇,而官僚们毫不迟疑地抓住新的机会,从旧的资源中捞油水。事实是,事情的状况是如此糟糕,以至难以想象它会变得更糟。

它构成了重组的问题,即我们提到过的那个从老到新的转型问题的一个部分,一个相当可观的部分。当老中国被抛入不是由中国的任何一群人,而是由在中国毫无意识与准备的情况下控制了它的那些新的世界力量所造成的局面之中,将会发生什么,它提供了一个惊人的例子。以前,阴谋和腐败仅仅在国内范围影响中国,如今它们危及中国作为一个国家的存在——正如腐败的政治家们在两年之中向日本借款两亿美元的记录所清晰表明的那样,这笔借款没有收到任何公共收益,并且是以巨大的资源作为回报抵押为代价的。但关键的是,这桩罪恶是由老中国而非新中国引起的,老中国不知羞耻地在新机遇的食槽里打滚。

像濮兰德先生关于"少年中国"所作出的论断那样,如今控制着政府的观点气喘吁吁地说着:"军阀政府主要是由昨日的少年中国所组成的";"在1911年帝制(the Dragon Throne)倒台以后开始发展的民主政治这个新游戏中,是受过教育的阶层中的那些强人爬到了最高处……而在当今中国,真正的问题是如何来限制这些督军(Tuchuns)的权力和贪婪。"事实是如今,在中国没有一个督军对西方知识哪怕有一星半点儿的了解。他们中的大多数人,连中国的旧式教育也没受过。出任总督的一位老式学者拒绝采用"督军"这个头衔;中华民国名义上的领导者是一个旧官吏,他曾为满清政府服务。西方读者几乎难以意识到他在新制度下的执政与中国人生活的基本伦理是多么相悖,这种伦理断定,仆人在主子被推翻或夺位的情况下应该彻底归隐,如果他不把他的忠诚发挥到自杀的地步的话。另一位显赫的领导者以前是山东的一个鱼贩;一位督军以前是个旅馆招待;另一位以前是花边商;还有一位,濮兰德先生作为中国所需要的那类强人而过度吹捧的那一位,以前是个土匪。这些人中的某些甚至无法读懂中文或写一个汉字。这些督军就是濮兰德先生所谓的受过教育的强人。

说这些事情,不是用来为归国学生或"少年中国"——无论这指的会是什么——作辩护的,不是用来为中国目前状况的罪恶开脱的。它们甚至可能使情况显得比濮兰德先生描绘的更糟。这么说,是因为它们是事实,而且是指示着当今中国面临的真正问题的本质和严肃程度的一些事实,这个问题是:使老中国适应新的情势,创造出除了在最零散的意义之外尚不存在的东西——一个少年中国。而考虑到这一点之后来陈述"少年中国"一词的真正起源,应当不会出错。少年中国党(Young China Party)是有意模仿了马志尼的青年意大利党(Young Italy Party)。正如后者努力去创造一个新的意大利一样,那些围绕着"少年中国"的名义携起手来的人们所肯定的不是少年中国的存在,而是老中国重新焕发青春的必要性,除非中国本身要消失。而且,虽然迄今为止,他们的努力尚未取得成功,过去的每一天都表明他们对情况的判断是正确的。

  财政管理不当,给中国造成了拖后腿的效果,关于这点所说的一切都是正确的。公共税收的流失就其本身而言,已经是个严重问题了;但是,与鼓励出售与转让中国的自然资源给对中国不仅有经济企图还有政治企图的外国人相比较,这还算是一桩较轻的罪恶。而这就是在已经去世的袁世凯——那个中国近来的政治家中"最强大、最有能力和最英明的人"——的追随者、门徒和副官们的直接庇护之下所发生的事!与拖正当的工业、商业和铁路发展的后腿比起来,这还算是比较轻的;拖后腿是由不负责任的官僚,为了获取更多的金钱而开征各种税收引起的。与从官吏阶层蔓延到商人阶层的腐败比起来,这还算是比较轻的,这些商人与政府之间有生意往来,而且受到一种相似的对金钱的贪婪和在获取上不择手段的态度的熏染,这是一种如此严重的罪恶,以至于如果它继续下去,"中国人的话像契约一样可靠"这句古老的谚语就要变得名不符实了。和毫无军纪的士兵的数量成倍增长相比,这还算是比较轻的,这些士兵扮演着搜刮钱财的帮手的角色,养成了各种恶习,诸如游手好闲,趁火打劫,掠夺北方的大部分农业劳力,在所到之处传播性病,以及仅用一纸临时公告就从士兵摇身一变而成为土匪,再以同样的途径变回来。

  在中国,没有哪一位有识之士相信财政管理的改革能够从内部出发来推行。某种国际的外国财政控制不仅是财政上的必需,而且是政治的、工业的和道德的必需。没有一位美国的自由人士会反对这个方案本身,只要他是明智的。但是,如果他是明智的,那么,他会最仔细地考察那些条款并坚持真正的正义与诚实。最近,一个财政部长刚好在结算日之前借了笔钱。信用是差得一塌糊涂啦,真是天晓得!但是,这个部长和他的朋友们组建起了银行,从中以80%的利率借钱来偿还他们先前所窃取的钱财的利息。然后,为了确保利息会不断地被支付,他们把这些票据卖给了一家外国人的(不是日本人的)银行,这家银行拥有外国政府的支持。这个故事显示出财政监管的必要,也指出了外国金融家们在利润丰厚的时候也不反对参与不干不净的交易。

对细心的读者来说,濮兰德先生自己回答和反驳了他自己。因此,当他偶尔忘了对事实加以修饰时,他说:"看来似乎不可否认的是,中国目前的大多数无能为力和危险不是由它自己的错误引起的,而是由西方列强一下子制造出来的一种新局面引起的。"以类似的方式,他对"较为古老而明智的首领"、旧官吏和商人们作了充满同情的描绘,说他们确实渴望外国财政控制的加强,但受到学生群体把他们的隐秘渴望大声公之于众的威胁,这种描绘在他对旧官吏于目前情况下的壮大进行实际描绘时得到了充分顾及。在濮兰德先生为倾听中国人的深层声音而在北京度过的那三四天里,某些被称作"旧交通系"(Old Communications Clique)①的金融家们没有控制局面。他们在与外国人的交谈中,通常都对国际监管之下的中国财政与铁路系统的统一表现出巨大的热情。这是一个用来结党的方便武器。毫无疑问,濮兰德先生听过他们的谈论了。如果这些人属于学生阶层,他可能早就产生了怀疑。但既然他们属于老中国,那么,他就对他们所说的照单全收。他们中的一些人现在正掌有实权,并秘密地用一切手段,封堵他们曾经声称偏爱而如今若去实现则有可能以牺牲他们为代价的那条途径。

所有这些话都不是为了与濮兰德先生进行个人的争辩,而是因为它与特定情势的关系。对银行团方案的成功来说,没有什么比基于一种信念的行动对它而言更加致命了,这种信念就是:现存官僚体系中有影响的部分会有人真诚地支持一种剥夺它的金钱与权力的措施,而向往一个新中国的精神领袖们必然反对这个方案。

濮兰德先生如此随意地拿来反对学生运动的这些指责,正是安福系(the Anfu stripe)②的官僚们用来使北京气氛紧张的这些报道,这一点是很重要的。官僚集

---

① 交通系是中国北洋军阀统治时期一个政治派系。其中,"旧交通系"主要是由曾负责清朝铁路、航运、邮政、通信和银行事业建设,后任袁世凯政府秘书长的梁士诒多年培植发展起来的,有别于以曹汝霖为首的"新交通系",后者是五四运动直接针对的斗争对象。——译者

② 安福系指的是"安福俱乐部"的成员。安福俱乐部是中华民国初年的一个政治组织,由皖系军阀段祺瑞的亲信徐树铮筹建,成立于1918年3月8日。安福是北京西城区一条胡同的名称,因皖系军阀政治俱乐部场所设在该胡同,故称为"安福俱乐部"。该俱乐部实际上相当于一个政党,操纵了中华民国第二届国会议员选举,故该届国会称为安福国会。1920年7月直皖战争爆发,直系取胜之后控制了北京,段祺瑞辞职;8月,安福国会解散,安福俱乐部也随之解散。——译者

团很清楚，这是怎么回事。它深知这场爱国运动首先是冲着它来的，它也熟谙精明的中国政客用传播这些报道来给它的腐朽统治的潜在威胁者抹黑的一切手段。濮兰德先生并不是唯一一个从这些报道的表面价值来看待它们的外国人，尽管充分了解他们的腐败和极不可靠，他仍然在这件事情上相信了他们，因为他们符合他先前就有的偏见。虽然这场新的运动是由从未走出中国的学生们发起的，但濮兰德先生对情况的了解是如此肤浅，以至于他把这场新的学生运动与他先前了解并咒骂过的归国留学生的运动等同起来。因此，他轻易地成为了他在其他场合曾慷慨激昂地加以揭露的那些阴谋诡计的牺牲品。

他对这场新的学生运动的缺乏了解可以用下面的事实来衡量，他说，少年中国的"愤慨从来未曾公开指向大城市和地方官员不断增长的贪婪"。实际情况是，目前这场学生运动正是伴随着对这些官员的抗议开始于去年五月四日，并以内阁中三个最腐败成员的解职而告终。如果北京和其他地方的军队（包括大城市的和农村的）不曾使监狱塞满学生，用武力粗暴关闭他们的机构，监视他们的每一项活动，派特务混迹于他们的每一个层面，并肆无忌惮地贿赂收买他们当中意志较弱的人，那么，这场运动本来可以走得更远。濮兰德先生津津有味地引用的那个传闻，即某一派政客给天津学生联合会（the Student Union of Tientsin）高达20万美金的钱来帮助他们在运动中对抗北京的官僚，至少证明了当濮兰德先生说学生们从未求助于他们本国的官员时，他了解得更准确。但实际上，这仅仅是当权官僚为了诋毁这场运动而散布的许多故事中的一个。相对于传闻的"书面的证据"——濮兰德先生已经看见过了——是由这群官僚作为他们游戏的一个部分而伪造出来的。这并不意味着在野党中的政客不曾试图利用这场运动，学生们不曾有过错误，或者他们完全摆脱了这些腐败的因素。但是，从整体来说，考虑到参与者们缺乏经验的程度，这场运动井然有序得令人惊奇，并且表现出了一种预示着良好前景的组织能力。

这些事实与实际情况相关。有了银行团的帮助，加上其他改革，学生们就会有力量来抵抗官僚集团的积极阻力和（更加危险的）消极阻力。他们的爱国热情很容易被唤起并采取一种负面的形式，尤其是看到外国势力过去在中国进行掠夺的情况下。但是，他们是中国国内对来自目前的"政府"体系的种种弊病有着充分警觉的那个有自我意识的阶层，他们是现有和潜在官僚的天然的和公开的敌人。在目前这个阶段之前，他们就已经看到中国官僚利用外国人的贪欲，利用他们的无知以及对眼前利益的渴望来危害这个国家。他们已经看到这一点，即各种纯属中性的外国行业过去曾被用来作为幌子,以掩盖对中国资源和主权的贪婪侵蚀。他们一般是通情达理的,除非哪一个新方案是由官僚来操作(对这些人的诡计,他们了解得比任何外国人更清楚),成为巩固自己权力与财产的新手段,同时又增加了中国的束缚。

然而,他们也清楚,处境是多么令人绝望;而且,他们对美国人的领导地位抱有一种对其他外国力量所不具有的信念。他们担心,就像以前的一些情况一样,当付诸行动时,美国人的精力和智慧会赶不上他们的善意。他们担心,美国人的领导权会成为名义的而不是实际的;他们担心,由于中国的腐败官僚与非中立的外国财团勾结起来形成的力量作用,美国人的想法会被某些东西"糊弄"。因此,目前情形下最实际的事就是要花些力气,不仅用来保证美国人的想法确实主宰银行团,而且要尽可能努力让公众舆论的精神领袖们明白这是事实。像濮兰德先生的言语那样过激言辞的害处,在于它们掩盖了这个事实;并且,通过依赖恰恰是不可信任的那个部分,对唯一能够用来在中国产生一种有认同感的公众舆论的那个部分进行妖魔化,它们妨碍了整个运动的成功。不断增强的公众舆论支持,对一场不仅仅止于表面和外部的改革来说,是至关重要的。

但是,虽然财政管理方面的改革不可或缺,并且只有通过为期数年的外国控制才能进行,但这只是使老中国变成一个适应现代环境的中国所需的众多因素中的一个。新中国不是一时的时髦玩意儿,也不是一些无见识的热心人士的作品。除非中国朽败下去,而且,它正在腐烂的躯体将要最终成为世界和平的一个威胁,否则这就是一个必然。认为仅仅通过引进西方经济,中国就能得到"拯救",同时保留它的旧道德、老观念、古老的儒家精神——或者说,真正的儒家精神已经僵化成为的那个东西——以及旧的家庭体系,这种观点是感伤的理想主义最具乌托邦色彩的想法。经济与财政改革,除非伴随着新的文化理念、伦理,以及家庭生活(这些构成如今所谓学生运动的这场运动的真实意义)的成长,否则就如同隔靴搔痒。它会弥补一些罪恶,又创造出另一些罪恶。从其本身来看,它是一个有价值的实际措施。但是,如果把它用作一根棍子来打击男女老少对新信念、新观点、新的思想方法、新的社会科学与自然科学——一句话,对一个新的年轻的中国的渴望,那么,这真是荒唐透顶的事情。

若干年以前,有许多中国人真心地认为,中国所经受的那些罪恶和威胁着它的那些危险是由满清王朝的统治所引起的,而且能够通过引进一种共和制的政府形式来加以补救。毫无疑问，其中一些人是从自身利益的动机来支持这个变革的。如果不存在这样的人，那么，中国人与西方人之间的差异就比我所认为的更大。但是，在为数众多的共和人士中间，它是一个真诚的信念，产生于希望和缺乏经验。这是一件应当寄予同情而不应当加以嘲笑的事情。如今，认为现存的种种罪恶是由共和引起的，并且欢迎君主统治回归的人比甚至旧时的共和人士人数更多——人数之众，正如20年前认为赶走外国人将会治愈一切罪恶，并尝试用义和团这种万灵药的人那样多。如果他们作出任何企图恢复君主统治的举动，那么，这些人会如其他尝试各种万灵药的人一样失望。但是，对于仍在寻求一种包治百病之药，并且说"引进外国的国际财政控制，然后一切都会好的"的有经验的西方人，我们说什么好呢？这样的人令人对外国教育的价值产生怀疑，这没有什么好大惊小怪的。

在中国，有一个人数相当可观的外国人阶层，尤其是在各个对外口岸和政治中心，他们与老中国有着明显的联系。其原因很复杂，一方面，他们意识到了老中国的种种美德；但另一方面，他们潜意识地凭借着它的虚弱来为自己的舒适与便利服务。这些人一般不赞成传教士和外国教育家们的各种行为，这通常不是因为他们在理论上反对基督教，而是因为各种新观念的引入会搅乱他们赞扬和借以获利的那些东西。他们也看到，各种新的罪恶正在进入中国，以及一些古老的美德正在衰败。由于缺乏足够的社会与历史把握力去追溯这些变化，直到其源头，并且了解它们在社会转型时期里是如何不可避免，他们把一切分崩离析都归结为由传教士和归国留学生带来的外国知识和观念的影响。实际上，他们想要的是：在文化与道德方面，让老中国保持原样；它有它的各种缺陷，但也有各种稳固的美德，如果杂草被连根拔起，那么，这些果实也会被毁掉。只在商业与物质方面改变中国，给它铁路、工厂、电报、经过改良的币制、良好的财政管理这些好处；给它西方文明的外部技术而不触及西方文明，一切都会好的。

这种广为流行的观点既肤浅又似是而非。一个仅仅在工业方面的变革是否令人向往，这不值得争论，因为这是不可能的。即便从抽象层面上来说，它是令人向往的；在感情上，它也是乌托邦式的，尽管它自称符合严格的商业事实。是什么在真正地从根基上削弱作为老中国基础的家庭体系呢？是归国学生的教导吗？一小群人选择他们的生活伴侣，由此打破家长权威的渴望；渴望有受过教育的女性来作他们的妻子，由此通过改变妇女的传统地位来变革中国吗？不。这些事情最多只是征候，不是原因。真正的原因，恰恰是工业革命产生的现代方法。愚蠢的人们想要引进它们，却梦想着不触动旧的体制。铁路与工厂系统正在从根基上削弱家庭体系。即使每一个学生都发誓永远保持沉默，这些东西也将继续发挥作用。

浙江省有一个村庄，它是一个现实中而不是虚构的村庄。三十代人以来，同一些家族一直在那里繁衍生息。他们一直是维持农耕、手艺以及社会秩序与和平的主导精神力量。小镇曾经是古老的、受人尊敬的，是闲适的学者与文人聚集的中心。过去，那里几乎没有贫穷，非常繁荣。如今，祖先们的居所和祠堂则是一派荒凉景象。昔日的领袖们如今不在那里，而正是他们的存在确保着光明、秩序与福祉。农耕正在被荒废；即使是教育，也呈现倒退，如果不说在数量上至少在质量上；底层人民的生活比以前更加辛劳混乱，而且更加穷困。这是归国学生的影响吗？不多不少，正像新英格兰的某些地方从某种程度上来说相似的一种衰败那样。

这个城镇没有铁路或工场，但它离广州和上海的路程并不遥远。一些相对有能力、有闯劲的人，古老家族体系的牢固性的代表，都迁移到有更多活力和机遇的地方去了。这个人在北京，那个人在上海，另一个人在汉口。一些人在教书，一些人在银行工作，一些人对国际贸易感兴趣，一些人热衷于发展棉纺厂。他们正干起新行当，建立新关系，在新的地方组建新的家庭。要对下面这种观点保持耐心是件困难的事，这种观点认为，工业革命能够来到中国而不与此同时带来如同它带给欧洲那样深远的政治、道德、国内与国际的变革。欧洲有"启蒙"的18世纪，有它对旧事物的冲击，又具有颠覆性的思想与行为，而中国正在开始拥有它的变革世纪，这牵涉到对甚至是好的事物的摧毁，以及对新的好的事物的引进。对于那些面对无可避免的转型，只想到寥寥几个个人，并把所有指责都归到那几个人的个人信念与活动上的人，我们应当如何看待呢？

即使是极度的保守派，也几乎难以指望引进铁路和现代工业的机械技术，而同时防止科学观念与方法的引入。数周以前发生过一次月全食。人们用敲锣打鼓放鞭炮的通常仪式来防止天狗把月亮吞了。哪怕只学过初步地理知识的小男孩和小女孩们，对他们长辈的这些行为是什么样的态度呢？他们是很正常的年轻人，会喜欢这种热热闹闹的场面，但他们从这种仪式中几乎没学到祖先的任何智慧与信念。小男孩如果不是在学校里，就是在现代商铺里学到了一点起码的化学知识。他对鬼怪的信念，在感情和思想上与他的祖先的崇拜相联，一定会受到一些改变；而随着这种改变，他变得不那么严格地遵循传统的道德准则了。

这些事情都只是一些端倪。但是，它们不仅与所谓学生运动的整个话题相关，而且甚至与像外国财政控制这样的实际细节有关系。没有必要去试图评估正在发生的这些变化各自的好处与坏处。我们知道,伴随着这个转变、伴随着旧的规条与准则的松懈,存在着各种罪恶与危险,这就足矣。如果改革方案局限于财政与经济措施,那么可能只会增加这些罪恶与危险。财政改革只有伴随着像中国的学生运动所热切关注的那样一个思想与文化上的更新,才能补救这些罪恶和危险,并且通过在真正的进步那一边重重地加码而构成平衡。

国际控制下的财政重组会省下巨额金钱,这些资金将主要投向铁路与公路以及工场和工厂。如果有谁幻想着在毋庸置疑的益处之下,不会有各种新的罪恶的产生,不会有旧联系的进一步松懈,那么,这是一种不可思议的乐观主义。只有一出轻喜剧才适合于那样一些人的主题,他们说"恢复老中国";然后,当被问及如何去做的时候,回答说"通过建造铁路和引进工厂"。传统家族体系的衰败将会加快。随着工厂的推广,两性之间的道德观念将会继续下降,对古老的东西与习俗的尊重将会减弱,对金钱的爱好将会获得新的表达机会。人们会丢掉主要的旧道德约束,这些约束来自一辈子处于家族和宗族成员间接在场之下的生活状态。在他们面前,每一个个人行为都是公开的,而且这些人不断施加着认可与谴责的压力。就业的困难会增加,童工已经在增多,而且压力正在迫使妇女们从家中走出来工作。传统上有着紧密个人联系的劳工与雇主,将在思想与感情上分离。所有这些情况,都一定会随着有效的国际控制与财政管理的改革以及相应的资金分流到新的流通及生产部门中而到来。

当然,这些新的罪恶并不构成各种新的巨大益处的阻碍,或者为放松财政改革的努力提供任何根据。但是,它们暗示那些完全依赖财政改革措施的方案是完全不可靠的,即使以充分的智慧、中立与诚实来实施这些方案也罢——而情况肯定不会是这样。它们暗示着,中国新文化运动的领导者们,那些对社会的、国内的以及思想的转变感兴趣的人,虽然身处一切迷惑、举棋不定和无法避免的错误之中,还是比那些建议他们放着老中国的道德与文化方面不管而把精力投向技术改进的外国批评家们高明。在此,我们得出了真正的学生运动——更确切地说,关于新文化运动的背景,关于它的目标与方法的几点说明,将是我下一篇文章的内容。

(赵协真 译 莫伟民 校)

# 中国的新文化*①

一位中国朋友为我总结了外国对中国影响的各个阶段,我受惠于他如此之多,以至于他完全有理由说我对他进行了思想上的偷窃。最初,人们认为,西方力量的秘密在于新式的军事装备。依据传统,以前的神祇都是从海浪中产生或骑着一匹白马到来的,一切有序的力量必定与某位神祇相关;而如今,"基督骑着一发炮弹"来到了中国。这不是一个文学的说法,而是普通人原原本本的信念。于是,一个兵工厂在上海成立了,然后制造了炮舰。这些枪都打不响,或者自己爆炸了。军舰都在中日战争②中被日本海军击沉了。

随后,中国的弱小被归结为其过时的统治形式。改革要通过政治手段来进行。在同样短的一段时间内花同样少的力气,建立了一个共和国,而不是一支海军,但这个共和国几乎同样不成功。在这一时期,有些外国人关于中国改革的观念形成了他们的看法,自此以后,他们的见解不曾改变过。他们给这场政治运动贴上"少年中国"的标签,并且一直固守着这个观念。与此同时,中国人的思想却发生了变化;这场运动的代表以及他们的后继者,现在几乎成为一个旧时代化石般的遗物了。这个时期距今还不到十年,但是撇开事物不谈,中国各种思想的变化是如此迅速,以至于人们不得不努力跟上——而不幸的是,许多外国人并没有作出努力去跟上变化的脚步。

---

\* 此文选自《杜威全集·中期著作》第 13 卷,第 96—106 页。
① 首次发表于《亚洲》,第 21 卷(1921 年),第 581—586、642 页;重刊于《人物与事件》,第 1 卷,第 270—284 页。
② 指 1895 年发生的中日甲午战争。——译者

第三个阶段是依赖技术改良的阶段。无论如何,西方的大炮与海军装备来自应用科学,来自工程技术,所以西方文明的显著特征,那有待于模仿的特征,被认为既不是军事的,也不是政治的,而是经济的。建筑工程师与机械工程师成了这个国家的救星;铁路和工厂,蒸汽与电力,将使这个古老的国家在与新兴国家的竞争中不相上下。但不知怎么的,这个运动遇上各种各样的障碍;进步缓慢;它带来新的危险与罪恶。

很快,一波道德改革的浪潮来临了。人们组建起成千上万的社团来医治各种各样的罪恶,这是反缠足社团、反鸦片运动、反赌博协会、重塑旧的教育体系以及诸如此类事物的时代。虽然基督教的影响是这些改革发起的一个重要原因,但它们中的绝大多数是以一种儒家复兴的形式进行的。

接着,人们产生了一种信念,认为各种深层的观念必须得到改变,民主是一件关于各种信念、关于生活观点、关于思想习惯的事情,而不仅仅是统治形式的问题。显然,民主要求普遍教育,也就是学校教育普及所有人,还要求从识字到某些与公民和社会行为有关的科目的学习都有一个改变。传统上认为书写下来的东西必须用数百年前的词汇、格式以及受人珍视的,一种与当今的口头语言几乎没有什么关联的语言表达。但是,除非书面语言得到简化,变得更加明白易懂,否则,大众就无法理解这种语言。人们用来说话的语言必须同时被用来书写,以使现代的想法得到恰当的表达。旧式学校的一位学者在杭州这个旧文化的中心之一对我强调说,因为缺少繁冗造作的书写方式的规范,过去近百年中,在中国不知有多少有价值的想法由于人们认为无法被人所知而失传了。于是,在大约两年前,兴起了所谓的文学革命(literary revolution)——这是一个努力,试图用通俗语言来写作与发表文章,同时也使中国读者熟悉现代西方文学潮流中特有的东西,从自由体诗到托马斯·哈代、萧伯纳、易卜生与梅特林克。我知道,有一个学校批评它的外籍文学教师不够入时,因为他讲授莎士比亚与狄更斯,而他们想听 H·G·威尔斯和斯特林堡!他们甚至建议他休假回国去补补课!他们说,他已经变得过于"中国化"和保守了。

内容和想法的问题很快就变得比语言和体例的问题更加重要了。各种新的观点与古老的建制针锋相对,家庭体系受到彻底的批评,而这不仅源于传统西方家庭生活的观点,而且源于《玩偶之家》,以及最强烈的西方激进思想。社会主义文学,无政府主义,马克思和克鲁泡特金(Kropotkin),像野火一样在读书人的圈子里蔓延开来。托尔斯泰也许成为人们读得最多的外国作家。由此形成一个新的公式：中国必须通过一场建立在观念变革基础上的社会变革而得到改变。政治革命是一个失败，因为它是外在的、形式上的，它触及了社会行为的机制，但并未影响到生活的构想，正是生活构想实际上控制着社会。

而现在有迹象表明，下一个阶段将会是对科学方法感兴趣的阶段。人们认识到，技术以及应用科学的其他分支依赖于一种作为思想、观察、记录、批判、实验、判断和推理方法的科学。这个观点的根据是：西方的真正优势不是建立在任何西方特有的、有待于借鉴和模仿的东西之上，而是建立在某种普遍的东西之上，这种东西是一种研究与检验知识的方法；西方偶然发现了它，并早于东方几个世纪开始使用它。

这较后的一些观点，隐含于可以在字面上从中文翻译为"新文化运动"的这场运动之中。具体从实践上来说，它与始于1919年5月4日的学生起义相联系。一些外国人认为，后者仅仅是一场新形式的政治运动，中国的政客和保守人士使他们确信这一信念；而那些人中的大多数，毫无疑问，也相信它纯粹是一场政治运动。任何具有文化和社会本质的东西，离他们自己的生活和理想过于遥远，以至于难以设想。然而，虽然它的外在表现是针对一群腐败政客的，虽然它是由中国在凡尔赛的要求的失败，以及由于那些政客为了既得利益向日本作出的承诺所激发，但在更深刻的方面，它是一场抗议，反对一切政客，反对进一步依赖任何政治来作为社会改革的直接手段。领导这场运动的教师和作家们抓住一切机会教导说：中国的新生必须通过其他手段，任何根本的政治改革目前在中国都是不可能的；而当它来临时，它会作为以社会的、非政治的方式实现的思想变革的自然结果而到来。如今，中国高等学校的学生群体中为数众多的人，实际上正发誓保证远离担任公职的生活。毫无疑问，许多人会在未来的日子中半途而废，他们将无法抵御安逸生活与权力的诱惑。但是，反政治的成见已经相当牢固地树立起来了。

虽然这个速写匆忙而浅显，它却暗示着一些评论意见。首先，这场运动虽然是由外国条约激发的，这只不过是说，归根到底，它是由与非常现代的世界之间的条约所激发的，但它已经变得越来越具有中国特点了。五四运动是由中国学生们直接发动的，不仅没有归国留学生的鼓动，而且与他们的建议是相反的。它是自发的和本土性的。语言改革的运动少了外国的影响几乎没法开始，但从本质上说，它是一场由中国人为了特定于中国的目的而进行的运动，并且在中国历史上有过先例。

附带的倡导拼音书写的运动主要是受传教士的鼓励,所以人们在西方报纸上较多地看到关于它的消息。即使这场反政治运动,以及对改革要以科学与社会变革为条件的信念,在某种意义上说,是向中国思维模式的回归,是一种古老的中国观念的恢复,以及对该观念的力量并未穷尽和终结于儒家的确信。现在进行这场运动,必须适应新的情况,即使这涉及对儒家形式的信念与行为的抛弃。这场改革的另一个显著特点,是它显示出从表面到根本的持续进展。

刚才作出的评论是从最好的方面来看这场运动,从它的精神方面。从它所获得的具体结果的观点出发,这些评论无疑对它的发展作了理想化的描述。每个旧的阶段都给它留下了一层沉积;"少年中国"至多不过是个含混不清的词。它把各个描述过的阶段——军事的、政治的、经济的、技术的、文学的、社会的等等——中大量的代表都堆积在一起,形成一个单独的东西。通过从这些层次中的每一层中选取某些个体,我们可以不无道理地对"少年中国"进行任何一种指责。换言之,不同派别间自然存在着混淆、不确定、相互批评和敌意。数年前归国的留学生大多反对目前的反政治运动和文学革命,他们中的许多人仍然停留在国家主义阶段,希望在军队和政府中发生某种奇迹般的变化。更多人显然处于技术阶段,相信如果他们能够获得工程方面的工作,他们使自己接受训练为的就是这个,那么,中国就会开始改变——就像它在某种程度上确实无疑会变化那样。

还必须再作出一个区分。虽然开化了的日本人和像大隈侯爵这样的政治家们,长期以来一直宣称日本有权利、有义务领导中国,并成为把西方文明引入亚洲(包括印度,他们把那里的英国人看作是外来干涉者)的中介,但在这些方面,恰恰很少有美国人认真看待中国对日本的依赖。我见到一些论现代中国教育发展的书籍都未曾提到日本,而把中国教育体系的革新归结为美国的影响,给人造成的印象似乎它是模仿美国通行的学校体制建立起来的。事实上,它在制度上是整个儿照搬了日本的体系,而日本的体系,随着西方影响的进入,是建立在德国体系之基础上的,再加上从法国的中央集权中借来的一些要素。我到访过九个省份,并且见过高等学校集中的那些省会城市中的教育领导者。只有两个城市——北京和南京,在官办学校中,西方的直接影响开始赶上日本,无论在方法方面还是在人员方面。谈论归国留学生而没能区分那些从日本回来的人和从欧美回来的人,这会混淆讨论所涉及的所有事情。

这么说不是要批评受过日本训练的归国留学生。我相信,尽管在他们与其他在海外受教育的中国学生之间存在着极其激烈的竞争(部分是由于迫在眉睫的"饭碗"问题),大量受过日本训练的留学生正在根据他们的想法为中国尽其所能地出力。也有为数不少的例外,因为他们中间包括一些政客和军人,那些人在过去几年一直祸害着中国;也正是那些人,招致了目前大规模地对日本以及日货的普遍抵制。

关键的是:从西方本身而来的西方观念和经由日本传来的西方观念是两种如此不同的东西,以至于当两派的代表如同濮兰德先生经常做的那样,在"少年中国"的名称之下被混为一谈时只会发生混淆。俄国对日本的失败①,引发了一阵任何西方国家都无法企及的崇拜日本的风潮。那里有另一个东方民族,使用着汉字并且从中国衍生出它的文明,它征服了以强大的俄国面目出现的西方这个可怕的对手。无怪乎,成千上万的人涌向日本去求学,大多数改革家都是从日本取来他们的模式的。迄今为止,建立了这个共和国的大多数革命派的领导者,都是日本人或者将日本作为避难地长期居住,并且如同从未吸收过西方文化那样吸收日本的文化。无论如何,满清王朝的命运是注定了的。在革命②前整整五十年的时候,如果外国援助没有来支持这个王朝,太平天国起义可能就把它了结了。导致它最终毁灭的直接原因,是俄国对日本的失败。历史上的相似情形是日本对德川幕府(Tokugawa shogunate)的废黜,以及明治维新(the imperial restoration)。从历史上说,通过一个偶然事件,中国发生了变化,结果产生了一个共和国。它的主要目标,除了摆脱一个外族王朝的统治之外,就是像日本所进行的现代化那样,对中国进行现代化。在这一阶段,"少年中国"意味着日本化了的中国。

新的领导者们所带来的是经过日本利用的西方观念,而实际上,这意味的不是一种新文化,而是为了旧文化的利益而对西方技术作军事、技术和管理事务上的利用。日本人显然不断真诚地教导说,西方文明在本质上是物质性的,而东方文化则在基础和目标方面是理想性的和精神性的。他们认为,西方仅仅是通过大炮和机械取得了暂时的优势,因此必须通过采用它本身的装备来对抗它,而古老的东方观念和理念则原封不动地保留下来。在日本求学的大多数中国人,怀着牢牢扎根在他们脑中的关于西方文明的物质性和技术性本质的观念回到了中国。它符合他们

---

① 指发生于1904—1905年的日俄战争的结果。——译者
② 指1911年推翻满清帝国、建立中华民国的革命。——译者

关于自己的优越性的假想,这种假想是所有先前的东西方接触中的一个令人惊奇的共同特征。中国需要从美国和欧洲那里学习的全部东西,就是技术科学及其应用。

因此,"少年中国"是一个充满歧义而意义多变的词。在那些被西方作家们通常冠以这个名称的东西中间,有着一切种类相互冲突的理想。但是,如今有两点作为目前处境的积极主导特征表现了出来:一是对文化方面的改革作为其他改革的前提的需求;二是领导权回归那些在态度方面特别倾向于中国的人的一种趋势,以此来针对那些引进与照搬外国方法的人,无论从西方还是从日本。

这两个特点看上去似乎是相互矛盾的。中国人领导权的回归如何与对中国习俗和思想习惯的攻击相一致呢?它如何与这样一种意识相符,即意识到西方优势的真正来源不在外部技术,而在思想与道德问题呢?好吧,历史从来就不是逻辑的,许多在逻辑上矛盾的运动在实践上却是有效的。但是,只要存在答案,这个答案必定是在一个我们隐约提到过的事实中被发现的,即思想与道德因素的优越性超过所有其他因素的观念,本身就是一个中国本土的观念。它与认为能够通过引进枪炮和工厂以及技术管理的改良来获得拯救的观念相比,中国味儿浓得多;这也意味着中国国民生活中的真正失败是道德和思想上的。它隐含着一个对各种新思维方式的要求。某些新的领导者也许会断言说,他们通过抨击儒家思想——就像他们经常做的那样——比那些固守儒家思想的人更忠实于儒家。因为他们会说,孔夫子那里真正的观念、有活力的观念,是对理念、知识的首要性的信念,以及对传播这些理念的教育之影响力的信念。但是,如今僵化为儒教的这些观念无法适应现代的情况。中国国民生活的失败,证明了根据孔教本身的标准,它们是无效的;而儒家教育已经成为贵族式的,是为了少数人的。因此需要一种新文化,西方思想中的精华在这种文化中应自由地得到吸纳——但是要适应中国的情况,作为手段被用来建立一种重新焕发青春的中国文化。

这个方案是一个雄心勃勃的计划,对许多人来说,它似乎比从西方那里借鉴具体装备的企图来得自命不凡与希望渺茫得多。对于在这片土地上的许多外国人而言,它看上去显然是从中国改革的正道的一个偏离,而他们认为,这条正道就是对基督教的接受。但是,它与基督教的关系证明了这里给出的说明:它的某些领导者非基督教的程度,像他们反儒教的程度一样;他们并不攻击基督教,而只是对它漠不关心。其他一些人,尤其是从事积极教育工作的人,是基督徒。但我发现,这些人普遍地不仅对基督教的派别和教义毫不关心,而且对基督教除了社会方面之外的其他事情都熟视无睹。他们甚至不愿费心去自称为宗教信仰方面的自由派人士。他们是从这样一个角度来接近基督教的,以至于他们对信仰上的保守与自由的区别漠不关心。实际上,他们声称自己有权去发展一种非常中国化的基督教。虽然建立一个独立的中国教会的运动才刚刚起步,这在未来很有可能是一个重要的特征。

如果谁要说无论受了新文化运动影响的学生和教师有多大数量,他们都充分意识到了刚刚解释过的它背后的哲学,那么,这是愚蠢的。这种意识还仅仅局限于一小群领导者之间;对大多数人来说,这场运动更多的是一种感情而不是一个理念。它还伴随着夸大与混淆、智慧与胡言乱语的不加消化的混合,这是如此雄心勃勃的运动在早期阶段一个无可避免的标志。通过对在这个名头下发表的各种著作进行一个聪明的摘抄,人们不难看出,整个儿这场运动就如同西方科学与思想中各个毫不相干的观点和杂七杂八的片断缺乏批判眼光和多少有些歇斯底里的混合那样荒唐,甚至还不到半生不熟的程度。或者也可以对这些著作进行这样一种摘抄,来表示它对社会、对世界的和平是有危害的。关注这场运动的日本作家们,通常把它看作是一种具有颠覆性的极端主义,并把它归结为布尔什维主义者的宣传。但是,在我到访过的九个省份,并没有找到俄国的直接影响的蛛丝马迹。俄国的骚动固然间接地作为一种酵素产生了巨大的影响,但远远不及世界大战的影响,甚至不及威尔逊总统的民主与自决观点的影响。这是因为,虽然新文化运动毫不关心在当今中国可以礼貌地称为共和国的东西,但它是由民主理念热情鼓动起来的,并且是以这样的前提开始的,即民主能够在政治上实现之前,必须首先在教育与工业中实现。至于专门意义上的布尔什维主义,在中国既无准备又无倾向。但是,我们可以设想,军事上的紊乱、镇压与腐败如果继续下去直至触及农民的话,那么将产生一种由反叛造成的混乱,现存秩序的拥护者肯定会给这种混乱贴上布尔什维主义的标签。

在五四运动之后,中国各地的学生联合会纷纷开始创办杂志。重要的是,在反对腐败卖国官僚并抵制日本人的这场反抗如此高涨的时刻,这些话题在学生刊物中却只占据次要的位置。这些刊物是用白话,也就是我们提到过的通俗语言来写作的,并且热情提倡白话的使用。它们的内容是要求教育变革、对家庭体制的抨击、对社会主义的讨论、对民主观念的讨论、对各种类型的乌托邦的讨论,比如把孩子从家长身边带走并把他们交给公共权威来教导,废除国家政府甚至地方政府,以及使中国回到一种自治公社(communes)的状态。在发酵的过程中,自然会冒出许多气泡来。由于缺乏具体的经验背景,学生们认为所有的想法和建议都是类似的,只要它们是新的而且涉及对旧习俗和传统的抛弃。

在一个著名的地方城市中,一个师范学校里的教师和十七八岁的年轻人一起,提倡把自由恋爱作为家庭体制的补救和替代;提倡对儿童进行公共指导,废除私有财产;提倡把学生推选教师作为民主的形式,把考试作为专制的一个残余而加以废除。由于这些文章是用通俗语言写的,一个警觉的地方长官受到这锅沸水发出的响声的惊吓,关闭了这所学校,并写信给北京,要求通过法律来禁止以后使用通俗语言。但是,一些官员还算有足够的常识,他们说,如果这样,那么,危险的思想会用古老的文言文来书写,于是也就必须相应地禁止文言文了。实际上,这些观点只不过是在任何国家的学生辩论俱乐部里都会提出的那些想法而已。虽然如此,它们是重要的征兆并潜在地包含一种威胁,不是对社会安宁的威胁,而是针对那些通过现存秩序中的罪恶来捞取好处的人。重要的是,在我的全部见闻中,还没有发现这些极端主义者中哪个人是在美国或英国受的教育。他们几乎毫无例外地都是在中国受的教育,只会说和写中文,他们能够轻松地从古老的中国著作和传说中为他们的极端想法引经据典。少数的例外是在法国受教育的那些学生,他们吸取了来自法国大革命的一些观念,认为这些观念符合中国人的无政府主义气质。

去年春天在南京,一些学生好心地为我开列了一份刊物清单,这些刊物大多数是在先前的一年半里创办的,用来推广新文化的要义。对这些刊物的名称和宗旨所作的匆匆一阅,确证了刚才所说的话。作为这些学生的喉舌的一份刊物,为整个使命定下了基调,它的名字叫做《青年与社会》(*Youth and Society*),其座右铭有着中国式遣词造句的平衡:"让社会焕发青春,让青年参与社会"。《曙光》[①](*The Dawn*)、《社会新声》(*New Voice of Society*)、《新我》(*The New Individual*)、《国民》(*The Citizen*)、《暖流》(*The Warm Tide*)、《少年中国》(*Young China*)、《少年世界》(*The Young World*)、《新群》(*The New Group*)、《新生命》(*The New Life*)、《向

---

① 新文化运动期间,中国各地创办了大量传播新思想的报刊、读物,名称类同者颇多。杜威转译的刊物名称,究竟对应哪本中文刊物,已难考证。我们尽力译出,并附原英文名称,以待方家考源辨正。——译者

上》(*Upward*)、《建设》(*Construction*)、《工读》(*Learning and Labor*)以及《唯真》(*Truth*),是这些刊物典型的名称。而在这些刊物所宣称的目标中,几乎清一色是这样的词句,像"从结构上和社会上改革国家与社会";"研究社会";"研究社会与经济问题,引进新观念";"把新思想介绍给国民,在促进本国工业的同时提高国民素质"——这最后一种说法,当然是抵制运动的一个回声;"唤醒劳动者,改革社会"——这是一份名为《救国》(*Save the Country*)的杂志的宗旨;"推进新文化,促进思考和纯粹科学";"给学习带来一种进步,以使研究与批评的观念应用于社会改革";"研究社会,引进西方观念";"用科学思想来改革社会";"向世界介绍新思想,并以一种乐观但具有批判性的态度来对待社会的改造"。当然,尽管所有这些刊物都雄心勃勃,它们中的许多是昙花一现;但它们对这场运动的精神的展现,是任何其他东西都难以企及的。如果不提诸如《新妇女》(*The New Woman*)这样的刊物,这种列举就是不完整的,这份刊物的目标是"唤起妇女作为改革社会的一种手段";还有《女界钟》(*The Woman's Bell*),它的目标是"教育妇女并使她们能够参与社会进步"。事实上,把所有这些刊物作为一个整体来看,讨论得最多的三个话题是家庭体制的改革、妇女的解放以及工人问题,这些问题都与教育改革相关。三份继续发挥着重大影响并因此特别成为新文化运动喉舌的主要刊物,是《青年》(*Youth*)、《复兴》(*The Renaissance*)和《解放与改造》(*Emancipation and Reconstruction*)。

我们一定不能总结说整个这场运动是文字上和理论上的,因为在中国历史上,受过教育的青年第一次投身于我们在国内称为社会服务的事业中去了。

我认为大多数外国人都是怀着一种先入之见来看待中国的,认为中国在根本上是保守的,对变化是反感的。保守主义在那里毫无疑问是存在的,但同时存在的还有对变化的偏爱。而情况的变化是如此之快,以至于让人看花了眼。教师们抱怨学生"狂傲的"不服从——这在中国不是一个新鲜的抱怨了,在这里,学生们根据他们自己的规矩,具有让从自由的美国来的访客深深不安的特权。教师们还抱怨思想的多变,使学生们满腔热情地奔向一个新事物,然而仅仅数月之后便失去兴趣,转向某种更新的事物。这种症状很能说明学校之外的境况,真是令人遗憾;但它是一种普遍的转型状态的真正证据,这种状态伴随着犹豫不决、举棋不定,以及向新奇刺激敞开怀抱之类在这个阶段必定会表现出来的现象。另一方面,存在着一种兴趣上的成熟,远远超过了同龄的美国学生所表现出来的程度。高中的男女学生们严肃而认真地倾听一些讲座,这些讲座的主题在美国学校里只会制造出由于厌倦而产生的喋喋不休之声。存在着一种对各种观念的渴求——我确信,这种渴求的程度超过世界上其他国家的青年对任何现有东西的追求。目前,对各种观念的激情超过了取得知识来支撑这些观念的坚持,但它为对知识与科学方法的不断增强的渴望提供了一种非同寻常的活力。这意味着知识不是被作为一种技术装备或文化约定俗成的标志来掌握的,而是为了在社会上加以应用。如果中国任何一所高等学校的学生被问及他们为什么要学习某一门具体课程时,大多数人会回答:"为了帮助我们的国家",或者"为了促进社会改革"。除去许多人作此回答所怀有的那种浅薄,剩下的仍有一种对未来抱有希望的牢固基础。

在中国度过几个月之后,一个访客会发誓说,如果他是个明智的人,就再也不会放任自己随便作预言了。因为预言无疑更多的是根据希望或恐惧,而不是根据恰当事实作出的。然而,肉体是软弱的,并且喜欢根据未来给当下作判断。其结果,观察者会陷入他自己所弃绝的缺陷之中——我也曾偶尔犯此错误——这导致他立刻失败。尽管如此,游移于预言的薄薄的但令人兴奋的冰层与确凿事实的安全而乏味的大地之间,人们可以断言,尽管有着各种不成熟与摇摆不定之处,新文化运动对中国未来的希望提供了最牢靠的基础之一。它无法取代更好的交通手段——铁路与公路——没有这些,这个国家无法统一起来,因而就不会强大;但是,在中国也存在对统一起来的精神的需求,而如若没有这场新的思想运动,则是不可能达到的。精神统一起来后看重过去或与世界上其他地方的现代思想产生共鸣,这会带来很大的不同。一个根据日本成功采纳过的方案统一起来的中国,其孤立程度将至少像日本所为成的那样,并且对世界的威胁更大。中国需要学校;它需要,并且是急需普遍的初等教育。但是,这些学校里教什么,以及它们的精神和目标是什么,这将会带来很大的不同——正如德国和日本的普遍教育都证明的那样。

受过教育的中国青年无法永远放弃他们对直接政治行为的兴趣,他们的注意力应当比以前更多地投向具体实际的经济问题,投向货币改革、公共财政以及税收问题,投向外国贷款和银行团。有人发现,在受过国外教育的学生执教的学校里,理论政治经济学的讲授所根据的是基于竞争、机器化生产和资本主义积累这种假设的书本,这和周围的工业情况完全不搭调——它完全是地方性的,按照习俗用手工来进行,并面向一个静态的市场——就像月球天文学一样。或者人们发现,兴趣集中在社会主义之上,即使并不面临财富分配问题(除了计算官僚的掠夺),而劳动生产率的提高问题却很突出。但是,中国毕竟处在工业革命的早期阶段,并且,如果它不想重复世界上其他地区的经历,连同劳资冲突的一切罪恶与危险、压榨人的行业、童工和女工、资方的压迫和工人的怠工;如果它想要从世界上其他地方在19世纪的经历中学到点东西的话,那么,它就必须有所准备地面对这个问题。当根据实际情况的要求用到现实中时,即使是对当前状况最夸张的推断,其作为预备性的技能也被证明是完全无用的。

  中国面临着一个选择,要么在使世界和自身同时不得安宁中灭亡,要么在一个世纪左右的时间里集思想、科学、工业、政治与宗教方面的进步于一身,这在世界其他地方是花费了数个世纪的时间才完成的。它无法像美国一样,在留有许多活动余地的条件下进行改变,而必须在一种充满传统、迷信以及人口的文明中变化。少年中国,尤其是最年少之中国(Youngest China),显示出了对这个事实的领会。有那么一些时候,当我接触到这场运动中最好的部分并受到它鼓舞的时候,我愿意预言说,它将会继续进行下去,并且在带着它自己的问题继续下去的同时,给这个世界带来具有新的永久价值的事物。另一些时候,在接触到境况中较阴暗的那些方面之后,我怀疑这场运动的支持者们会不会完全失去信心而悲观地投降。这就很容易理解为什么有些人放弃努力,转而利用糟糕的处境来为自己谋利。最终,人们会回到普通人的清醒、勤奋、根本的顽强上来,这些品质已经渡过先前的许多难关。如果这些品质根据如此不可抗拒又令人不安地把自身强加于中国之上的现代世界的要求与情况而得到调整,那么,它们将帮助中国渡过这一个难关。新文化运动是一种努力的一个重要阶段,这种努力将提供中国正迫切需要的引导。

(赵协真　译　莫伟民　校)

# 像中国人那样思考*②

切斯特顿(Chesterton)③有一句常被人引用的名言:一个人的哲学是与这个人有关的最重要的东西。为了说明这一点,他举例说,对一个女房东而言,了解一个自称要当房客的人的生活哲学比了解他的经济状况更加重要,后者也许决定了他的支付能力,但前者决定了他愿意说真话还是说谎,以及他是否愿意按契约办事。最近故去的摩根(Morgan)先生④曾在华盛顿说,他在经营银行业时,把更多的重要性放在申请人的为人信用而不是他们提供的物质保证上,他的话引起了很大的关注。切斯特顿和摩根的话证明,我们在战时开始习惯于称为不可称量之物——刚毅、持久、忠诚、信义——相对于如此实实在在以至于可以被计数和称量的那些东西的重要性。

在这一方面,适用于个人的道理同样适用于民族。各国带到正在进行的华盛顿谈判中来的精神,它们会继续执行会议的各项决议的那种精神,比决议的条文更加重要。那些不认真看待这次会议的人之所以如此,是因为他们不相信有关各个政府背后的良好信念。他们以为,谈判只不过是一系列为着特殊利益而进行的讨价还价和策略手腕的一个虚伪的掩盖;而本着和平、公正与人道而作出的声明,只不过是为了得到更多的好处而进行秘密欺诈的传统道具的一部分。简言之,他们

---

\* 此文选自《杜威全集·中期著作》第 13 卷,第 190—198 页。
② 首次发表于《亚洲》,第 22 卷(1922 年),第 7—10、78—79 页;重刊于《人物与事件》,第 1 卷,第 199—210 页,以"中国人的生活哲学"(The Chinese Philosophy of Life)为标题。
③ 切斯特顿(Gilbert Keith Chesterton,1874—1936),英国作家、文学评论家及神学家。——译者
④ 摩根(J. P. Morgan,1837—1913),美国著名银行家、金融巨头。——译者

不信任现有各国政府背后的哲学。

如果再深入一些,我们就会意识到许多冲突与摩擦的来源都植根于一个事实,这个事实就是不同民族有着深深渗透于他们各种习惯之中的不同哲学。他们无法理解对方,他们相互误解。假定国家之间所有困难的原因都是经济性的,这种做法如今很时髦;把注意力放到这些经济原因上并且看看能做些什么来调整它,这是很有用的。但是,如果没有合适的氛围条件,由经济竞争和冲突所引起的摩擦是不会碰撞出战争的火苗来的。使国际争端火药味十足的那种氛围,是一些根深蒂固的误解的产物,这些误解的源头在不同的生活哲学之中。

如果我们想要采取措施来抑制这种氛围,来赋予它防止国际关系过于紧张的一些要素,那么,我们必须从努力真诚地了解对方的生活哲学开始。在东方民族和西方民族之间,存在的困难最大。欧洲各民族和美洲各民族之间在精神气质上存在着巨大的差异;即使英国人和美国人之间的生活哲学不相像的程度,也比人们通常所认为的大得多。但是,所有这些差异跟西方文明和亚洲文明之间的差异,即这些文明孕育出的哲学的差异一比较,就显得无足轻重了。确保相互理解与尊重有多难,相应地,对双方来说,制造怀疑与恐惧就有多容易。当时机成熟时,这些东西就会滑向仇恨。

目前人们共有的信念——太平洋将会变成世界下一个巨大灾难的舞台,白种人与黄种人之间的冲突是注定的这种宿命论般的信念,是使相互理解变得不可能的那条深深的、潜藏着的裂缝的一个真实表现。但我们不是试图通过相互理解,努力去缩小这条裂缝,却反而谈论着超出人力控制范围的各种力量之间的一种无法抑制的冲突,要不就是谈论为了控制中国的和热带地区的自然资源而进行的竞争。我不会看轻这场竞争的危险,但认为它如此巨大以至于使太平洋地区成为一场无法避免的战争的舞台,这是可笑的。如果我们成功地真正理解了对方,那么,为着共同目标的某种方式的合作就能建立起来。如果我们忽视那些根本的误解在创造一种充满火药味的氛围中所扮演的角色,那么,任何旨在减轻经济上摩擦的措施和结果,都可能被证明为如此肤浅,以至早晚要失败。

误解如此危险的原因之一,即像个人一样,各个民族也都倾向于从自己思考和感觉的习惯出发来评判对方。威尔斯先生最近举了一个具体的例子。他说,日本人出于驯服和顺从,倾向于高估英国政府控制英国民众的情绪和行为的能力;而英国人,出于相反的习惯,倾向于夸大日本民众的情绪对日本统治阶层所具有的支配力。他作出的实际应用是关于英日同盟一事的。这个同盟可能会迫于公众情绪的压力而瓦解,日本人趋向于忽视这一事实,这种情绪会在日本人与美国人有抵触的情况下,令政府无法将它付诸实施。另一方面,英国人则容易忽视这个同盟的危险,因为他们想象在危机的情况下,日本的统治阶层会听从一种警觉而明智的公众舆论。

由于把我们如果做了对方民族已经做出的行为而可能具有的动机和目标强加到对方民族头上,并因而产生误解,这种例子比比皆是。比如说,日本人的外交是以东京为中心的,几乎是受东京支配着的。我们的外交相对来说,比较松散。相应地,如果在这个东方国家的一个美国领事做出任何行为,哪怕只是或多或少根据他本人的心意发表一次演说,日本人就会自然而然地推想,他是在隐晦地根据来自华盛顿的实行某项国家政策的命令而行事。另一方面,美国人则容易忽视日本外交的紧密和连续。或者,当意识到外交中的某些令人不快的结果时,他们把它看作是一个突然的背叛性的袭击,而不是一系列步骤的顶峰;从日本人的观点来看,这些步骤已经得到了接受和认可,哪怕只是潜在地。然后又轮到日本人丈二和尚摸不着头脑了。

这样的小事和其他可以提一下的小事,如果逐个来看的话,似乎是微不足道的。但它们的总体效应,无论如何不是微不足道的细节。最终的结果是相互不信任,猜疑,畏惧。这样一类插曲表明了,每个国家更好地理解其他国家的心理非常重要。国家之间通过贸易、信件、电报的物质交流手段,一直比心理和道德交流的机构超前得多。在长达数千年的孤立之后,东方和西方被抛入了紧密的政治和商业接触之中。在处于分离状态的那段时间里,地球的每一边都衍生出它自己独特的思想方式和感觉方式。无怪乎在这种情况下,东方和西方的接触主要是物质方面的、经济上的。它是一种偶然,是由蒸汽和电力机械的发明所带来的一个副产品;并且,像任何偶然那样,它最终可能变成一场灾难。

有许多实际的问题,除非把更大的背景纳入考虑范围,否则就无法得到理解或适当的对待。为什么中国人面临在外国人看来似乎有亡国之危的处境,却如此从容淡定?当他们的国家在内部四分五裂、在外部受到威胁时,他们怎么能保持如此的平静?他们的态度是一种麻木的无动于衷,还是一种愚蠢的熟视无睹呢?或者,它是对西方人急于得到结果时忽略了的那些深层现实的信念的一种标志?这只要与外交谈判,包括华盛顿会议上进行的那些谈判有关,中国的谨慎观望策略——从一种西方观点来看,他们的观望已经超过了警觉所需的程度——是否暗示着对他们命运的无动于衷,或者是使他们无力应对它的那种虚弱?或者,这是他们正在指望各种缓慢变化的力量的作用最终使事情如他们所愿的证据?这类问题的正确答案肯定,至少与会议的具体决议一样重要;从长远来看,它更加重要,因为它将支配这些决议执行的方式。

这里又碰到了中国对各种现代工业方法、机械、铁路和大规模生产的持久而顽强的抵抗,以及除非迫于某个外国势力的压力,否则就不愿开放它的国家的倾向这个问题。这种拒绝,和一些外国人对利用中国的自然资源和在它数以百万计庞大的人口中找到市场的渴望联系起来看,是中国许多最棘手的困难的来源。一个问题自然而然地产生了:为什么中国不曾带头开发自己的资源呢?为什么它不曾像美国那样抢先借用外国资本,而把政治控制权和大部分经济控制权保留在自己手中呢?它的情况是不是愚蠢的惰性,对旧事物一种乏味而顽固的持守,仅仅因为那是旧有的呢?或者,这是否显示出某种更加深刻的东西,一种明智的、即使在很大程度上无意识的反感,反对承认那些对中国文明的整个精神有敌意的力量呢?

对这些问题的正确回答,会在许多具体的实际问题的处理上造成很大的不同。如果事实是中国盲目而迟钝,那么,一个由许多国家组成的某种经济-政治性质的银行团就大有可为,它将把现代工业体系强加于中国,为了中国本身的利益克服它的顽固,不允许感伤的考虑过多地挡道。但是,如果在中国文明中有某种非常有价值的东西,并且如果工业主义像在西方那样,是对中国文明中最深刻和最好的东西的一个威胁,那么,实际答案就相当不一样了。也许有那么一天,历史学家会说,中国的情况为一种深刻的本能给出了证据。也许他们会说,中国拒绝西方的机器生产工业制度的引入,直到这个世界和其自身都能控制它的运作为止,这对世界和中国来说都是比较好的。如果是这样,那么中国目前暂时搅在其中的这一团乱麻,对最终结果的获得来说,将不会是一个太大的代价。只有那些完全满意于目前的资本体系运作的人,才能独断地否认这种可能性。

提出这些问题比回答它们容易得多。但是,对中国文明和其中表达的生活哲学的了解,起码可以使这些问题更加实际和恰当。在中国人对政治和社会问题的态度中,有两种主要的生活哲学紧密相联——老子的和孔子的,也许还应当加上第三种——佛陀的。但后者不是土生土长的,而前两者是。虽然没人可以否认,佛教从印度的传入给中国的艺术和思想带来了巨大的促进,但最终它的影响似乎已经被道家学说和儒家学说加以重塑了。

老子的训导并未以儒家学堂的方式成为经典的和官方的。尽管如此,人们还是得到了一个强烈的印象,即从根本上来说,它对这个民族的影响超过了儒家学说的影响,因为人们接受儒家学说的方式带有它的意味。这里不是对老子的训导作系统阐述的地方,而且这对我们的目标来说也不重要。重要的是自然相对于人的优先地位的学说,以及从中得出的结论,即无为的学说。因为积极的作为和努力奋斗很可能仅仅是对自然的一种干扰。无为的观念几乎无法加以阐明和解释;它只能被人感觉到。它不完全是没有行动;它是道德行为的一种规则,是关于积极的耐心、忍耐、坚持,让自然有时间去做它自己的事情的一种学说。通过退让来征服是它的座右铭。自然的作用会适时地使人为的忙乱和人类的经营归于虚无。让骄傲和雄心勃勃的人去忙吧,他们最终一定会被自己制造出来的人为的一团乱麻给绊住。

在这个观点中,没有什么东西是中国独有的。但是,没有其他任何一个民族如此浸透着它的各种结果。它存在于他们的放任自流、满足、宽容、和平、幽默和乐天的生活态度的根源处;也存在于他们的宿命论的根源处。老子的训导一直很有影响力,因为它们表达了与中国人的脾性和生活习惯相一致的某种东西。中国是农耕的、农业的;每个人都知道这个事实。但是,虽然我们知道这一点,却忘了他们的农业有多么长久和多么稳定。当我们思考这一点时,一个美国农学家写的一本书——《四十个世纪的农民》(*Farmers of Forty Centuries*),显得非常有意义。其他民族也曾经一度是农民,但他们用自己的方法使地力枯竭并走向衰落,或者他们转而从事其他行当,这些行当在重要性方面代替了农作。但是,中国人一直继续耕地、耕地、耕地,即便是像在中国北方那样,要克服巨大的困难;而他们的土地仍旧是多产的,也许就像它一直以来那样多产。

这是一个无与伦比的人类成就。它有助于解释中国人的保守,他们对自然放任无为的尊重和对人类挖空心思制造出来的那些匆忙的人工制品的蔑视。他们的头脑充满着与自然过程的联系,其程度就像他们的身体适于农作的程度一样深。他们是保守的,因为几千年以来,他们一直在保存着自然的各种资源,耐心而顽强地呵护着、维持着。在西方人动手开发且最后荒废了土地的同时,他们一直在保存着它。这些结果在中国人和西方人的心理上都刻下了印迹。中国人已经学会了等待缓慢自然的过程得来的结果。他们无法使劲硬干,因为在他们的生活方式中,自然不能加以强迫。在匆忙仅仅意味着对你自己的烦扰,并且到头来要么从自然中一无所获,要么干扰了它的过程并因此阻碍了自然的收获的情形下,为什么要急急忙忙呢?

这并不是说,在这种态度中除了好东西别无其他。优点与缺陷,长处与弱点,是互相伴随的。西方人的宿命论采取的形式是相信,既然将要发生的事一定会发生,那么我们现在最好走我们自己的路。它好像是战壕里的士兵的宿命论。东方人的宿命论更多地指向现在而不是未来。为什么要做任何事,为什么要尝试,为什么要花费精力去改变状况呢?无为很容易变成消极的顺从,保守很容易变成对如此一成不变以至于成为"自然的"那些定规的顽固依赖,变成对变化的畏惧和厌恶。

但是,这意味着中国人的生活哲学包含着对人类文化一个非常有价值的贡献,而且是匆匆忙忙的、急不可耐的、过于忙碌和焦虑的西方非常需要的一种贡献。这也意味着——而这会显得是更加"实际"的一点——这种生活哲学在中国人头脑中是如此根深蒂固,以至于除非我们把它纳入考虑范围,否则就无法理解他们处理政治与社会问题的方式。而如果我们不理解这个,就将既无法在政治中也无法在商业中,明智而成功地处理这些问题。为了取得成功,为了在我们与中国人的关系中获得任何有价值的东西,我们必须充分考虑他们的观点来认识时间的重要。我们必须给他们时间,然后给他们更多的时间;在给他们时间的同时,我们自己也必须利用好时间。

老子的训导是从中国人生活的深处生发出来的,而反过来又影响着那种生活。实际效果中的很大一部分,当被个体的农民领会时,与普遍理论是没有关联的。对于一种处于抽象状态的哲学,农民是不会认识或懂得的。它是通过许多迷信活动和泥土占卜实践与他联系在一起的。尽管如此,甚至迷信活动也与对自然的一种普遍态度联系在一起。最广泛最有影响力的习俗是所谓的风水,可以从字面上翻译成"wind-water"。对风水的相信,是对与土地有关的某些神秘影响的一种信念。死者,祖宗的精神,以及活着的家族的兴旺,都依靠这些力量的有利运作。这些力量很容易受到搅扰,这样,它们的平衡和顺利运行就受到了干扰。早些时候,这种信念是引入铁路的障碍;而如今,它仍旧是开新矿方面和一般而言引入新的工业力量的强大障碍。

把这整个信念作为一种粗糙的迷信,这种迷信既在思想上低级,又对进步不利,这样来把它打发掉是很容易的。但是,使这种学说显得合理也是很容易的。这样,人们就能在其中看到一种信念,相信土地和它的力量属于整个世代相传的人类,过去的世代和将来的世代。目前的一代是这个家族和种族、祖宗和后代的承托者。因此,对土地的开发必须为了整个世代相传的利益而受到规约。这种合理化在这个方向上彻底的程度,与在另一个方向上把中国人的泥土占卜体系看成是低级迷信的这种观点旗鼓相当。但是,风水学说至少是那种对自然的虔诚的一个引人注目的展示,而且既是保守的力量又是保存的力量。

儒家学说的总体观点与道家学说正好相反。它强调艺术、文化、人性、学习和道德努力的重要。因此,自然地,这种学说影响着学者和上层阶层,就像道家学说在老百姓中传播的程度那样。尽管如此,在许多方面,儒家学说的实际效果和道家学说是相似的。通过反复劝导,把先人的经典文学作为智慧的源泉来尊重,为保守主义提供了思想上的理由。通过把道德的和思想的力量看作优先于生理的力量而加以颂扬,它教人耐心地漠视最后一定会被理性挫败的军事与政治力量的展示。

它创造出了对孔夫子(the teacher)的特别尊重,相信他对生活的持久影响力就像学生学到的东西一样。这是中国人生活的一个显著特点,也有助于说明中国人更倾向于依靠和平的理性而不是喧嚷的武力来平息事端。有哪一个别的民族如此持久地相信,孔夫子的影响最终是一切社会力量中最有力的吗?有哪些其他国家的英雄们是道德教师,而不是超自然事物的揭示者、僧侣、将军、政治家?

虽然儒家学说在上等人和官吏阶层中特别有作用,但是其最终效果已经与老子的影响融合在一起,创造出了一种对政治明确的蔑视和对西方意义上所理解的统治的反感。对道家学说的信奉者来说,统治是非自然的,是人对自然的常规运作的干扰。皇帝们,即使是鞑靼人和满人这些异族,都不得不屈服于这种确信。他们通过接受民众的信念,通过给予皇帝一种神秘的意义来说服民众。皇帝是老百姓尊崇的天的一个代理人。

皇帝并不统治。他通过不统治,通过不干扰真正的统治体系——民众的习俗来治理;这些习俗如此久远,在农业中与自然的运作结合得如此紧密,以至于其本身也好像自然的运作一样。进献给皇帝的贡品与其说是一种政治意义上的征税,不如说是对他所具有的自然和道德力量的忠诚的表达。如果自然运行不灵了,如果饥荒和洪水一再发生,如果他的要求成了横征暴敛,官吏们不再像民众的父母一样,那么,这些就是他不再代表天的标志。而民众在公正与仁慈的秩序恢复之前的一段时间里,就成了天的代表。据孟子(他强调儒家学说比较具有民主色彩的一面)说,在这种情况下,民众不但有权利而且有义务去推翻统治者。

对于大多用西方术语写下的关于中国人的哲学的这些特点,人们会痛苦地意识到它们的不准确。但即便如此,它们还是说明了为什么中国人在这些事件的结果面前保持着如此的自信,尽管有那么多的结果是令人沮丧的。中国经历了许多这样的时期而幸存下来。只要经过一小段时间,国民的力量,就是说,道德的和思想的力量,就会重新确立起来,民众稳固的勤奋就会再一次成为主导。即使现在处在一种会把任何西方国家抛入混乱的处境中,人口的数量还是在稳步地增长。

在对外关系方面,中国无疑面临着一种新的境况。我们不能有把握地认为,因为它以前总是能征服它的征服者们,所以这一次它一定也能这样。从前的征服者们是除了在军力和战术方面,在其他所有方面都劣于它的一些人。如今与之打交道的,是在自然科学及其在工业和商业应用方面优于它的一些民族。通过经济渗透来征服中国,这是与直接的军事征服非常不同的一回事,这会把它的国民降格成为有着优越的军事资源撑腰的外国资本家们工作的无产者。尽管如此,中国古老的自信的理由还没有被完全动摇。

人们常说,中国是以使野蛮人相互嘲弄来把他们玩得团团转这条古老的准则来处理其国际关系的。这个事实有时激发一种狂热的愿望,使所有国家想联手把自己共同的意志强加于中国。为某一个外国服务的宣传家们经常提醒美国人,要注意中国对美国的态度的表达。他们说,这些只不过是基于那条古老准则的策略的又一个例子;并且,如果它成功了,那么,中国会带着一个平静超脱的微笑再次回到它的常态中去,并且忘掉它对美国的好感。这种观点,从最坏的角度来看,暗示着列强之间想要基于物质利益形成一个稳固的联合体的方式存在的困难。它意味着列强之间关于中国所结成的唯一一种长久的联合,只能基于道德基础。为反对中国而形成的一个凶恶的联合,不久就会带来结盟国家之间互相针对对方的凶恶政策。如果这种政策被推行,而且,作为国家之间争夺的一个结果,中国自己恢复过来了,那么,它将有权为道德力量对物质力量的优势再一次得到了证明而露出微笑。

最后,对于中国人的生活哲学的理解,不仅对明智地处理与中国有关的问题来说是至关重要的,而且对其他国家来说也有巨大的价值。并不仅仅是中国,而是整个世界都处在变换与动荡之中。心理学家们谈到"投射",自己被激怒的人总是去惹别人。这条原则可以应用于社会心理。各个国家如今正在把他们自己的种种麻烦和不安"投射"到中国身上,结果很容易导致鲁莽和有欠考虑的行为。采纳中国人的平静与耐心,愿意仅仅采取像裁军和废除特权这样非常有必要的措施,然后静待时间来调整目前令人头疼的局面,这会产生一种神奇的疗效。因为说中国的那些困难突然变成了世界和平与繁荣的威胁,这并不是事实。说西方国家处于把自己的麻烦聚集起来向中国倾泻的危险之中,这才是事实。东方的哲学从来不曾像在目前的危机中那样,为西方所急需。

(赵协真 译 莫伟民 校)

# 美国与中国人的教育*①

如今身在我们国家、曾经是1918年北京学生抗议的积极领导者之一的一位中国学生最近提醒我说,中国官方代表团在华盛顿的言行促使他反思中国的高等教育。或者不如说,他认为他们的行为是中国教育某些侧面的一个反映。他认为,这个代表团在完成它的使命方面完全失败。他认识到中国的种种条件以及美国政治的危局——或者说,美国代表们所认为的危局——与中国在达成目标上的失败有很大的关系。但是,他说,中国代表团还应该为另一种失败负责:在华盛顿,没有人对中国人目前的国民情绪作出有代表性的陈述。人们可以同意一些实际的失败是无法避免的;但是,对于没能成功地表达中国人当前的积极态度只能有一种解释,这种解释就在代表们并不胜任代表工作的那些特点中。

到这里为止,他关于时局的见解都是对中国人来说才具有重要而实际的利害关系的。对美国人而言,它只引起那些对中国抱有同情并渴望看到其正当愿望得到恰当表达的人们的关注。但是,他关于中国人的高等教育所援引的这个事实——如果它真的是一个事实——却与我们密切相关。代表团的三名成员接受的都是美国人的教育;其中两人在赴美深造之前,是在美国人为中国所办的教会学校中学习的,而这两个人——代表团中的外交官们——的行事风格最得不到中国国内和在我们国家的中国人的满意评价。第三名成员,在预备教育阶段未曾在教会

---

\* 此文选自《杜威全集·中期著作》第13卷,第199—203页。
① 首次发表于《新共和》,第30期(1922年),第15—17页;重刊于《人物与事件》,第1卷,第303—309页,以"美国与中国"(America and China)为标题。

主办的学校里就读的那一位,被看作是最接近代表当今中国的那一位。那么,这名学生领袖所作出的教育方面的结论就是:美国人的教会教育即使在它最优秀的毕业生身上,也没能培养出独立而充满活力的思想与性格。毋宁说,它造就了一类驯顺的知识分子,他把这种类型称为奴隶式的。

没有必要对他的前提及其结论在文字上的正确性不容置疑地加以确认。人们可以很容易地否定他的前提,或者认为它们分量过轻而不足以支撑结论。非中国人中对目前处境了解到足以下判断的程度的人并不多,而我也不把自己算在能够下判断的这些少数人之列。但是,有一件事情可以得到正面的确认。目前所讨论的这种见解,表达了在中国人们广泛地持有并且为越来越多的人所接受的一种信念。它包含了一些非常重要的成分。它暗示着今日"青年中国"(Young China)的态度,①这种态度不同于诸如[J. O. P.]濮兰德先生等人著作中所描绘的少年中国的态度。如果说就其本人而言,濮兰德先生不算重要;那么,至少就其作为一个明确的在中国的外国人阶层的代言人而言,他是重要的,而这些人在提供关于中国的信息以及形成外国人的意见方面是最有影响力的人。

濮兰德学派所谈论的少年中国由一群在外国受教育的人组成,华盛顿会议官方代表团的两名外交官就是他们的典型代表。从这个角度来看的少年中国,指的是怀着西方的、通常是美国的先入之见投身内政或外交政治,并且试图把西方的、通常是美国的政治观念与方法强加于中国的人。他们失败了,悲剧性地失败了。据说,这是因为,他们的观念与方法同中国人年久难考的传统与习俗以及根深蒂固的种族特性内在地不适应——"年久难考"、"过时已久"以及"种族的"是这一派外国评论家关于中国的文字口号。这种失败可以上溯到传教士们善意的努力,由于把异族的思想方式与政治行为方式偷偷塞进中国的无知企图,他们把事情搞得一塌糊涂。连同这种对少年中国及其外国赞助者的谴责一起到来的,还有对一切想要把中国的政体变成共和制并改变其文化的企图的谴责。

我并不清楚在何种程度上,这幅描绘真实地呈现出一个少年中国的形象。但是,中国的各种事情变化迅速,所以今日的青年中国肯定已经与这幅描绘毫无共同

---

① 本句中的"青年中国"与濮兰德等人所说的"少年中国",原文都是 Young China;但杜威想要通过这个词表达的,是一种不同于濮兰德等人关于中国和中国人的见解。因此,译者将其译成"青年中国"以示区别,下文不再一一标明原文,读者可根据上下文自行判断。——译者

之处了。目前的青年中国决意要给中国文化带来一个真正的转变——有时是与过去的革命性的断裂,但无论如何是一个转变。它是民主的,但它的民主是社会的与工业的;对政治行为少有信任,对政体的改变缺乏兴趣,除了这些改变或许能够自然而然地反映思考习惯的改变之外。它对传教的努力少有同情,不是因为这些努力代表着西方,而是因为人们相信它们并不代表中国需要从西方接受的东西,即科学方法与扩张性的自由,以及研究、批评与行动的独立。因此就有了先前所引用的评论,关于中国的外交在华盛顿失败的原因及其根源,即美国人在中国所进行的教育中存在的弱点。

虽然试图给国家带来一个转变,但青年中国派的人从来就不曾想要一个西方化了的中国、一个重复和模仿欧洲或美国的中国。他们想要的是西方的知识和西方的方法,这些知识和方法本身能够得到独立的运用,用来发展和维持一个是其本身而不是其他什么东西的复制品的中国。他们真诚地感激任何一个外国人,只要这个人提供了他们认为能在这个过程中助一臂之力的东西。他们深切地痛恨任何以屈尊的态度坚持西方制度、将其作为应该谦卑地接受和顺从地复制的模式的努力,无论是政治的、宗教的还是教育的。他们敏锐地意识到,以思想的创新与独立为代价的模仿精神一直是中国倒退的主要原因,而他们并不设法去改换模式,他们意在转变精神。

人们从当今青年中国的代表们嘴里听到的,没有什么比"教育是使中国复兴的唯一手段"这个观点更加频繁的了,没有哪个别的话题如此频繁地得到他们的讨论。他们对改变传统家庭体系、抛弃黩武精神、推广地方自治有着极大的兴趣,但讨论总是回到教育,回到教师们和学生们,这是推进其他改革的中枢。这个事实使美国对中国教育的性质与影响这个问题超出了学术兴趣的范围。在对中国教育进行实际的拓展和革新方面所遇到的各种困难,是完全无法克服的。讨论常常以进入一个死胡同告终:没有教育,中国就不可能有政治改革;但是,只要军人和腐败的官员们出于自身利益的动机而挪用资金和反对学校,学校就不可能有任何发展。这里有着一部头等悲剧的一切素材。离开了教育问题,在华盛顿所做的和没有做的事是不那么重要的。它使美国的影响这个问题活了起来。在美国,存在着一种巨大而不断增长的对中国的博爱关注。它表现为支持各种教育方案以及慷慨的资金援助;它在任何主要方面都不是由经济上的盘算、对商业利润的期待,也不是由政治上的权宜之计推动的;它主要是由宗教上的考虑推动的;它是好意的,但这些意图并不总是能在观念或实行中得到显明。有人告诉我,在中国的美国教会学校,很大程度上简单地移用了美国学校的课程大纲和美国人的"科目"设置,但这个人既不是一个心怀不满的外国人,也不是一个嫉妒的仇外的中国人;而且这些学校产生的,不是能够在不依赖他人的中国的基础上发展本国各个行业方面成为领导者的毕业生,而是产生这样的人,当他们进入产业界后,就在由外国人掌管的各种行业中占据一个从属的职位,这尤其是因为他们在英语方面的训练。这样一来,在这种陈述和本文开头所引述的关于养成依赖性的、奴隶式的精神与性格的陈述之间就不存在区别了。而积极参与教育工作的传教士,是其始作俑者。美国在中国人的教育方面的影响,除了训练商业、政治和宗教方面的买办之外,应当有更好的事情可做。

我们可以做一些事情,比如,鼓励那些由美国人管理的、正在试图办得更好的学校,使他们的教学大纲和方法适应中国环境的人摆脱如今从保守派那里遇到的琐碎抗议和嫌言怨语。在中国存在着这样一些学校,在那里,中国教员的工资水平、社会地位以及人事方面的重要性与外国人处在同一水平上。让那些不仅仅把博爱作为爱管闲事或自私自利的幌子的心怀博爱者选择这样的学校来施加帮助吧。如今,一个特别基金项目名下的数百万美元正被花在中国,用于改变灵魂;它们仅仅到了那些具有最独断和保守的神学见解的人手里,并且这些资金被用来压制开明思想的生存空间,以及使自由派的学校在经济拮据的同时名声败坏,知道这些的人并不多。无论从哪种观点来看,这都是一桩可耻的交易,应该用一种慷慨而明智的生意来取代它。中国不需要美国学校的复制品,但它确实需要拥有外国资助并且有部分人员是训练有素的外国人这样的学校;这些外国人有能力理解中国人的需要,在努力满足这些需要时机警、灵活,富有同情心。

不过,主要的事情当然必须在专门属于中国人的学校里进行。这些学校的人员构成主要是中国人,并完全由中国人来管理。我们不是要对传教士们吹毛求疵,而是应该记住,他们过去一直是仅有的一些有着足够强大的动力在中国的教育上投入积极兴趣的人。如今似乎应该是时候了,应该有某些有财力的人,他们独立于宗教考虑的社会与人性关怀能够在建立本地学校中表现出来。撇开别的不说,这些学校需要现代的实验室和图书馆,以及一流的训练有素的老师,他们能够训练中国人迅速地学会应用社会技艺与自然科学及数学科学中最好的那些方法。这样的人不仅能够训练学生,而且能够训练尚未完全胜任且苦于缺乏思想接触的较年轻的教师。怀着这种精神去中国,并且除了他们的知识、方法和技能以外,不想"兜售"什么东西的一流人士将会获得好评。在美国的某些地方,一定存在着能够出钱的有财力的人,以及能够怀着这种精神出力的有知识的人。他们的工作不会为了美国的威望或贸易而做,但却会为了这个烦恼的世界而做,中国和美国都是这个世界不可或缺的组成部分。建立一个由养成了独立思想与性格的男男女女所组成的中国,就不会有像如今烦扰着我们的那种远东"问题"了;也就没有必要举行会议讨论——和掩饰——"太平洋问题"了。到那时,美国在中国教育方面的影响就会完全是一件真正的好事,而不是一件模糊可疑的幸事(blessing)了。

(赵协真　译　莫伟民　校)

# 中国与西方 *①

——评《中国问题》

伯特兰·罗素(Bertrand Russell)

纽约:世纪出版公司,1922年

在访问中国前,罗素先生曾经在俄国待过。当他在伏尔加河乘船旅行时,他意识到了"我们西方人心理上的疾病是多么严重"——那时,布尔什维克甚至正在努力把这种心理强加在本质上属于亚洲人的人身上。这一疾病源于过剩的精力及其合理化。"我们的工业主义,我们的军事主义,我们对进步的热爱,我们对传教的热情,我们的帝国主义,我们对控制和组织的激情,所有这一切都源于活动的欲望的过剩。"伏尔加河游船上的同伴"喧嚣,争吵,满是各种各样肤浅的理论",对一切随意加以解释。然而,其中一个同伴危在旦夕,而且"我们的一切都死一般沉寂,像天空一样深不可测"。看起来似乎无人有闲暇来倾听这样的沉寂,然而,他的召唤对我来说是如此坚定,以至于使我对宣传家的高谈阔论和信息灵通之士提供的信息变得充耳不闻了。

一天晚上,毫无意义的口头争论仍在继续。船只停了下来,罗素先生上了岸,在沉寂中,他发现:

> 有一群陌生人在沙滩上……闪烁的火光点亮了野蛮人粗糙的带有胡须的脸颊,强壮的、富有耐心的原始人妇女,以及与他们的父母一样动作缓慢和安静的孩子们……对于我来说,他们似乎代表了典型的俄国人的精神,不善言辞,出于绝望而变得迟钝,没有被一小部分西方化的人所注意到,这些人组成

---

\* 此文选自《杜威全集·中期著作》第15卷,第179—182页。
① 首次发表于《日晷》(Dial),第74期(1923年),第193—196页。

了进步派别和反动派别……我被他们富有耐心的沉寂所感染,在整个惬意和熟悉的理智交谈过程中,我的心中仍保留着一些孤独的和无法言喻的东西。最后,我开始感受到,所有的政治都是由一些狰狞的邪恶所激发的,出于口袋中的金钱或权力或理论,教育那些精力充沛、足智多谋的人去折磨那些顺从的人们……我不时听到悲伤的歌曲,或者巴拉莱卡琴时隐时现的音乐声;但是,音乐声与俄罗斯大草原上惊人的沉寂交织在一起,使我感受到一种可怕的心生狐疑的悲痛。在这种悲痛中,西方精神的无望逐渐变成了悲凉。正是在这样一种心境下,我出发去中国寻找新的希望。

这一段不仅仅给出了罗素在中国经历的背景,本书正是这一经历的成果;也象征了中国的问题,在罗素看来,这些问题变成了我们西方文明的问题。那些喧嚣的、教条主义的、独断的、自鸣得意的和富有煽动力的游客,是径直走向毁灭的西方精神。中国是本性上徘徊不去的沉寂、宁静——或许是懒散的,但灵魂也是平静的——富有包容心,拥有未被破坏的直觉上的与自然的共鸣,有能力从简单的事情中获得安慰和幸福。对生活和死亡都心安理得,因为他们没有受到西方自我本位的腐蚀。

当然,本书不仅仅是对这一哲学论题的一种解释,是对导致远东当前局势的历史力量和历史因素相当清晰和精练的解释,并且伴有对当前情况的分析。这个报告补充了他的个人经历,其中包括对第二手资料审慎而加以鉴别的运用。于是,在我看来,本书是最近写就的将西方读者与远东问题联系起来的众多图书中最富有启发意义的一本(从信息和评论的角度看)。这本书中所做的工作是如此杰出,以至于事实上只有那些通过自己的个人经历认识到已经克服的诸多困难的人,才能感受到它的杰出。

但是,那些从本书中获取信息的人,如果没有在几乎每一页上发现上面引用的段落中回响的音符时隐时现的重叠,将会错失本书主要的深远意义。在"工业化以及我们中大部分人所经受的高压"下,我们已经丢失了中国人依然保有的"本能的幸福和生活的愉悦"。"我们的繁荣只能通过对较弱的各国的压迫和剥削才能实现,而他们仅仅通过自己的美德和努力来获得他们所享有的任何东西……通过珍视进步和效率,我们已经获得了权力和财富;通过忽略他们,中国人,直到我们给他们带来烦恼,整体上获得了一个和平的存在,以及一种充满愉悦的生活……中国人已经发现并且在许多世纪践行了这样一种生活方式,如果这种生活方式能被全世界人民所采纳,它将给世界人民带来幸福。而我们欧洲人没有。我们的生活方式要求斗争、剥削、永不停息的改变,以及不满和破坏。"应该补充一点,美国是欧洲最坏时的情况,因为它就是在使用能量和效率方面,以及因改宗而变得极不宽容方面处于巅峰状态的欧洲。还有一种自鸣得意和令人费解的自以为是,这些东西在欧洲正开始崩塌。美国表现出了机械论视角的极致,"某种同样在帝国主义、布尔什维克思想以及基督教青年会中存在的东西……美国也表现出将人视作原材料的习惯,需要经由我们科学的操作而变成符合我们幻想的东西……以牺牲知觉为代价来发展意志"。相信控制,相信违反自然的生活,相信与自己的视角和信条对话的有利条件,这些都是中国文化幸免的事情。

敏锐的中国人也许首先会承认罗素先生将他们的文明理想化了,忽视了其缺点而夸大了它的长处。中国往往变成了一个闪亮的天使,以便表现出西方文明的阴暗。中国人的美德被视作一根鞭子,用以鞭打自鸣得意的西方人的后背。然而,我并不把这个事实看作是一种严重的缺陷。因为我自己在中国的经历,使我相信罗素先生只是指出了中国存在长处的方面,尽管他在灵魂深处是反对西方的愚蠢的,他对于中国所取得的成就言过其实了。关于西方需要停下脚步向东方学习的紧迫性,我发现自己和罗素先生的见解并不冲突。我认为,需要指出的问题在其他地方。罗素先生所采用的方法,允许他对中国的外部问题,或者说政治和经济问题,作出简明扼要的阐释。这种在一个晦暗不明的世界中出现的简明性必定总是接近于反讽,正如它对于罗素先生那样。当然,正是西方掠夺性的能量本身以及对日本的影响,制造了中国当前的政治问题和工业问题。罗素先生以其一丝不苟的精神和他惯常的选择和删除的艺术,将这种状况向每个拭目以待的人描述出来了。

然而,中国内部的问题,即它的文化和制度的转变,看来罗素先生几乎没有触及。事实上,他提到了中国家庭体系的最坏结果、中国传统中缺乏科学,以及他们的冷酷无情。然而,罗素先生似乎满足于对它们置之不理。对此,他评论道,它们给中国带来的一系列后果还没有像西方人的心智缺陷给西方带来的后果那么悲惨。这点或许是非常正确的;对于只对西方感兴趣的人来说,这点已经足够了。然而,我没有看到,这对中国人来说的确存在的中国问题有什么帮助。对中国最深层问题的感受,正如这些问题在那些思想深邃的中国人的意识中存在着的那样,人们在罗素先生的文字中是看不到的。作为一名称职的欧洲人,或许他感兴趣的主要是欧洲的文化,以及欧洲不得不从亚洲那里学习到的东西;相反,令人吃惊和震撼的是,对世界上最古老、最浓厚和最广泛的文明的内部重构并没有吸引他的注意力。

因为罗素先生没有做的事情——在他自己看来,已经做得很好了——而与他争吵是冒昧的。但是,世界需要一幅最精彩的戏剧的图景,这一出戏剧正在世界的任何地方上演;有时候,我认为最精彩的同时也是最困难的戏剧,导向对人类历史既已见证的任何事情作出结论,尽管除了中国,可能没有人能给予世界这一图景。与西方的接触,在中国引起了一种再度觉醒的躁动、一次真正的文艺复兴。我很少遇到这样的中国人,他带着对从事掠夺和侵略的西方强加给他们的不正义和野蛮的问题的感受,带着他对西方物质主义、民族主义和自以为是的个人主义的感受,没有满嘴感激的心情承认因西方的影响所产生的觉醒——这种觉醒对于阻止古老文化中好的东西进一步堕落似乎是必要的,对于一种新的更丰富的生活也是必要的。在我看来,终极的"中国问题"关涉在当前的激变中什么将会胜出:西方严厉的和破坏性的影响,还是由与西方的交往所激发的对于中国文化的内部重塑?

(王巧贞 译 汪堂家 校)

# 论中国美术*

你们大家组织一个会来研究美术,是一件极好的事。像中国现在的社会,是一个过渡时期。各种制度都要变迁,而美术更是首先受它的影响。但是所有一切东西里面,美术最为完备;并且是从古遗传下来最可宝贵的东西。

中国美术在世界美术史上,要占一个很重要、很荣誉的地位。中国美术有三种事情,可与世界各国无论什么地方所出的最优的美术品互相比美,而且有相等或较高的价值。

甲:中国建筑——最好的建筑,可与世界无论什么地方的建筑相比。

乙:中国绘画——最好的绘画以及绘画方法,可与欧洲的绘画与方法有相等的价值。

丙:中国的图案——最好的图案及装饰用的画,或在绸缎上表示,或在瓷器景泰蓝上表示的均可与世界各处的美术品并驾齐驱。

在一个社会变迁的时代,而且当西方的文明初进来的时期,中国旧的美术受有很危险的震荡。有三种事情,为我们研究美术的人不可不注意的:

第一,就是中国的美术,尤其的是建筑方面,现在渐趋于毁灭的境遇或遗失的情形。因此我希望大家要努力地保存。保存的方法有很多,例如全国的教员都应当负此责任,各就自己所在的地方设法保存,使古代的美术品不至于毁坏或遗失。

在古物多的地方,该处的教员要帮助完成一个博物院,使美术不至失堕。并且

---

* 此文选自袁刚、孙家祥、任丙强编:《民治主义与现代社会——杜威在华讲演集》,北京:北京大学出版社,2004年,第350—352页。

教员们还可以唤起一般人的注意。在教育部,宜设立美术局,大家共同保护,使古代遗传下来的美术常常保存,供众人的观览。

第二,就是教员要有美术的陶冶,由此可以唤起学生及一般人对于保护美术的注意力。

我们研究中国美术历史,与西洋美术历史,彼此都有交换利益的地方。在许多国家中,美术为专门职业人去作;而在中国,差不多都是文人学士去作,这是应当保存的地方。不过中国现在的美术,不但要从古代遗传下来的法子来作保存的势力,还应当用科学的方法去研究进步改良之道才可。

有些事如染料彩色及彩油等,对于美术很有重要的关系,非得用科学方法来研究不可。在中国美术上,有许多方法现在渐就失灭,我们亦应当用科学方法,使之继续保存,使它在今日也可以致用。

第三,在师范学校受过教育的人,将来在各学校当了教员,可以训练自己所教的学生,使之对于美术有极大的兴味,养成他们一种美感化。

中国古代的美术品,除了它本身的价值外,还有商业上、经济上可以保存的价值。例如古代建筑物,大家要极力地保护,可以招引外人的游览,并可引起外人热心介绍中国文明而启其钦敬。

中国的邻国如日本,它们能招致许多西洋人到他国内参观,就是因有了许多古代留下的美术品存于博物院,以供各国人士参观的原故。因为美术对于国家文化的宣传,具伟大的效力。我们保存古物,就是一个宣传国家文化最好的法子。

还有对于中国出口品,商务上,美术也有许多相关的地方。中国现在要想法子与西洋战争,必要用中国的法子做些与他们不同的货物才行。若是作他们相同的货物,那销路就不能畅旺了!在欧美市场上,有许多货物都是由许多国家照中国的图案及样子做的。所以中国人应当用自家美术方法去制造货物。

法国的商务及历史,我们研究起来很有价值。它们对于制造的货物,不在量之多而在质之好,具有美术上价值。在法国工业学校中,凡学生都受有一种美术的陶冶,所以他们制造出来的货物常为外国人所欢迎。

上边说过,美术自己有价值,此外还有实用上的价值。

最后我个人对中国古时的美术品格外表示同情,这同情比现在少年中国的美术所展示的还要大些。

中国的青年,到现在一方面既希望本国的社会、国家、政治等的改造,但同时不要忘了中国古代美术的好处。再就美术方面而论,中国古代美术与现代美术,应当想出共同方法,使其互相帮助、互相对照,那才能有极大的进步哩!

今天开的是美术研究会,此会的性质是专门去研究美术,其前途可以祝贺。我希望大家对于古代的美术特别注意,使古今美术彼此不要分离,要有联合的利益。我更希望此会能传播到各处,使一般人都来注意。那时此会的前途,更是无量!

(王回波　译　曹配言　记,《晨报》,1921年3月7日)

# 五团体公饯杜威席上之言论[*]

（编者按） 北京大学、男女两高师、尚志学会、新学会五团体，于1921年6月30日午间在中央公园来今雨轩公饯杜威博士夫妇及女公子之行。将会上致词录于下。

- 主席范源廉致辞，胡适之译。

杜威博士来华讲学，转瞬已届两年。此两年中，既苦天灾，又多政潮，而又加以教育风潮，可谓多事极矣，然博士讲演却不因多事而稍有懈怠。故人或罢工，而博士则绝不罢工。此博士对于学术上之尽力，我们应当多多感谢者也。即论博士的人格，我亦有十分的感触。博士为美国的共和国民，第一便可为我们矜式。博士又为学者，又为教授，亦大足为我们模范。此我对于博士之人格十分感动者也。至于学问以外，我们中国人又有所得于杜威博士者，就是他的家庭。试看一家人自美来华，均以发展中国的文明为职志，这不还是真的理想家庭吗？我敬先代表五团体，致感谢之意，尤特别代表尚志学会感谢杜威博士夫妇并女公子。

- 新学会代表梁任公（启超）致辞，赵元任译。

今日我同饯送杜威博士而联想到中国学术史上一件大事，就是千余年前印度学者鸠摩罗什的来华。自鸠摩罗什东来以后，中国学术界起一个重大革命。直接的呢，自然就是鸠摩罗什本身的学说，即间接地也造成了三四个学派。他们受了他的影响以后，已不是纯粹的印度学说，都成了有中国色彩的印度学说。他的学说价

---

[*] 此文选自袁刚、孙家祥、任丙强编：《民治主义与现代社会——杜威在华讲演集》，北京：北京大学出版社，2004年，第644—648页。

值固然另一问题,但致思想界的大变化,却是不可磨灭的,就是对于全人类,也算得一种很大的贡献。杜威博士来华转瞬二年,当他来时,正在中国学术界饥荒的时候。现在虽然时间尚短,不能遽见效验,但前途却很远大。我今日将这千余年前的外国学者来与杜威博士相比,有一件事使我极不满意。这就是当年鸠摩罗什的时候,交通没有像今日的方便,鸠摩罗什来华既久,便成为中国人,而印度多数学者,因欲听鸠摩罗什之讲,均相率相华,中国学术界因而大大热闹,但今日——杜威博士留华仅二年却就要去了,我不禁要恨那些火车轮船等把交通弄到这样方便做什么!但是因为交通方便,也未始不可喜,杜威博士回国既如此容易,再来想亦当如此容易。望吾人的脑筋多多变化,庶教博士再来时得见确与前次迥不相同。

- 北京大学代表胡适之致辞,自译为华语。

杜威博士来华,正值大学动手革新的时候,但是我们几个人提倡的力量太弱,一点小小的风光还不配照遍全国。这时候杜威博士来了,我们不知借了他多少光,因而照到多少地方。杜威博士的学说,是活的哲学方法,他代北京大学做知识上的引导,尽了许多的力。杜威博士平常是很乐观的,但这一次看,他仿佛是很抱歉的,因为正值中国多事之秋,他不能尽多大的力。但是我们劝他,虽然现在有人把他的学说误解了,例如看了博士不主张考试便想赖考等,但究竟要赖考的人也在那里看博士的书,这是聊可慰藉的。只要有人爱看博士的书,将来定会得到美满的果实。博士并不提倡一种主义,如共产主义、自由恋爱等。他所以给人的,只是方法。他的方法只有两个:第一个是历史的方法,就是对于一桩事要查它的来因去迹。来因的祖与去迹的孙如有着落,那么当中的一代无论如何逃不了的了。这种方法用在消极的批评上是最有底的。第二个是试验的方法,这有三个要点:第一是注重具体的个别的事实;第二是一切学理都只是假设,给我们做参考用的,却不是天经地义;第三是一切学说制度等等,甚至真理,都要经过试验。他不主张做古人的奴隶,而对于将来的进步亦不作非分的妄想。他承认进步是一点一滴来的,并不会突然整个掉下来的。要做到一点一滴的进步,必须要知识做指导。我们希望思想界把杜威博士这些方法养成一种思想上的习惯,这个力量是很大的。梁先生说中国人宜以杜威的哲学为底,造出一派新的哲学来,这就是着重他的方法的意思。

- 女高师代表刘吴卓生女士致辞,由刘廷芳译成华语。

杜威博士一家的三位,并不只是今天席上的客,也是两年来中国人的天天的客;并不只是今天五个团体的客,也是全国人的客。他们来华以后的影响,我以为可以分三部分说。第一是中国人对于教育的态度改变了。中国人从前也尊重教师，把教师列在天地君亲一起，但所敬的是教师，不是教育这个职业。他们以为教师是随便可以做的；所以我们之前在美国学教育的时候，有人闻而惊异，说教育还用学吗？可见那时的中学毕业而可以受大学教育的人竟还不认识教育的价值。第二是对于女子教育的影响，中国人有许多崇新太过了，以为男女之间可以毫无拘束，所以会闹些笑话，杜威夫人及杜威博士给我们许多讲演，并且以人格来感化，这个力量一定很大的。第三是博士一面教我们，同时也教欧美人。从前并不是没有欧美人来到中国，但有的是政治家或外交家，因为他自己地位的关系，所有记载只为他们自家人说话，不为我们说话。有许多是来游历的，住了三天五天，回去著书便是一二千页，他们所拿去的东西，都是我们不要的东西。杜威博士常为美国著名杂志撰稿，把我们的情状实实在在地报告他们。他不是不批评我们，我们有不好的地方，他确是不客气地批评我们，但他却爱我们。我们今天不是饯行，只是下一篇文章的一个导言罢了。

● 男高师代表邓芝园及其代表何炳松致辞，均由各人译成华语。

杜威先生是著名的教育学者，而高师是纯粹研究教育的学校，因此两方面特别相契。即论教职员罢工，博士在本校却依然教授不稍懈。望此刻回美以后，在西方的教育学校里，不要忘了我们东方的教育学校，还能时时指教我们。

● 杜威夫人致辞，胡适之译。

我将对诸君讲一故事，以代表我此次在华的意义。我到高师上课去，看见一间教室，有四个学生在那里，一个人正在奏钢琴，两个人正在高声朗诵。这样的情形，在一间房内，可以有异调异器而竟同时发展，各不相妨，这是从前所少见的。这个故事，是我到中国来所得的最可宝贵的纪念品，什么事体都可以用它来说明。

前回我们到山西去，山西的地方是很守旧的，虽然阎督军也在那里提倡新政，然对于女子教育并不注意，不过全国教育会改在山西开会，竟于这样不注重女子教育的环境中，通过全国学校公开得让女子加入的议案。这回我们到福建，这是比山西还不如了，差不多没有公立的学校，但是他们依然有私立的或教会立的学校，依然井井有条地办他们的事业。到了广东，看见政治社会种种设施都在那里并进，而于教育尤是锐意革新。这是我的终身忘不掉的纪念，就是和一室内各事其事的学生一样，能用异器异声异调去找相当的谐和，无论什么好的事总抵不上这一件。将来找到一个大家共通的目的，渐渐的异途同归，这才是中华民国真正统一这一天。

现在的中央说统一了,各省又宣告独立了,都是假的、一时的、浮面的。美国人从前总以为中国是一大块黑暗的地方,五六十岁的人都作如此想,我从前也不敢前来,但是来了以后,觉得不然,暗室当中已经有了电灯,墙上挂着的许多美术品都因而看见了。我感谢教育界、各机关以及种种方面,使我们两年来得到许多满意的事情。

- 杜威博士致辞,胡适之译。

今天承蒙五团体邀请,十分感谢。这五团体,北京大学、尚志学会、新学会,是最初请我讲演的;而北京大学、男女两高师,又是我最近教授的地方,所以都有密切的关系。

我近来在中国人方面受了两种印象,一种是学生和青年的方面,一种是教员和成人知识阶级的方面,都有很可爱的纪念。青年方面呢,都渴望新思想,对于学理只是虚心地、公开地去研究,毫无守旧的态度,全世界无论哪一国里要找这一群青年恐是很能难的。就是年长的人,也很容纳新的思想,与青年有一样的态度。这是新时代的精神、科学的精神,并不只是西方的精神。这两种人既有此精神,如果进一步想就是还要希望有活动的能力、实行的精神。倘没有这个两层,那么有了前面的精神也是无用的。理想方面,常常有不能解决的问题,例如有好政府然后有好教育,有好教育然后有好政府。我们还是先造好政治再让它发现好教育呢? 还是先造好教育再让它产生好政治呢? 这是循环的问题,正如先有鸡呢还是先有鸡子呢的问题一样,永远解决不了的。要想解决,只有下手去实行。这两年,是我生活中最有兴味的时期,学得也比什么时候都多。中国是一个教育的国家,外面来的人能在知识上引起好奇心,感情上引起好理想,并且也能引起同情心,故到中国来旅行很是有益。

我向来主张东西文化的汇合,中国就是东西文化的交点,我相信将来一定有使两方文化汇合的机会。我们此次从南边回来,将到北京,三个人都有同样的感觉,仿佛是到家了。我希望将来再能到北京来,并且将到北京城的时候,也必有与此次同样的感觉,觉得是到家了。

- 杜威女士致辞,胡适之译。

我的许多感想,前两位已经说过,都是差不多的。两年以来,谢谢诸君的种种好意,尤其要谢谢北京大学的当局,使我可以与许多中国学生见面,学到不少东西。我相信我所得自他们的,一定比我教给他们的多。今天我没有别的话,只是一句常套的话,却是不当它是常套话说出来,就是:从我的心底里深深感谢!

(《晨报》,1921 年 7 月 1 日)

图书在版编目(CIP)数据

中国心灵的转化:杜威论中国/顾红亮主编. —上海:华东师范大学出版社,2017
(杜威选集/刘放桐,陈亚军主编)
ISBN 978-7-5675-6885-3

Ⅰ.①中… Ⅱ.①顾… Ⅲ.①杜威(Dewey,John 1859—1952)-思想评论-文集
Ⅳ.①B712.51-53

中国版本图书馆 CIP 数据核字(2017)第 219578 号

杜威选集
## 中国心灵的转化——杜威论中国

主　　编　刘放桐　陈亚军
编　　者　顾红亮
项目编辑　朱华华
审读编辑　王　海
责任校对　王丽平
装帧设计　高　山

出版发行　华东师范大学出版社
社　　址　上海市中山北路3663号 邮编 200062
网　　址　www.ecnupress.com.cn
电　　话　021-60821666 行政传真 021-62572105
客服电话　021-62865537 门市(邮购)电话 021-62869887
地　　址　上海市中山北路3663号华东师范大学校内先锋路口
网　　店　http://hdsdcbs.tmall.com

印 刷 者　上海中华商务联合印刷有限公司
开　　本　787×1092　16开
印　　张　21.25
字　　数　332千字
版　　次　2017年12月第1版
印　　次　2017年12月第1次
书　　号　ISBN 978-7-5675-6885-3/B·1095
定　　价　138.00元

出版人　王　焰

(如发现本版图书有印订质量问题,请寄回本社客服中心调换或电话021-62865537联系)